HERMES

在古希腊神话中,赫耳墨斯是宙斯和迈亚的儿子,奥林波斯神们的信使,道路与边界之神,睡眠与梦想之神,亡灵的引导者,演说者、商人、小偷、旅者和牧人的保护神……

西方传统 经典与解释 **HERMES**
Classici et Commentarii

世界史与古典传统
董成龙 ● 主编

从普遍历史到历史主义

From Universal History to Historicism

刘小枫 | 编

谭立铸 王师 蒋开君等 | 译

华夏出版社

古典教育基金·"资龙"资助项目

"世界史与古典传统"出版说明

直至鸦片战争前,中国都是 GDP 世界第一,至 1840 年代,中国武力遭遇产自欧洲的现代国际体系,从此中国不再是全球经济的老大哥和亚洲人向往的文化中心,而沦为西方列强主宰下的"世界之中国"和"亚洲之中国"。1949 年之后,中国一直处于两极世界秩序的"中间地带",成为附着于两极斗争的"世界之中国"和"亚洲之中国"。1980 年代以来,中国开创的经济奇迹必然内在地包含了中国对世界经济秩序的融入,这意味着中国又转身成为"走向世界"的"世界之中国"和"亚洲之中国"。

经济决定论认为,经济发展具有决定作用,经济发展的问题解决了,政治和文化问题也会随之得到解决。可是,中国在世界秩序中的政治地位和文明地位果真随着中国的经济崛起而飙升了吗?要知道,日本经济在战后崛起,其世界政治地位却并未随之提升。美国人一面在经济上与中国加大合作,另一方面却在政治上对中国大加挞伐,这些都从某个侧面反映了中国在世界政治秩序中的身位问题。中国有自己的世界秩序设想,"一截遗欧、一截赠美、一截还东国"难道不够高明?但毕竟,如今的世界秩序产自欧洲并由欧美接力领导,经济崛起反倒显得中国的国家肉身(地理—经济)逐渐获得世界性,而中国的民族精神(政治—文化)却试图在区别于西方的"中国特色"中安身。

盛世之下的国朝更应知晓世界事务,世界事务的要害不在于繁琐的国际事务,而在于理解世界本身。世界的生成与展开并非一蹴而就,唯有在世界史和有关世界史的书写中寻觅踪迹;世界史绝非诸种国别史的代数相加,而更多是各国历史的几何交错。晚清以降,华夏大地认知世界的热望高涨,遂有传教士的若干编译著作:米怜编《全地万国纪略》、麦都思编《东西史记和合》、裨治文编《亚美理哥合省志略》、郭实腊编《古今万国纲鉴》,等等;此外还有国人编译的《四洲志》、《海国图志》、《海国四说》和《瀛寰志略》等;梁思成等人翻译的韦尔斯《世界史纲》颇为流行,但旋即遭雷海宗撰文批评其欧洲中心论。随后的历史际遇使汉语学界没能拾级而上,追溯欧洲人在"世界"生成时刻的世界史书写,却转而编撰汉语的世界史。其中最具代表性的当属周谷城先生的《世界通史》,此书三易寒暑于1949年出版。

国人这部世界通史的结尾是《明夷待访录》的大段直引,岂是偶然?马礼逊辞典将 history 译作"纲鉴",亦颇有深意。以是观之,立足华夏大地,译介欧美世界有关世界史的书写与再书写,绝不仅是单纯了解各国风俗,而是了解现代世界的生成机理,更无疑是在华夏文明又起一程的新时代使用密藏那笔墨(mise en abyme)的笔法正视我们自身。保国、保种、保教的历史使命必须也只能在世界叙事中完成。

职是之故,本丛书重点译介两类图书:其一,现代早期以降欧洲本土产生的世界史作品;其二,有关现代早期"世界"及"世界史"生成的研究作品。也可考虑在既有作品之外,编译相关主题的论文,结集成册。

古典文明研究工作坊
西方经典编译部丁组
2017 年 4 月

目　录

编者说明（刘小枫）/ 1

原典选译 / 1

　　博丹　学习历史的次第 / 2
　　波舒哀　论圣史和俗史 / 17
　　杜尔哥　普遍历史两论提纲 / 37
　　杜尔哥　政治地理学 / 99
　　赫尔德　各民族趣味兴衰的原由 / 119
　　席勒　何为普遍历史？为何学习普遍历史？/ 158
　　兰克　论普遍历史 / 179

研究文献 / 197

　　克瑞格　历史主义：通史的早期史 / 198
　　雷努姆　波舒哀的《论普遍历史》/ 237
　　安布勒　施特劳斯讲维科 / 270
　　柯瑟尔　兰克的普遍历史观念 / 296
　　莫米利亚诺　重审历史主义 / 317
　　瑞维斯　论今天的世俗史学者 / 327
　　科瑟勒克　"历史/史学"概念的历史流变 / 335

编者说明

无论"普遍历史"还是"历史主义",都不是三言两语能够说清楚的概念,两者之间的历史关联,更不容易讲清楚。在我们的史学理论界,"普遍历史"经常被译作"世界史",显然不妥,但两者的意涵又的确有重叠之处。"普遍历史"概念出现在西方中古晚期,可以说表达的是基督教的世界理解;"世界史"概念最早出现在17世纪晚期,但直到19世纪才逐渐取代"普遍历史",其背景是领土性民族国家在欧洲的形成。

"历史主义"这个语词最早出现在18世纪末的德意志,到19世纪中期逐渐成为一种引人注目的史学和哲学取向,这既与启蒙思想的历史哲学的形成有关,又与史学在19世纪成为一门正式的学科相关,其背景仍然是领土性民族国家在欧洲的形成。

无论"普遍历史"观念还是"历史主义"观念,在20世纪都成为了哲学上和思想史上举足轻重的棘手问题。

在当今世界政治格局中,我国战略位置不断上升,如何从中国文明的立场和角度理解世界历史,日渐成为迫切的理论问题。我们不仅需要认识现代世界形成的历史,也得认识西方理解世界历史的历史。关于"普遍历史"和"历史主义",我国史学理论界已经翻译积累了一些基本文献和研究文献,但远远不够。针对一些认识上的薄弱环节,本文集致力于选译尚无中译的重要原典,同时注重相关研究文献。

编者衷心感谢各位译者付出的辛劳,亦感谢本工作坊同仁在校订和编辑方面所作出的不具名的贡献。

刘小枫
古典文明研究工作坊
2017年5月

原 典 选 译

学习历史的次第

博丹(Jean Bodin) 撰

朱琦 译

[中译编者按]本文选自博丹(1530—1596)《易于认识历史的方法》一书的前两章,依据英译本并参照拉丁文本迻译,标题为本编者所拟,凡注释均出自英译本。

一 历史及其分类

历史,是对事物的真实叙述,它共有三种:属人的、自然的和神的。第一种关乎人;第二种关乎自然;第三种,关乎自然之父。第一种描绘人在社会中生活时的种种行为。第二种揭示自然中隐藏着的种种原因并从最早的开端解释其发展。最后一种记录全能的神和不死的灵魂的力量和权力,使其与其他万物有所区别。与这一区分相对应,历史有三种既定的表现形式①——或然的、必然的、和神圣的——同样也对应与之相关的三种德性,即审慎、知识和信仰。第一种德性区分卑劣与荣誉;第二种区分真实与谬误;第三种区分虔诚与不敬。第一种德性,从指导理性与实践事务经验的角度,人们称之为"属人的生活的裁决者"(moderatricem)。

---

① 原词 assensio 在哲学术语中表示可感知表象的真实性。见西塞罗 Academica,11,12。这些表现形式对应于对历史的三种区分:属人历史,不绝对确定,仅仅具有或然性,发展出深谋远虑之应用或者审慎;自然历史,精确因而必然,给予我们知识;神圣历史,超出人的评估范围,因此要求信仰。

第二种德性,探究深奥精妙的自然缘由,被称为"万物的揭示者"(inventricem);神圣历史"致力于研究唯一的上帝对我们的爱,被称为"恶的终结者"(expultricem)。这三种德性合在一起,才能形成真正的智慧(vera sapientia),人最高最终的善(summum extremumque bonum)。享有这善的人过着被祝福的生活,既然我们已经来到日光之下并享受其光,如若没有拥抱这一来自天国的恩典,实在是不知感恩。在追求这善时,我们从三种历史中获得极大的帮助,特别是神圣历史,这一历史自身便能使人幸福,甚至无需实践事务的经验,无需神秘的物理学原因的知识。然而,我认为,如果还具备后面两种,属人的幸福就能得到极大提升。

　　由此可见,我们应该首先探究神圣事物的历史。但是,大自然母亲赋予人的首要欲望(primum studium)就是自我保存(conservandi),对自然运转的敬畏使人逐渐开始探究这些运转的缘由。既然是这些兴趣吸引世人去理解大自然这一所有事物的"裁决者"——看来我们就必须从属人的事务这一主题开始探究,从小孩子的心灵对至高全能上帝的认知开始,如此对上帝的信仰才不仅可能而且必然。① 因此,探究的次序就发生了转变,从最初思考我们自身、我们的家庭和社会,被引向询问自然,最后探究不朽上帝的真实历史,即静观(comtemplationem)。有些人在某种程度上已经训练过自己沉思重大事务,能很好地理解业已揭示的哲学秘密,可是对于还未被允许窥探这些秘密的人来说,最后一项何等困难! 当他们的心灵一点点从情感层面向上提升,似乎从淹没了大部分人的海浪中脱离后,却站在真理之光的对立面,永远无法完全解放自己,让自己不受感知所创造的像星云一般的图景的影响。因此,有些人一来就开始研究神圣历史,有些人对孩子们或是没有受过教育的人们讲解神圣事务难题,不仅怀着错误的期望,而且用这些高难度问题打击了很多人。同样,我们督促那些从厚厚的黑雾中走向光明的人专注于观察,首先观察太阳投射在地球上的光辉(splendorem),然后观

---

① 对比前页注释 1 中提到的三种历史。

察太阳投射在云中的光辉,再观察太阳投射到月亮上的光辉,目的是强化自己的视力,或许有朝一日能够凝视太阳本身。但同时我们也得要考虑没什么学问的人的利益。他们首先应注意到上帝的仁慈(bonitatem)以及他如何卓越地安排属人事务、揭示自然缘由、安排各天体及其光辉;之后,注意到上帝所安排的整个宇宙的绝妙秩序(ordine)、运动(motu)、广袤(magnitudine)、和谐(concentu)和形状(figura),通过这样的步骤我们可以不时返回与上帝的亲密关系中,那种亲密关系本就是我们这种人的最初源泉,由此我们可再一次与他紧密结合。在我看来,以另外的方式阐释历史的人违反了永恒的自然法则。

既然卓越之士和博学之人在文字作品中扼要地表达了有关这一主题的三分法,我也打算致力于此道——即我希望能确立阅读和挑选这些材料的顺序和方法,尤其是阅读和挑选有关人类事务的历史的顺序和方法。因为,总体上讲,神圣历史和自然历史与人的历史大相径庭,特别是,前两者不仅涉及到起源,而且其构成有确切范围。自然历史展示了不可避免的不变的因果链(causarum consecutionem),除非受到神的意志的制止,或者某一时刻被神所抛弃,也就是屈服于流动物质(fluentis materiae)的君主和所有恶的父亲。这种遗弃会生出扭曲的自然景象和大怪物;对此的干预,凸显了上帝的奇迹。上帝的遗弃与干预就是宗教或迷信的起源,也引起人们对无法逃脱的神的意志的敬畏,这样,上帝光辉明晰的荣耀在人类种族里可以更明显(虽然这荣耀已经无法更光辉更明显)。

然而,由于属人历史大部分源于世人的意志,而人一直都踌躇游移、毫无目的——甚至,我们每一天都会面对新的法律、新的习俗、新的制度(instituta)——因此,总体上讲,属人的行为不可避免会不断出现新的错误,除非遵循自然的引导。即,不听从正确理性指导的人会犯错,或说,当人失去理性的指导,也就失去了这种次级起源的帮助,因为理性是具有神性的智慧,更接近最初的本源。我们若是从此中分离,就将坠入各种各样的恶行之中。人的心灵已经与不朽的神的心灵分离,虽然尽力让自己远离尘世的污点,然而,由于它已经深陷不洁的事务,已经因为与这些事务接触而深受影响,甚至内心中已经被各种相互冲突的情感困扰迷惑,所以,离开神的帮助,属人心灵永远无法自我提升,无法获得任何正义或完成任何遵照自然之事。因此,结果就是,只要我们还被自己的感官弱点和各种事物的虚假图景所阻碍,就无法分别有用与无用、真与假、卑劣与高贵,而只能为了避免犯错而审慎行事,结果却误用了审慎这个词。要具有审慎,没有比[学习]历史更重要更关键的因素,因为属人生活的各种情节有时会周期般地重现和自我重复。我们认为必须要注意到这一点,特别是那些不过隐居生活,与属人的立法机构(caetus/assemblies)和社会团体(societates/societies)紧密联系的人。

在三类历史中,让我们暂且将神圣历史留给神学家、自然历史留给哲学家,我们自己则长久且专心地集中关注属人行为以及支配属人行为的各种法则。对属人活动的探究要么以普遍的方式,要么以个别的方式:后者包括单个个体或至多单个民族值得记录的言辞或事行。正如学院派的人明智地避免给老女人的事务作任何概括性的定义,历史也不应关注同样琐碎无用的行为。普遍历史以两种方式叙述诸多人或城邦的事行:或是叙述几个民族的事行,如波斯、希腊、埃及;或是叙述所有民族流传下来的事行,至少是最著名的那些。后者也可以以不同的方式为之。根据时间顺序——每天、每月、每年——列举事件,这种描述可称为历书(ephemerides)或日志(diurna)及编年史(annales)。或者,作者可以追溯每个城邦记忆可及范围内的起源,甚至追溯至创世之时,追溯各个城邦的创建、发展、业已建立的各种形式、衰败和灭亡过程。这也可以以两种方式为之:简要地或是详尽地,分别可以称之为历代志(chronica)和纪年法(chronologiae)。还有些作者也做同样的事儿,只是方法稍微有点不同。弗拉克库斯①称历史为"广为流传的神话",事件、人物、地点的重要性由事件发生时在场的人衡量。西塞罗把不加任何修饰,也不费神

---

① 弗拉克库斯(Verrius Flaccus),词典编纂家,可能是公元前 1 世纪的人。他的作品被收入菲斯图斯(Sextus Pompeius Festus)的 *De verborum significatione*。

追问事件发生的诱因,而只单纯地记录每一年发生的事件的方式称为"编年史"(annales)。西塞罗说,史书,就是写编年史,没有别的。日志(diaria),或是历书(ephemerides),记录每一天的事迹,如格利乌斯①作品中的阿瑟里奥(Asellio)所讲。而纪年表(fasti)是另一种编年史,所有值得纪念的事情、最伟大的职官、最著名的胜利、失败、成就和世俗竞赛都简要记录其中。弗拉库斯、克拉托尔、②奥索尼乌斯、③卡西俄多路斯④和库斯庇尼安⑤的作品就是如此,但这些作品通常都被称为史书(historiae)。

上文提到的分类也同样适用于自然历史和神圣历史。那些史书要么讲述某一宗教,即基督教的起源和发展,要么讲述几个或所有宗教,特别是最著名的宗教的起源和发展——虽然找不出另一种宗教能在迷信与虔诚之间保持平衡。同样,也可以收集某一事物的自然历史,例如,某一种植物或动物,或是所有植物或动物的历史,泰奥弗拉斯托斯⑥和亚里士多德的著作就是这样。或者,我们甚至可以描述这些事物的所有元素和所有主要部分,或者描述整个自然界,例如普利尼(Pliny)的作品。

---

① 格利乌斯(Aulus Gellius),哈德良时期的拉丁语法学家。此处指 *Noc-tes Atticae* v. xviii. 8。

② 克拉托尔(Crator)是维鲁斯(M. Aurelius Verus)时期的自由民。他记录了从罗马建城到维鲁斯去世之间的历史,其中有各执政官和其他职官的名字。

③ 奥索尼乌斯(Ausonius)活跃于公元 4 世纪高卢时期,作 *Tetrasticha*,记录从尤里乌斯到埃拉加巴卢斯(Elagabalus)时期的诸位罗马皇帝。

④ 卡西俄多路斯(Cassiodorus,约 486—575),罗马贵族,他在维瓦里乌(Vivarium)建立图书馆,因而影响了中世纪欧洲的智识发展进程。为了教导在那里工作的人们,他作 *Institutiones*,包括如何练习写作(scriptorium)。在他的督促下,关于苏格拉底、所罗门(Solomen)和狄奥多勒(Theodoret)的早期基督教史书被译为拉丁语,名为 *Historia tripartita*。

⑤ 库斯庇尼安(Cuspinian)又名 Joannes Spiesshaymer(1473—1529),德意志外交官、学者,著有 *Commentarii de consulibus Romanorum*。

⑥ 泰奥弗拉斯托斯(Theophrastus),亚里士多德的学生,著有 *History of Astronomy* 和 *History of Plants*。

如果不愿把数学纳入自然科学的范畴,那就可以把历史分为四类:属人历史,当然是既不确切也令人迷惑;自然历史,确切,但有时由于与质料(materiae)或某一邪恶天神相关而飘忽不定,所以反复无常;数学历史,因为没有混杂任何质料而更加确切,所有古人都把数学历史和自然历史分开讲;最后,最确切的神圣历史,本质上没有变化。这就是对历史的分类(partitione)。

二　历史文献的阅读顺序

我认为,广泛应用于人文学科的系统和方法同样也可以用在历史上。仅仅屯一大推史书在家还不够,除非能理解每本书的用途,理解阅读这些书的顺序和方式。在盛宴上,即便时季菜品本身怡人,但如果上菜方式随意,其结果也不如人意。因此,阅读前需要先确保文献的顺序不乱,即,较晚近的文献不要放置在更早的阅读序列中,中期的文献不要放到最后。犯这种错误的人不仅根本无法领会事实,而且严重损坏了自己的记忆。因此,为了完整且容易地理解历史,从一开始我们就要应用人文学科教义中的卓越向导——分析法(analysis)。分析法总体上说明如何将整体切分为部分,如何把每一部分再分成更小的部分,分析法也能极其轻松地解释整体与各部分如何彼此和谐地聚合。千万不要一来就综合(synthesi),诸多研究者已经把所有历史活动的各部分综合得融为一体了,但是有些人不知道如何有技巧地把它们分开。然而,各个部分与整体之间的美妙聚合如果四分五裂,就不可能再独立存在。就是因为这个原因,珀律比俄斯斥责法比乌斯①和其他写作布匿战争

---

① 法比乌斯(Q. Fabius Pictor)活跃于公元前 225 年。他是最早以散文体记录罗马史的作者,记述了从埃涅阿斯到他自己时代的故事。此处指的是珀律比俄斯的 The Historie I. i. 14 处。西庇阿家族和法比伊家族之间的斗争,在珀律比俄斯的评述中显现出对法比乌斯的不利。

的作者,这些人仅仅只记录那场战争的某一个片段。他写道,在某种意义上,他们就是只画眼睛不要脑袋,或是只画某个生物的一部分,没人能明白那个部分到底是什么。哈利卡纳苏斯的狄奥尼修斯①也同样这样指责珀律比俄斯(Polybius)、西勒努斯②、蒂迈乌斯③、安提戈努斯④、哲罗姆⑤,这些人留下的关于罗马历史记录残缺而不完整。可能也有人如此指责狄奥尼修斯。但是上述作者不该受此责难,因为不是每个作者都应该处理所有的主题,也无法处理所有的主题,每个人的劳力和努力度是有限的,只能收集到他尽可能收集到的资料。我认为这些指责不应横加给历史的写作,而应该指向历史的阅读,碎片式阅读。如果历史被分割得支离破碎,就无法再彼此聚合或与整体聚合。他们所记下的都是有关罗马的历史,我们继续说说有关所有民族的普遍历史。我称为普遍历史的那些记录,囊括了所有民族或最著名的民族的种种事务,或是记叙了一些著名人物在战争中、和平时的事迹,那些事迹从他们民族起源的早期一直流传到我们的时代。尽管在任何作品中,略却的事迹比记录下的事迹多,但保留下来的记录还是太多了,以至于一个人就算穷尽一生,不管他有多长寿,都无法读完全部。

那么,首先让我们放一张囊括所有时代的总表,无需太细节化的表,这样才方便研究。这张表需要包括世界的起源、大洪水、各个最著名的国家和宗教的起源和灭亡时间,如果已经灭亡了的话。可以参照

---

① 哈利卡纳苏斯的狄奥尼索斯(Dionysius of Halicarnassus)活跃于公元前 30 年,著有 *Roman Archaeology*。此书是关于罗马历史的伟大著作,共 20 卷,记录了从公元前 264 年到珀律比俄斯时代的史事。他强调罗马的希腊起源。

② 西勒努斯(Silenus)是西塞罗(*De divinatione* I. xxiv. 49)提及过的一位希腊史学家。此处指 Dionysius I. vi。

③ 蒂迈乌斯(Timaeus)活跃于公元前 260 年,西西里人,著有一部从最高时期开始的西西里史,以奥林匹克四年周期为纪年系统。

④ 安提戈努斯(Antigonus)是公元前 3 世纪的希腊史学家,记录意大利史。

⑤ 卡尔迪亚的哲罗姆(Jerome of Cardia),希腊化时期的史学家。

创世、建城、奥林匹亚运动会的时间,如果理由充足也可以参照基督纪元、阿拉伯人的大逃亡年(在流行的编年史记录中已经被略去)等标准来确定事件的发生时间。十分符合这一类做法的作品一般称为编年史,其特点是每条记录之间留有空间,虽然记事简要,但初学者易学。他们的年表并不十分准确,但非常接近史事的真相。这种表述之后,应该采用某本更完整更准确的书,不仅记录了有代表性的民族,也囊括所有民族的起源、形势、变化和衰落情况。但叙事也需要简洁,能够一览之下就了解每个国家已经建立起来的形式。很多人都写过这类作品,但在我看来其中写得最准确的是丰克,他以准确的纪年表体系(ratione temporum)收集了优西比乌斯、比德、卢西杜斯、西吉斯蒙德、马丁和弗里吉奥等人都记录过的史事。① 他仔细纠正了这些作者记录中的错误。但是,有时他太过迷恋细节,所以我们读的时候要把太琐碎之事略过,只读最重要的事情。了解了这个作者告诉我们的关于所有国家的情况之后,我们应该浏览一下卡里昂的史书,②或甚至以同样的态度读

---

① 丰克(Johann Funck,1518—1566),著有 *Chronologia, hoc est omnium temporum etannorum ab initio mundi usque ad hunc praesentem…annum* 1552。

恺撒利亚的优西比乌斯(Eusebius of Caesar),4 世纪的史学家、神学家,著有 *Chronographia* 和一些编年标准,以及希腊文的 *Historia ecclesiastica*。

比德(Bede,673—735),史学家、神学家,著有拉丁语的 *Ecclesiastical History of England* 和 *De temporum ratione*,其中将从创世开始的历史分为六个阶段,记年时把基督诞生年作为划分的起点。

卢西杜斯(Johannes Lucidus Sarnotheus),16 世纪著名的数学家,著有 *Emmendationes temporum*。

西吉斯蒙德(Sigismund Meisterlin),著有 *Chronicon Augustanum. ecclesiasticum*,逝于约 1488 年。

弗里吉奥(Phrygio),Paul Constant Seidensnicker,1483—1543,自称弗里吉奥,著有 *Chronicum… ab exordio mundi temporum seculorumque seriem complectens*。

② 卡里昂(Johann Car ion of Lubeck,1499—1537),著有 *Chronlcorum libri tres*。该书由梅兰希顿(Philip Melanchthon)和普克(Gaspar Peucer)编辑,在查理五世时期面世。

一下梅兰希顿的史书。梅兰希顿有时在教会纷争上过于啰嗦,因为他太关注宗教和虔敬。如果这些描述读着不太讨喜,跳过就是。其他关于著名国家的概述,我觉得他都简洁而准确地记录到了。如果还有其他(的确还有一些)比梅兰希顿写的普遍历史更充分的史书,我觉得应该读一读。

从普遍历史我们可以逐渐进入个别历史,仍然以编年表所规定的顺序阅读。既然是迦勒底人、亚述人、腓尼基人和埃及人首先创建了国家管理体系(Reipublicae gubernandae ratio)、学科体系(disciplinae)和人类文明(humanitas)本身,我们就应该从研究这些民族的古代史开始。不仅要阅读那些专门记述这些民族的作者的作品,如贝罗苏斯、麦加斯梯尼和希罗多德,①也要阅读希伯来作者的作品,因为他们的事务与其他作者的类似。约瑟夫斯的《[犹太]古事纪》(Antiquities)和《驳希腊人》(Books against Apion)中还记录了一些相邻民族的事情,②比其他任何作者都记录得更准确。然后,我们应该研究希伯来人的历史。研究途径应该是先研究国家建立的体系,再研究宗教建立的体系,因为宗教建立体系属于第三种历史,要求更尊贵的静观心灵(altiorem contemplationem)。然后,就该研究米底斯人、波斯人、印第安人和塞西亚人的帝国。而后转向希腊人,希腊人是从阿拉克赛斯河(Araxes)、幼法拉底河(Euphrates)、叙利亚关口等地发源,一直扩展到达达尼尔海峡(Hellespon),从达达尼尔海峡扩展到多瑙河(Danube)、阿克罗斯伦安山(Ac-

---

① 贝罗苏斯(Berosus),公元前3世纪时期巴比伦贝尔地区的神父。在约瑟夫斯和优西比乌斯的作品中有他的 *Chaldaica* 中的选摘。麦加斯梯尼(Megasthenes)是约公元前300年时的史家,著有 *Annalium Persicorum liber I*。

② 约瑟夫斯(Flavius Josephus,约37—95年),著有《犹太战争》(*Wars of the Jews*)和其他关于犹太人历史的作品。他深得维斯帕先的宠爱,晚年住在罗马。据优西比乌斯在 *Ecclesiastical History* III.9 中的权威记录,罗马城中有一尊他的塑像。

roceraunian）和艾米安山（Aemian Mountains）。他们占领了亚洲和欧洲附近的众多岛屿,将其变为殖民地,然后还占领了意大利。这些殖民地可以分为三类:第一类被称为爱奥尼亚人;第二类是伊奥尼亚人,第三类是多利安人。研究完希腊人,就轮到意大利人,他们被阿尔卑斯山脉和二海①环绕。他们在帝国的威严和事迹的荣耀方面超过了其他所有民族,在正义方面也声名显赫,因此,他们似乎他们不仅在法律和制度方面使其他民族黯然失色,而且迄今为止在语言上也异乎寻常地卓越。必须用功探究意大利人的整个古代史。而且,因为他们和迦太基人发动了历时长久耗资巨大的战争,所以同一个作者事实上可能在讲述两个民族的历史。

我认为凯尔特人最接近罗马人,他们很可能比意大利人还要古老。在罗马人以军事训练著称之前,他们早就因此而得名了。他们不仅把侨民送往意大利,也送往西班牙、德意志、希腊和亚细亚,我们会适时详述。虽然恺撒把他们限制在加仑河和塞纳河的边境,但他们的统治范围却从比利牛斯山和大西洋一直延伸到莱茵河和阿尔卑斯山区域。接下来应该研究德意志人,他们被阿尔比斯山、莱茵河、维斯瓦河、喀尔巴阡山脉和波罗的海环绕。德意志人的邻居有丹麦人、挪威人、瑞典人和斯堪的纳维亚人。从上述民族发源出哥特人、法兰克人、汪达尔人、匈奴人、赫卢利人、伦巴第人、勃艮第人、盎格鲁人和诺曼人,这些民族事迹显赫,在法兰西、英格兰、西班牙和意大利建立了最繁荣的帝国。虽然西班牙人和不列颠人因其过往而名声远扬,但他们的事迹也不及上述民族那么有名。阿拉伯民族也一样,因其古代史而著名,但由于怠惰而长期不为人知,直到从沙漠中突然崛起。他们从波斯人和希腊人手中夺取了对亚洲的控制,在欧洲也取得巨大的胜利。他们不仅传播武器,还把宗教、习俗、制度和语言传播到全世界。一般人称之为萨拉森人（Saracens）,然而,他们是不同民族的混合体,只不过阿拉伯人自己

---

① ［译按］指亚得里亚海和地中海。

占据了控制地位，下文将澄清这一点。

接着我们应该研究土耳其人，他们从里海（Caspian Sea）沿岸向亚洲推进，以武力一点一点渗透小亚细亚地区，直至整个希腊和埃及。我们也不能忽略鞑靼人的帝国，他们统治着伊迈乌斯山（Imaeus Mountain）和里海以外幅员辽阔的地区。还有莫斯科人（Muscovites），他们从伏尔加河开始把疆域拓展到顿河（Don）和第聂伯河（Dnieper）区域，最近还占领了利沃尼亚（Livonia）。最后还有美洲人和那些控制了南非海岸和非洲海岸的民族，理解他们的历史也会有用且让人愉悦。

所有这些资料，首先应该轻快地浏览，然后必须更精确地研读。这样，我们就能抓住叙事中的要领，同样，我们也可以逐渐深入细节。我们不仅要研究伟大的国家，也要研究一些普通的、不太重要的，例如，罗得岛人、威尼斯人、西西里人、克里特岛人、赫尔维西亚人、亚加亚人、热那亚人、佛罗伦萨人等等各个公国（Respublicas）。泡塞尼阿斯曾相当精确地描述过希腊人的国家。① 研学了所有国家的历史，接着要探究一些声名显赫的人的事迹，他们获得名声，或是靠权力，或是因其种族的优越和富裕，或是因其英勇和谋略能力。每个读者需要根据自己的判断从这些人中选择，将每个英雄的言辞和事行应用到他的生活理论中。研究完属人事务，如何还有闲暇细读自然科学，会发现从自然科学出发更容易接近神学。另一方面，人如果有物质或生活环境方面的困难，需要承担这些责任，他就应该开始其职业生涯。抑或，如果生活中已经没有空间留给各种活动，就作一个旁观者，以自己的双眼，观察那些曾在书中阅读过的无生命的画面所描述的属人事务。毕达哥拉斯曾警示过我们，要从历史中撷取最珍贵的果实，最好的途径就是首先谦逊地参与或勤勉地观察实践事务。

理解了属人和自然事务之后，就来到最后一步——研究神圣历史，

---

① 泡塞尼阿斯（Pausanias）是2世纪的吕底亚土著人，主要作品是 *Description of Greece*。

仿佛完全清白(lotis manibus)。首先需要收集每一种宗教的主要教义。我们要清楚每一种宗教的创始人是谁；它的开端、发展、最终的形式和目的如何；每一种宗教中，什么与德性相关，什么无关。有些杰出的哲学家研究宗教和最高的善，我们还需要阅读他们的观点，从他们揭示出来的所有观点中，真理之光能更清晰。从这一材料中，可以有效地获取许多东西，从那些东西中，才能汲取战利品以侍奉给全能的上帝，如同希伯来人从埃及人那里所获得的战利品一样。但是，我们推进这种知识的更好途径是不断祈祷，把纯净的心灵转向上帝，而非学习任何过程。

以宇宙学(Cosmographiae)来比拟就很容易理解我们所讲的编排历史一事。因为，这个学科与史学的联系和相近关系是，一个是另一个的组成部分。其实，仅仅从地理学家那里，我们已经探求到对斯基泰人、印第安人、埃塞俄比亚人和美洲人的描述。除了这些材料，史家还使用地理学资料，他们常常描述地球的各区域，如果有什么技艺对于史家至关重要的话，我认为地理学一定排在首位。因此，正如一个希望了解宇宙学的人一样，史家必须研究把整个世界囊括在一小张地图中的表达方式。然后，他应该根据各种元素性事物(elementaria)标注出各个天体之间的联系，并从各种元素中分离出星图学(uranographiam)：从气中分离出水和陆地。然后，他必须演绎出测风术(anemographiam)、水文图(hydrographiam)和地理学(geographiam)，还需要把后者分配为十层圈(decem orbes)和许多区。之后，必须仔细观察气流规则，两个海的性质和范围，以及陆地的分布。地球应该首先大致分为四个或者五个部分，即欧洲、亚洲、非洲、美洲和东南大陆，须得参照其他几个部分和天空的位形来比较它们每一个的状况。接着，更温和、因其居住者的名声而更著名的那一部分，即欧洲，应该分为西班牙、法国、意大利、希腊、德意志、斯基泰、斯堪的纳维亚、丹麦以及与每一区域相连的陆地区域。同样，应把亚洲分为大亚细亚和小亚细亚：前者进一步划分为亚述、波斯、帕提亚、米底亚、赫卡尼亚(波斯的一部分)、阿里亚纳、格德罗西亚、印度和塞西亚，以及近伊迈乌斯和远伊迈乌斯；远伊迈乌斯包括佛里吉亚、吕底亚、吕西亚、西里西亚、卡里亚、潘菲利亚、叙利亚、加拉提亚、卡帕多西亚、本都和亚美尼亚。非洲应分为毛里塔尼亚、利比亚、普兰尼加、埃及、埃塞俄比亚、努米底亚和尼格里托的各个区域。如此限定,足以标注出知名的河流、山脉、海洋作为边界,并给每个地区指定恰当的天体经纬线。

从地理学我们终于读到年代学(Chronographiam),即对各个区域的描述说明,方法很简单。要更细致描述我们的模式,就需要描述每个区域。例如,欧洲的第一个部分西班牙,可以分为贝提卡、卢西塔尼亚和卡拉孔尼安省。而卡拉孔尼安省又可再细分为加利西亚、卡斯提尔、纳瓦拉和阿拉贡,标明边界的河流分别是埃布罗河、瓜迪亚纳河、塔霍河、瓜达基维尔河和杜罗河,那座山脉(通常被称作哈德良山)分出了更远的西班牙地区。然而,可以把这一区域界定为位于中心维度 40 度、①经度 15 度②的地方,长跨 14 度,宽跨 7 度。其他地方都应以此法界定。

最后,从年代学达致地貌学(Topographiam)和测绘术(Gromaticam),即对各个地方的描述和规模的研究。首先,需要涉及著名的城镇、港口、海岸、海峡、海湾、地峡、岬角、田地、丘陵、斜坡、岩石、峰峦、旷野、牧草、森林、小树林、矮林、大草原、丛林、植物篱、公园、果园、绿地、柳树种植园,以及所有驻有防御工程的城镇、殖民地、辖区、自治城、要塞、大教堂、村落、行政区和庄园(如果需要如此的话)。否则我们就不能定义和阐释普遍历史。尤其是还没有精确地了解到整个宇宙的联系、各个部分之间的联系,以及部分与整体之间的联系,就开始研究各个地区的地图,他们会犯错误。因此,我们必须首先厘清普遍历史的秩序和顺序、所有时代的秩序和顺序,并将其清晰陈列出来如同在一张表格中,接下去才能理解个别历史,否则也会犯错。

---

① 1583 年版作"11",1566 年和 1572 年版作"40"。
② 本初子午线是在亚速尔群岛估算的。参见杰维斯,*The World in Maps*,页 31。

在具体描述每个民族时也应使用同样的分析方法。因此,如果想清楚地了解并记住罗马人的历史,就应该首先读儒福斯的作品,①他用仅仅四页就囊括了全部故事,然后再读弗洛鲁斯②的概要和欧特罗皮乌斯的书。③ 之后,就该读李维和珀律比俄斯。研读法兰克人的事迹时也应如此,应该先读杜梯勒的小册子,再读埃米利乌斯;先读希菲利努斯,再读狄奥;先读尤斯丁,再读狄俄多儒斯或者特洛古斯,④但后者的作品几乎全部佚失。然而,仅仅理解普遍历史还不够,除非我们也知晓细节。但是如果这两类合在一起,珀律比俄斯说,就能带来无可比拟的好处。之前,很多阅读卢夫斯或弗洛鲁斯的主要标题的人都忘记了这一观点,因此忽略了李维。所以,李维的作品几乎完全佚失。同样,

---

① 儒福斯(Sextus Rufus)是不太知名的作者,著有 Breolarum de olctorii：et provinciispopuli Romani,该书是敬献给东罗马皇帝瓦林斯的。

② 弗洛鲁斯(Lucius Annaeus Florus)是公元 2 世纪人,著有 Epitome rerum Romanarum。

③ 欧特罗皮乌斯(Eutropius)是康斯坦丁皇帝的秘书。他著有 De inclytis totiusItaliae provinciae ac Romanorum. Gestis 和 Historiae Romance libri x,后一本把一千一百年的罗马历史压缩得很简洁。后来被迭肯(Paul the Deacon)扩写。

④ 杜梯勒(Jean du Tiller)卒于 1570 年,莫城主教,著有 Chronicon de regibus Francorum,该书 1550 年的版本与埃米利乌斯(Paul Aemilius)的 History of France 捆绑付印,博丹频繁引用后者。

埃米利乌斯(Paul Aemilius of Verona)卒于 1529 年,巴黎掌玺大臣(chancellor)、法兰西史料编纂者。主要的作品是 De rebus gestis Francorum usque ad annos1488 libri xx。

希菲利努斯(Xiphilinus)是 11 世纪君士坦丁堡的一位修士。他为狄奥的作品作简本。

狄奥(Dio Cassius)活跃于公元 3 世纪,以希腊文著从埃涅阿斯到公元 229 年的罗马历史。

尤斯丁(Justinus Frontinus)在公元 1 世纪时为庞培关于马其顿君主国的作品作简本。

西西里的狄俄多儒斯(Diodorus of Sicily)活跃于公元前 1 世纪。著有 Bibliotheca historica,一部试图书写世界史的作品。

似乎也是尤斯丁导致了庞培的消失,希菲利努斯导致了狄奥的消失。

最后,我们应该把所有值得回忆的言辞和事行交付给记忆的仓储室(locos)统管,就如同将其装入藏宝箱一般。从这些藏宝箱中,我们能提取出任何最有益于作出判断的资料。再者,完成此事最便宜之方法是,把属人的各种行为分类摆放在眼前。

论圣史和俗史

波舒哀(Jacques Bénigne Bossuet) 撰

谭立铸 译

[中译编者按]波舒哀(1627—1704)在43岁那年(1671)被法王路易十四召入凡尔赛宫,出任王太子傅保和官廷布道师。为了给王太子上课,波舒哀编写了两本教材,著名的《论普遍历史》(*Discours sur l'histoire universelle*,成于1670年代末,1681出版)即其中之一。这里译出的是开篇前言及第一卷第一至六章(依据法文版迻译),标题为本编者所拟。

孔东主教、国王顾问、王太子殿下前任教师、王太子夫人首席神师呈王太子殿下:析宗教的历程和帝国的变迁

前言 本书的总提纲和三大卷

历史无用论泛起时,当是君王读史的时候。君王要搞清人欲、利益、时代、形势、好的或坏的建言可能导致的后果,莫过于读史。历史仅由关涉历史的各种行动构成,历史的这种构成似乎正合君王之用。君王如需经验以获善治的良策,最好莫若就教于历史,透过往昔世代的人事,便可通达君王们反复经历的那些经验。君王与其习以为常地受教于臣民,请益于自己的荣光,以断定将临的危机,不如求助于历史,从往昔的事件来培养自己的判断力,以免进退失据。他们一旦看到史上君王身上隐藏得很深的恶习,那么,尽

管人们曾给这些君王很高然而虚假的评价,尽管众口称道,他们也会对这种阿谀奉承带来的虚假快乐感到脸红,他们认识到,只有伟业才配得上真正的荣光。

此外我还要说,除了君王外,所有正直的人都应为不谙人事及不知世代中变迁的史实而感到羞愧。不以历史来认识时代,就会把人仅放到自然法或成文法底下来看待,就像仅以福音法律来看待人那样。那样,我们就会把亚历山大时被征服的波斯人与居鲁士时征服别人的波斯人混为一谈;认为菲力(Philippe)时代的希腊人与忒米斯托克勒斯(Themistocle)或米尔提亚得(Miltiade)时代的希腊人同样的自由;以为罗马人在皇帝治下与在执政官治下感到同样的自豪;觉得教会在戴克里先(Diocletien)为皇时与在君士坦丁(Constantin)为皇时同样的安宁;断定内战频繁的查理一世(Charles I)和亨利三世(Henri III)时代的法国与路易十四(Loûïs XIV)时代的法国一样的强大,在路易十四时代,所有人都团结在这位非凡的国王周围,只有这个时代的法国才是欧洲的王冠。

正是为了避免这些不足,殿下您遍读古代和现代的历史书籍。在这些典籍中,首先就是关于上帝子民的史书,它们构成了宗教的基础。人们必定会让您去读希腊和罗马的史书,而对您十分重要的法兰西的历史,人们也一定会讲解周详,您也一定会掌握通透。所担心的只是,您读过的这些历史与您接下去要学的发生混乱,为此向您简明扼要地讲述所有世代的变迁,就很有必要了。

对于每个国家和每个民族的历史,普遍历史就像一张相对地域图的世界全图。通过地域图,您可以找到一个王国或一个行省内很小的地方,但通过世界全图,你却能弄清某个地方在世界内的位置。您会发现巴黎或法兰西岛在法兰西王国内,法兰西王国在欧洲内,欧洲在世界内。

个别[国家或民族的]历史反映的因此是发生在某个民族身上的各种事件的详细变迁,但要通盘地了解,必得知道每一历史与其他历史之间的关系,必得通过一个概略图,来对整个历史秩序瞥上一眼。

这两种事物,即宗教和帝国的历程,值得您铭记在心。宗教和政治是人类事务向前发展的两个轮子,审视这些包含在概略图中的人类事务,以这种方式发现所有的秩序和所有的变迁,无异于通过思想来把握人类的伟大之处,或者说,抓住了理解世界一切事务的线索。

通过看一张世界地图,您就可以走出您出生的国家,离开限制您的区域,踏上所有可居住的地方,用您的思想去拥抱任何海洋和陆地,同样,通过看一份概略性的编年史,您也可以摆脱时代给您的限制,在不同的时代内翱翔。

为了让记忆更好地记住地方,我们可以先固定一些主要的城市,然后围绕这些城市并依不同的距离标出其他市镇,同样,应在世代的次序内标出某些发生过重大事件的时段,然后以此来排列其他的历史事件。

时代(époque)的意思就是这样,这个希腊词意指停顿,停顿是为了有一个静止的点,以便观察之前或之后发生的事,否则就会犯年代错误,就会把不同的年代混为一谈。

古代可先集中关注的事件如下:亚当,或曰创世;挪亚,或曰洪水灭世;亚伯拉罕蒙召,或曰上帝与人立约的开始;摩西,或曰律法的颁布;攻破特洛伊;所罗门,或曰圣殿的建立;罗慕路斯,或曰罗马城的建立;居鲁士,或曰上帝之民从巴比伦之掳中获释;斯基皮奥,或曰迦太基被破;耶稣基督的诞生;君士坦丁,或曰教会的和平;查理曼,或曰新帝国的建立。

我将查理曼建立新帝国视为古代史的结束,因为您会在那里看到,古罗马帝国终结了。这也是为什么我让您止步于普遍历史中这一重大时刻的原因。在接下去的第二部分,我会给您一直讲到您父王用不朽业绩创立的辉煌时代,而您一心追随父辈的足迹,要去创造一个令人期待的更大的辉煌。

以上大致给您介绍了本书的目标,为了从书中获得我希望见到的教益,还得做三件事情。

首先,我们得一起探索我给您讲的诸时代,简短地给您介绍那些重大事件,好让您有印象,这些事件各有来头,我要让您对它们胸有成竹,清楚它们各自在历史中的位置。但鉴于我的主要目的是让您在时代的变迁中考察宗教和伟大帝国的历程,所以我将沿着宗教和帝国走过的路,以年代的先后为据,特别地对有关事件作些必要的思考,首先思考为何宗教绵延不绝,其次思考帝国内的伟大变革如何发生。

这样一来,无论您读到古代史的哪个篇章,一切都能使您受益。没有哪个事件是您无法领会其后果的。您会赞美上帝在宗教事务上的系列劝告,您由此也会明白这些事务必须以何等的深思熟虑和先见之明予以管理。

俗史　圣史
纪年　纪年

第一卷　编年纪事

一　亚当,或创世(世界第一纪)

1　前4004

第一个时代向您展现的是一出伟大的戏剧:上帝用他的圣言创造天地,按他的形像造人。摩西正是从那里开始写起的,他是第一位史家,是最深刻的哲学家和最睿智的立法者。

他为犹太人的历史、教义和律法奠定了基础。他随后让我们看到,所有的人都可追溯到那唯一的一个人,甚至女人也由他而来;婚姻以及人类社会的和谐均奠基于此;由于人整个地拥有上帝的形像,所以人本来是完美的和强有力的;他可以支配动物;他在乐园中,纯洁无瑕,生活在幸福中,有关黄金时代的诗篇对这些有过记述;我们的原祖父母领受了上帝的命令;但邪恶的诱惑之神以蛇的样子出现;亚当和夏娃堕落了,他们的子孙也跟着败坏;

第一个人连同他的后代都受到了惩罚,人类受到上帝的诅咒;拯救的应许首次出现,宣告人终将战胜使他们误入歧路的魔鬼。

大地上的人越来越多,罪恶也在增长。亚当和夏娃的第一个孩子该隐让我们看到新世界内发生的第一个悲剧;美德从此受到恶习的压制。由此生出了使两兄弟互相敌对的习俗:亚伯纯洁,他过着牧人的生活,他的奉献为上帝喜欢,该隐的奉献却不为上帝喜欢,他小气又没怜悯心,他杀了人,成了第一个因嫉妒而犯杀人罪的人;这一罪恶受到了惩罚;杀人者的良心受到可怕而持续不断的折磨;这位恶人建立了第一座城市,他四处躲避人们对他的仇恨和恐吓;他的后代发明了某些技艺;人欲横行,人心的狡猾使人向恶;塞特的后代尽管在道德败坏的环境中却依然忠于上帝;虔诚的以诺奇迹般地从世上被接走,因为世界不配拥有他;上帝的子女与人的子女不同,前者依灵性生活,后者依肉身生活;两种子女混在一起,世界于是整个堕落了;上帝以他的公义对堕落的人进行审判;他通过自己的仆人挪亚向罪人宣告他的愤怒;然而罪人不思悔改,不为所动,最终招来灭项的洪水;挪亚及他的家人免于灾难,方使人类得以绵延。

这就是世界最早的1656年,它是全部历史的开端,展现了上帝的全能、智慧和仁慈:他以公义惩罚罪恶,同时又耐心地等待罪人回头。人的伟大和尊严包含在人的最初建制内,虽然人堕落了,虽然人天生就嫉妒并喜欢争战和暴力,但他的天资没有泯灭,这是所有宗教和伦理的基础。

俗史纪年	圣史纪年
129	前3875
987	前3017
1536	前2468
1656	前2348

| 俗史 | 圣史 |
| 纪年 | 纪年 |

挪亚不但保存了人类,也保存了人类的技艺,这些技艺为人类生活必不可少,因此自他出现,人就懂得并不断地发明技艺。人类最先学到的技艺,是在创世主跟前进行的耕种、牧放、纺织,可能还有建筑。我们看不到这些技艺在东方,在人类由之扩展开的地方是如何开始的。

有关洪水灭世的传说在任何地方都可听到。拯救人类的挪亚方舟的故事在东方,特别是在洪水过后方舟停过的那些地方世代传说。这段著名历史的其他一些情况在某些古老民族的史记和传说中都有涉及,如果时间允许的话,我们尽可把古史中您想知道的内容都讲述一遍。

二 挪亚,或洪水(世界第二纪)

| 1656 | 前2348 |
| 1657 | 前2347 |

大洪水后,人口下降,生活方式也改变了,一种新的食粮代替了地上的果实,若干戒律仅以口头的方式传给了挪亚。建巴别塔,第一座象征人的骄傲和脆弱的建筑物,引发了语言的混乱。挪亚的三个孩子各处一方,这是土地的第一次分配。

人们保存了有关民族和群体的这三位最早奠基者的记忆。雅弗在西方广阔的地区繁衍后代,并在那里以众所周知的雅贝特(Japet)留名。含及他的儿子迦南同样闻名于埃及人和腓尼基人中间;对闪的记忆则始终活跃在希伯来人当中,因为他们是闪的后人。

在人类最初的分居后不久,宁录(Nemrod)生性残暴,他通过武力成了第一个征服者,从而开启了征服的历史先河。他在巴比伦建立王国,那个地方正是巴别塔曾经开始建造的地方,该塔已建得相当高,但还没有达到人的虚荣心想达到的高度。大概就在那个时候,尼尼微城(Ninive)也建成了,几个古老的王国也出现了。在古老的时候,这些王国都不大,光在埃及就有四个王朝或国都,分别是底比斯(Thebes)、至秦(Thin)、孟菲斯(Menphis)、塔尼斯(Tanis):后者是下埃及的首都。那个时代的主要事件有:埃及人开始建立自己的法律及警察制度,开始建造现今还在的金字塔,与迦勒底人同时期设立天文观测台。依据亚里士多德的记载,也就是在那个时代,而不是在更远古,毫无疑问是最早观测星相的迦勒底人在巴比伦将天文观测术传给了卡里斯忒涅(Callisthene)。

俗史纪年	圣史纪年
1771	前2233

一切在开始。古史无一例外,在最初时代以及稍后的漫长时期都会留存有世界的新生事物的伟大遗迹。法律成形、风俗固定、帝国形成。人类逐渐摆脱无知,互相学习,技艺不断发明出来并趋于完善。人口增长,人逐渐在大地上扩张开来。人们翻山越岭,穿河过海,建立新的居所。本为森林覆盖的大地于是变了样子,人们砍去树林,造田、造牧场,建设村落市镇。人们学习捕获一些动物,驯化另一些动物,让这些动物受人的驱使。人们首先得与凶残的野兽斗,最早的英雄就出现在这些争斗中。这些争斗使人发明了武器,人后来却用这些武器来互相残杀。宁录是第一位战士和第一个征服者,他在圣经中被称为猎手。人还会加工水果和蔬菜,他甚至利用金属来制造工具,慢慢地,人取所有的自然之物为己所用。就像时间让人自然而然地发明了许多事物那样,时间也让人产生遗忘,能记住的人毕竟是少数。挪亚保存下来的早期技艺,在人类初创的地方往往原封不动,但人们离那地方越远,就越失落这些技艺。为此,或者是人们假以时日重新掌握这些技艺,或者是保存者将这些技艺传给别人。

俗史　圣史
纪年　纪年

所以我们看到,那些人们世代生活的地方是一切技艺的源泉,技艺的根基在那里保存完整,人们在那里不断地学习许多重要的事理。对上帝的认识,对创世的记忆就保存在那里,但这种认识和记忆会渐渐地变弱,古老的传统变得越来越模糊不清。后起的寓言传说仅粗枝大叶地保存了这些传统,于是假神变得越来越多,上帝为这事呼召了亚伯拉罕。

三　亚伯拉罕的使命,或上帝与子民立约之始
（世界第三纪）

2083　前921

大洪水四百二十六年后,百姓各自为是,忘记了他们的创造者,为了阻止这些大恶漫延,防止他们随流失去,上帝从这些人中选出一个民族。上帝拣选了亚伯拉罕,让他做信众的根基和祖先。上帝在迦南呼召亚伯拉罕,因上帝愿意在那里建立自己的崇拜仪式,让他选定的亚伯拉罕的子孙在那里繁衍生息,人口多如天上的星星,海边的沙粒。上帝许诺把这块土地赐给亚伯拉罕的后裔,此外他还把更了不起的东西给了他们,通过从这一民族走出的耶稣基督,这一祝福后来泽及世界万民。亚伯拉罕以麦基洗德(Melchisedec)的大司祭的身份所颂扬的,正是这位由麦基洗德所代表的耶稣基督。亚伯拉罕把征服诸王所得战利品的十分之一献给的,正是麦基洗德,也是通过他,亚伯拉罕受到了祝福。亚伯拉罕财富无数,权力堪比国王,但他却保持着古老的风尚,他过着简朴的田园般的生活,他慷慨大方,热情接待所有的人。上帝通过天使向他传话,他相信无疑,显得信心满满、诚惶诚恐。

2148　前1856

在亚伯拉罕的时代,希腊人熟知诸王中最古老的伊那科斯

	俗史纪年	圣史纪年

（Inachus），他建立了阿尔戈（Argos）王国。亚伯拉罕后，有他的儿子以撒和孙子雅各，他们继承亚伯拉罕的信仰，过着简朴的田园生活。面对亚伯拉罕的后裔，上帝的许诺不变，在所有的事情上引导他们，就像曾引导亚伯拉罕一样。以撒祝福雅各，却使雅各的兄长以扫蒙受了伤害。 2245　前1759
表面上是由于一场骗局，事实却是上帝旨意的结果。上帝护佑的雅各出人头地，以扫却因此蒙尘。雅各与一位天使争斗，这场争斗意味深长，雅各因此得名以色列，他的后代于是被称为以色列人。以色列生十二族长，他们是希伯来民族十二支派的祖先。利未是其中的一个支派，司祭职由这一支派出。由犹大出了具有王家统绪的耶稣基督，他是万王之王、万主之主。还有约瑟，他是雅各最爱的儿子，在他的身上，上帝圣意的新秘密显露出来。年轻的约瑟嫉恶如仇，他想方设法让他的兄弟们远离罪恶，在他的身上我们首先看到的是无辜和智慧。他做了一个难解又带预知性的梦，他的兄弟因此嫉妒他，而再一次，嫉妒使人走上了谋杀的道路。约瑟被卖，后来忠 2276　前1728
于他的主人，具有令人钦佩的纯洁品格。他由此遭到迫害，身陷牢狱却坦然面对。他发出预言并神奇地出狱，他给法老解梦众所周知，他的功勋盖世，他才干了得又为人 2287　前1717
正直，他所到之处都有上帝的护佑，这使他战无不胜。他有预见又富于远见，他在下埃及有绝对的权威。他的父 2289　前1715
亲雅各及他的家人因此得保平安。这个为上帝所爱的家 2298　前1706
庭就这样在埃及的这个地区立了足，埃及以塔尼斯为首都，其国王称为法老。雅各去世，就在去世前不久，他说 2315　前1689
了一段著名的预言，说出了他的后代子孙的未来，他尤其预见到犹大支派将走出一位弥赛亚。犹大一族不久将壮

俗史 纪年	圣史 纪年	
2433	前 1571	大起来，但这一神奇的发展引起埃及人的嫉妒，希伯来人因此遭到不公义的仇恨和无情的迫害。上帝于是兴起摩西，让他做他们的救星。摩西被人从尼罗河的水里捞起，辗转到埃及法老女儿的手里，她把摩西当儿子来养，让他
2448	前 1556	学习埃及人的全部智慧。那时候，埃及人在希腊的各处居住了下来。刻克洛普斯（Cecrops）从埃及带出的那支移民建立了十二座城市，或者说十二座市镇，他们组成了雅典王国，并在那里推行他原先地区的法律，他们在那里敬拜诸神。不久在忒萨利（Thessalie）发生了丢卡利翁（Deucalion）与洪水的事件，希腊人误以为这场洪水就是那场灭世的大洪水。丢卡利翁的儿子赫伦（Hellen）统治忒萨利（Thessalie）的佛提亚（Phtie）地区，他用自己的名字来命名希腊。那里的百姓原称希腊人（Grecs），此后都称为"赫伦人"（Hellenes），尽管拉丁语沿用的是他们的原名。大约在同一时期，阿革诺耳（Agenor）的儿子卡德摩斯（Cadmus）把一支腓尼基（Pheniciens）移民队伍带进了希腊，建立了忒拜城，该城位于维奥蒂亚地区（Beocie）。叙利亚及腓尼基的诸神与这些人一道进入了希
2473	前 1531	腊。摩西也走向了成熟，四十岁时他便轻看埃及宫廷里的荣华富贵。有感于他的以色列弟兄所遭受的苦难，他决定以死去救助他们。以色列人并不领摩西的情，也不接受他的勇气，他们告摩西杀人，让法老愤恨他。摩西从埃及到阿拉伯避难，到了米甸地，他的美德总能让他逢凶化吉，并使他找到一处安身之所。这位伟大的人物似乎失去了拯救自己族人的愿望，或许他是在等待最好的时机。他与岳父流珥一起放牧凡四十年，有一天他在旷野
2513	前 1491	看到一丛荆棘在燃烧，并听到他祖先的上帝对他说话，让

他重回埃及,把他的弟兄们从埃及人的奴役中救出。重回埃及的这位伟大立法者显示了他的谦卑和勇气,并伴随许多奇迹。法老不思悔改,上帝于是给他降下各种可怕的惩罚。以色列人在逾越节后第二日渡过了红海,法老和他的军队却葬身海底,以色列人得以安然撤离。

四　摩西,或成文法(世界第四纪)

成文法的时代开始了。上帝向摩西颁布律法发生在亚伯拉罕蒙召后的第430年,在洪水灭世后的第856年,就在希伯来人逃离埃及的那一年。这个日子意味深长,因为人们用这个日子来标记所有自那时起直至耶稣基督的年代。此后的时代被称为成文法的时代,以便区别先前所谓自然法的时代,在自然法时代,人们依据自然理性以及祖先的传统来进行自我管理。

俗史纪年	圣史纪年
1	前4004

上帝因此把他的百姓从埃及人的暴政中解放出来,把他们引向他希望他们事奉他的地方。到达那地方前,他给以色列人颁布律法,让他们按此律法去生活。上帝亲手将律法写在两块石版上,在西奈山顶交给摩西,那是法律最基本的内容,即十诫,里面的内容包含两个基本方面,一是敬拜上帝,一是人与人之间的关系。上帝还向摩西传授了其他命令,建立了会幕,从而影响了未来。上帝升入其中的云彩代表他的谕令,两块法版就隐身在里面。摩西的兄弟亚伦地位上升,最高司祭权这唯一的尊荣给了他及他的子孙。上帝规定了祭典礼仪和祭服样式,以及亚伦子孙的祭司职能。又规定了利未人的仪式以及其他宗教祭品。值得我们注意的还有良好习俗的守则,蒙拣选之民的法治系统,上帝愿意成为这个民族的立法者。

俗史纪年	圣史纪年	
		这些都是发生在成文法时代里的事件。后来,以色列人继续行走旷野,这些上帝的子民内讧、崇拜偶像、受罚、受安慰,就这样,全能的立法者一点一点地教化他们。以利
2552	前 1452	亚撒成为最高的大司祭,他父亲亚伦去世。以利亚撒的儿子非尼哈(Phinées)十分虔诚,通过一条特别的应许,司祭职确定为他的子孙担任。在这期间,埃及人继续在各地,特别是在希腊建立他们的殖民地,在希腊,埃及人达那俄斯(Danaus)自立为阿尔戈的国王,剥夺了伊那科斯人曾有的王位。在上帝子民即将走出旷野的时期,发
2553	前 1451	生了许多战争,但摩西的祈祷总能使他们逢凶化吉。摩西死,他给以色列人留下了一部有关这个民族的完整历史,那是他反复回顾自创世至他逝世整个历程的结果。这一历史接着由他的继承者约书亚续写。人们把这一历史编为数部书册内,于是我们能读到《约书亚记》、《士师记》、《列王纪》(上、下),共四卷。摩西写的有关全部律
2559	前 1445	法的史书分为五卷,这就是所谓的摩西五经,它们构成了宗教的基础。摩西死后,发生了由约书亚领导的一系列战争,他们占领并分配了圣地。以色列人三番五次地背叛上帝,他们受到惩罚后又恢复正常。这期间我们看到
2559	前 1405	俄陀聂的得胜,他把以色列人从美索不达米亚王古珊的
2679	前 1325	暴政中解放出来,八十年后,以笏刺杀了摩甲王伊矶伦。
2682	前 1322	大约就在那时期,弗里吉亚人(Phrygien)坦塔罗斯(Tantale)之子珀罗普斯(Pelops)统治着伯罗奔,该地因他得名。迦勒底王柏尔(Bel)在这些民族中享受着巨大的荣
2699	前 1305	誉。以色列人忘恩负义,重受奴役,落在迦南王耶宾的手里,女先知底波拉对以色列人发出断言,亚比挪庵的儿子
2719	前 1285	巴拉打败了西西拉领军的国王部队。四十年后,基甸不

	俗史纪年	圣史纪年

战而胜,驱走了米甸人。亚比米勒杀死他的众兄弟并夺权,进行残暴的统治,最后也搭上了自己的性命。耶弗他因许愿血祭而获得胜,这场血祭终因上帝的秘密命令而被宽免,至于原因何在,他是不愿说与我们听的。这一时期,在以色列以外的地方发生了一些令世人瞩目的大事。据希罗多德似为不谬的推算,应在罗马建城前514年,在底波拉时代,柏尔之子尼诺斯(Ninus)在亚述建立了第一个帝国,帝都设在尼尼微城,该城古老,本就名声在外,加之尼诺斯进行的修整,便变得更出名了。亚述人早在一千三百年前便开始在那里生活,他们在该城留下了古迹,希罗多德却说只有500年,因他单单讲述亚述帝国的历程。在柏尔之子尼诺斯的统治下,亚述人开始将帝国发展至上亚细亚地区。在这位征服者统治期间或稍后,推罗(Tyr)古城开建或重修,它因海上往来和移民而为人所知。紧接亚比挪庵之后,我们看到的便是著名的安菲特律翁之子赫拉克勒斯的征战,以及雅典王忒修斯的征战,他把刻克洛普斯当初的十二个城镇改建成一座独一无二的城邦,他给雅典人制定了最优良的治理方式。在耶弗他的同期,尼诺斯的守寡妻子、尼尼亚斯(Ninyas)的监护人塞弥拉弥斯(Semiramis)通过征战扩大了亚述帝国的版图,著名的特洛伊城在拉奥墨冬(Laomédon)为第三任国王时曾被希腊人攻破过,现在再次被希腊人烧劫一空,离上次110年,在拉奥墨冬之子普里阿摩斯(Priam)为王的时候。

2759　前1245

2768　前1236

2817　前1187

2737　前1267

2751　前1252

2620　前1184

五　特洛亚沦陷

特洛伊灭城发生于约以色列人出埃及后的308年,　2620　前1184

俗史纪年	圣史纪年	
		洪水灭世后的 1164 年,这时代所以令人瞩目,是因为发生了一件意义非凡的大事,通过希腊和意大利两位最负盛名的诗人的笔,这事变得众所周知,此外具有同等重要的另一个原因是,在那个可称为传奇和英雄般的时代里发生的最为轰动的事情都处于这段时期内。说它传奇,是因为那个时代的历史记下了这些传奇故事;说它是英雄般的,是因为那些被诗人称为诸神孩子和英雄的人。他们生活的时间离特洛伊战败不远。在普里阿摩斯之子拉奥墨冬的时代,金羊毛的英雄们都露面了,他们有伊阿宋、赫拉克勒斯、俄耳甫斯、卡斯托耳、波吕丢刻斯及其他知名的英雄。在普里阿摩斯时代,在特洛伊城的最后时期,我们可见到阿喀琉斯、阿伽门农、墨涅拉俄斯、奥德修斯、赫克托耳、朱庇特的儿子赛尔佩冬、维纳斯的儿子、被罗马人奉为奠基者的埃涅阿斯,等等,这些人都被名门望族自豪地看作自己的先人。这一时代是独一无二的,那个传奇年代最为确实和最为精彩的事件都发生在这一时
2887	前 1177	代。然而,无论如何,更令人景仰的还是圣史:参孙的神
2888	前 1176	力及他令人吃惊的软弱;以利成为最高司祭,他因虔诚而受人爱戴,却因子女们的罪而受苦;士师撒母耳洁净无
2909	前 1095	瑕,他被上帝选为先知去册封国王;扫罗成为上帝子民的第一位国王,他连战连胜,但他不听司祭的话而自作主张去献祭,他不顺从上帝,在宗教上难被宽恕,他悔恨自己,但结局悲惨。在那时,雅典王科德鲁斯(Codrus)以死拯救他的人民,人民因他的牺牲而获得了胜利。他的子女墨冬(Medon)和米勒埃斯(Nilée)为王位发生内斗,雅典人趁机推翻了王国,宣称朱庇特是雅典人民唯一的国王。他们推选出行政官或常任主持负责城邦的管理工作,这

	俗史纪年	圣史纪年

些官员被人称为执政官。科德鲁斯之子墨冬成了第一位行政长官,在后来很长的时间内,这一职位一直由该家族把持。雅典人把他们的殖民地扩展至小亚细亚名叫爱奥尼亚的地方,伊奥尼亚的殖民地开辟于差不多同一时间,整个小亚细亚于四处可见希腊人的城市。扫罗之后是大卫的时代,这个可爱的牧羊人战胜了骄傲的哥利亚,所有与上帝子民作对的敌人都败在他手下;大卫是伟大的国王、伟大的征服者、伟大的先知,让他去赞颂全能上帝的荣光很合适;大卫在心灵上属于上帝,就像他自己所说的那样,他甚至通过自己的悔改而使他犯下的罪恶变成了对上帝的荣耀。继承这位热爱上帝战士的,是他的儿子所罗门,所罗门智慧、公正、和平,他的双手没沾过血,因此让他建造上帝的圣殿非常合适。

  2949 前1055

  2970 前1034
  2990 前1014

  2992 前1012

六 所罗门、圣殿建城(世界第五纪)

  按圣史算,那时是创世后 3000 年,以色列人出埃及 488 年,按俗史算,那时是攻克特洛伊第 180 年,罗马建城第 250 年,耶稣基督诞生前 1000 年,也正是在那个时候,所罗门建成了宏伟的圣殿。他诚心正意地为圣殿举行了隆重的献殿礼,除了这次庆典外,所罗门在为王期间还做过其他一些辉煌的大事,但最后却因软弱而可耻地跌倒。他沉迷于女色,精神低落,他的内心变冷淡,他的宗教感情不再炽热,却拜起偶像来。上帝因此发了义怒,却因想起他仆人大卫的功绩而没有严惩他,但对所罗门的忘恩负义,上帝也不能完全坐视不管,所以在所罗门死去,其子罗波安继位后,上帝将他的王国分裂了。因为轻狂,这位年轻的君主失去了十个支派,耶罗波安使这些支

  3000 前1005

  3001 前1004

  2029 前975

俗史纪年	圣史纪年	

派远离了上帝和他们原来的国王。为了不让这些支派再回归犹太王,耶罗波安禁止他们到耶路撒冷圣殿去献祭,他塑了金牛,用以色列上帝的名字来命名,为的是使人不觉得他的改变太唐突。出于同样的考虑,他保留了摩西的律法,但却以自己的方式加以解释。耶罗波安几乎全部沿用了原来的治安系统,无论是在社会方面还是在宗教方面。至于摩西五经,则一直为这些分离的支派所尊重。

以色列国就这样兴起,与犹大国对立而治。在以色列国,不信上帝和偶像崇拜泛滥,在犹大国,宗教常有混乱不清,无法保持自身的纯洁。在这一时期,埃及王国很是强盛,底比斯王国与其他四个王国结盟。人们相信,埃及著名的征服者塞索斯特里斯(Sesostris)就是埃及王示

| 3033 | 前971 | |

撒(Sesac),上帝通过他来惩罚罗波安对上帝的不敬。在罗波安之子亚比央为王时,人们看到这位敬上帝的国王

| 3087 | 前917 | |

战胜了那些分离出去的支派。他的儿子亚撒是一个敬上帝的人,这在圣经里有记载,圣经说他病时更多的不是依靠医生,而是依靠上帝的仁慈。在那时期,以色列王暗利

| 3080 | 前924 | |

(Amri)建立撒马利亚,在那里设立他的王国首府。接着

| 3090 | 前914 | |

是令人敬佩的约沙法(Josaphat)为王,在他的治下人们敬上帝、行正义、开航路、懂战术。就在犹大国人人都以为出了第二个大卫的时期,以色列在亚哈(Achab)和他的妻子耶洗别(Jezabel)的治下,那时不但耶罗波安的偶像崇拜被继承下来,异教的各种不敬神也随处可见。这两

| 3105 | 前899 | |

个人最后都没得好死。开始的时候,上帝尚能对他们的偶像崇拜姑息迁就,但当他们杀害拿伯(Naboth)后,上帝决定惩罚这两个人,拿伯曾据摩西的律法,拒绝把先人的

	俗史纪年	圣史纪年

产业永久出卖给亚哈。对他们的惩罚由先知以利亚（Elie）告知。尽管早有防备，亚哈不久仍然身亡。大约在那时，迦太基建城，狄多（Didon）自推罗返回，她选了一处地方，以推罗城为样板建城，她希望以此建立一个海洋帝国，通过贸易往来获得利益。至于她缔造共和国的时间，如今着实不易弄清，但这个由推罗人和非洲人混合而成的共和国却是一个到处都有战士和商人的国家。古代史家认为迦太基共和国成立于特洛伊被攻破之前，这就让人以为，狄多不是迦太基国的奠基者，她仅做了些扩展和巩固的工作。
 3112　前892

此时在犹大国发生了一些带来改变的事件。亚哈和耶洗别的女儿亚他利雅（Athalie）在约沙法（Josaphat）的家里干起不敬上帝的事，而一位非常虔诚的国王的儿子约兰（Joram）不学他的父亲却学他的岳父。上帝于是找上了他，他的统治很短，他的结局很悲惨。与此同时，上帝行了一些前所未有的奇迹，他愿看到以色列人好，希望他们回头改过。但这些人就是不思悔过，他们视以利亚和以利沙（Elisée）为眼中钉，在亚哈及其后的五位继任者为王期间，以利亚和以利沙是先知。这期间也是荷马的辉煌期，三十年前，赫西俄德也曾辉煌过。他们给我们描绘的古代风俗以及记录下来的古迹宏伟而古朴，这些大大有助于我们明白古代的悠远以及圣经的神圣质朴。在犹大和以色列国，发生了一些可怕的事情，耶户（Jehu）命人把耶洗别从一座高塔上扔了下来。他不但没给死者整容，还令人用脚去践踏她的头发。约户让人杀了亚哈之子，以色列王约兰。亚哈的全家均被处死，几乎所有具有犹太王族血统的人都被杀害。犹大王约兰与亚他利雅

3116　前888

3119　前885

3120　前884

俗史 纪年	圣史 纪年	
		的儿子亚哈谢（Ochosias）及他的兄弟们在撒马利亚被杀，被杀的还有亚哈子女的盟友们。这个消息一传到耶路撒冷，亚他利雅就起来剿灭王室的其他成员，连自己的孩子也不放过，她以害死自己所有孩子的代价篡夺了王位。只有亚哈谢的儿子，出生不久的约阿施（Joas）幸免于难。亚哈谢的妹子，大祭司耶何耶大（Joïada）的妻子约示巴（Jézabeth）把约阿施藏在上帝的殿里，才救下了大卫家族仅余的血脉。亚他利雅以为无一漏网，便高忱无忧了。同一时期，吕库戈斯（Lycurgue）给斯巴达人（Lacédenone）立法。全部的法律都以战争为目的，以米诺斯（Minos）为榜样，以米诺斯定下的制度为依据。为了把男人锻造成战士，他们几乎不能与女人接触，必须过一种艰辛的严格生活。
3126	前878	在犹大国，没有人动摇亚他利雅的王位，她在六年里信心满满。在这时间，上帝在自己的殿里养育着一位在那里避难的复仇者，这位复仇者七岁时，耶何耶大把他介绍给几个王家将领，他精心布局，当着利未人的面在圣殿里膏立年轻的约阿施为国王。百姓们很快都承认约阿施是大卫和约沙法的继承人。亚他利雅冒着抗议的声音去平息事件，她被人从圣殿中驱逐出去，并受到了罪有应得的惩罚。在耶何耶大活着的时候，约阿施令人遵守摩西的律法。在这位圣洁的大祭司死后，约阿施因臣下的阿谀奉承而变了个人，他们一起陷入偶像崇拜。耶何耶大
3164	前840	的儿子，大祭司撒迦利雅（Zacharie）想让他们改过自新，约阿施却不念撒迦利雅的父亲对他的恩，让人用石头砸
3165	前839	死他。约阿施很快就遭到了报复，第二年便败于叙利亚人，遭人唾弃，最终死于自己人之手。约阿施的儿子亚玛谢

	俗史 纪年	圣史 纪年

（Amasias）比他优秀,继他登上了王位。以色列王国打不过叙利亚的诸王,本身又有内战,但在耶罗波安为王时恢复了元气。比他的前任更虔诚,又名乌西雅（Ozias）的亚撒利雅（Azarias）是亚玛谢的儿子,他的统治并不给犹太王国增加任何的荣耀。就是这个有名的乌西雅得了麻风病,据圣经的多次记载,他是咎由自取,因为他在晚年冒犯祭礼,不遵守法律的规定,亲自在香坛上烧香。据摩西法律,他哪怕是王,也不能走上祭坛。在他之后,他的儿子约坦为王,治国很有智慧。在乌西雅作国王时,以何西阿（Osée）和以赛亚（Isaïe）为代表的先知们开始以书写的方式说先知话,他们把这些先知书的原本放在圣殿里,给后世以教益。还有一些不太为人所知的先知,他们只说不写,他们的话按例收录在圣殿的档案里,与当时的大事纪集在一起。

3179　前825

3194　前810

在那时,传说由赫拉克勒斯开创的奥林匹克赛会重新举办,之前这项赛会已中断很久了。这项活动产生了奥林匹亚年（Olympiade）,希腊人于是以此纪年。瓦伦（Varron）所说的传奇时代结束于此时。因为,在此之前,俗世的历史充斥着混乱和传说,而在此之后开始的历史,世上发生的大事被叙述得更为可信和更为确切。第一届奥林匹克赛会以克洛柏斯（Corèbe）获得锦标而载入史册。这一盛会每五年举办一届,休会期为四年。赛会安排在希腊人的全体集会上,第一次在匹斯（Pise）举办,第二次在伊利亚（Elide）举办,竞赛的获胜者戴上花冠,接受雷鸣般的欢呼。健身因此成了一项体面的运动,希腊人也因此变得强壮和礼貌起来。

3228　前776

| 俗史 | 圣史 |
| 纪年 | 纪年 |

在那时，意大利差不多是蛮荒之地。出自埃涅阿斯一族的拉丁诸王正统治阿拉伯地区，普勒（Phul）是亚述国的王。人们相信他是萨达纳帕拉斯（Sardanapale）的父亲，东方人按习惯称后者为 Sardan Pul，意指 Sardan 是 Phul 的儿子。人们还相信，这位普勒（Phul 或 Pull）曾是尼尼微的王，他听了约拿（Jonas）的劝告，与自己的百姓一道悔过自新。这位国王注意到以色列国的不和，便去攻打它，但在米拿现（Manahem）的调解下，他帮助米拿现巩固了后者刚以武力夺取的王权，作为报酬收下一千塔兰银子（《列王纪·下》15:16）。在他儿子萨达纳帕拉斯及随后雅典人的最后一位终身执政官阿尔克迈翁（Alcmaeon）的治下，那里的百姓不知不觉喜欢上民主，他们削弱官长的权力，把执政官的期限缩短为十年。卡罗波斯（Charops）是第一例这样的执政官。

3233　前771

罗慕路斯（Romulus）和雷穆斯（Remus）有阿尔巴古王的血统，因为他们的母亲是伊利亚（Ilia），他们在阿尔巴王国给自己的外祖父努米托尔（Numitor）恢复地位，此前他的兄弟阿穆里乌斯（Amulius）篡夺了王位。后来事情失控，他们便去建罗马城，那时正是约坦在犹大国为王期间。

普遍历史两论提纲

杜尔哥(Turgot) 著
谭立铸 译 安 蒨 校

[中译编者按]杜尔哥(1727—1781)出身于巴黎一个贵族家庭,20岁那年(1747)获神学学士学位后进索邦神学院深造,很快出类拔萃。1750年,年仅23岁的杜尔哥作为索邦神学院代理副院长在开学(7月)和结业(12月)典礼上发表了两次演讲,分别题为《基督教对人类发展的好处》和《人类精神连续进步的哲学纲要》(Tableau philosophique des progrès successifs de l'ésprit humain)。在这一时期,杜尔哥还写了《普遍历史两论提纲》手稿(Plan de deux discours sur l'histoire universelle)和《关于政治地理学的论著大纲》(Plan d'un ouvrage sur la géographie politique)。杜尔哥去世后,友人杜邦(Du Pont)将《普遍历史两论提纲》手稿整理出版。中译依据 Gustave Schelle 编本:*Oeuvres de Turgot et documents le concernant, avec biographie et notes*, Paris, 1913–1923(5卷), vol. I, 页 274–323 迻译,依据 Ronald. L. Meek 编/译, *Turgot on Progress, Sociology and Economics*(Cambridge Uni. Press, 1973/2010)校订。第二论《论人类精神进步提纲》的文本,英译本与法文版有较多出入(法文版缺不少段落),估计英译本参校了多种法文本,凡有出入者皆从英译本。

杜邦先生序

杜尔哥先生曾向波舒哀先生致以崇高的敬意,后者思想的高超、语言的有力使他配得如此敬意。杜尔哥由衷钦佩波舒哀高贵而汪洋恣肆的文风、丰富多彩的表达、庄严富丽的气息以及和谐无间的完整。不过,在他如此颂赞了波舒哀作为一位作家的卓越表现之后,他也不无遗憾地认为,波舒哀的大作《论普遍历史》没有为我们提供更丰富的洞察、推理和真理之见。他惋惜地看到,相比于作者高远的立意及其作为帝王师的尊位,相比于作者所具备的法兰西任何作家都不可媲美的伟才,这部作品并未达到要求。

然而,杜尔哥先生的天性使他不会小视一部备受赞誉的作品,也不会怠慢一位才华出众的伟人。

他宁可重写此书,亲自赋予此书以他所希望的广度,并在书中补入那位才华横溢的莫城主教或默默跳过、或也许并未想过、或也许不会接受的原则。

但这样的大作不可能一挥而就,因此杜尔哥先生认为在他动笔之前应当先草拟出大纲:不是仅仅罗列出他想要写到并展开的主题,而是像伟大艺术家以精湛的技艺勾勒笔下人物肖像时那样,挥动手中的笔来勾勒出这些主题的轮廓。

这份提纲没有最终完成,不过我们找到了初稿,因此在这里把它复原出来。

虽然这是一份未完成稿,但其中没有一页不表明写下手稿的人不可能没有思考过整个计划的全局,也不可能不曾凝神考虑过他所要囊括的众多主题的方方面面。

导论性观念:人类进步的一般过程

造物主把人置于永恒与无限当中,却仅让人占据一个点,因此人必然与多种多样的事物和存在物发生关系,与此同时,他的种种观念却又汇聚在他那不可分的精神内,集中于不可分的当下瞬间(instant présent)。人只能通过感觉认识自身,所有的感觉无不关涉外在事物,当下是互相关联的众多观念所汇聚的中心。

所有这些观念在其不断的繁复变化中这样互相关联,并遵循着某些法则的律令,人的现实意识由此获得。在不同感觉的共同作用下,人意识到(apprend)外物的存在。与此类似,观念的前后相继也使他意识到过去的存在。存在物间的相互联系绝非消极的联系,万物皆可相互作用,这种作用遵循它们不同的规律并取决于它们彼此之间的距离。这个实际世界边界莫测,我们只感知极少的部分,这与我们感官的完善程度有关。我们只知道链条上很少的几个环节,而无力认识那些极大和极小的事物。

所有物体遵循的种种规律构成物理学,这些规律万世不移,被描述而不是被叙述。与此相比,动物的历史,特别是人的历史则大为不同。人跟动物一样通过传宗接代延续生存,也跟动物一样眼见他的同类在所居地面上往四处扩展。然而,人禀有更发达的理智和更多的行动自由,因此他们之间的联系要广泛得多、复杂得多。人拥有一座保存符号(signes)的宝库,并且几乎能够无限扩充这些符号,因此能确保所有习得观念的无虞,并把这些观念传授给他人,又将它们如不断增长的遗产那般传给后人。这些观念不断发展,与人类的种种激情及其所导致的事件不断结合,一起合流成人类的历史。每个人在历史中不过是一个巨大整体的一部分,然而这个整体也如个人一样,有它的童年和成长。

因此,普遍历史包含着:对人类前后相继的进步的思考,阐明产生进步的具体原因;人类早期的开端;民族的形成和融合;政府的起源和变革;语言、自然哲学、道德、风尚、科学和技艺的进步;促使帝国、民族、宗教前后更替的革命;就像暴风雨后海水依旧,经历动荡后的人类仍旧向着自己的完善迈进。至于揭示一般和必然原因的作用、特殊原因和伟大人物的自由行动的作用,以及这一切与人类构造本身之间的联系,并通过结果来揭示道德原因的来源和机制——那是哲人心目中的史学。这种史学以度量时空间隔的地理学和编年学为根据。

我将根据这一提纲来绘制人类图景,约略勾勒人类发展的历史次序,对一些重要的时代稍加重墨。我并无深究之意,只想化简巨著为一梗概,欲见壮阔历程却不行尽前路,正如透过一扇窄小的窗户,看辽阔无垠的天空。

一 论政府的形成和民族的融合提纲

整个宇宙向我宣示第一存在者。我环顾四周,皆为上帝手迹。

若我欲知某物的底细,我便堕入云里雾里。

我见技艺日有所新;我见世上某地的人文明开化,某地的人却仍在森林中游荡。假如在永恒的时间中,这种差距一定会消失。由是知世界并非永恒;但与此同时,我们也必须说世界古老得很。到底有多古老? 我们不知道。

民族的起源

历史性的时代至多可溯至书写的发明。书写发明后,人们起初只是用它来记述一些模糊不清的传说,或者一些没有确切日期的重大事件,这些事件混杂着寓言故事,以至于真假难辨。

各民族都有其自尊心,这自尊心让诸民族把自己的起源溯至不可及的远古。但在数字发明以前,就时间长短而言,他们的观念很少能超出他们相识的几代人,即超出三、四代人的范围。没有史书的帮助,口传只能用一个世纪或一个半世纪来指示已知事件发生的时间。因此任何史述都无法回溯至书写发明之前,除非利用某种神话性的编年表。而只有当各民族由于商贸往来而相遇,并由自尊转为嫉妒的时候,才会不厌其烦编造出这样的编年表。

圣 经

在理性和史述还在如此沉默的时候,有一本记载启示的书赐给了我们。书中告诉我们,世界已过了六或八千年(根据不同的版本);我们众人都出自唯一一对男人和女人,人生来是为过一种更幸福的生活,但由于这对男女不服从所招来的惩罚,使人落入无知和赤贫的境地,只有通过时间和勤劳才能消除些许。这本书为我们巧妙描述了最初的技艺,这些技艺因应人的某些基本需求而产生;书中也写到一代代人的更替,直到一场普世大洪水几乎把人类整个吞没,人类最终剩下唯一一个家庭,一切不得不从头开始。

该书丝毫不会拦阻我们去寻求我们所寻求的东西,即人类如何在大地上扩展开来,以及政治社会如何组织起来。它为这些重大事件提供了一个新的出发点,即便它所与我们联系起来的那个事件并没有成为我们的信条之一,我们仍然可能采纳一个类似这样的出发点。

猎 人

没有食物储备,再加上人处身森林深处,他所做的事就是生存下去。由于还没有种植,地上长出的果实着实不多;为此必须猎杀动物,但动物数量不多,无法在某一区域内为众人提供足够的食物,这就加速了人类的分散和快速的扩展。

不同家族或人口不多的不同民族彼此远远分开,这样他们才有足够大的地方获得食物,这就是猎人的生存状态。猎人没有固定的居所,经常从一处迁移到另一处。生存的艰险、争斗、对敌人的恐惧,都足以使猎人的家庭与本族其他人分开。

他们漫无目的,随猎物而动。如果前方还有猎物可狩,他们就走得更远。于是,讲同样语言的人有时可能相隔六百里以上,而自己身边的人却听不懂他们说话。这与美洲保护区的情形一样,我们看到,出于同样的理由,那里存在着一些仅有十五至二十人的部落。

野蛮人很会找冬季发起战争和争斗,这些战争和争斗经常促进民族之间的融合,有时候,由于习俗和语言上大致相近,众多的民族融合为一,只是内部存在多种方言。

在美洲的保护区,人们有接纳战俘进入本族以代替已方在远征中的阵亡者的习惯,这使民族间的融合变得更频繁。我们看到一些语言分别统治着广阔地带,如生活在圣洛郎河(Sanit-Laurent)流域的休伦人(Hurons)的语言,如向密西西比河扩展的阿耳冈昆人(Algonquins)的语言,如墨西哥人的语言,如印加人(Incas)的语言,如巴西的多比南卜人(Topinambous)的语言,如巴拉圭的圭拉尼人(Guaranis)的语言。一般来说,那些连绵不断的山脉就是这些语言的边界。

有些动物可以驯服,诸如牛、羊、马等,所以人就把它们成群豢养,这比跟在零零散散的动物后面跑更好。没过多久,在人们遇到这些动物的地方就出现了放牧的生活方式:欧洲人牧养牛和绵羊,东方人牧养骆驼和山羊,鞑靼人养马,北方人则饲养驯鹿。

没有这些物种的部分美洲地区则维持着捕猎的生活方式。大自然赐予秘鲁一种称为拉玛斯(llamas)的绵羊,于是秘鲁人成了牧人。显然正是由于这个理由,美洲的这个地区更容易地开化起来。

牧　人

牧民的生活较为充裕和稳定,因此人口最多。他们开始变得较宽裕并进一步认识到财产的观念。未化之人(barbares)的野心,不如说是贪欲,激发着他们想要去掠夺别人的财产,同时也激发了他们保存自己财产的愿望和勇气。饲养畜群得付出猎人所没有的琐碎繁杂,但所养活的人多于照顾畜群所需要的人。这样,有空闲的人就可以快速运动,而不必随本族的流动而流动。由此,一个民族不可避免地要进行战争来反抗某一特定的人群,或是猎人,或是其他游牧民族。如果打胜,他们就成了这些畜群的主人,但他们有时也会被牧人骑兵团劫走,因为后者饲养的畜群是马或驼驼。由于战败者若逃跑就会饿死,于是他们落得野兽一样的命运,成了战胜者的奴隶,为战胜者看护畜群并养活他们。不再为生计操心的主人又以同样的方式去征服另一些人。这样,小的民族就慢慢壮大为大的民族。这些民族向整片陆地扩展,直至难以逾越的天然屏障为止。

比起游猎民族,游牧民族的入侵留下了更多的痕迹。游牧民族享有更多闲暇时光,容易产生更多欲望,因此他们四面出击,向凡可以获取战利品的地方进发。哪里有牧场,他们就在哪里驻足,并与当地人混居。

先行者的榜样鼓励后来的人。前浪推着后浪,汹涌向前。民族之间、语言之间持续地互相融合。

这些牧人征服者不久就烟消云散。一旦不再有什么可供劫掠,这些游牧部落就失去了生活在一起的理由,此外,畜群的增加也迫使他们分开。每个游牧部落都有自己的首领,但有一位大首领或某位好战者在全族范围内拥有对其他人的权威,其他人必须向他献上贡品,以示臣服。

最后出现了一些虚假的荣誉观念。过去人们为劫掠而行动,如今人们为统治而行动,为显耀本族于其他民族而行动。此外,当商贸往来使人对外国的情形有所了解后,他们还会为了以贫瘠地区交换肥沃的土地而行动。

凡有点野心的首领都想染指邻近的土地,他们向外扩张,直至遇上有能力抵抗他们的人。战争于是不可避免。战胜者因战败者的屈服增强实力,接着又以增强了的实力实施新的征服。由此出现了大规模的蛮族入侵,大地屡受蹂躏。反复的侵袭构成了蛮族的整个历史。由于这个原因,在不同时期,同一地区的百姓可有不同的称谓,这些变化令学者有时研究起来摸不着头脑。统治者民族的名称成了其他被统治民族的泛称,但被统治民族仍可保留他们的本名。于是我们看到有米提亚人(Mèdes)、波斯人(Perses)、凯尔特人(Celtes)、条顿人(Teutons)、辛布勒人(Cimbres)、苏埃夫人(Suèves)、日耳曼人(Germains)、德意志人(Allemands)、斯基泰人(Scythes)、日特人(Gètes)、匈人(Huns)、突厥人(Turcs)、鞑靼人(Tartares)、蒙古人(Mogols)、满族人(Mandchous)、卡尔莫克人(Kalmoucks)、阿拉伯人(Arabes)、贝都因人(Bédouins)、柏柏尔人(Berbères)等等。

并非所有的征战都同样声威浩大。有的天然障碍拦阻不了十万人，却可能拦阻一万人，因此就有为数更多的小规模征服发生在那些被分割开来的地区。在那里，动荡成了家常便饭，民族之间的融合更加频繁。河流，更大程度上是山脉和海洋，成了不可逾越的障碍，使这些准匈奴王(Attila)无计可施。于是在山脉、河流和海洋之间，小规模的分散族群重新汇集，经过多次激荡后融合为一。他们的语言和习俗经过深刻的交融，仿佛披上了一致的色调。

在这些原始的自然屏障之外，征战的地域更为辽阔，民族间的融合就没那么频繁。

特殊的习俗和方言构成了不同的民族。所有不利交通的障碍，以及由此产生的同样属于这些障碍之一的距离，加剧了促使民族分化的差异。但一般说来，某片大陆上的诸民族会互相融合，至少是间接地互相融合。高卢人和日耳曼人，日耳曼人和萨尔马特人(Sarmates)，就是这样互相融合，直至天涯海角。因此，某些相去甚远而殊为不同的民族，却拥有一些共通的习俗和词汇。我觉得语言、习俗甚至人的相貌(human forms)就像是一些色带，从所有方向贯穿某一大陆的所有民族，形成一系列看得见的渐变色，每个民族的边缘都带有邻近民族的色调。有时候是所有民族都混在一起，有时候是一个民族把它自己受到的影响传递给另一民族。但这些变化几乎都不为历史所觉察，就像风暴掠过海面，不留任何痕迹。只有当这些变化进程涉及到已开化的民族时，才会被记载下来。

农　人

生活在肥沃地区的游牧民族无疑率先进入了农业状态(laboureurs)。猎人民族不会使用牲畜来为土地增肥并分担劳动负荷，因此不可能那么快进入农业社会。即便耕种土地，也是小块的。当耕地再产不出什么东西时，他们就举家他处；即便最终能够离开游牧状态，也只能是在经过极其缓慢的进步之后。

农人就天性而言并非征服者,因为耕作使他们无暇他顾,但他们比其他生活方式下的人更富裕,为此他们不得不进行自卫,以对抗入侵者。此外,土地可以养活比耕作所需之人更多的人,于是一些人脱离了耕作,从此有了闲人,有了城池,有了商业,有了各种有益的技艺和成就。每个领域都在更快速地进步,因为一切都会追随精神的总体进步。农人因此在战争技艺上远胜于未化之人。于是出现了职业分工、人与人的不平等、家庭内的奴役以及弱势性别的服从(这一现象常与野蛮状态密切相关)。财富越增长,这类人的艰辛也就越发增多。与此同时,人们也开始对统治问题作更深入的研究。

城　市

城市的居民比乡民精明,他们因此更能盘剥乡民。但情形不如说是这样:某个村庄因环境优越成了一个便利的中心,周围的人都来做买卖,于是这里拥有了比其他村庄更多的人口,取得了对其他村庄的统治地位。除了一些必需种粮的农民住在其他村庄外,它把绝大多数的居民都吸引到这里——或者通过奴隶买卖,或者通过政府的政策导引和商业的利益驱动。这样,重要的人士都聚集在城市内,政府各部门间的融合和一体化变得更为紧密、更为稳定。在城市的闲暇中,人的激情(passions)和天资获得了发展。

首　领

野心(ambition)重新积聚力量,政治学助野心获得洞察力,精神的进步又进一步扩展了野心的洞察力,由此形成了众多的政府形式。最早的政府形式必然是战争的作品,这就意味着此类政府只能是一人统治的政府。我们无需认为人们会自愿地服从某位主人,但另一方面,人们往往又一致承认需要一位首领。野心家们(ambitieux)在缔造出伟大民族的同时，自身也构成了神意的设计，促进了启蒙的进步，也促进了他们所不关心的人类的幸福。他们的激情，甚至他们突起的狂怒带领着他们的道路，他们并不知道要去往何方。我仿佛看见一支千军万马组成的大军，它的每个动作皆由某个非凡的天才指示。一旦军旗发出号令，在鼓号齐鸣的声响中，全队骑兵轰然而动，甚至连战马也不知为何激昂起来。全军各部不顾一切地越过障碍冲向敌阵，浑然不知结果将会如何，只有统帅一人能看清所有这些不同的行动合在一起将最终导致何种结果。激情正是如此导致众多观念、开阔知识、成全精神的，那时人的理性尚未成熟，但即使理性更早地占据主导地位，其威力也不会大过激情。

战　争

作为正义本身的理性或许不会抢走属于任何个人的东西，或许会阻止战争和篡权，并把人分拘在众多彼此分隔的、操不同语言的民族内。但这样一来，人也许就会束缚在自己的思想内，无法在各类精神活动、科学、艺术和政府形式上取得进步——这些进步源自各地天才的聚集——从而无法走出平庸状态。理性与正义假如得到了人类更多关注，或许就会把一切固定下来，与中国的情形差不多。然而，永远无法完善的东西也永远不应该完全固定下来。诸般激情虽说躁动和危险，却是人类行动的动力，因此也是进步的动力。所有使人不安于现状、使人开阔眼界的东西，都开阔、照亮和激励着人的思想，长远看来都把人导向其天性所向往的真和善。就像人们用簸箕不断地簸小麦，小麦总是由于本身的重量越来越多地下落，而那些较轻的、会败坏整体质量的糠秕却被分离出来。

存在着一些温和的激情，这些激情永远不可或缺，在人性较完善时会得到更多发展；也存在一些暴烈的和可怕的激情，如仇恨和报复之类，这些激情在野蛮时期发展较迅猛。它们也是人的天性，因此不可避免。暴烈的激情发作后，温和的激情便复归并改善之，就像酿造好酒须经过激烈的发酵那样。

人经过历练后变得越来越人性。我们可以看到,在刚过去的时代里,慷慨、美德、温情的友爱一直在散播,起码欧洲如此,这些激情正在削弱报复心理和民族仇恨的支配性力量。但在法律未培养出风尚(mœurs)前,这些令人讨厌的激情在保护个人和民族上却是必需的。我要说,这些激情好比婴儿学步带,自然及其创造者用它们牵引了处于孩童期的人类。

然而在美洲,人如今还处于未化状态;在人类早期的世上其他地方,人对外族几乎也总是那么冷酷无情。他们对自己的部族都有一种盲目的偏爱,直到基督教教义及随后的哲学让他们明白当爱所有人。这很像动物身上在冬天覆盖着又厚又难看的毛,到春天时脱落;或者说,人类早期的激情就像植物最初长出的叶子,遮盖着植物的新茎,随着新叶长出,旧叶逐渐枯萎,最后新茎由于不断的生长而显露出来,开花并结果。这样说并没有对神意不敬的意思:曾经犯下的罪行都是人的罪。肆意犯罪的人无幸福可言,因为在有罪的激情中不可能有幸福,而那些运用勇气和美德来抵制罪恶的人,他们在对这种勇敢美德的自觉中得了他们的第一笔回报。美德反抗罪恶的斗争增长了知识和所有人的才智,并赋予人对善的认知以确定性以及美妙的吸引力,这种吸引力将最终成为主导所有人心灵的力量。如果我们以广角镜来看世界,以刻画出世界进步的整个事件链条为背景来看世界,世界就成了那主宰它的智慧的无比荣耀的见证。

内　政

唯有借着动荡和入侵,诸民族才向四面扩散,秩序和政府机构才终究变得完善。这就像在美洲的森林里,与世界同样古老的橡树世代更替,随着时光的推移,老树倒下,新树长起;在空气和雨水的作用下,一代代橡树结出丰硕的果实,果实的汁液滴落下来,肥沃了土壤;残留的树桩为赐它们生命的土地提供了新的繁衍机会,使新苗抽出,生得更加强壮结实。尘世间也是如此,新政府代替旧政府,新帝国在旧帝国的废墟上建立,而旧帝国分散的余民又重新聚合。理性在最初政府的统治下取得进步,摆脱了绝对权力强加的不完善法律的约束,在后来的政府建构中扮演了重要角色。国家在不断征战中扩张,但由于文明程度低下导致的法律无力以及民事权威(civil authority)的诸多局限,这些国家又不可避免地分裂了。在有些地方,备受无政府状态折磨的人民重又去拥抱专制政体(despotisme)。而在另一些地方,过度的专制又让人开始向往自由。凡变革无不有所裨益,因为变革丰富了人的经验,每一次变革的发生无不拓展、改进了人的教育或铺平了人的教育之路。只有经过数世纪,经过几场流血的革命后,专制政体才终于懂得了节制自己,自由政府也才终于懂得了自己需要管制,国家的状态才终于少了些动荡,多了些稳定。就这样,动荡与和平交替,福乐与灾难轮回,人类整体不断地走向完善。

大民族和小民族

在民族间的最初争斗中,一位具有过人力量、勇气或审慎的人站出来收拾残局,说服并强制他正在保护的百姓听从他。

这样的过人之处已足以给集合起来的众人立一位首领[286]。认为野心是权力的唯一根源,这并不确切。人民的确想要选一个首领,但他们总是希望首领明达又正直,而不是昏暗又专断。

在人口不多的那些民族中,专制权力不可能稳定。这些民族首领的统治权或建立在人民的赞同上,或建立在个人或家族崇拜上。当被崇拜的是个人时,滥用权力会使人民对他的崇拜消失;当被崇拜的是家族时,滥用权力可能引发宫廷革命,家族中致力于更多满足公共意见的成员将从中得利。

在这些小民族中,整个国家暴露在众目睽睽之下。人人都直接分享共同体的好处,为了另一个人而去对抗共同体不可能得到更大的利益。共同体也没有足够的闲钱供统治者任意支配,去收买不诚实的民众。不存在贱民,有的是某种平等的关系。国王的生活不可能与臣民隔绝,人民必然构成他唯一的保卫者和唯一的臣僚。这里的国王更爱他的人民,而当国王聪慧时,他们也更为人民所爱。国王若不智慧,很快就会有人对他提出抗议,紧接着可能是反抗。民众集结起来很容易。那时不可能有少数人强迫多数人——无论他们人数有多少——服从的手段和技艺。五百万人可以控制五千万人,但两百人可控制不了二万人,尽管两者的比例一样。这就是专制政体在分成小部族的民族、未化民族、鞑靼民族、凯尔特民族、阿拉伯民族等民族中行不通的道理——至少,在这些民众还没像那些膜拜山上老人(the Old Man of the Mountain)①的人一样被某种迷信蒙蔽了眼睛时,专制政体是行不通的。

君主制与共和制

这也可以解释,为什么几乎所有城邦,一旦沦为彼此毗邻的领地或相距遥远的殖民地,不久君主政体(monarchie)就会被共和政体(république)代替——君主政体无论在何处都是政府的最初形式,因为让人们服从比让人们互相达成协议更容易,还因为,似乎总是集于一人之手的军事权力必定使民事权力也相似地集中起来,这是自然的,也往往是必然的。平等精神在这些城邦中不可根除,因为在城市中商业精

---

① [译注]"山上老人"(The Old Man of the Mountain),又叫"巨石脸",为一系列花岗岩绝壁,位于美国新罕布什尔州的白山(White Mountain)上。这些花岗岩绝壁从山顶向外凸出,边缘犬牙交错,从山北远远望去,轮廓好像一张人脸。石像距离山下的湖面约370米,高约12米,宽约7.6米。新罕布什尔州土生土长的美国政治家韦布斯特(Daniel Webster,1782—1852)曾就"山上老人"写下一段话:"各行各业的人都会在门口悬挂一个象征物,来暗示他们是干什么的:鞋匠会挂一只巨型的鞋子,钟表匠会挂一块巨大的表,牙医会挂一颗金牙。而在新罕布什尔的高山之巅,全能者上帝挂了一个象征物,以示他在那里创造了人。"

神占统治地位:人们的集体劳动必然会使商业精神在城邦中居于统治地位,只要城邦生活方式还没有被某个四面围住它的大国的大规模冲击所瓦解和吞没——或者像亚洲诸国那样被专制政体的精神瓦解和吞没,或者像古代法兰克人的情形那样被某些贵族军人的精神瓦解和吞没。这些贵族生活在乡村,从不可能从事商业活动的游牧民族中,他们形成了自己最早的行为习惯。而且,商业精神的前提是财产所有权,它独立于法律之外的一切权力:这种商业精神不可能习惯东方的那种外国人税(avania)。①

在那些仅拥有一座城市的国家,君主政体难以维持长久。在这里,君主最微小的犯罪都会被人看到,而且被视为走向了专制。在这里,专制的力量要小些,面临的反抗则要活跃些。君主政体在这些国家也更易腐败变质。在这些国家里,人的激情更多与君主的激情混杂。君主或他下面的人很可能因某个人的运气或妻子而心动。这里的君主并不比他的臣民高贵多少,因此更容易因臣民的不敬而耿耿于怀,也更容易脾气暴躁。在人类理性还处于童年的时期,君主很容易对法律拦阻他纵欲的条条框框怒不可遏,他常常看不到,他和民众间的这些障碍不但可以帮助他防范臣民,也同样帮助臣民防范他。但既然君主在一个小国中绝不会一手遮天,滥用权力就必然更频繁,也不那么容易免于攻击,于是反叛是必然结果。于是出现了共和国,它首先是一种贵族政体,而且比君主国更专制,因为没有什么比听从大众更可怕的事了,大众总是知道如何把它的激情高抬成德性。另一方面,共和国也比君主国更持久,因为平民的地位更加降低了。有钱有势的人和无钱无势的人可以联合起来反对独裁者,但一个贵族性的,尤其多由世袭贵族组成的参议院,能打压的无非是贱民。尽管如此,城市共和国还是自然地倾向民主政体(démocratie),虽然这种制度也有其自身的严重缺陷。

---

① [译注]avania,奥斯曼土耳其帝国时期向外国人强行征收的一种税或费用,尤指那种不按规定、巧取豪夺收取的费用。

殖民地

只有殖民和征战才能扩大城市的地盘。早期时候殖民地只在[288]城市周边建立,但很快,城市周边的土地就被占满,殖民地因此要到远方去建立。只要这些殖民地羽翼未丰,还没到自立门户的时候,就仍维系于宗主国。就像压条法培养的枝条连于树干,直至发育成熟,到那时,一点点风吹草动就能让它们从主干脱落;又像树上的果实,只有在成熟后才掉下,落到土里生根发芽,长出新的树木来。然而,宗主国与殖民地的关系曾经通过一个非常自然的比喻,被说成母亲和女儿的关系。无论何时都为自己的语言所捆绑的人,就从这两个表达中推出类似的义务来,长久以来,人们都只是出于习俗尽这些义务。习俗总会在那些已接受它的人那里找到它的辩护者,就像法律之于支持法律的当局一样。

城市进行征战并不多见。只有走投无路时,城市才会开战。某一区域的城市间往往形成某种均势,一旦某一城市一家独大,其他城市就会生出妒意,于是自动结盟,群起攻之。

特别是在共和国中,对祖国的热爱使一个城市的主权很难被力量相当的另一个城市所摧毁。

因此,一个城市几乎不可能成为征服者,除非风云际会,内部的机制与外部的因素碰巧聚齐。但我认为,这种事情除了在罗马人身上外,从未发生过。

但是当城市还在君主的支配下时,发动征战就会比较容易。好战的君主可以给他的城市带来霸权,他可以发动战争,把数个城市纳入自己的统治。城市变得越大,君主的势力就越强大,他就越能借助其他部分来压制某一部分。君主的权柄成为唯一的权力中心,即使某些个人一心想甩掉这个轭,不经过长期的密谋积聚力量也是不可能的。然而君主通常足够势大,他可以引诱某个同谋者,让他为了报酬或因害怕报复而出卖己方的秘密。

缺乏理智的野心往往推动早期的征战者向更广更远的区域大肆扩张，但当征战因为兵力不济或路途太远而难以为继时，他们就会满足于接受纳贡，直到对方强大起来超过他们。

战争因此此起彼伏，成败时常倒转，不同的民族彼此轮换着统治对方，只因一些偶然因素给某民族造就了能征善战的君王。

有些君主统治着从事农业生产和某种程度上已经开化的人民，由于邻邦的进步程度无法与他们匹敌，他们最终会发现自己身处蛮族包围中。君主国强大的时候，他们就随时发动战争，在蛮族的地方建立殖民地，逐渐地教化蛮族人，以此扩张自己的势力。当国家衰弱的时候，蛮族就会反过来攻击并战胜他们。统治一个富裕国家的欲望刺激了蛮族首领的野心，引发了强悍民族的占有欲。

移　民

不同民族间的这些激荡和迁徙一波接着一波，在蛮族中间悄然无迹地发生着，有时在过程中把一些已开化的民族也卷入进来——也只是因为如此，有关的记载才能留传至今。在这样的情形下，蛮族采纳了被征服之民的文明，因为只要征服不涉及种族灭绝，被征服之民的知识和理性就总是会对蛮力施加影响。开化后的蛮族把文明带回到他们的祖居地。两个民族融合为一个民族，成为由一人统治的更广阔的帝国。

开化民族较为富裕和柔弱，也较习惯于舒适和定居的生活，于是，首先在那些得风化之先的肥沃地区，开化民族很快失去了使他们成为征服者的气势，因为学问上的训练并不能使人变得坚强。于是另外的蛮族取而代之成了新的征服者。诸帝国在扩展，它们有自身的全盛期，也有自身的衰退期，但衰退有助于技艺的改善和法律的改良。正是这样，迦勒底人、亚述人、米提亚人和波斯人交替出现，其中以波斯人统治的版图最大。

就这样，吕底亚（Lydia）帝国在取得相当霸权后吞并了小亚细亚所有小国，因为那个地区的人受希腊生活方式的影响，已经变得柔和了。

然而，正如一条河流吸纳了上千条大小支流后自身被吞没不见，到最后百川归海时彻底消失在茫茫汪洋之中，照样，吕底亚帝国后来又受到居鲁士的入侵，随居鲁士而来的是一个新的民族。这个民族起初是蛮族，在这位征服者的数任后继者统治下，所保留下来的不过是骄傲和野心，然而没过多久，被征服者的柔和性格就传给了胜利者。有那么一门学问，只有希腊人懂得，这门学问单凭自身就能卸掉强力，开化之民的理性借助它来化解未化之民的强暴。整个伟大的波斯强权最终在希腊面前土崩瓦解，这个希腊是在数度内战当中形成并发展起来的。

希腊领土被海岛和山地分割，不可能经历上面所说的那种兴衰变迁的过程。早期的时候，在那里形成大帝国十分困难。林立的城邦小国之间几乎战火不断，它们都保有尚武精神，不断提升战斗技能，完善武器装备，在战斗中也越来越不怕牺牲。商业往来同样可促进教化的传播。一般总是生活在山区以及严寒贫瘠地方的人向平原地区发起攻击，最后或者建立帝国，或者遭遇抵抗。这些人更穷困，更强壮，也更灵活机动。他们可以选择自己的时间发动攻击，选择自己的位置进行防守。当他们想要成为征服者的时候，他们有更多好处可以从中攫取，因而他们有更强烈的征服天性。

专制政体

就像我们刚才说的，大帝国往往由蛮族建立，这些帝国实行独裁制。专制政体简单易行。为所欲为是一位国王很快懂得的规则。说服需要技巧，命令则不需要。假如专制政体不激起此制度的受害者的反抗，它也许永远都不会从地上除去。做父亲的总想监管子女，主人总想控制仆人。正直也不能保证一位君主免受这种心理的毒害，他想要好东西，他把他想要人人服从他看作一种美德。国家越大，越容易推行专制政体，越难以建立有节制的政府。为此必须为国家的各个部分建立一种始终如一的秩序，必须确定各省、各城市的地位，允许当地政府拥有自行管理的一切自由，但又要使地方政府不可能滥用这种自由。有多少不同的部门必须结合起来并达成平衡！而如果人不了解这种必要性，他又将面临多少难题！蛮族发起的征战依恃的是力量，带来的是破坏，最终使国家陷入混乱，为了恢复常态，须有最贤能的才干、最能干的巧手、最宽厚和最具活力的德行，以及最纯洁和最高尚的心灵。

既然无法完全满足这些条件，最佳方案只能是设置某些政府官员，让他们一方面对百姓拥有专制权力，一方面又效忠于君主。委派这些官员去收税和管理百姓，比君主亲自处理大事小情来得更容易。

君主遗忘了他的百姓。好官就是给君主奉献最多金钱的人，就是最懂如何买通那些出入宫廷的奴仆和谄媚者的人。这些官员拥有同样精通此道的下属。专制的权力把这些官员变得[对百姓]非常危险；但朝廷对他们也毫不留情，一丁点的小事也会让他们在官场上翻船。君主设法找借口抄去他们平时盘剥得来的财富；百姓的状况却毫无缓解，因为对于蛮族的君主来说，贪婪是他们的本性。

人们起初根本没想过税收是国家在需要时征收的捐税，君主需要钱的时候就运用强制手段压榨老百姓。东方诸国的百姓都需要给君主献上礼物，在那里，君主们不过是一些有势力又贪婪的个人。

就这样，全部权力集中于唯一的一个人，这人甚至不懂得如何把自己无法行使的那部分权力分出去。王公、大臣、下属官员，他们也是一些有自己上司的专制者，这些人彼此施压，以便合力压迫百姓。

专制君主们从不会想到法律，也很少想到要制定什么法律，他们自己就是自己的法官。一般而言，如果制订法律的权力与履行法律的权力是同一个，那么法律就是摆设。刑罚因此任意而武断；刑罚若是由君主强加的，那么往往残酷无情；若是下属官员为捞取利益而强加的，那么又与金钱发生关系。正如公民处置遗产时那样，起决定作用的是习俗或父辈的意志。

由此亦见，在法律和习俗已经确定之后形成的专制政府，就不会有早期蛮族完成征服后所形成的专制政府那样的缺陷。

倘若容我斗胆直言，罗马皇帝尼禄和卡里古拉里面的邪恶，比他们实际犯下的恶行还要多。因着头几任恺撒统治时期政府所接受的行为规范，百姓曾经完全不受压迫；各行省曾享有高度的安宁；分配正义曾得到充分公平地执行。政府官员不敢放纵贪欲，否则可能受到皇帝的处罚。朝廷维持着百姓与上层之间的平衡，这也是一个用心缔造的政府理当维持的平衡。

一般而言，最温和的大国是那些由数个小国合并而成的国家，当这一合并是经历缓慢的发展过程而来时，情况尤其如此。

实际上，君主根本没兴趣让自己卷入地方政府的枝节小事，因为他从来不在那里，他对地方政府往往抱着听之任之的态度。君主们只喜欢对身边的人耍威风，因为他们的激情（至少那些最变化无常的激情）仅关联到他们身边的人事物，跟其他人一样，君主们也不过是人。故此，罗马皇帝的专制统治并不比土耳其皇帝的专制统治为害更甚。

土耳其皇帝们的专制统治渗入到政府体制内，作用于国家的每个部分，其威力无所不在。每个巴夏（Pasha）①都想对属下百姓行使权力，就像大领主对他行使权力一样，不多也不少。他独揽一切，负责准备全部的贡品。他的收入全都来自搜刮百姓，超出必须向苏丹（sultan）纳贡的部分。为了保住自己的官职，他不得不对百姓加倍苛刻，以便供上那数不清的不得不献的礼物。帝国内没有任何法律监管这些巴夏的敛财行为，也没有任何正式的程序监管正义的施行。一切都按军队的方式来办。朝廷中根本没有保护百姓而阻止位高权重者滥用权力的人，因为朝廷也从这些大人物身上捞取好处。

若各行省的总督由征服者亲自选立，他必然因无知而把自己的统治方式当作样板，建立一种行政上的专制政体。然后，这种政体会变成一棵大树，枝条远远伸展到帝国的每个角落，由于这些枝条遮住了阳光，地面生长出来的东西都活不成。

如果一个政府单靠军事化管理维系，如果一个国家单靠使国民臣

---

① 旧时奥斯曼帝国和北非高级文武官的称号，置于姓名后。

服于唯一君主而形成,那么这种管理制度原则上就属于专制政体;如果没有一些习俗使这种制度变得温和一些,那么它实际上就是专制政体。军事训练必然以专制和严厉为前提。但不应把由军人管理的民族与由战士组成的民族混为一谈,后者如蛮族、日耳曼族和其他民族。他们的管理非但不专制,还会产生自由。战争在这些民族中根本不是一项需要经过训练的专门职业,也不会使从业者比社会中其他人更优越。这样的民族保有它的各种权利。因为,君主可以用他的军队迫使百姓臣服,因为百姓是最没有力量的那部分,但他如何臣服一个由战士组成的民族呢?熄灭自由精神的既不是勇气,也不是军人作风,情况恰恰相反。

为北方蛮族所征服的欧洲诸王国因此得以避免专制政体,因为这些蛮族在征战前是自由的,征战也是以百姓而非国王的名义发起的。罗马人固有的生活方式,以及蛮族信奉的宗教,也有助于保护他们免受专制之苦。

私人个体散居在境内各处,他们与君主一起分享领土权及胜利的果实。

亚洲却不是这样,那里的被征服民族已经习惯了专制政体。因为在此之前,早期征服的范围非常广泛而且速度迅猛,这些民族还来不及形成自己的风尚和习俗。

革 命

专制孕育了一次次革命,但只是更换专制君主而已,因为在大的专制国家里,国王的权力仅仅凭靠军队建立,国王的安全也仅仅凭靠卫队来保障。民众既无足够的力量,也不能充分团结起来去控制这种军事力量。于是军事力量就用新的专制君主取代旧的专制君主,以确保成为下一任专制君主的工具,就像它曾是上一任君主专制的工具那样。

有人会以为,上述原因合起来导致的总体结果一定会千差万别,具体情形如何,取决于这些原因如何与习传宗教的种种观念,以及——像我们说过的——与民众对某个家族的敬重混杂在一起,因为,当权力真空出现时,统治人的就是习俗。当然,只要愿意,土耳其的近卫兵可以轻而易举地或从平头百姓或从奥特曼(ottoman)家族中选择一位苏丹,然而,对奥特曼家族的敬重从孩提时代就印在他们心中了,以至于他们绝不会有此念头。

教育的这种力量是统治能够持久的一个主要源泉,甚至当整个帝国已经虚弱不堪时,教育仍能维系帝国的统治,掩盖其日薄西山的气象。结果当政府因一点小小的动荡而倒台时,人们大为震惊,就像那些看似健壮的树,皮是完整的,树心却已成齑粉,风一来便倒。不过在专制体制的国家里,教育的目的只为消磨人的勇气。恐惧和服从扼住了人的想象力。掌权者藏在可怕的幽暗中,仿佛坐在密云深处施行统治,从那里发出的闪电令人目眩,发出的雷声令人恐惧。

妇女的作用

我还要说,在这些巨大的专制国家里,也产生了一种渗透在社会习俗中的专制主义,这种专制进一步麻痹人的精神,使社会丧失了大部分消遣和娱乐,使妇女发挥不了她们治家的作用。这种专制禁止异性之间的社会交往,把一切变得千篇一律,导致政府成员昏昏欲睡,反对一切变革,进而反对一切进步。

由于一切都诉诸强力(在一个大群奴隶和妇女——无论在国家内还是在任何一个富有家庭里——都献身给唯一主人的社会中,这是必然的),理智之火熄灭了,剩下的只有野蛮法律的桎梏。专制政体保存了无知,无知又保存了专制政体。更糟的是,这样的专制权威变成了习惯,习惯反过来又支持了对权威的滥用。专制政体就像压在房屋楹柱之上的巨大重物,楹柱在重压之下承受力越来越弱,一天一天往地下塌陷。

奴 隶 制

因此我将谈到随之而来的奴隶制、多配偶制以及柔弱风气(softness),我还将在本文中考察人类形成不同风尚的各种原因。

女人服从男人的制度各地都一样,这是由男女在体力上的差异造成的。但是,只要男性在出生率上稍稍高于女性,那么凡是由平等掌权之处,就会自然形成一夫一妻制。因此,这种制度在所有人口不多的民族以及在牧人、猎人及农耕民族中,一夫一妻制是自然的;在希腊那样被分成众多小共同体,国家围在一圈城墙内的诸民族中,特别是在实行民主政体的共和国中,这种一夫一妻制的形成也是自然的;在那些贫穷民族中,以及在盛行多配偶制的国家中那些不富裕的个人家中,一夫一妻也是自然的;甚至在那些风尚形成于共和国时代的诸帝国内,一夫一妻制也是自然的,例如罗马帝国及亚历山大的继任者所统治的帝国,尽管实行专制政体,也从未形成多配偶制。

但很少表现出细腻之爱的未化之民就不同了,他们都实行多妻制。塔西陀记载,日耳曼族的首领有时娶三到四位妻子,但游牧和贫穷民族可能不会染上这种恶习。可见,随着帝国财富的增长和帝国规模的扩张,多配偶制才得以建立,然后,随着奴隶制的出现,这种制度又进一步传播开去。

最早的人打起仗来十分残忍,直到很久以后他们才懂得节制。游猎民族或把俘虏屠杀掉,或者不杀他们,而让他们加入本族。若有母亲失去自己的儿子,就可选一个俘虏来充当自己的儿子,她会爱他,因为他有用处。古人把孩子视为某种财富,孩子会服侍他们,所以古人喜欢收养孩子。因此在最早的游猎民族或原始部族里,奴隶十分罕见。

游牧民族开始变得习惯于奴隶制。为了腾出手来展开新的征战,他们在劫获畜群后必须留下俘虏来照料畜群。

农耕民族进一步推进了奴隶制。他们有更多样、更苦更累的活让奴隶去干,奴隶主的生活方式文明程度越高,奴役就越残酷、越具侮辱性,因为奴隶主与奴隶之间的不平等更大了。富人不再劳动,奴隶成了奢侈品和商品。有的父母甚至卖自己的孩子为奴。但大多数奴隶还是来自战争中的俘虏或者来自奴隶的子女。

家里家外,奴隶们为主人干那些最低贱的活儿。他们没有自己的财产和荣誉,没有最起码的人权(rights of humanity)。法律对他们的权力是无限的,这很容易办到,因为制定法律的就是他们的主人,这些奴隶主企图用压迫来确保压迫。在专制政体的国家里,君主拥有大量奴隶,官员甚至富人也是这样。由于国家规模庞大,人与人之间机运的不平等到了无以复加的地步。资本变得好像不可逾越的鸿沟,来自帝国各部的财主在此汇聚,带着他们的大群奴隶。

女奴隶供奴隶主消遣。古族长时代就是这种风尚,因为那时(在古代成文法中情况仍然如此)通奸罪并非如我们今天这样是双方的事。仅有妇之夫才被认为是通奸罪中受损害的一方,这种男女之间的强烈不平等是未化之民的遗毒。女人在古代的婚姻关系中没有任何权利,阻止多配偶制四处流行的只有贫困而已。

后来,随着某个民族的风尚和法律的形成,不同家庭的混居使妇女获得了她们自早期以来未曾拥有的那些权利,因为她们可以借助兄弟的力量来反抗丈夫的专制,这在共和国中尤其如此。

在这些共和国中,所有人一律平等,女孩子的父母绝不会同意自己的女儿永远离开他们的视线。多配偶制和圈禁女人在那里因此无法实施。但在我们说过的那些遍布奴隶的早期帝国,在妇女处于无权状态以及丈夫有权处置奴隶的情况下,一夫多妻成了普通的习俗,只要财力际遇允许。忌妒是爱的必然结果,它使夫妇双方明智地认识到彼此要以礼相待,以使孩子的未来有保障。这种明智的态度随着多配偶制一起增长,同时妻子的不贞越来越被看作有辱门面的事。

但在女人的身心都无法得到满足的情况下,让她们遵守忠诚的法律是不可能的,因此只有把她们禁闭起来。先是君主,后是富豪,他们都建有自己的后宫和内院。

忌妒使男人为保卫自己的女人而伤。自此,一种柔弱之气渗入当时的风尚,它不但没有使男人变得柔软,反而变得更残忍。

君主把自己连同自己的女人和奴隶都幽闭起来;至于他们从来没见过的臣民,则很少被他们当人看待。他们的政治统治始终只是蛮族人的统治:这种统治很原始,因为它的君主既无知又懒散;这种统治很残酷,因为[297]直接把树放倒总比从树上摘果子来得快,而且,在所有技艺中,让人幸福的技艺最难,需要极多的因素凑在一起。

同样的柔弱之气弥漫全国。东方的那些君主国自此陡然衰弱下去,一蹶不振。迦勒底人、亚述人、米堤亚人和波斯人的君主国,罕有幸存到第一代征服者身后的。这些君主国的短暂存在,仿佛只是为了等待某个敌国来将其消灭。如果说这些君主国有时的确倚重其军队征服了一些弱国,那么,稍稍碰到英勇的抵抗他们也就溃不成军。希腊重张后,几乎不费什么力气就推翻了这一巨兽。

阻止一个国家走向全面衰落的方法只有一个,那就是拥有一支纪律严明的军队,如土耳其的近卫军或埃及的马穆鲁克骑兵(mamelouks)。但这样一支军队也让它的主人提心吊胆。

值得注意的是,专制政体及一夫多妻制的这些危害,从没有像在伊斯兰教统治时期那样散布得如此之广。伊斯兰教不许在教法外另有法律,它以迷信之墙阻挡进步的自然步伐。它把本宗教出现时才有的,以及它出于民族偏见而采纳的事物神圣化,从而夯实了野蛮主义。像穆斯林民族这样对人性的过度贬低,既不见于古代君主国的历史,也不见于中国和日本的风尚。

专制政体、整齐划一性以及随之而来的在风尚、法律和统治上的缺陷,这些都保留在亚洲及任何很早就出现大帝国的地区。美索不达米亚辽阔的平原对此起过作用,对此我深信无疑。专制政体后来随伊斯兰教一起漫延,某种意义上只是风尚从一个国家传播到另一个国家而已。

那些没有被专制政体侵染的民族,是一些保持着放牧和游猎生活的民族,一些形成了多个小型共同体的民族,以及那些共和国。在这些民族中,各种革命产生了益处;在这些民族中,国家参与革命并从中获得益处;在这些民族中,专制政体无法自我巩固到奴役人类精神的地步;在这些民族中,大量[298]具体法律的建立,针对立国者各种错误的种种革命,以及旧政权崩溃新政权出现所带来的对法律的重审,最终使法律和政府走向完善。在这些民族中,平等得以维护,思想和勇气现出巨大的活力,人类精神取得快速进步。在这些民族中,风尚和法律随时间进程逐渐学会了如何使自身朝向人民的最大幸福。

在粗略考察诸政府及其道德上的进步后,接着宜追溯人类精神在自身所有革命中的前进步伐。

二 论人类精神进步提纲

语言的起源

让我们从蒙昧说起。人处于蒙昧状态时,灵魂只知他的各种感觉(sensations),灵魂从周遭感受到的是一些或强或弱、或尖锐或柔和的声音,是身边各种物件的温度和阻力,是一幅奇形怪状五颜六色的画面。这些感觉令灵魂好像喝醉了酒,然而,理性就萌芽于其中。

各种观念(idées)在灵魂内开始有了苗头,有所作用于我们的意志,此乃取决于所有人共有的精神机制。这个过程可能很快就完成了,至少动物的例子可证明这点。动物知道如何找到食物,更有甚者,它们几乎生下来不久就知道如何觅食。

尽管属于自然史而不是事实史,这一时段仍值得关注,因为最初的几步会全面地决定未来的路向。

运动(mouvement)消除蒙昧,使人产生区别和统一的观念。如果没有运动,思考各种颜色之间的差别将不可想象,人们会只满足于感觉这种差别。然而,画面诸部分之间的秩序一旦反映在灵魂内,画面本身也往往变了样子。灵魂学习观察这些正在发生着的变化。处于对这些变化拥有原始经验的时期，人们尚未对彼此相对位置保持不变的诸部分之间作出任何区分，无论像动物那样整体在动，还是像树木那样固定不动。于是，无论向我们感官呈现的图像如何只是构成图像的所有色斑或坚实点的结果，可以说，人的精神却仅以块状的形式领会图像。

因此，那些原始的单个观念，就构成该观念的诸部分而论，必然是集合性的（collectives）。无论在什么时代，对人类活动的分析过去不能、将来也不能达到最终的地步。确切地说，根本不存在什么单纯的观念；所有的观念都可分析为感觉的结果，这些感觉的种种因素和不同的原因可以一直分析下去，直至某个我们无法知晓其界限的点（point）。

但是对最早人类的分析没迈出大的步伐。大量的观念只是因现象的多样性，且首先因需要的多样性所给予我们的经验分别开来。人的各种需要仅仅与这些观念关联；以水果维生无需解剖水果，也无需分析水果的表象在我们里面形成的观念。观念是一种语言和一些真实的符号（signes），我们因此认识外在对象的存在。我们觉知外物与我们的关系并非通过推理。通过赋予我们欲望，上天的善意使我们免除走一条漫漫长路。人因此必然把他的各种感觉联系于他所假定存在的外物。假如人类去觅食之前得先根据他们那些仅仅被看作灵魂情感（affections）的感觉，来推理出目标在自己身外的存在，那么我们如今将身在何处？

于是，人首先做的事情就是针对已存在的种种观念来命名。作为外在对象之存在的符号，观念并非完全准确地反映外物。从远处看，橡树像一棵榆树，这就是一棵树的观念，它既非橡树的亦非榆树的，我心目中的观念关涉的是树的存在，而非这棵树或那棵树。这就是抽象（l'abstraction）的来源。如果不从它的外涉方面，而单从它自身来考虑的话，观念无疑是单纯的。诸如某种形态、某种颜色都属于观念的外涉方面，但经验告诉我们，这种形态和颜色同样也是指示榆树或橡树的存在的符号。

语言（langage）符号也是这样。最初，语言符号只指示某个特定的事物。当这些符号被用来指示众多事物时,就具有了普遍性。逐渐地,人们分别不同的处境,并且为了使语言明晰起来而为存在的模式或方式命名。可以这样说,就我们的观念而论,这些名称不过是在表达某些距离关系,或某些由事物对我们所说的不同语言而在我们内部激起的不同感觉之间的关系。

有关模式的各种观念于是继实体的观念后也获得了名称,实体的观念被认为是首要的观念,尽管感官是同时把这两类观念带给我们的。通过从语言的普遍性中提取符号,精神逐渐熟悉了更抽象的观念。在人们看来,语言愈完善,观念就愈多。用来表达肯定、否定、判断行为、存在、占有的词语是我们全部推理的纽带。人的习惯又使人在类似情形下应用这些观念奠定了语言的全部根基。

逐渐地,由于不同事物之间的关系或事物与我们之间的关系获得了命名,人们对所有这些观念的拥有变得更为稳固,精神活动因此获得了巨大的便利。但与此同时,观念之间的关系变得更加错综复杂。人们自然以为,每个词语都对应一个观念,殊不知词语虽同,却很少在自身内只有一种含义。使用的场合不同,含义亦变:在人们的交谈中,猜测多于实际所闻。

通过一种由观念关联产生的近乎机械似的运作,精神总能很快地把握到特定处境所规定的词语(mots)的意义。人们曾以为词语与观念存在着确切对应,但却吃惊地看到,关于词语的确切意思无法达成共识。很久以后人类开始怀疑此乃观念的差异所致,因为人们总是想要从不同的具体情形中提取普遍观念。人们迷失在一些错误的定义中,这些定义只针对事物的某部分,每个人都对同一观念给出不同的定义。

实体的复合性观念由于关联着现实的事物,必然视乎人们对事物的理解程度而包含着或多或少的部分,这些观念被当成事物本身的图像。人们并不去寻找特定种类的事物按怎样的步骤被集合于一个普遍名词下——从事物的普遍相似中可以找到这一结果的原因——而是去寻找这些名词所表达的共同本质。人们想象出类、种、个体以及那些形而上学的等级(degrésmétaphysiques),有关它们的性质引起了众多的争论,这些争论有时候在后果上令人痛苦,而且在目标上没多大意义。

我们以我们的方式觉知到存在物的等级,并根据所发现的相似性来扩展其等级,但我们不可能过分扩展这些等级而不冒着把它们彼此弄混的风险,因此,我们没有把这些名词看作与我们觉知存在物等级的方式相对应的符号,而是发明出某些"不可言传的抽象本质"(essences abstraites)。近年来,人们甚至把这一做法运用到人类精神的作品如喜剧和悲剧上。人们一本正经地讨论某首诗属于哪个种类,却很少意识到他们讨论的不过是一些词语而已。

就人们用符号来表达事物之间的关系(rapports)而论,这种错误更为突出。一切道德观念的情形正是如此,人们围绕道德观念作出种种推理,就好像它们独立于这样彼此关联着的事物而存在似的。

人在童年时就接受了各种各样的观念,确切地说,是各种词语刻印在他的脑海里。这些词语首先与某些特殊的观念联结在一起,然后渐渐形成了观念和表达的混集,人通过模仿学习词语的用法。随着人的语言水平长进,观念不断地增多。当人想退回自身内部时,他发现自己置身于一个蒙着眼睛进入的迷宫内。他再也找不到他的足迹,哪怕睁着眼,他也只是看到四周全是路,却不知路与路如何联通。他依附几个他无法怀疑的真理,但他是从哪里得到这种确定性的呢?若不通过观念,他就没有任何知识,既然如此,那就必定是他的观念带给了他确定性;在他分析这些观念如何在他心灵中形成之前,他还能从哪里获得这种确定性呢?这是一项浩大的工程,需要数代人的努力!

他还没大搞清拥有关于某事物的观念是怎么一回事,就认定那些观念就某事物所告诉他的都是真的,并把这确立为原则。但这是一个虚妄的原则,因为,一旦某些观念确定下来,哪怕是主观独断地确定下来,就可以由观念得出某些不可能错误的推论,这其实是一门技艺。在这种情况下,成功成了另一种错误的来源。人们更信赖原则,即使原则遭人滥用,也无法动摇人们对原则的好感。正是由于同样的原因,即,由于每个人都相信他对事物拥有真实的观念,所以没人想要去质疑法庭[存在的意义]——若不相信法庭会作出有利于自己的宣判,谁也不会去求助于这法庭。所有时代的逻辑学和形而上学的暧昧不清都由此产生,由此也产生了独断的定义和区分。

这些黑暗只能一点一滴地消除,理性的黎明只能随着人们越来越深入分析他们的观念而在不知不觉中来到。倒不是说人们起初就认识到了有必要区分观念的诸部分,而是人们的争论本身使他们走到这一步——在我们抵达观念的原始要素之前,真理似乎总是展翅飞去,躲过我们的探讨;即使我们有所进展,仍觉面前横亘一道鸿沟;最后好奇心总是促使我们行动,直到穷尽它所探究的主题;而且,任何问题除非通过达到真理,否则便无法穷尽。

天　才

进步或快或慢,端看环境和才干。

由于机运的安排,人大脑的纤维质各不相同,感觉和技艺器官的能力或大或小、或精良或不精良,血液流动得或快或慢——这些也许是自然母亲本身所造成的人与人之间的唯一不同。他们的精神,或者说他们的精神力量及品质也有着现实的不平等,其中的原因我们可能永远不会知道,也不可能作为我们推想的主题。余下的都是教育的结果。教育是我们曾经经历的所有感觉的结果,也是我们从婴儿期以来所获得的所有观念的结果。我们周遭的所有对象共同促成了这种教育,父母和师长的教导只占其中微乎其微的一部分。

平等地分布于化外之人和开化民族中的原始资质可能在所有地方、所有时代都是一样的。天才(génie)散布在人类之中,好似黄金散布在矿山。矿越开采,获金就越多。人越多,伟人就越多,或者说就有越多的人能成为伟人。教育的机遇和历史的机遇或拓展人,或埋没人,或在人的时候未到之先就把人献出,如同风吹落未熟的果实。不得不承认,维吉尔(Virgile)若生长于乡野,终生扶犁,拉辛若生在加拿大休伦湖的碧波之间,或生在 11 世纪的欧洲,那他们的天才绝不会展现于世。哥伦布和牛顿的生命若在十六岁凋谢,美洲大陆也许就得等到两个世纪以后才能被发现,而我们也许仍然对世界的真实构成混沌不知。维吉尔倘若在婴儿时就夭亡,我们就不会有维吉尔,因为并没有两个维吉尔。进步(progrès)虽是必然,但也常常伴随着没落(décadences),因为总要发生一些阻碍进步的事件和革命。也因此,进步在不同民族中会相当不同。

彼此隔绝、互不往来的人几乎同步往前。但我们发现,一些靠打猎为生的小民族始终处在同一个点上,没有发展:一成不变的技艺,一成不变的武器,一成不变的习俗。对于满足人类的低级需要而言,天才几乎没什么用处。然一旦人类走出狭窄的圈子,超越了基本的需要,环境就会为天才提供用武之地,并且为他提供芸芸众生都会看到却不会利用的事实和经验,从而很快带来这样或那样的不平等。

在未开化民族,每个人受到的教育几乎一样,这种不平等不会很突出。一旦依才干分配工作——这样做本身是有利的,因为每件事会完成得更好更快——就会带来财物和社会责任分配的不平等,这意味着受雇干脏活粗活的大多数人不能跟其他人那样同步进步,因为这样的分工给后者带来了闲暇以及自我提高的途径。

比起财富,教育在同一民族内部的不同人群中造成了更大的差别,在不同民族之间的作用也是如此。

率先获得哪怕多一点点知识的民族,很快就超越了周边的其他民族。他在进步途中每走一步,都使下一步变得更容易。因此,某一民族与日俱新,另一些民族却因条件所限平平庸庸,还有一些民族则继续处在蛮荒状态。即使在今天,如果我们看一眼大地,也能看到人类的整个历史进程,看到人类走过的每一步足迹,看到人类在不同阶段留下的纪念物。人类经过美洲民族中今日尚能见到的蛮荒,抵达了欧洲最开化民族的文明。唉!我们的祖辈,以及早于希腊人的贝拉斯日(Pélasges)人,他们正像美洲的未化之民啊!

气　候

有人认为,民族之间的差异由气候(climats)造成。本世纪最伟大的一位天才最近采纳了这种观点,不过稍作修改,恰当地把它限制于就那些始终受一样的气候影响的情况而言。但这位天才所得出的结论过于仓促,至少过于夸大其词。经验证明并非如此,因为即使气候相同,民族与民族之间仍有差异;而我们往往会看到,生活在不同气候中的某些民族,性格和心灵却很接近。当与某些特定环境结合时,东方人的热情和专制也可能单独发源于其野蛮状态;我们的语言具有隐喻特征,据说是我们更接近太阳的缘故,据塔西陀(Tacite)和西西里的迪奥多尔(Diodore de Sicile)记载,古高卢人和日耳曼人曾讲这种语言,而住在加拿大寒带的易洛魁人(Iroquois)如今还用这种语言。所有词语不够丰富的民族都使用这种隐喻性的语言,他们缺乏适当的字眼儿,于是就大量运用比拟、隐喻、暗示以达意,有时他们勉强这样表达出了自己的意思,但总是难以做到确切和清晰。

种种自然原因只作用于促成我们心灵和性格形成的那些潜在原则,而非作用于结果,但我们所见到的只是结果而已。至于道德方面的原因,我们却能意识到其原则,也可以在内心深处遵循这些原则,因此,除非我们已经全面探究了道德原因的影响,并深信道德原因绝对无法解释这些事实,之后才能去评估自然原因的影响。我们这样做乃是正当的。

语　言

原始人的观念限于可感事物,因此他们的语言只限于指示这些事物。抽象和普遍观念的形成是时间的产物,大部分的民族还对此一无所知,相应地,人类也在经历了漫长岁月以后才掌握推理技艺。

客观事物的类最先在语言中得到指示,这样的类在哪里都一样;在哪里都一样的还有最初的隐喻以及最原始的抽象观念,后者规定着那些最蒙昧的语言(对其原始形态我们一无所知)中的变位、变格以及类比。不论野蛮状态是以怎样的方式抑制大群人的进步,总归不过是剥夺他们自我完善的机会而已。任何时代都不缺乏天才。因此在对语言的长久运用中,为了表达的需要,观念之间呈现出多样化的结合,这不可能不暗示人们需要更多新的符号来指示观念间新的联系或新的意义差异。这种需求使我们感到自身的贫乏,并在向我们显示这种贫乏的同时教我们如何去克服贫乏,从而成为我们的丰富之源。

科学和技艺的进步

由此,当今最愚顽民族的语言也与他们最初的语言尝试相去甚远。一切的进步也是这样,进步总是真的,虽然有时候速度非常缓慢。但很少有哪门技艺或科学,其源头不能上溯至这些最早的时代。所有技艺都建立在一些家常的观念以及所有人共同的和力所能及的经验之上。

我们看到科学(sciences)在今天突飞猛进,但我们已经看不到现代科学与最初观念之间那不可见的链环。人们起初用肉眼观察星空,那时地平线成了最原始的工具,人们以阴历年的三百六十天为模型,把圆形分割为三百六十度。第一到第四大行星为所有人可见。昼夜更替,月圆月缺,这些是时间的自然尺度;寒暑变化、耕作之需又引导人们去比较太阳和月亮所经行的路径。于是有了年,有了月,有了那些主要星座的名称。

随后,航海活动要求进一步完善天文学,并且让人看到天文学与地理学如何联系起来。

音乐、舞蹈、诗歌的根源也在人性之内。人被造,就是要在社会中生活,他的快乐要外在地显示出来:他又跳又喊。若要表达某种共同的快乐,他们就舞动四肢,蹦蹦跳跳,鼓噪呐喊。逐渐地,人们趋于步调一致,步随声动,声与声之间还加上有规律的间断。耳朵几乎不靠多少经验,而只是遵循自然,就学着去辨识声音间的原始联系。当人们想用言语传达他快乐的理由时,就根据鼓点来排布他们的词语。这就是音乐、舞蹈以及诗歌的起源,人起初写诗歌都是用来吟唱的。直至经过漫长的时间,人们才开始变得单单为诗歌所特有的和谐而满足,然后,直到诗歌完全发展成熟到能够单独带给人快乐之后,人们才变得精通于作诗。各种技艺随着日益成熟而彼此分离,因为它们各自要求特殊的才能。人们用某些相似的声音来标示休止,耳朵于是开始辨识节拍。由于语言需要跟声音的击打配合,这就必定有助于语言的进步并使之变得柔和。作诗的规矩一天比一天多,随着经验不断积累,耳朵开始屈服于严格的规则。然而苦尽甘来,尽管重负日增,语言的完善、新成语的不断创新以及文体上的大胆巧妙却反过来给人以力量去承受这种重负。

野蛮民族记忆诗行的能力超群,民族虚荣心又强,因此往往把他们最难忘的事情谱成歌曲。我们今天还有的某些蛮族的歌谣,古代克尔特族歌颂英雄功勋的游吟诗人(bardes)的歌曲,斯堪的纳维亚居民用北欧古文写成的曲调,希伯来人史书中的某些颂歌,中国的《尚书》,以及近代欧洲民族的叙事诗等等,都是这样。这些是文字出现之前唯一的历史故事,但没有事件编年,而且如我们所料,里面充满了虚构的情景。

语言的贫乏以及由此带来的使用隐喻的必然性,导致人们运用寓言和神话来解释各种自然现象。这些寓言和神话是哲学迈出的最初步伐,此类情形在今天的印度依然可见。

所有民族的神话彼此都很相似,因为需要解释的现象,以及人们所发明出来以解释这些现象的因果模式都差不多。但也会有不同,因为尽管真理是唯一的,尽管想象只走一条路线,在哪里都差不多,但个体的脚步未必彼此相应。此外,被视为实在的神话事物一旦进入真实事件的历史,就带来了巨大的差别。神明的性别常依该语言中某个词的性别而定,这就使不同民族的神话大相径庭。各种各样的神话场景对于各民族来说是独特的,但寓言的普遍关系不会改变。民族混居和贸易往来时,因表达的含混产生出一些新的神话;同样,遭到误解的词也增加了旧有神话的数量。

人们把想象之物当作实在，有时还把不同民族所发明出来以解释同一现象的神纳入进来，使神的数目成倍增多，有时，他们又把拥有相似属性的神视为同一个神。由此发生了诸神在历史上的融合，诸神的行动也显出多样化，尤其是当拥有相同神话系统的两个民族杂居时。印度的情形就是这样。自然哲学变了，但人们并没有因此就不信神话了，这既是由于怀古和猎奇，也是因为神话通过教育而代代相传。

历 史

早期的历史也是一些如此这般发明出来的神话。神话填补了人们对帝国、艺术及习俗等如何起源的无知，其中的虚假实际上很容易看出来。人所发明的每样事物只关联着那似乎是真理的东西，即只关联着当时的意见，人们根据这些意见虚构相关事实。而人们讲述的东西则关联着真实，绝不会与后来人的观察抵牾。此外，在书写出现前，人们记事的方法无非是一些歌曲以及一些石头，人们在这些石头旁反复吟唱那些歌曲。人们显然更想在这些歌曲中寻求娱乐和光荣，并不担心因此而夸大其词。就连希罗多德也同时是一位诗人。在他之后才有人觉得历史必须讲述真实。

希罗多德的写作比荷马晚四个世纪，然而，希罗多德意味着什么？那四个世纪意味着什么？荷马的时代是怎样的，为何那时诗歌如此兴盛而史述如此低靡？希罗多德在其领域的成就，远不如荷马在其领域的成就；希罗多德最大的一个缺陷就是他太像荷马了，他总是试图用神话的各种小饰物来装点他的叙述。知道人性贪求神奇非凡之事，也有足够的天才以磅礴的气势、优美的文风利用这一点给众人带来快乐——这就是荷马。必须经过更多的反思和放缓的进步之后，人们才开始懂得，这些神奇非凡之事带给人的快乐还不如质朴无华的真实带给人的快乐那样多；才开始懂得，人的好奇之心也可以在事物的确定性中找到一种快乐、一种宁静，它补偿了无数花样翻新的奇特冒险之后还有剩余;也才开始懂得,某种尝试过一千次的取乐手段也不能确保能永远带给人快乐。

这种反思、这种进步要等到荷马之后,而且不止四个世纪之后的时代才会来临。在希罗多德写作之年,这样的时代尚未到来。如果一样事物比另一样事物较少需要天才的作用,那么它必定需要作为整体的人类取得更多的进步。

就艺术家所体验到的情感以及所欲表达的东西而言,设计、雕刻、绘画等艺术都与诗歌有着千丝万缕的联系。这些技艺都起源于一种自然的欲望,即把历史或神话中的记述保留下来。于是,这方面的才华因人们的爱国之心或宗教情怀而被抬高,他们致力于充满感情、富有深度且令人服膺地去表达这些记述所必然唤起的观念和记忆。

所有这些技艺的发展在很大程度上取决于人类不同的生存状态——无论他们是猎人、牧人还是农人。唯有农人可能聚集起大量人口,并需要获得更多实用知识以指导农活儿,因此他们必然进步得更快。

哲　学

所有人类知识都受限于当下感觉,它们可分为不同的种类。一类知识建立在观念的纯粹联系上,如抽象的数学。还有一类知识关注外在的客体,但只触及客体的表面及客体对我们的作用,如诗艺和厨艺。最后还有一类知识把事物的存在本身作为认识对象。这类知识从结果推导出原因,从感觉推导出物体,从现在推导出过去,从可见物体推导出不可见的物体,从世界推导出神灵。人们相信物体的存在,也相信由记忆唤醒的过去事物的存在,这种信念先于推理而有。我们从不怀疑感觉的直接原因:有关物体运动的种种原因构成了物理学,但一开始,人们常常分不出什么是物体间的相互作用,什么是神灵的作用。

亚里士多德有一部著作,虽为今人所轻,但仍不失为人类精神最美妙的事业之一,在书中他完善了分析的方法,探讨我们的心灵如何从某种已知真理过渡到未知真理。他由此总结出推理技艺的法则,并通过展示观念与观念以某种方式相结合的后果,让我们看到如何能确定一个命题乃是合理地演绎自另一个命题。应该承认,在亚里士多德的其他哲学著作中,我们再也看不到如此完美的分析,因为列举种种观念绝非易事。但不管我们认为他的工作就分析结果而言如何有用,它都无法用来确定事物的原因。尽管亚里士多德提出了全部观念都源自感觉这一见解,但很长时间以后,才有人开始去寻找抽象观念之外的原因,研究观念的起源问题。培根率先认识到有必要让所有这些观念重新接受检验。但在那个时代鼓励学者这么干几乎是离经叛道,我们必须谅解培根只是提心吊胆地往前试探着前行。他就像一个人战战兢兢行在一条处处都是万丈深渊的路上,只能不断怀疑和摸索自己的方向。继培根之后,伽利略和开普勒——作为他们观察的结果——奠定了哲学的真正地基。但笛卡尔比他们都要大胆,他的思考引发了一场革命。偶因(occasional causes)体系,以及把万事万物还原为质料和运动的观念,构成了这位生命力旺盛的哲人的基底,并预设了古人当中从未展示过的某种对观念的分析。

笛卡尔想要从身上抖掉古代权威的轭,却还是没有充分挑战他一开始从古人那里所领受的知识。这真令人震惊:一个不畏风险、大胆质疑从前所学一切事物的人,却不设法跟上他的新知识的进步,这些知识是他从自己的一手感觉中获得的。也许可以说,笛卡尔把自己抛入其中的那种孤独吓坏了他自己,他无法承受这种孤独。于是突然地,他又把自己抛回到那些他好不容易摆脱掉的观念之中。他跟古人一样,杜撰出纯粹抽象(pure abstractions),而把他所说的观念视为实在。他为这些观念杜撰出与观念所含范围(scope)相称的原因。甚至在与古人的这些先入之见打斗时,他也在受那些观念的误导。假如不是因为我对这位伟大人物心存尊敬和感恩因而有所克制,我可能会把他比作参孙,参孙推倒了大衮神的庙,自己也被倒下来的巨石砸碎。

笛卡尔的信徒们把我们犯错归因于感觉的幻像,他们以夸张的热情抨击感觉,这带来有益的结果。因为人们在试图弄清感觉如何欺骗我们的过程中,也学着去分析感觉如何向我们说明外部客体。洛克大大推进了这种分析,贝克莱(Berkeley)和孔迪亚克(Condillac)再紧紧跟上。这些人都是笛卡尔的子孙。

笛卡尔观看自然时,如同向自然投去锐利的一瞥,顷刻之间将一切尽收眼底,又像人从高处鸟瞰面前风景。

牛顿则从更细微处研究自然。他描述别人已经发现的国度。

有些人致力于把献给笛卡尔的敬意转献给牛顿,并以此为事业。他们学效那些罗马人,当新皇帝取代旧皇帝时,他们就敲下[塑像上]旧皇帝的头,换上新皇帝的头。但在荣耀之殿中,所有伟大的天才都有一席之地。每个配得的人都应有雕像为他竖立。

在这两位非凡的天才之间发生了每个领域常常发生的事。一位伟人为人类精神开辟了新的道路,随后的一段时期之内,每个人还都只是他的学生,然而渐渐地,人们拉直了伟人所规划的道路。他们把伟人支离破碎的发现统一起来,其中那些宝贵而权威可信的要素,他们就归拢起来并加以分类,直到一位新伟人横空出世。新伟人振翅高飞于前行者带领人类所到达的境界之上,正如前行者也曾振翅高飞于他所由起步的境界之上。

如果不是里克(Richer)所做的实验,牛顿可能做梦也不会想到他提出的定律会导致他判定地球的形状像一个扁球体。最伟大的天才绝不会想要一头扎进理论中,除非被事实激发。罕有埋头于推理的人。有些人需要去摸索,但在冒险向前一跃之前,必须有某种更迫切的需要催促他们。

据说,弗雷尼克尔(M. Frenicle)曾经猜测,使物体向地面坠落的引力也使行星持续在轨道上运行。但是,从这个模糊不定的观念到那个锐利的洞察,即牛顿那个极富天才的远见——它洞穿了一切天体之间广大无边的结合和关系——再到那种绝不屈服的胆量,它既不畏惧艰深的思考也不畏惧问题之美、之难,甚至敢于把太阳、众星、一切自然强力都纳入其天平上来称量——这就是弗雷尼克尔到牛顿的距离。

笛卡尔发明了用方程式来表达曲线的方法,惠更斯(Huigens),尤其是牛顿,则迅速高举理性的火把,照入无限之物的冥府。

莱布尼茨,非凡的天才和调解师,他想要自己的工作变成好像一个中心点,所有人类知识都在这里联络为一体。他想要把所有学科、所有意见束成一个捆。他想要复活所有往古哲人的思想体系,就像人试图去用古罗马建筑的残垣断壁建造一座真正的宫室。他想要用他的神义论来建成彼得大帝用圣彼得堡所建成的伟业。①

我们应把分析模式和种种分析法则归功于这些伟人,很长时间里,这两方面的缺乏导致形而上学甚至物理学都进步迟缓。

数　学

可以说,形而上学和物理学有一个总的方面,使这两门学科不同于那些被称为数学的学科。所有的学科无疑都有感觉这个起源,但数学在下面这一点上享有特权:即,数学是对感觉的一种不会犯错的应用。

丈量田地的需要,加上空间本身也要就它所占据的范围大小来度量——这是空间的特性——催生了数学的一些原始要素。关于数的一些观念绝不简单,亦绝非人们所耳熟能详。从这些少量的容易发生联系的简单观念出发,形成了数学科学,凡是可以作为量来思考的一切都是数学学科的对象。数学不过是一些抽象定义的结果,这些定义只包含少量的观念,因此很容易把这些观念一举囊括其中。真理与真理彼此依赖,形成一个链条,人必须接受这一链条中的所有步骤,以便在真理之上再积累真理。这些真理越来越多结出果实来;人越是富于思辨,就越能发现算术中的普遍公式,并通过列举种种假定的情况而从这些

---

① [译注]圣彼得堡由彼得大帝建成,成为彼得大帝时代的都城。这座城市的建立打破了俄罗斯一千多年以来沿河流建造城市的传统,而将圣彼得堡城建在芬兰湾的几十条河流和支流之上,这里起初几乎是一片沼泽。

公式下降到特殊真理。真理通过互相结合而不断增多，并再次发生新的结合。由此就涌现出新的真理上的增长，因为每条真理都可以成为众多真理的源泉，而后来的真理同样结果累累，不亚于先前的真理。

随着这些可知真理在数量上的增加，随着考察更多形状的属性，人们开始通过一些公式以及包含所有已知知识的普遍原则来表达形状的共同属性。甚至在数学领域，人们也从考查某些熟悉的图形和线段的少量属性去开始他们的探究。普遍原则是时间的产物。

人们相信，最美妙的秩序是一种仅从唯一原则即可推导出众多结果的秩序，所以，人们不得不一个世纪接着一个世纪地修正整个教育体系，以便把这一原则整合到数学成就中。人们没有看到，他们公认的这种自然秩序其实是主观武断的。在表达图形的普遍关系的几何学领域，这些关系是相互的，你既可以从结果推导出原则，也可以从原则推导出结果。表达椭圆形的方程式可从图形的结构推出，同样，图形的结构也可从图形的公式推出。

因此，如果必得选择一种分析方法，那就是追踪人类精神的发现之旅，弄清那些源自全部特殊真理的普遍公理，同时揭示这些公理是怎样把所有先前真理统合起来的。数学的进步因此有如诗人笔下的奥林匹斯山，它的尖头倒插向地面，离地面越远，就越是向四面延展，直接九霄。几何学就是如此向着无限扩展，特殊真理导向越来越多的普遍公式，甚至在数学领域，人们也必须从特殊到普遍地向前推进。

可一旦发现了普遍原则，就会导致这些学科何其迅猛的发展！比如代数学、曲线表达式以及对无穷的分析。这里有一个假定真理的序列，这些假定真理是确定的且同时为自然所证实，因为最初的假设绝非武断的，而是建立在感觉所给予我们的那些广延观念上，我们获得这些观念仅仅是因为具有广延的事物在自然中真实存在。

数学从少量的观念出发，再把这些观念间的关系无穷无尽地加以结合。这与自然科学（physical sciences）截然相反，自然科学不是一个观念和关系的序列，而是关涉过去或现在的（若关于未来的存在物，那就是数学了)某个实际存在物的那些事实和观念的序列,所以自然科学的真理在于我们的意见与存在物相符。

逻辑学与形而上学

我归入自然科学名下的有逻辑学,它是关于我们的心灵如何运作及我们的观念如何发生的知识;有形而上学,它研究存在物的本质及来源;最后还有狭义的物理学,它考察物体之间的互相作用,分析各种可感现象的原因及现象之间的关联。也可以再加上史学,史学不可能有那么大的确定性,因为各种事实间的关联并不那么严格,况且重新考察过去已久的事实并非易事。自然永远与它自身一致,我们可以通过实验来重现相同的现象,或让现象重新发生,但若某一事实的最初见证人已不足信,那么这一事实就永远不可确定,其确切作用也永不可知。

我在此不是在谈论各种诸如道德和政治的科学,它们基于自爱(self-love)并由正义所规范,而正义本身只是自爱的一种非常开明的形式。我就联系式学科(sciences of combination)与观察式学科(sciences of observation)之间的差别所谈的一般观点,同样适应于伦理学和政治学这样的学科。在观察式学科中,人不可能只关注少量的原则。一方面,海量的观念侵袭他,使他不得不把大量的观念集合成群,因为所有的存在物都因相互作用而与彼此密切相关;另一方面,他必须详细分析这些观念,直到发现其最单纯的因素为止。

逻辑学的基础是语言分析和将客体形象还原为构成该形象的单纯感觉。形而上学一定会感觉到这种分析方面的些许进步所带来的影响。在分析我们的感觉并了解这些感觉的原因之前,物质实体的现实一致性(real uniformity)对我们而言并不显然。一个蓝色的物体与一个红色的物体必然显得不同,假如不是感觉显示这两个被单独思想的、存在于我们之外的物体也可以有不同的颜色,可以显现为不同的质感,我们就几乎不能思想其间的共同之处。由此产生了实体(substance)与模式(mode)之间的区别,但这一开始并未阻止人们把诸模式看作同样存在于我们之外的那许多东西,尽管诸模式的存在实际上依赖于人这个主体。哲学的大部分错误便由此而生。

没有什么比所有这些关于实体、本质、物质的观念更令古人犯糊涂的了,他们搞不清楚这些观念如何从最早的感性观念发源,他们缺乏这方面的专门知识。但含混不清并不妨碍他们使用这些观念。为了解释这些观念,多么需要物理学本身的进步,但物理学上的错误却正在拖住他们前进的脚步!须知形而上学与物理学乃是互相需要。他们又多么需要时间去发现,所有的感性现象都可以用形状和运动来解释!笛卡尔是第一个看明这一真理的人,在他之前,物理学由于缺乏这种程度的分析,已多多少少与形而上学混同。

形而上学的种种错误,与我们如何通过各种感觉获得关于外在存在物的观念相关。只有把色点关联起来,我们才为自己创造了可见广延的观念;只有把物体在我们身上产生的压力感聚集在一起,我们才为自己创造了可感广延的观念;只有用推理的方式,我们才能确定这些物体作为这些感觉的联结和共同原因存在着。但源自经验的本能或者说观念间的联系走在了推理的前面,人们已经把物体本身与物体的感性质素混为一谈。这种观念必会把暧昧带进我们所说的整个形而上学内部。如果我们认为,我们对外在客体存在的判断不过是物体与我们发生关系的结果,是物体作用于我们的结果,是我们恐惧的结果,是我们欲望的结果,是我们利用物体的结果,那么这一点也就容易理解了。上天给我们感官是为了保护我们的生命和健康,各种感觉不过是我们关于这些外物的观念的真实记号,这些记号足以使我们无需认识外物的性质就可以寻求或躲避外物。我们的判断只是这些物体在我们里面所激起的全部运动的简化体现,这一体现以物体所引起的结果本身的现实性向我们保证这些物体的现实性。我们对外物的判断因此在任何意义上都不需要事先对这么多的观念进行分析,我们做的是大体判断。

另一方面，值得注意的是，语言之于形而上学，类似于几何学之应用于物理学。事实上在日常对语言的简便使用中，人们并不总会刻意避免讲矛盾的话；若要成功地避免矛盾，我们只能首先对所有观念进行定义，为此人们得不辞辛苦地构建一个真理体系，但这些真理对作为语言根本目的的社会却几无用处。

完全沉溺于细节导致的结果将是词语中不存在任何矛盾，并且会建立一个假设真理的链条。但这对不得不与现实事物相对照的学科来说是不够的。常常有一些物理学的问题（由于人们看不清全部起作用的因素），得出的结果与经验截然不同，即使其中没有任何数学上的错误。词语与其说是表达观念，不如说是回忆（recall）观念。逻辑运用得当，就能正确地［从原因］推导出结果，但由什么为原因作担保呢？如果原因是假的，那么由假原因的推论达到的真理将离现实何等遥远——若不是人们被需要驱向感官和社会，以至于往往不得不前后矛盾的话！两种互相矛盾的观念看上去不像客观存在物，为什么不像呢？通常都因为它们是一些抽象的观念，并不存在与之对应的客体。

总的说来，人们不愿因之而偏离现实的各种科学原则，只能是一些事实。在形而上学中，事实只能通过分析我们的感觉而被知，感觉相对于外在原因而言仅是指示这些原因的结果。在物理学中，事实只能通过对各种情况的深入考察而被知，当这种考察变得不可能时，这就成了我们研究的必然界限。人若仅熟悉一个国家一边的海岸，他就不能确定这块土地是一个岛还是一块大陆。这就是我们的处境，因为当我们开始思考时，所涉及的是观念的全部对象，即使经过大量思考后所涉及的已是全部对象中的许多对象，我们的处境也还是一样。

这种语言与各种观念的双重混淆无疑深刻地影响了物理学。当人们开始对身边的各种现象进行理性分析的时候，在恰当地理解现象之前，他们就先试图寻找现象的原因。由于真正的原因并非短时间能够找到，人们就想象出一些虚假的原因来。任何时候，只要问题在于寻找某种结果的原因,我们就只能通过假设才能成功,因为结果是唯一被知的东西。

我们尽可能地从结果追溯原因,试图确定那在我们之外的东西是什么。当我们的观念不向我们呈现原因时,为了猜测出某个结果的原因,我们就想象出一个原因来:我们必须对若干个假设进行证实,必须验证这些假设。但怎样证实呢?就得列出每个假设所得出的结论,把这些结论与事实进行对照。如果我们发现,所有基于假设所预测到的事实在性质上正好是假设使我们会去期待的事实,那么这种符合就不可能是偶然,由此,假设就被证实了。这就如同通过观察印出的字样完全与印章的字吻合,就可知这些字是由这个印章印出来的。

物理学的进步历程就是这样。对于一些为数很少且难以认识和难以分析的事实,我们不得不设想假设完全不靠谱,在找到那唯一正确的假设之前,必须多方假设,这是有帮助的。此外,从这些假设推导结果以及把这些结果与事实进行对比,在开始的时候是一项十分困难的工作。只有通过把数学应用于物理学,人们才能从假设——假设只是把某些物体按某些规律运动时所必然发生的事结合起来——出发推论出应该发生的结果。自此,研究必定随时间的推移而不断丰富。同样,做实验的技艺也非经长期的磨练就不会完善。偶然的幸运即使有,也只会临到那些眼中一直关注研究对象并熟知这些对象的人。更为常见的是,依然还是借助于数学,一大堆关乎细节的精致理论和小体系向人预测了事实,或者指示人应该做什么实验,以及用什么方法去做这个实验才能成功。我们因此看到数学的进步如何促进了物理学的进步,以及一切事物如何互相联系在一起;与此同时我们也看到,由于需要检验所有假设,人们如何必须进行许许多多的数学研究,这些研究通过成倍增加真理的数量而提高了原则的普遍性,从而为计算提供了相当的便利性,并使计算技艺日趋完善。

对以上所述我们可以总结说,在到达真理前,人要经历上百成千的错误。由此就有了各式各样的体系,它们尽管一个比一个不完全,但都代表着真实的进步,都是走向真理的路标。此外这些理论还带动研究,所以从效果来说是有价值的。假设并无害处,凡是虚假的假设都会自我推翻。所谓的那些系统分类法(systematic classifications)其实不过是几本主观武断的词典,整体而言似乎会阻碍自然历史的进程,因为它把自然历史视为完成了的,实际上它永远也不可能完成。然而,这些系统本身仍然意味着进步。在博物学方面,普林尼(Pline)并不比利内(Linné)知多识广,相反还差得远。但普林尼只熟悉较少的事物和这些事物间的较少的联系。利内则认识到他的叙述在一定程度上充斥着太多的细节,也知道,事实上,要认识事物,就得抓住事物之间的联系。他往往会寻找一些主观的联系——但这些联系将最终让位于对那些不可感知的等级(gradations)的知识,正是这些等级把物种统一起来。第一步,是发现某种理论,第二步,就是开始厌恶它。

让我们回到我们的物理学假设上。如上所见,假设的多样化是必要的,假设的不确定性并不妨碍人们最终发现真相,起码,当事实的细节能够得到充分确定时,人们就会发现真理。然而,除了分析事实和提出假设这一方面的困难之外,在人们借以形成这些假设的方式中,还存在着另一种更重大的错误根源。那就是对于类比的太过误导人的嗜好。无知在哪里都看见相似性,只可惜那是无知在下判断。

人们在认识物理作用之间的联系之前,会再自然不过地假设这些物理作用是由不可见的、与我们类似的理智存在物产生的。因为要不然这些理智存在物还能与什么相似呢?所发生的一切若没有人的参与,那就是神在参与了。由于恐惧和期待,人们很快就开始膜拜这个神,然而,他们对神的膜拜仍是按照他们也许已有的礼敬权能人物的模式而设计的。诸神不过是一些更有能力的人,是在一定程度上完美的人,其完善程度取决于产生他们的那个世纪,取决于该世纪对人性真正完善的认识是更开通还是更落后。

哲人们认识到神话的荒谬不经,认识到神话并没有获得对自然历史的任何真实理解。这个想法让他们大受冲击,于是他们开始用一些抽象的表达,诸如本质(essences)、能力(faculties)之类来解释这些现象的原因,其实这些表达也不解释任何事物。人们围绕这些表达进行推理,仿佛这些表达即是存在物(beings),是代替古代神灵的新神灵。人们沿用这些类比,大量增加能力的种类以便为每个结果提供一个原因。

　　过了很久以后,通过观察物体彼此之间的机械作用,人们从中得出了另外的假设,随后数学又扩展了这些假设并用实验加以证实。正因为如此,物理学不断地退化为糟糕的形而上学,直到技艺和化学在长期进步之后大大丰富了物体之间的联系,直到随着社会之间的交流越来越密切而地理知识变得更加广阔,事实的确定性越来越大,对技艺的应用本身也引起了哲人的注意为止。印刷品、文学和科学杂志、学术性报刊提高了这种确定性,今天还会引起疑惑的,只有一些细节了。

道德与政治

　　人类精神的另一种进步,尽管不太为人认识和承认,却是不争的事实,这种进步涉及审美艺术、油画、音乐。不管那些怀古者对此说什么,总之我们对这些艺术变得更加在行了,尽管我们在绘画艺术上并没有超越甚至并没有达到古希腊人(在很短的时间内)赋予其雕塑作品的那种崇高之美。

　　然而,由于不靠主观而获得真正的鉴赏力(true taste)非常困难,也由于鉴赏力的性质很容易被各种习惯弄得模糊不清,因此史上经常发生鉴赏力革命。绘画依靠模仿,建筑术首先只考虑怎样才令人舒适,这两种技艺的技巧已臻完善,但各种古怪的风尚不断改变人们的品味。鉴赏力的完善靠的是感觉的纤细,它不与野蛮相伴,也与粗心无干。它取决于某种习俗的高雅,某种有节制的奢华,这种奢华不会妨碍启蒙的传播，却足以确保令人赏心悦目的东西有市场以及二流艺术家们有工作，那些才华横溢的伟大艺术家正是从二流艺术家中产生出来的。如果不能使大量的人以它为业，从而足够维持它作为一门单纯的行当存在，①任何艺术都不可能持存。过度的奢华窒息鉴赏力，在这里，虚荣心导致装饰物大量堆砌，因为虚荣心与其说把装饰看作装饰，不如说把装饰看作富裕的标志。人们不再寻找事物带给感觉和心灵的快乐，不再回到自身内，不再聆听任何声音，只追随时尚。在任何领域，作出糟糕判断的可靠途径就是不用眼去判断。当每个人都判断时，大众就会做出良好的判断，因为这判断乃是多人的判断。但如果人人只是听从而什么也不做，大众就会作出糟糕的判断。鉴赏力低劣的另一个原因则往往是艺术技巧上的进步。人们总是错把高难当成美。各种艺术和美德都受到这一错误的感染。不少哲人虚假的美德也由此而来。

很久以后人们才认识到，人的卓越，艺术中的美，都有赖于艺术对象与人的器官（organs）之间的某种关系。理智天然地喜欢理解这些关系，艺术达到这一境界也就达到了完善。艺术技巧在达到完美时显得

---

① 许多年来英国人不惜一切想要得到美丽的画作，而他们的民族至今未能产生一位伟大的画家。

唯有意大利人、法国人、弗兰德人、少量日耳曼人和西班牙人在绘画领域取得成功。原因在于，英国人只肯为好画付钱。他们除去了教堂里的所有画像，由此也就剥夺了他们自己扶持糟糕的甚至二流画家的途径。任何一个行业，若末流匠人无法谋生，二流匠人不能生活宽裕，也就不可能产生伟大的艺术家。我们那些在鹿特丹桥下卖画为生的艺人，几乎所有乡村小教堂的的画像都由他们提供，这些艺人构成了少数伟大艺术家产生的必不可少的土壤。人在刚从事一门艺术时，几乎不可能保证在该领域内取得成功，因此，如果他必须在一门技艺中跻身到最上层才能谋食，那么做父亲的绝不会让孩子去从事这门技艺。

正因为如此，英国人中只有非常少的画家产生。荷兰画家们几乎都只画过陆上风景、海上风景或乡村风景，至于历史题材的画家，我不信谁能举出一个有名气却不是天主教徒的历史题材的画家。——作者注

是作者的功劳,该作者希望展示技巧,却根本不考虑应该如何让对象取悦人,这一点不靠某种直觉的把握是很难阐明的。哥特式建筑就是这样产生的;直到人们把古代理解为一种模式——即理解为人们感觉到这种灵感的时期——哥特式风格才被丢弃。

希腊同样已经丧失了良好的鉴赏力,这也表明窒息鉴赏力的不仅是野蛮。但希腊较少意识到这种失落,因为它没有被迫忍受那个野蛮主义明显横行的时代,这种野蛮曾提醒欧洲到更幸福的时代去寻找某些模式。

至于绘画和雕塑,这是两种非常高难的艺术,因此一旦失去启蒙君主的支持就必然衰落。就算有教会的大力推销和个人的奢华追求,这两种艺术也难以为继,因为个人变得一贫如洗,欧洲所有地区也缺乏贸易往来,导致可选择的作品少得可怜。鉴赏力来自对美的东西的反复比较,当国家间的贸易不能把足够多美的东西带到人眼前时,鉴赏力就丧失了。人若只会欣赏粗糙的奢侈品,街角的涂鸦就已足够。此外,在欧洲人们为了挣钱而从事艺术,艺术需要天才,但欧洲的政府形式一边贬低每个不是绅士的人,一边把艺术降低为纯粹的技巧。至于希腊,经过王权更替以及撒拉逊人和保加利亚人的入侵,已是四分五裂、满目疮痍,再也无力培育让人赏心悦目的艺术了。然而,到14世纪时,由希腊艺术所激发的返古热情却促成了罗马艺术的复兴。

在审美艺术中,有些东西可以随着时间的推移而完善起来,例如依赖于光学的透视法。但本土色彩、模仿自然以及表达情感这几点在任何时候都保持不变。因此,在每个时代把艺术推进到某一高度的那些伟人们,便获得了相较于后世而言的某种平等地位。在某种意义上他们比哲学家要幸运,因为哲学家必然因后来者的进步而变得过时和无用。

雄辩术和诗艺领域的伟人同样获得了不朽,甚至是更为经久的不朽,因为他们的作品通过抄件和印刷本永久流传,而且被成倍地复制。这两个领域的进步有赖于语言、环境、风俗,以及为某一民族带来几位伟大天才的偶然机运。

关于雄辩术还应提到一点：在谈论雄辩术的进步或衰落时，我们所考虑的只是人们研究中的雄辩术，那些固定下来的言辞。在所有时代、所有民族中，激情和公共事务都曾催生出一些雄辩之士。

野蛮文明的腹地也不乏强大而极具说服力的雄辩术，这样的例子在史书中比比皆是。红衣主教雷兹（Cardinal de Retz）在议会中比在布道台上更为雄辩。另可参读塔西陀笔下的赛杰斯塔（Segesta）、阿米尼乌斯（Arminius）维布利努斯（Vibulinus）。

雄辩术在希腊和罗马最终衰落下去，我一点也不感到奇怪。亚历山大的帝国分裂后，在旧的帝国废墟上建立起来几个新兴王国，使得以前因雄辩术大放异彩的所有小型共和国相形之下变得黯然失色。亚历山大城和安提阿城一跃成为商业和艺术中心，雅典成了一座默默无闻的希腊地方小镇，不再有任何地位。年轻人还是会被送到那里学习，但在这里天赋才华不再带来大好前途。心怀野心的人聚集在宫廷，那里需要的不是雄辩，而是机心。昔日雅典广场上发生的活动对整个希腊人已不再具有推动力。

阅读德摩斯梯尼（Demosthenes）的演讲辞我们会发现，在那个一落千丈衰败不堪的雅典，他几乎已经无力回天。聪明的教师们也不能保存那里真正的雄辩术，不管你认为他们可能拥有怎样的才华、怎样的鉴赏力。

就像今天大学里仍然在发生的情形一样，教师们在各种主题上带给年轻人的都是肆意的夸大。再也没有什么比这更容易扭曲人的心灵且败坏人的诚实品格了。一颗诚实的心不会偎着冷而变暖。雄辩术是一门严肃的艺术，真正精于此道的人绝不会玩弄它。天才不会故意卖弄他的雄辩术，不会浪费时间去攻击塔尔坎或西拉，或是试图说服亚历山大安安分分地好好过他的日子。因此我们看到，各共和国衰落以后，有的只是高谈阔论之辈（declaimer），但不再有演说家（orator）。在罗马，同样的原因导致了同样的结果，曾有几个皇帝爱好雄辩术，还亲自写作了大量讲辞,但仍然没有产生出一个西塞罗来,因为他们没有复制出能以产生西塞罗们的环境。人如果无话可说,就永远不可能成为雄辩者。他们必须拥有需要被打动和说服的对象。

我们的法庭容不下——或几乎容不下——雄辩之辞的恣肆。西塞罗可以尽情发挥他的天降之才,在某个平民集会或罗马元老院的会议上控告某个公民或为这个公民辩护。但如果问题只是要在法庭上搞清楚,按照法律,某笔遗产是该归彼得所有还是归詹姆斯所有,所需要的就只是一种对小孩子讲话的语调而已。他们只需确立事实的真相,而任何言说若除了确立真相而外再也不能做什么,就不能给不关心这一话题的人带来快乐。

一旦政治问题不再进入演说者话语权的范围之内,古人就不知道再向何处去寻找雄辩术。在大量的哲学问题和道德问题上,他们没有我们今天所找到的资源——这些资源在我们的时代也产生出了一种类似雄辩术的东西,我们管这东西叫学术。但从事这种雄辩术的学者要想在它能力所及的事上获得成功,也绝不可任意夸大其词。

布道的讲坛把雄辩术带向了更高的顶点,但只有近代人才认识这种讲坛。上帝的威仪,庄严幽隐的奥秘之事,宏大隆重的宗教仪式,以及人们对来世的极大兴趣,向波舒哀和绍林(Saurins)这样卓越不凡的一代辩才敞开了广阔天地。宏大的主题甚至在某种意义上塑造了另外一种华丽的雄辩术,弗莱彻(Fléchier)和马西隆(Mssillon)都运用这种雄辩术,他们当然比吕西阿斯和伊索克拉底雄辩得多,只是还没有达到波舒哀那样汪洋恣肆的境界。

也许令人奇怪的事情是,古代教父们却没有同样抓住这机会,促成雄辩术在希腊人和罗马人中的复兴。不错,我们在有些教父尤其是希腊教父身上看到了一些可钦敬的修辞品质。萨尔维安(Salvianus)的水平跟德摩斯梯尼就差不到哪里去,前者对特里维斯(Treves)城革命后正要求举行角斗比赛的城中居民讲演,类似地,德摩斯梯尼也曾怒斥雅典人贪爱娱乐。但总的来说,教父讲辞中的这些修辞品质几乎被他们主题的力量给彻底消除了。他们以布道形式写下的讲辞总带着某种说教的口气,因此更适于教导人而不是说服人行动。他们喜爱朴实,因此往往完全不注意比喻的高贵或其他言辞上的修饰。圣奥古斯丁似乎倒是经常追求雄辩的说服力,有时也成功地做到了,但他优美的文风被他连珠炮般的俏皮话和轻率的自负给吞没了,大概他是在做修辞学教师期间学会了这一套。

可以说,所谓大话,不过是伪装的崇高。真正的雄辩术会采用极其大胆和活泼的比喻,但这些比喻必须是真实的热情所导致的结果。自己没有感动,也绝不会感动人。在这一点上热情的语言类似于其他所有激情的言辞,仅仅模仿只会显得可笑,因为模仿永远都是不完全的模仿。

正确射出的箭镞会正好升到箭靶所在的高度,并牢牢地钉在靶上,倘若目标过高,箭就会掉在地上——自然的比喻和夸大的比喻也是如此。

语言的融合

语言之间的融合使语言处在持续的运动状态中,直到不同语言之间的类似性确定下来。改变期间语言的运动不断放缓,直到一些大作家问世,成为判断这门语言纯洁性的典范。在这两件事会合之前,语言绝不会固定下来。显而易见,两种结构各异的语言互相融合时,必须经过一定的时间才会统一起来。研究者想要保存古老的语言,但由于他们只是根据书本来讲这种语言,所以讲不好。没有书本的百姓讲的则是一种粗糙的语言,缺乏规则与和谐,此语言并不比彼语言更富有诗意,彼语言也并不比此语言富有诗意。若有人作了几行诗,既然所作之诗是粗人所为,就只是几行未化之诗。应当指出的是,在一些技艺上经历了长期发展,也取得了某些观念上的进步的民族中,普通人却比某些还处于蒙昧状态的民族的精英还要无知。还有,机械性技艺和民众的服从也使人心灵变得退化。人的那些原始观念与想象及感觉具有某种类比性,但抽象观念以及哲学的进步使人丧失了这些原始观念。当然,这些抽象观念还是能跟想象加以调和,但这得等到发生新的进步。

只有当各种语言达到一定的丰富性,尤其是当这些语言之间的类比性固定下来之后,好的诗才会出现,美感和优雅才开始形成。几乎所有的语言都由几种语言融合而成。根据融合的程度,最终形成的语言将一部分由这种语言构成,一部分又由那种语言构成。在语言互相激荡的过程中,变位、变格以及造词法都还没有形成定例。造句尚阻碍重重,导致思想也暧昧不清。此外,半成形的专门术语经常在变。这些术语发明出来后,诗性词汇很快就停止使用,以至于诗性词汇无法丰富起来。语言一形成,使用这种语言的诗人就开始出现,然而只有在大量伟大的天才都用过这种语言后,这门语言才固定下来,因为只有在那时,才有了一个判断语言纯洁性的参照点。一门语言过早地固定下来可能并非幸事,因为只要还在变化,它就总在不断地柔化和完善。

有些语言从未与其他语言发生融合,那么它们变化的唯一原因就是种种隐喻(metaphors)的固化(established)。隐喻一经固化就被人们频繁使用,也被作家们使用,经历漫长的时间以后,其含意已为人熟知,比喻意也就可能被遗忘。我们知道,一些用来表达并非直接为感官所见的对象的词语,比如"思考"、"思虑"、"忏悔"等等,其实原本是一些取自可感之物的隐喻。但如今当我们说这些词的时候,它们已经不再构成隐喻,而似乎只是表达我们一些抽象观念的直接符号,有些词语甚至已经丧失了与可感对象之间原本具有的一切联系。

某个人发明出某个措辞,人若反复从他口中听到相似的措辞,必然意识到该措辞所含的隐喻,这是肯定的。他们的心灵此时似乎已经习惯了把措辞跟关于可感对象的观念联系起来,因此,为了赋予该表达以某种新的意义,他们必定还需要作出一番努力。但随着发明者反复在他所赋予该表达的新意义上使用该表达,这个新的意义开始变得仿佛适合于该表达。现在,要理解这个表达的新含义,已完全不再需要回忆它原初的意义。而曾经,理解这个表达所必须的只是运用记忆而已。

但大多数人的想象力是贫乏的,他们在这个表达中看到的只是某个纯粹抽象的观念的符号,又在此基础上把这符号传给后来的人。

我承认,我们可能因此有如下担心:我们诗歌中那些令人惊羡的妙词绝句,可能因此而渐渐失去原有的风华;那些由天才之手所收集,并经由许多普通人之手传下来的花朵,可能有一天终将枯萎。然后,那些同样天赋异禀之人,为了同样鲜活地表达他们的观念,将不得不发明出新的成语和新的表达,然后很快地,这些新的措辞、新的表达也同样走向凋零之途。在一轮又一轮的革命过程中,高乃依的语言、拉辛的语言都将成为昨日黄花,其诗句的魅力都将不再为人所欣赏。

尽管上面的推理[或许有几分道理],但我认为古希腊文提供的范例应该可以让我们安心。从荷马直到君士坦丁堡陷落,两千多年的岁月里,希腊文并没有发生太大的变化。人们总是怀着新鲜的感觉去领略荷马和德摩斯梯尼之美,虽有少数几个拉丁词悄悄潜入,但绝没有从根本上改变希腊语。诚然,批评家们可以大略告诉我们这些作品在哪个世纪写成,但这或多或少是因为他们参考了很少的几个外来词;更为常见的原因则是,他们参考了相关事物的性质或者作者所提到的不同事件。

对于拉丁语我也会这样说。尽管人们通常会假设罗马人的语言与被征服民族的语言经历了长期融合后,导致拉丁语已经被改变。然而实际情况绝非如此,在那些于帝国时期写作的拉丁作家中,您几乎找不到几个从蛮族语言中借来的成语或词语。而且,几乎所有这些外来词都只是跟技艺有关,要么就是表示敬语的名词或某种新式武器的名称,而这些从来都不是构成一门语言的基本要素。我们往往把一门语言中的天才人物跟讲这门语言的大众的品味混为一谈。

克劳狄安(Claudian)的品味无疑跟维吉尔的品味有着天壤之别,但他们用的是同一种语言。

有人说,利奥十世的时代以后,骑士马林(Cavalier Marin)以一种孩子气的夸大风格取代了意大利语的优雅。马林作品的特征固然如此,但若说他使这种孩子气成了意大利语特有的品质,那就大错特错。我敢肯定,梅塔斯塔西奥斯(Metastasios)、马费奥斯(Maffios),还有许许多多让意大利恢复到质朴品味并热爱质朴的人,在发挥他们的语言天才上都不会有任何障碍。

总的来说,不同时代、经年远隔的作者之间文风有别,并不证明他们所用的语言也有别,正如同一时期的不同作者之间文风有别,甚至常常大异其趣,也并不证明他们所用的语言有别一样。文风之别完全不是词汇和表达上的差别,而是才华上的差别,这种差别使黑暗时代(dark ages)即中世纪早期的作者居于劣势。

语言的定形

唯当一种语言中的字词传入另一种语言时,以及当某种久已固定下来的语言经受不同的革命时,上述推理和思考才能成立。那时,口口相传的表达对接受者而言只带有传播者所教给他们的意思,字词原初和本来的含义没有得到保存。但若一门语言已经固定下来,情形就不一样了:那些使这门语言得以固定下来的作品始终存在,而既然字词的原意没有丢失,隐喻就绝不会失去其真正的含义。因此,情形并不简单地是一代人的观念被传给下一代,相反,好作者的作品才是保存观念的宝库,世世代代的人都去那里借用那些观念。

如果一门语言与其他语言的类比性已经形成,这门语言就可以固定下来了,也可以拥有大作家,直到很久以后,语言才会又变得丰富起来。因为妨碍语言固定下来的只是语言的融合,而好作家都抗拒语言融合带来的结果,希腊与拉丁语及东方语言的关系就是这样。语言发展到某个或多或少臻于完成的点时就发生固化,这段语言固化期对一些民族在诗歌和雄辩术上的天才具有重大影响。所有语言贫乏的民族,如古日耳曼人、易洛魁人(Iroquois)、希伯来人(这就证明这一切与气候无关),都用隐喻进行表达。由于没有指示某个观念的确定符号,人们就用最近似观念的名称让别人明白他想要说的东西。想象力以多少已经确定下来的类比为线索，努力寻找事物之间的相似。人们在最开化的语言中也找到了一些粗糙隐喻的痕迹，造就这些隐喻的与其说是讲究精致的必要性，不如说是灵巧应对[现实]的必要性。当心灵与新观念熟稔后，词语就失去了它的隐喻义。我相信，我们可以在东方语言中找到许多隐喻，而讲这种语言的人根本不会想到这点，反过来，东方人也可以在我们的语言中发现同样的情形。必须承认，古代语言允许更大胆的隐喻，也就是说，这些语言的类比性没那么成熟，这首先是由于需要，然后是由于习惯。此外，我们还发现小地方的语言中会播下更多隐喻。我们拥有与东方人同样活泼的想象力，起码毋庸置疑的是，希腊人和罗马人与北方古老民族拥有同样活泼的想象力，但由于希腊人、罗马人以及我们自己的心灵充斥着各种各样的抽象观念，所以希腊人、罗马人以及我们自己的语言就没有那么多地为形象所累。

由此，这些语言更适于以更高的严密性来表达数量更多的真理。如果说某种过早固定下来的语言会延缓讲这种语言的民族的进步，那么，一个太快获得稳定的民族也会由于同样的原因抑制其科学的进步。中国人很早就稳定下来了，他们就像一些树，树干被人砍下，于是树枝只好向地面生长。中国人从来没有摆脱平庸（mediocrity）。中国人如此尊崇那些几乎只是打了个草图的诸学科，他们小心地守护那迈出最初步伐的祖先成法，觉得除了祖先留下的东西，他们已无可增益，所要做的就是好好保守这些绚烂的知识不使丢失。

兴　趣

知识人所做的种种讨政府欢心的研究，必然使他们的头脑局限于作为探究对象的那些问题，再无新的东西可学，再无新的东西被发明。若要冒险标出天才必须走的路，就必须知道路线是怎样的，但人永远不可能准确地确定路线，因为人只知道已发现的东西，而不知道尚未发现的东西。东方帝国为科学提供的保护恰恰导致了科学的毁灭：科学变成了不堪负重的虚礼繁文，或被转化成种种教条，不但限制着科学进步,甚至导致了科学的倒退。希腊的科学取自东方却又大大超越了东方,只因为希腊没有臣服于单一的专制政权。假如希腊跟埃及一样组成单一政体,那么也许就会出来一个吕库古(Lycurgus)那样的人,宣称要以行政手段管制科学研究,早期哲人们天然具有的宗派精神(sectarian spirit)也许就会变成民族精神。然后,倘若毕达哥拉斯的门徒作了立法者,那么希腊科学也许就会永远被囚于这位哲人的教义知识的牢笼里,这些教义将一跃而成为宗教信条,而毕达哥拉斯也许就成了像中国孔子那样受人敬仰的万世师表。幸运的是,希腊当时的情况并不是这样,它分为似乎无限多数目的小型共和国,为天才所从事的事业提供了一切所需的自由和一切有利的竞争环境。人的眼界相比于自然永远都极其狭小,由自然为人指路永远大大好过由不完善的法律为人指路。如果说科学已在意大利并最终在欧洲其余地区取得了极大进步,那无疑是因为 14 世纪的意大利所处环境与古希腊非常相似。

科学在亚洲人中间向来被视为神秘之事,而只要科学变成了神秘,就罕有不堕落成为迷信的。天才绝不只是跟特定的家庭相连,也绝不只是跟特定的地方相连,亚洲国家对科学实施集中管理,这其实是把科学跟几乎所有能够促成科学完善的人隔离开来。此外,绝大多数人都是平庸之辈,一旦他们继承了真理或科学的遗产,就很难不把它视为可从中牟利的产业或资本。科学在他们手中成了对象,被他们用来进行可耻的交易和邪恶的垄断;成了一种商品,通过种种荒谬至极的意见的可笑混合,他们使科学进一步败坏变质。东方最早的那些科学发明都遭到了这样的命运,它们被看管在祭司手中,渐渐败坏,最后变得什么也不是,只是一大堆寓言、巫术和夸张的迷信思想的集合而已。

在亚历山大的继承者们手下,所有这些荒谬的事被整合起来汇入古希腊哲学,产生了以扬布利柯(Iamblichus)、普罗提诺(Plotinus)和波菲利(Porphyrius)为代表的近代毕达哥拉斯主义。

由上可见,在科学或语言领域,早熟的果实并不是什么值得羡慕的果实。欧洲比亚洲起步晚,却结出了更有营养和更丰硕的果实。为欧洲也为我们提供工具的希腊语、拉丁语以及现代欧洲语言,虽然掌握起来较为不易,但能适用于更多用途,完成更多任务。我们的语言表达众多抽象观念,这些抽象观念进入了我们的类比,运用起来要求更高的技艺。这正是成熟语言的不便之处。有很多词语已完全不带有任何具象,语言已经变得非常适合于进行定义和证明,这样一来,用这些语言来形象地描绘事物就要求更高的技巧和才华。但对那些伟大的天才来说,这种困难本身却能让他们的才华派上用场,让他们使出自己的力量,把他们领向这些语言和民族在早期所无法达到的成功。希腊最早的绘画只用三种颜色,他们的画作能够表达感情,但拉斐尔(Raphaël)、还有纪德(Guide)、蒂提安(Titien)、鲁本斯(Rubens)等人却能在调色板调出上千种颜色来惟妙惟肖地模仿自然,达到古人无法想象的程度。同样,希腊语和拉丁语曾给古老而生硬的亚洲语言的词根加上响亮的尾音,我们欧洲的现代语言也对北方民族的语言做了同样的事情,使那些语言变得更悦耳好听。类比的多样化产生出便利的措辞,使文体的数量和类型不断增多。

美,特别是希腊语和拉丁语诗歌之美由此产生,由于这两种语言所特有的类比结构,这些诗歌可以采用倒装句并利用音节的数量来形成韵律,而几乎所有其他民族的语言为了突出音步都得借助韵脚。诗一旦在这两种语言中成熟,就真正成了一种绘画,尽管人们最初的印象是,东方那些具有隐喻特征的语言在描画事物时更鲜明、更有力。但情况根本不是那样:这些东方语言也可随意描画事物,但其描画粗糙低劣,既无规矩也无品味。

科学建基于对事物的联系或认知,跟自然一样广大无边,技艺却只是我们与自身的联系,因而跟我们一样狭隘有限。一般而言,所有取悦感官的技艺都存在一个无法超越的点,这个点由我们有限的器官感觉所决定。技艺要经过漫长的时间才能达到这个点。例如,音乐只是到了晚近才变得成熟,也许还不见得已经成熟。此外,人们批评那些欲往此点之外更远处去的人,此举也是错误的:如果这些人越过了界标,我们的感觉必会警告我们。就和谐地呈现那些充满高雅装饰的形象而言,维吉尔已经达到了诗歌的极限,但尽管诗歌在这方面以及就风格而言已经成熟,却仍能在众多其他方面继续取得进步。诗歌不会再以更有力的方式描绘激情,但情境的多样性意味着激情的活动会带来新的结果。将所有情境结合起来并使之给我们带来益处的技艺,角色的逼真性和选取,以及所有与写作有关的东西,都还有待完善。经验会让人获得更多的技巧。通过大量细致的思考,人们将学会若要给人带来快乐就应当循着何路写作。他们将学会如何用大自然恩赐给所有先人——当然也恩赐给了我们——的花朵做成漂亮的花环。长远来看,对某些伟大的典范包括其缺点的模仿,往往能使后继者避免犯些小错误,有时候这类小错误甚至会毁了那些最崇高的作品。然后,在自然知识的所有分支中首先是哲学的进步,再就是时时刻刻把新的事件带入世界舞台的史学,这两者将为作家们提供新题材作为天才的食粮。

还有一个原因也可以导致鉴赏力的多样性:习俗(manners)会对观念的选择施加强大影响,因此,处在繁荣社会境况中的民族必定显得拥有更精细的鉴赏力。鉴赏力在于恰当地表达一些优美的或有力的观念,而一切既非事实也非情感亦非形象的东西都会最终凋敝,因此,某种程度上讲,先进而富有抽象观念的语言也有其不利之处。或许我可以这样说,用这样的语言来闲聊比较容易,用来描绘事物却比较不容易。思考成了救治这一缺陷的处方,但不管我们的学究们怎么说,反正我们这个世纪的人们变得越来越头脑简单了。运输业如今受到蔑视:我们的进步与古人的进步竟有如此奇怪的差异!古人中的领袖人物太粗糙,我们中的领袖人物则太精细。导致这一事实的原因是,古人的鉴赏力与他们的观念同时形成,而我们在鉴赏力形成之前就已经有了观念。

一般地说,趣味低劣要么是由于所选择的观念粗俗低下令人厌恶——富裕民族由于社会文明程度较高而学会了避开这些观念——要么是由于表达形象不够生动可感。这一点让我来解释一下。在那种由比较而来的快乐里,存在着两种快乐,一种是把两种观念联系起来的心灵快乐,另一种无疑也是更大的快乐,源自心灵所见之象产生的愉悦本身。事物的形象对想象力和心灵讲话,并愉悦感官,所有这些形象都会美化风格,并在风格中注入大自然所赋予我们周围事物的那种魅力,这些事物是我们幸福的源泉:敏感的灵魂被这些形象打动。而数学形象,就是那些的确在自然中存在却并不构成鲜活自然——只有这个鲜活的自然才通过作为纽带的快乐与我们相连——之一部分的图形,却是枯燥无味,一无所有。那些数学关系可能同样真实,然却难以把握,也不对心灵说话。这是智识人(intellect)与天才的重大区别之一。天才实际上能够依靠敏感,选择一些能通过自然美景触动人灵魂的形象。正因为如此,因现代科学的新发现而摆在我们现代人眼前的许多有关物质之间的新关系,几乎无助于丰富我们的诗歌:因为所有这些观念虽然是可感的,却丝毫不能给我们的感觉带来快乐,即使有些观念具备这好处,也是非常稀罕的。因此,哲学进步的一个结果,就是使风格中注入了更多理智,但却越来越冰冷。同样应当避免把那些关于自然的最优美的观念放在解剖台上细看,那样必致它们失味;只有这样运用理智,理智才令人厌恶。我认为,一个民族的语言一旦形成并通过一些伟大的作家得到定型,就不会再变。因此我觉得,文学在意大利和希腊的没落,所走过的时间比我们听说的还要长得多,诗歌在那时也跟其他学问一样,与帝国风俗的没落同步陷入没落。至于雄辩术衰落的原因,我已另外阐明。

古人,正因为他们是古人,所以能免于学究气。我们知道,炫耀学问的虚荣心无论什么时候都何等地损害了鉴赏力。

试图通过确立一种排斥其他新形式的品位,来保护对某些伟大典范的尊崇,这就像土耳其人的做法,他们不知如何保护他们女人的妇德,只知道把女人囚禁起来。但人必须总是仰慕什么,而不创造任何东西吗?这样的迂腐之气毁灭了罗马帝国统治时期的希腊文学。

有一些头脑,自然赋予它们以记忆力,能够把大量知识碎片收集起来,又赋予它们运用推理的能力,能够比较这些碎片并以某种方式加以排列,使其完全显露其光华;但是,自然母亲也拒绝把天才之火赐予这样的头脑,天才之火能发明新事物,为自己开辟新的道路。这些头脑被造,是为了用某种观点把别人的发明统一起来,这种观念可以使原来的发明变得更清晰和更完善。如果说这些头脑绝非自身发光的火炬,那它们便是反射外来之光的钻石,可是,倘若处在全然的黑暗中,它们就会跟最不起眼的石头混在一起无法区分。这些头脑必然是最后到达目的地的。

没必要认为,在衰弱没落的时代,或者甚至在那些有时也超越了最辉煌的世纪的野蛮黑暗的时代,人的精神就不曾取得任何进步。机械术、商业、公民生活习俗产生出大量思考,在人们中间散播,并与教育融合,在代代相传的过程中不断自我累积。它们缓慢但却有力而确定地铺平了通向幸福时代的道路。就像河流在某一河段先是埋藏于地下,其千支万流从土壤里渗出,随自然地势从土壤中流过,并不显露,随后那千支万流却重新露出地面,汇成滔滔巨流,滚滚而去。

机械术从来没有遭遇过文学和思维科学所遭遇的没落。一种技艺一旦发明出来,就成了自给自足的买卖对象。制作天鹅绒的技艺只要还有人买天鹅绒,就不必担心它会失传。因此,在文学和鉴赏力都已没落时,机械术却一直都存在,既然一直存在,也就臻于完善。不管什么技艺,若不经过几个具有发明天才的头脑之手,就不可能在一连串漫长的世纪里不断得到培育。我们看到,尽管欧洲和希腊帝国在公元五世纪之后被无知所占据,技艺还是因上千种新的发明而大大丰富,并没有丝毫丧失其重要地位。

航海术已完全发展成熟,贸易术也是如此。汇票的习惯性使用,作为最完善的结算形式的商业账簿,君士坦丁堡发明的绵纸,西方发明的浆纸,窗玻璃、平板玻璃、制镜术、眼镜,以及指南针、火药、风车、水车、钟表,还有古人闻所未闻的其他无数技术,都要归功于这些个世纪。

建筑术是鉴赏力与机械术相互依赖的例子。再没有什么建筑比哥特式建筑品味更差,但也再没有什么建筑比哥特式建筑更经久耐用;或者说,再没有什么建筑,其结构比哥特式建筑更需要多些活力,以及多知道些关于如何实现其结构的实际方法。不过这些方法只能从大量实验性的尝试中摸索而来,因为数学科学当时还处于婴儿期,不可能精确计算那些穹窿和尖顶的侧向压力。

要产生真正的物理学和更高的哲学,这些技艺就必须得到培植并达到完善。精确而具有结论性的实验因这些技艺而变得伸手可及。没有望远镜的发明,我们可能永远不会发现天体运动的原因;没有吸力泵的发明,我们可能永远无法发现空气的重量。

因此我们务要小心,不可把机械术方面的成功与艺术鉴赏力甚至与思维科学混为一谈。

艺术鉴赏力的丧失也可能由多种纯粹道德的原因所导致。冷漠和柔弱风气在某个民族中的普及,对知识人的藐视,反常的宫廷趣味,僭主政治以及无政府主义,这些都可能败坏鉴赏力。

思维科学的情况又不相同。只要一种拥有成文典籍的语言还在,只要还有一定数量的阅读这些典籍的读书人,过去被知的东西就一样也不会被遗忘。诚然,典籍成书时科学尚未完全成熟,因为那时只有很少人,因而也只有很少的天才致力于科学,但这些科学并未完全失传。[①] 同样,在君士坦丁被掳之后迁往意大利的希腊修辞学教师们知道古希腊所知道的每样东西,他们缺少的只是鉴赏能力和批评能力。

---

① 一次次革命导致了雄辩术和艺术鉴赏力的衰落,但没有抹去对科学的记忆,也不妨碍科学得到一定的培植。这些革命就像火灾,有时会毁掉整个森林。你可以找到几根其形犹存的树干,树干还活着,枝叶却尽失,上面没有一个花朵,也没有任何装饰。——作者注

他们只是学者。

蛮族在东方的泛滥导致了更为致命的后果。他们消灭了拉丁语，导致关于拉丁语典籍的知识最终失传。假如不是修士们把其中一部分典籍保存下来，我们就永远失去它们了。

尽管有这些一般性的灾难，诸技艺仍继续存在。彻底扫除它们需要更为暴烈的风。只有土耳其人的残酷征服才能使它们从世间隐退。原因与其说在于土耳其人的宗教，不如说是在于前面谈过的帝国的专制性质，因为，土耳其人的宗教并未阻止西班牙的摩尔族人在那时达到非常开化的程度。还有一个原因是帝国对那些臣服之民采取彻底隔离政策，导致充满仇恨的战争持续不断，镇压与反抗此起彼伏。土耳其人在妻妾成群的后宫长大，那里是温柔乡，也是无知而又绝对的权力的住所，这样的权力只能退化成习惯性的残暴，因此土耳其没有任何产业，除了使用暴力，他们什么也不会。希腊人屈身俯伏在最坚硬的轭之下，终日活在恐惧之中。无论是萎靡不振的土耳其人，还是处在压迫之下的希腊人，对自己的地位、财产、生命都处在不确定之中，根本不可能想到去改善这种如此动荡不安且如此不属己的生存。因此那时除了绝对必不可少的技艺而外，完全没有任何技艺。而在那些必不可少的技艺当中，少数在宫廷里保留下来的技艺也退化成了没有任何品味的技巧。

印刷术的发明不仅传播书本知识，也传播近代技艺的知识，并大大促成了这些技艺的成熟。印刷术发明以前，大量传统上仅通过师徒相传的绝技并未引起哲人中的任何好奇，而当印刷术使这些绝技的传播变得便利以后，人们开始对这些技艺进行描述，以供匠人们使用。这样一来，读书人便开始意识到，原来还有上千种他们过去不知道的活动，他们发现自己不由得走向无穷多的对物理学来说兴味盎然的观念。那里就像一个全新的世界，事事物物都勾起他们的好奇。如此便产生了对实验物理学的兴趣，而要是没有种种发明和技术进步，实验物理学绝不可能取得重大进步……

杜邦先生后记

　　此文似乎从未完成,杜尔哥先生只是把它当作一部作品的大纲来写。他没有对文章作最后润色,不然他也许会扩充或缩减一部分形而上学方面的观察,这些观察虽然细致深刻,但都混在了他的历史观念之中。无论如何,文中包含如此大量的哲学真理,而且常常以优美的文风、天才的手笔表达出来。对这样一篇文章,我们觉得还是不去动它的好,既不掩盖什么,也不删改什么,就让他保持原样吧。是为记。

政治地理学

杜尔哥（Turgot） 著

吴雅凌 译

[中译编者按]依据 1844 年版《杜尔哥文集》第二卷（*Œuvres de Turgot*, Tome 2, Paris Guillaumin 1844）翻译。

[法文版编者按]本文只是杜尔哥先生草拟的纲要（1750 年），撰写时间或始于索邦神学院时期，或初出索邦的闲暇时期，后因事务繁忙而未能最终完成。

杜尔哥先生着手拟定此一政治地理学（Géographie politique）纲要，乃是为某一索邦学友，后者原本有意写作一部以此为标题的著作，但杜尔哥先生处理此命题的深广方法令他打了退堂鼓。依据杜尔哥先生的构想，此命题只是一系列著述的第二部分，第一部分乃是普遍历史，最后部分则涵括一切统治科学（science du gouvernement）。

在我毕生相识中，杜尔哥先生的友谊对我影响最深，也令我最为感念。他在可敬的一生中常常为着友谊而忙碌。他总是带着不倦的热情为友人撰写细节详备的提纲和无微不至的评论。倘若只是为他本人的荣誉，他绝不会如此煞费苦心。

有幸与他亲近的人无不爱戴他，却从来分不清究竟应该更爱此人的心灵还是思想。

这些青年时代的作品与所有人息息相关。早在神学院时期，他已经就如此重要的问题构思了如此宏伟的写作纲要，搜集了如此丰富的材料，规整了如此多样的观点。我们不会感到惊讶，他日后必成为伟大的哲学家、才智出众的行政长官、位高权重的总理大臣。

——杜邦·德·那穆尔（Dupont de Nemours）

基本概念

第一，自然地理与不同族群在地球上的分布及其与国家划分的关系。历史地思考族群划分的基本观点。国家的形成和合并。合并的原理，该原理既基于公法（droit public），又联系各省形势的优劣条件。

第二，从不同地区的富饶程度思考地理，包括这些地区产出的不同食物、多样的食物品种促成的贸易类别，以及商品的流通情况，首先是在地球上，或者说地区之间，其次是族群之间，最后是省份之间。

第三，从陆地、海洋和河流的不同交通便利程度思考地理。交通在征服、联盟、诸国利益及其可能引发的忧患等方面的作用。交通对不同贸易类别的作用，这里还应考虑到不同食物品种在运输便利、价值、体积和重量等方面的差异。

第四，从不同政府、不同族群的特点、天性、准则和技能思考地理。从中区分出属于道德因素的部分：考察自然因素是否参与以及如何参与其中。

第五，所有这些原理的效果及其应用。首先关乎君主的利益、世界各个部分的关系、欧洲诸国在当前形势下的关系、各国的政权、商业、虚实利益、意图、有根据或无根据的希望、各国宫廷相继采用的不同政治制度、制衡机制、潜在或实在的革命。其次关乎内政、首都的境况、外省的划分、不同部门的权力分布、获得支持的不同生产和贸易部门、包括港口、运河、公路、聚集点、首都、外省、法庭、市政乃至社团在内的诸种建设、首都与外省、城市与乡村、省与省间城市之间的制衡问题。最后关乎诸国范围的政府性质报告，以及一般共和或普遍君主的诸种方案。

在我看来，所有这些得到说明的概念构成了政治地理学。

不妨进一步作普遍的区分，依据两个要点理解一切政治地理关系。生产的多样性和交通的便利性。事实上，正是要根据这两大可变因素解决政治地理的一切问题。不过，还应补充一点，也就是国家的划分。国家的划分一部分取决于前两个原理，一部分取决于发生在时间长河里的偶然事件。

但凡与政治地理相关的又可分成两类：一类是理论的政治地理学，另一类是实证的或历史的地理学。

第一类不是别的，就是政治治理技艺与自然地理的关系。正如大地是一切人类行为的剧场，此类政治地理的目标也几乎涵盖一切政治治理技艺。要想避免政治治理技艺完全纳入自然地理，必须经常性地强制相关概念的连续组合。然而，就算是政治治理技艺完全纳入自然地理，为什么要以政治地理这一古怪的名称来掩饰完整的政府论呢？无论原理本身何在，以整体之名表现局部不是好过以局部之名表现整体吗？

实证的政治地理学只包含两部分，即现在和过去。政治世界的当前状态、不同民族的实力、疆界、面积，以及自然、道德和政治的品质。换言之，人口总量、每个国家的富饶程度、住民的品格、由政府性质所决定的国家壮大的优劣条件、民族之间的交易、彼此意图、虚实利益、正在采取的路径、诸种运动是推动进步还是导致衰落，这些就是真正的政治地理，关乎某种大地现状描述的政治地理，地理一词在此应理解为通常的意思。不过，作为现在图景的地理在不停变化。由于过去即是曾经发生的现状，作为过去叙事的历史必须就是每时每刻生成的世界历史图景的连续组合。

如果说地理有助于了解不同民族的状态，正如政治地理之名表面所要求的那样，那么，不同时代的地理无需多做添加就足以构成普遍历史，顶多只是补充若干人物的姓名事迹。简单说来，历史和地理分别在不同的距离中安置人类，一个显示空间的距离，一个显示时间的距离。不加修饰的地层描述一方面是单纯数字式的年份的连续组合，另一方面则如一张画布，有待在上头安置诸种物事。一般地理学和编年学为其定位；历史和政治地理学分别以各自的颜料为其上色。我斗胆打个比方，政治地理是历史的剖面图（coupe）。诸种事件的连续组合构成相对于世界历史而言的各国历史，正如无数纤维构成一棵树从树根到树梢的组织。这些纤维彼此之间不断变化。如果在每个高度做一次树的剖面，那么每个剖面呈现为专属于特定高度的形象。整棵树不是别的，就是所有这些变化多样的剖面的连续组合。这就是普遍历史。每个时刻均有特定的政治地理，此名称尤其适用对当前时刻的描述，诸种事件的连续组合进程必然在当前时刻终结。此外，与此目标相对应的，政治地理之名还有可能成为普遍历史的某种掩饰。与其这样，不如为所有这些物事归类，分别给出恰如其分的名称：一是经过深思熟虑的普遍历史，二是紧接着生成的政治地理，三是涵盖我所说的政治地理理论的政府论。

政治地理纲要

基本概述。从可居住的角度思考地球。土地的多样性和不同肥沃程度。平原山谷及其多样性，形成类似地形的自然边界。某些边界之间的不同便利程度的交通情况。不同程度的难以克服的自然障碍。溪流、江、河、海、运河、山岳、山脉、乡界、县界、领地、外省、行政区、大陆。——从这个角度对地球进行的地理描述，或世界地图（Mappemonde），就像一个住在月球上的人如有一副好的天文望远镜就有可能画出的那样。

第二个思考地球的角度，即地区和气候。这关乎太阳的运行、寒暑交替的不同规则。这些规则对我们视为可居住的地球所起到的无可争议的根本作用。初步概述人类如何分散在地球表面，要么假定人类从某个中心地分散开来，要么假定人类一开始就分散在不同地区：两种假定的结论必须近乎一致。分散在地球各地的住民的观点，因不自知而自认为与世隔绝的民族的观点。特定地区的人口总量与本地生产作物的关系比例。有关国家人口、过去和未来的人类进步的一般思考。生产作物与人们的生活方式的关系。假定地球上的住民在这方面的原初状态。为了解释眼前所见,一名哲学家必须追溯至类似野蛮的状态,在此种原初状态以前人类是无法生存的。假定以家庭为单位的人类凭靠偶然获得的果实和虫兽维生。

第一幅世界政治地图,或根据不同人种的居住状况的世界划分:白种人、黑种人、红种人、拉普人、凯尔特人、鞑靼人、中国人、摩尔人、勒万丹人、印度人和马来人。

人们的生活方式及其生存秩序的连续变迁:狩猎、游牧、农耕。

造成某些族群较长期地处于狩猎或游牧阶段的原因。上述三种阶段的差别,相对于人口、民族的活动,不同群落克服自然障碍的程度,交通,以及不同难易程度的族群混杂。

受限于特定边界之内的小群落如何通过频繁的相互混杂而得以形成一定的性格、语言、风俗,乃至一种形成民族的共同形象?较不频繁的相互混杂,较广泛也较难克服的局限,如何带给这些民族某种不甚明显却可感知的相似性?人类如何就此分成各大族群?这些族群如何在诸大洲相互混合,并且一旦相互有所接触,就会如两种接近的颜色那样,必然染上彼此的色调?另一方面,地处同一大洲但来自不同发源地的族群之间却没有共同的色调,并且,随着或快或慢的衰落,根据与发源地的不同便利程度和不同频繁程度的交通情况,这些族群之间的差异有可能达到极致。

第二幅世界政治地图,或族群和民族在地球上的分布。

自然在各大族群之间设定的基本界限,自然为各大族群留下的基本交通可能,就某种程度而言,这些交通为大迁徙中的民族活动起到引导作用。

重新审视诸民族状况的持续变化,以及诸民族进步上的不平等性。

关于人类划分成不同野蛮或开化程度的族群的基本观点。乍看起来，这些族群在当前图景中代表诸种细微差别的野蛮阶段或文明阶段。最先进的民族就是从原初野蛮时期连续经历了所有这些阶段。

有关不同民族的进步的基本概念。思想智慧和完善的政府制度在小国之间的传播。从这一角度思考宇宙以及宇宙从前呈现过并且还将持续呈现的诸种图景。

更细致地思考诸族群的进步问题。

人作为政治社会的构成因素。

原始人类的政府的最早形成：狩猎、游牧和农耕。相对于这三种生活方式的变化。

有关财物和土地所有权的基本思考。占领、保存或持续占领，由此产生的后果。

农夫、民居、相应产生的距离。距离的衡量、城邑。城邑及其属地的关系。这些关系的源头。

最早出现的较大国。这些国家如何形成？力量是联系各方的唯一纽带。

殖民地与战争。——殖民地与宗主国的关系，相对于交通的便利和两地的差距而言。两地的差距又相对于权力的不平等、形势的优越乃至政府的品质而言。

对比不同城邑的发展形势，主要根据是这些城邑的属地面积和富饶程度、贸易便利程度，以及攻打这些城邑的难度。

城邑之间的战争及其后果。被征服的城邑的沦陷。其住民被运送往别处，沦为奴隶。或被强制服从的法令，被强制缴纳的贡品。这类战争极少带来持久的效果，亦极少促成大国的兴起。

开化族群与野蛮族群的战争。在辽远空间里的迅速征战，由于欠缺两个族群的彼此联系而不得持久。

在某些方面，保存即是持久的征服，由此设想一种持久的征服才能，一种不变的可估计的力量，尽管微乎其微。

较小距离并受自然限制的征战。中等国,都城的兴建。专制政体的最早束缚。一个族群被奴役,这意味着该国存在压迫的一方,并在君王手里充当压迫工具。压迫的一方要么是凭靠形势或性格的力量施加迫害的特定族群,要么是分散在战败国里的战胜者族群,或者仅仅是盲目服从的军队。越是追溯至古远的年代,越是少见以军队充当压迫工具。这是因为,正如别的技艺,最初的军事技艺在所有人面前平等,只是随后的进步才生成差异。

中等国和因征战而形成的大帝国里的诸侯封地(provinces)治理。政府形式与国家幅员的关系。大帝国初期必然生成的专制政体。专制政体对文明风俗的影响。一夫多妻制。某些国家的专制政体起因,比如亚洲国家。第一,国家的自然性格,辽阔的平原地形过分便利于征战,各民族之间的自然屏障相距过远。第二,这些地区的社会发展过分迅速,战争技艺极大发展,人的思想发展不能满足于形成与之相适应的政治治理技艺,小国尚未能建立一个在战胜国的统治下继续存在的稳定政府,诸族群尚未能结盟并团结起来捍卫自由,被征服的族群尚未能形成开化的文明,以使战胜国不得不认同既有的风俗和律法。

关于气候的离题话。气候影响多么受忽视。运用过分强调这一影响的原理的潜在危险。人们将此原理错误地运用于分析族群性格、语言特点、想象活力、一夫多妻制、亚洲人的奴隶身份。上述问题的真正原因。在确立气候的自然影响以前必须先详尽地探讨道德原因。气候有可能借助特定事物而施加道德影响。气候影响与形势效应的差别,这是一切政治地理问题的首要因素。本段离题话的用处。

思考不同族群的天才(génie)应如何进入政治地理地图。思考原本与世隔绝的民族如何把目光投向周遭并逐渐深化相互认识。有关人类持续发展的生存状况的地理知识的进步。不同族群相互联系的关键因素。邻近、贸易。征服的欲望、相互的忌惮、共同的利益。每个发展领先于邻族的族群转化成某种中心,建构出某种以其为核心的政治世界,联合其所认识的诸民族,协调自身利益与诸民族的利益。在地球上生成数个彼此独立、互不相识的此类政治世界。这些政治世界不断扩张,最终相遇,相互混杂,直至人类对宇宙的认知足以形成独一的政治世界,其执政能力足以协调各方力量,其界限与自然世界的界限相互混同。

这类政治世界的疆域与如下两点有关。首先是邦国的疆域和民族划分的规模,这是因为,人们总是知道邻国的存在,比如西班牙人知道有德国人,因为在西班牙和德国之间没有别的国家。假设在他们中间还有某个被划分成一百个小国的民族,那么西班牙人只会知道最邻近西班牙的那几个小国的存在。其次是交通便利程度和人类在相关领域所取得的进步,也即贸易和航海的进步。世界不同地方的航海发明。

第三幅世界政治地图。——涉及古代民族:埃及、亚洲高地(haute Asi)、中国、腓尼基、前希腊、诸蛮族国度。在已知最早的年代里的主要政治世界的基本概念。族群混杂的新起源、贸易和航海。腓尼基人的贸易进步及其殖民地的基本概述。沿海殖民地、贸易、不同贸易形态、贸易对诸民族之间的财富制衡、对腓尼基人在希腊地区的革命的影响。

有关这些最初年代的贸易与我们今天大相径庭的基本概念。殖民地与宗主国的制衡。

当时地球上的货币流通是何种情形?

殖民地的相互独立。当殖民地足够强大而不再依赖宗主国时,这种相互独立变成绝对独立,由此形成众多平等国家,其治安管理受益于东方所达到的认知程度,而未受到在世界的这一方①主宰国家形成的专制政体的影响,这是因为,最早的国家形成就在世界的这一方。

腓尼基殖民地与前希腊住民的关系。前希腊住民概念,佩拉斯吉、色雷斯、伊庇鲁斯、卡里安。希腊的战争。有关赫拉克勒斯的后代的战争猜测。

---

① [译按]指西方。

必然被划分成小国的希腊图景，划分的原因来自于各国的同时建立，以及山海阻隔的自然地形。

希腊民族和希腊联盟式共和政体。作为民族的希腊凭殖民地向外扩张，西西里岛、大希腊、爱奥尼亚、比利牛斯山、马赛。既囊括马其顿、伊庇鲁斯等诸多小国，又使卡里安和吕底亚等国通行希腊风俗，正如普鲁斯君王奉行法兰西风俗一样。作为联盟式共和政体的希腊则形成幅员较小的政体。安斐克提翁联盟。希腊人的公法。殖民地和宗主国的关系。两者之间的制衡。最早的希腊诸国。我们对其政治的了解。

特洛亚战争。

君主政体向共和政体的过渡。连续占支配地位的主要共和政体：忒拜、雅典、斯巴达。这些共和政体的独特政制及其对彼此势力的影响。

尤其斯巴达。斯巴达的法与位置状况、与国家幅员的关系。此类独特政制的危险及其不可能在大国实现。

希腊的政治地图，包含其主要国家和航海势力。主要的贸易类别。结盟情况。希腊与邻近地区的比较。

马其顿、小亚细亚和吕底亚等国君王。居鲁士征战吕底亚的特殊效果，也即相互暴露两大政治世界的存在。此前发生在亚洲高地的革命——第一个亚述帝国的扩张，总是面临征战，并随着战争胜负而呈现兴衰交替。巴比伦人、米提亚人、波斯人、叙利亚人、埃及人，这些族群所受的政治地理影响——思考相关革命。两河流域。周遭的山脉。

蛮族入侵。斯基泰人。河中地区和高加索峡谷的双重入侵路线。

居鲁士帝国，与希腊的关系。希波关系对希腊各国关系的影响。希腊的亚洲地区。希腊的欧洲地区。海军的影响。雅典的霸权。

伯罗奔尼萨战争。阿格西莱二世远征。马其顿的崛起。腓力二世执政。亚历山大大帝执行乃父计划。

第四幅世界政治地图。亚历山大大帝时代。罗马、迦太基、中国、印度。思考亚历山大的远征及其后果：首先是对希腊，其次是对征战，最后是对后人借用他的计划。

探讨亚历山大的帝国是否有可能持久，需要建立何种政府。

他的帝国最终为其部下所瓜分，相关后果。政治地理如何对新兴国家的建立和巩固施加作用？亚历山大的继业者执政时期的多类国家。将领在战败国建立的希腊国家。回归此前状态的希腊国家。波斯诸省回归独立。这些不同国家之间的利益关系。

希腊诸国。希腊的处境极大变化，由于大国势力与小共和政体的利益混淆而导致的地位贬低。马其顿、伊庇鲁斯、埃及和叙利亚等国君王互相采取的政策，与希腊的政策关系。叙利亚君王忽略亚洲高地。他们面临的形势，他们为了统治波斯古地和两河流域以外的地区而作出的选择。此种选择的后果。

亚洲高地改由帕提亚帝国统治。成吉思汗（又称"秦始皇帝"）的征战带来中国人与欧洲人的首次接触。中华帝国的形成图景。中国与日本的贸易。小亚细亚诸国。亚历山大、迦太基、马赛、西西里、希腊的贸易形态。印度的贸易及其可能的特点。

这一时期在地球上的交通概况。西班牙矿山、不列颠诸岛。思考欧洲在这一时期的状况，文明开化尚未及希腊，却也不再蛮荒。拉丁人、伊特鲁里亚人。迦太基人发现的西班牙，恺撒发现的高卢。

重点思考罗马与迦太基在同一时期的崛起。罗马人的征战概念。罗马人的性格、政治治理和周遭族群的奇特组合。罗马人与迦太基人的相遇。战争的形式。希腊强权渴望从中获取的利益。迦太基的覆灭。罗马人进入希腊政治世界必然带来的利益变化。

第五幅世界政治地图。希腊境内的细节。受古老的共和政体影响的诸种结盟关系，埃托利亚人、阿开亚人等。

小亚细亚的君王和各大强权。思考这些政治体系因环境而变化时如何欠缺灵活性。国家利益常常在变化发生以后才被认知。罗马人对小亚细亚诸君王的政策关系。

米特里达梯战争。罗马人征服世界。

思考一个共和国的征战:罗马人的特殊境遇对此问题的基本原理所作出的修改。

罗马政府与行省的关系。罗马行省与自治国的关系。纳贡,行省总督的掠夺。从行省与罗马的制衡关系出发,从罗马霸权与其律法和政府形式的矛盾出发思考罗马政府。个人的不平等,军团与将领的势力。

可能纠正这些弊端的补救措施,前提条件是这些弊端事先被预见,并且有能力做出预见或补救的人不是因为拥有足够少的城邦住民而更情愿统治一个共和政体,或者说,前提条件是城邦住民不是过分依赖古老的共和政体,仅仅因为这是古老的形式。

共和政体的诸种动乱的概念。恺撒、安东尼、屋大维。行省在这些动乱中的状况。罗马统治的持续发展。奥古斯都时代。

第六幅世界政治地图。罗马帝国治下的世界状况。其一,帝国境内。其二,帝国与邻国的关系。其三,这一时期世界上的其他地区。

思考政府形式、罗马与行省的关系、皇帝的专制本质、共和政府残余、行省的权力分配。行省的状况。军团的影响。帝国的扩张。评论奥古斯都留给继业者的训诫:de coercendo intra fines imperio[论围绕在帝国边界之内]。①

蛮族和帕提亚人,亚美尼亚山区诸族群。

国家疆域的一般性思考,这关乎国内行政、政府形式、权力受限程度、行省的权力分配方式与影响、不同区域的权力分配、用以遏制国民和镇压邻敌的军力输送的难易程度、在不同世纪和不同国家里运输不

---

① [译按]语出1738年6月1日伏尔泰致G. - J. Gravesande的书信(参看Voltaire, *Œuvres complètes*, Correspondance Ⅳ, Garnier, 1880, 页63)。

同军队的难易程度，以及通信、公路和公共运输的难易程度，等等。

帝国政府的根本弊端。是否有补救可能？如何补救？有关一个幅员辽阔的国家的生存困难和生存手段的一般性思考。

自治市的政府，小城的元老院。除一味贬低以外有否利用价值？这些想法在当时是否为人所知？当时的形势是否允许付诸实施？帝国再大亦不为过。

历代皇帝执政时期的帝国图景。不易察觉的变化。国家不同部分之间更深层的混杂。城邦律法的倍增。皇帝如何为了成为帝国皇帝而不再是罗马皇帝？这一思想革命如何在不为人所知也无人受益的情况下发生？

历代皇帝执政时期的贸易形态。这一时期地球上的基本交通图景。

评论帝国内务、行省划分、行省首府与帝国行政区、城乡关系、农作与贸易。就上述内容建立政治地理学原理，该原理在罗马帝国的运用情况。

迪奥克莱斯执政时期的帝国政治地图。经过此前三十名僭主打下基础的帝国共治的思想革命。思考迪奥克莱斯及其继业者所采取的共治制。

分裂的帝国各部分的利益。如何与公共利益相协调？

思考国家之间为了排除自然屏障如何经历漫长的时间以实现合并。世人不知，当时的罗马军队穿越整个帝国时面临同样的困难，如今的欧洲军队想要穿越国境也会面临同样的困难。为什么？

意大利皇帝不可能像萨瓦大公那样凭靠伏多瓦人占优势。诸如伏多瓦人这样的族群是中立的，这是因为，高卢皇帝与意大利皇帝的战争是两支军队之间的战争，而不是两个民族之间的战争。

思考罗马帝国如若与世隔绝的下场。

君士坦丁执政时期。帝国迁都君士坦丁堡。有关首都位置的一般性思考，这关乎国家疆域、国内贸易、对外贸易、不同程度的行省地位、潜在对手、扩张计划，以及既有机构、国家机器面临的人事更动、变动的危险。大帝国的首都的形势几乎完全由政治地理所决定。

君士坦丁的过错。恺撒有过同样的计划,但君士坦丁的动机不同,并且只保留计划的缺点。他把罗马的弊端照搬至君士坦丁堡。——在迁都计划之外,本应确立平定欧洲北部、铲除余患的计划。另外,恺撒计划在征服日耳曼人以前先征服帕提亚人,这个计划之所以是错的,就在于恺撒的目的是想胜过安东尼。——尤利安远征波斯犯下更严重的错误,致使罗马帝国一蹶不振。——迁都君士坦丁堡奠定了东西罗马的分裂。

君士坦丁时代出现在政治地理问题里的新元素。宗教。

思考人类早期宗教。偶像崇拜,守护神,诸神与诸种崇拜相互兼容。不同族群互相利用各自的关乎诸神的言论;拉丁人把波塞冬($Ποσειδων$)的历险故事照搬至涅普顿身上。类似的宗教在政治运作中有时可能成为鼓舞民心的工具;然而,此类宗教无不呈现为同一样式,其多样性很难为政治地理学所考虑,至少难以被重视。有若干例子表明,古人为了报复某个神庙的神圣性遭到侵犯而发动战争。亵渎神庙无非就是某种侮辱,古人为各自的诸神而战,就如我们的骑士为各自的贵妇人而战。依据同盟协议讨伐弗凯亚人的圣战。——但总的来说,宗教到处是一样的,只不过诸神有所变化。敬拜诸神的仪式有时向外传播,在各地的接受过程中,诸神并不相互排斥,而是相互混同。

第二类宗教。排他性的宗教。这类宗教要么是立法者的杰作,宗教在此情况下只限于一个民族内部,成为分隔该民族与邻族之间的一堵墙,诸如犹太教,这类宗教不对政治地理发挥重要作用。要么只以真理为目标,好比某些哲学宗派,只有第二种情况下的宗教才会构成对其他人的侮辱:基督宗教,伊斯兰教,也许还有别的。

了解喇嘛、袄教祭司、泰国缅甸僧侣和印度婆罗门的宗派。——这类宗教还可再细分。——这类宗教要么只是单纯的宗派,只是为了启发同一民族内部少数被拣选的人,而不是面向所有人,同时让既有的崇拜信仰的整套外在机制继续存在下去。哲学宗派就是如此。——要么通过皈依感化人心,面向所有人和所有民族。——只有后一种宗教才被纳入政治地理学。

基督宗教似乎是第一个值得纳入政治地理学的宗教。——基督宗教内部又分成不同宗派。

第二种值得纳入政治地理学的宗教就是伊斯兰教。这是因为,前面提及的那些宗派鲜为人所知,起到的作用也离我们太远,不足以为此处思辨提供参考。一般说来,就我所能掌握的历史看来,这些宗派内部从未发生革命,它们更多地忙于抵抗伊斯兰教的压迫,而不是到新的国家生根发芽,或在彼此之间发起冲突。它们从前在不为人所知的创立初期想必也曾激发过热情,否则不可能被创立,但这热情长久以来已让位给冷淡,它们的祭司如今更关注享乐而不是征服。

宗教如何开始影响内政外政?为何基督宗教在罗马帝国受迫害远甚于异教、哲学宗派乃至犹太教?基督宗教与既有信仰的相互混同。

基督宗教理念。如何与犹太教相连?如何把神的恩典的范围延伸至整个大地?基督宗教在罗马帝国的传播:先是通过犹太人,随后通过犹太人所说的外邦人(Gentils),这两种人在罗马帝国身份平等。

宗教与政治的第一层关系。宗教在创立初期遭受的迫害。迫害的后果,有一种是毁灭性的,另一种相反。迫害之于宗教,就如一棵树被修枝,修枝要么毁了这棵树,要么让树生得更茁壮。有关宗教发展和造成此种发展的宗教迫害的后果的概念。一个正在崛起的宗派与一个逐渐式微的宗派在此方面的差别。一种宗派无论兴衰均难以阻挡。

基督宗教的主要力量在于教义中的真理,这是相对于异教传统的荒诞而言。狂热是一种激情,所有激情的建立方式无不是让激情的对象作用于人。在情人眼里,被爱的女子总是优于竞争对手。畏惧和希望确实有助于激情倍增,此外还有骄傲。即便带着狂热的外表,宗教之间也是基于理性而相互作战。这里说的理性,其力量并不总是来自真理,而可能来自既有观念和偏见。真理的力量发挥作用,这里说的并不总是绝对真理,而可能是某种将错就错的相对真理。基督宗教的发展和君士坦丁皇帝的皈依。

宗教与内政的第二层关系。宗教与政府相互提供援助。两种势力相混,或不如说,一种势力对另一种势力的僭用。由此生成不宽容。不宽容被浓缩形成体系,被吸纳入立法和国家政制。同一族群内部的不同成员之间的不宽容。不同族群之间的不宽容,由此造成宗教战争。

宗教与政治的第三层关系。不宽容或多或少被吸纳入诸种宗教。基督宗教与伊斯兰教在这方面的差别。伊斯兰教徒的不宽容有别于基督教徒的不宽容。根据一种宗教在多大程度上背离其本原和最初的信念,以及人的精神在多大程度上蒙受启示,不宽容的后果也会相应发生变化。

同一宗教内部的不同宗派。教会治理及其在若干独立国家之间可能建立的关系。

三种宗教战争:伊斯兰教徒与条顿骑士团为扩张宗教势力而发动的战争。防御性的宗教战争——十字军为收复圣地并在宗教诞生地重建教会。——最后一种宗教战争是为了抵抗迫害和捍卫信仰自由。基督新教徒的战争。——三种意图对政治的影响。由于宗教的多样性和相似性而在受某君王迫害的臣民与同宗教的邻国君王之间所建立的关系。此种弊端的补救手段。

不宽容与宽容。前者的虚假、不公和无用。宽容的必要性。考察宽容的不同建立方式。有关这一话题的错误观念。这些观念的后果无处不在:后果之危害。宽容必须超越一切界限,甚至在公共执行方面也是如此,只有这样宗教才不会干涉政治地理。更不用说,一个国家若遵循宽容的治理原则,必将更富强,人口更众多。

基督宗教在罗马帝国扩张的原因。基督宗教在蛮族的发展。阿里乌斯教派之争。这些争端对蛮族的影响。

君士坦丁执政始末的帝国状况。蛮族的灭亡及其原因。早在加里恩努斯执政时期蛮族的最初活动。罗马人错误地将蛮族纳入罗马军队。苟且求和的罗马皇帝们的软弱。孟德斯鸠的错误观点,诸如北方人口过多,各族群在罗马征战中受践踏。

尤利安执政时期。远征波斯的错误。罗马帝国两边门户大开。继任的皇帝。阿卡狄奥斯和霍诺里乌斯执政时期罗马帝国彻底分裂。蛮族大量涌入西方。蛮族政权建立。蛮族之间彼此驱赶、定居下来并分治帝国。匈奴短暂入侵。审视蛮族文明状况。政治地理学由此再现，民族之间的古老分界重新确立。法兰克民族。日耳曼人为捍卫自由而结盟的概念。法兰克人在高卢的政权为何更稳固？法兰克人在占领高卢的同时确立对日耳曼人地区的统治权。法兰克人由此保存了堪与其他日耳曼人相媲美的勇气，并凭借实力优势驯服其他日耳曼人。他们在高卢地区的定居丝毫没有影响本民族。法兰克政权成为欧洲的防线，确保诸民族的建立，乃至间接促进尤利安在意大利和非洲的军事发展，与此同时这些地区的对抗者进入疲软状态。

第七幅世界政治地图。尤利安执政以前欧洲被蛮族分治。拜占庭帝国的状况。为高卢一族所占领的日耳曼人地区成为各民族之间制衡的关键砝码。克洛维和狄奥多里克的政治策略。阿里乌斯教派之争对法兰克人的征战的影响。有关这些王国的内政的概念。分治概念：战胜的诸民族分散在战败国境内，由此生成的政府形式。

贵族政体概念。有关民族混杂的一般性思考：蛮族与蛮族相混。蛮族与已开化民族相混。这些不同民族相互遭遇的后果：罗马人、高卢人、法兰克人。相互之间的混同。

有关基督宗教的新理论。基督宗教不再只是被吸纳入单一的帝国，而成为若干王国的相通纽带，罗马教会成为诸民族的聚合中心。主教权力增强，为何主教权力增强同时发生在教会中和在国家中？

主教如何干预政府并成为领主？这是因为，政府变成贵族的政府，鉴于主教在民族中扮演重大角色，主教必须成为政府的一员。考察一个以征战之道为基础的政府如何在欧洲变成贵族政体而不是专制政体？

日耳曼人的政治治理。日耳曼人的征战与鞑靼人在亚洲高地的征战的区别。区别的原因有四：第一，日耳曼人的风俗及其所保存的自由。一个好战的民族与一支战士的军队的差别。第二,战败国早已根据蛮族所无从想象的先进得多的法律进行治理。第三,战利土地的分配大大增强诸侯的势力,相比之下,首领只拥有册封诸侯的力量,却不能够取缔这些附庸势力。第四,宗教对这些民族的影响。

这一时期的贸易形态。城市和境内贸易的衰败,海军的削弱。地球上的基本交通通道。

审视犹太民族及其在亚历山大、君士坦丁堡和欧洲其余地区的贸易中开始起到的作用。

意大利的悲惨现状。

审视当世两大强权,法兰克人和拜占庭帝国。意大利战争和非洲战争。

比较两大强权。从政治地理学原理和内政弊端出发考察两者的优势和劣势。

波斯、阿拉伯人、相对于拜占庭帝国而言的北部族群。

穆罕默德诞生。审视阿拉伯人的生存处境、他们所保存的自由、他们的分裂和贫穷一向带给罗马人的安全感,他们的处境中有利于征战的因素①……

西班牙因荷兰和意大利而一蹶不振,这并非新鲜说法。

假设西班牙君王不是屡次想要肢解归属他们的君主政体的尼德兰……可是,如果有人向费利佩二世提议把西属尼德兰交归某个君主治理,此人必定会被视同疯子。如果今天有人向匈牙利女王②作出同样的提议,我不知道女王会拿什么眼光瞅他。有一点至少是肯定的,英国人在1700年发动战争③时并不认为他们其实在帮法国和西班牙的

---

① 此处原稿有脱页,具体遗失页数不详(德·那穆尔原注)。
② [译按]玛利亚·特蕾西亚(Maria Theresia,1717—1780)。
③ [译按]西班牙王位继承战争。一方是西班牙和法国,另一方是匈牙利哈布斯堡王朝和英国。

大忙:首先刺激两国联合,其次帮法国剔除一个劲敌,再次迫使西班牙把真正的注意力转向海军。

要从国家割去某些省份地区,就像从一棵树上修剪掉一些树枝。还需假以时日,这条定理才能从书本里的话变成供君王参考的建议。国家保存哪些省份地区才是有益的,这是政治地理学的重大课题。这门学说还应论证,在某些情况下,丧失某些省份地区不失为幸事。很显然,强权之间通过政治地理学(也即通过自然在国家之间设定的分界)建立的秩序是稳定不变的,一名君王从来只能占领他有能力保存的那一部分,实力在从前是征服的唯一手段,此时则是保存的唯一手段。然而,君王世袭制与封建政体引发的国家极端分裂相伴相生,改变了这一自然秩序,不同君王的国家就如不同个人的土地一样混在一起,这是因为民族的命运与遗产的分配遵循了同一法则。一个政体不再有统一的政府:主权才是唯一的聚合点。

在欧洲政治语境里,必须区分政权(puissance)和国家(Etat)。普鲁士君王拥有的是一种政权,法兰西君王拥有的是一个国家。查理五世只拥有政权,费利佩五世之前的西班牙同样如此,自那以后才成为国家。西班牙赢取了某种统一的利益,各种分裂势力在其必然引领下,从此只朝着有益于国家的目标进发。简言之,当一种政权受自然规定的诸种限制时,这种政权也就变成国家。政治地理标出国家的界限,公法形成政权。但久而久之,政治地理必优先于公法,这是因为自然总是优先于法。人只能长期保存自己有能力征服之物,这是因为,久而久之,人总会失去那些失去之后无力轻松收复之物。

我们远远还没有想过要思考我即将提出的概念。这些概念也许更属于通常意义的政治而不属于政治地理。迄今为止,人类享受大地的丰产,正如原始人享用并非他们栽种的树上的果实。人类享用大地的丰产而没有考虑过耕耘。我再说明一下:我不想断言,大地一年又一年的丰产并不归功于人类的劳作,毫无疑问,人类以汗水灌溉大地,更确切地说,大地的出产与人类的技能作交换,大地并不按人类的需求给予。但是,人类的劳作和技能总是受条件限制的,我斗胆说,这个限制条件就是耕耘有产出的土地。人类翻耕、播种、揭去几处原野的表皮,但人类从来不曾考虑耕作土地本身,从来不曾考虑尽可能充分地利用我们的地球,至少对这些问题从来不曾予以重视。既然还有大量肥沃而荒芜的田地,已知的资源远远没有枯竭,那么我们大可不必去努力探寻新的资源。在这一点上,我们与原始人无异。原始人从不考虑种田,因为地上无需耕种就会长出果实,大地还养育着充足的兽类,这些足以满足他们的少数人口的需要。我们为什么对让广大土地变成自然不曾赋予的沃田不抱希望?自然为人类安排好了一切吗?没有。但自然总是提供给人类可遵循的榜样,只需人类有足够的技能和勇气去模仿自然的运作。不妨观察自然如何让土地变肥沃,思考同样的手段是否可以为人的技能所利用。

两件事有助于让土地变肥沃,也即土质和灌溉。土质取决于构成田地土壤的不同成分的组合,包括沙、泥土和白垩等。只有正确的成分组合才有助于种子生长发芽。如果土壤只有其中一种成分,大片土地则会变得贫瘠,无法居住。

灌溉取决于土壤状况、山的位置和不可抗的斜坡。水从山顶流向河海,日照蒸发水,大气又向大地降水。在这一循环中,水的分布主要根据田地的斜坡。坡度要舒缓,水才能渗进高处田地的缝隙,水土调和,松软土壤,同时使另外的水转化成大气。坡度也要足够陡,水才能浸透低处田地。斜坡还要高低不平,水才能在渗透的同时得到积蓄,好比在蓄水池中一般,在较小的地表积蓄较多的水。这样一来,水才不会太快被蒸干,才有可能迂回流入各种蓄水处,以供动植物之需,并且形成泉水和溪流,乃至江河,最终流入大海。

大地因为水的分布而变得可居住和丰饶。在人的感知里,诸如水的分布这样的纷繁变化只不过是无序的形象,这是因为,真正的秩序只存在于整体中,而整体在这里超过人的感知的接收范围。我不认为人类不可能运用这两种手段的其中一种,甚至在必要时候同时加以运用,让若干田地变得本没有的丰饶,从而对自然作出补充,或者不如说,以模仿自然这唯一可行的方式来取代自然。我们首先来看看改善土质的做法……①

---

① 这份提纲显然没有最终完成。作者在里头所呈现出的思路之宽广、知识之渊博、观点之重要,读者想必印象深刻,并因此和我们一样为作品没能写完而深感遗憾(德·那穆尔原注)。

各民族趣味兴衰的原由

赫尔德(Johann Gottfried Herder) 著

冯庆 译

[中译者按]本文(1773)是赫尔德第二次参加柏林科学院征文比赛的获奖作品(第一次获奖作品为《论语言的起源》),原题 Ursachen des Gesunknen Geschmacks bei den verschiednen Völkern, da er geblühet,直译则为"各民族曾经开放的趣味凋谢的原因"。可以看出,赫尔德使用了植物花开花谢的譬喻。Geschmack 指对艺术、文学乃至于一切审美对象的评鉴能力,曾被译为"审美鉴赏力"、"品味"等,本译按照多数汉语译作的译法,将其译为"趣味"。本文曾有张玉能译本(载《赫尔德美学文选》,上海:同济大学出版社,2007),可读性欠佳,故以德文原文对勘英译重译。德文原文据 Brummack and Bollacher 编,*Johan Gottfried Herder Werke*[in zehn Bänden] Band 4:*Schriften zu Philosophie, Literatur, Kunst und Altertum*,1774 – 1787,Frankfurt am Main:Deutscher Klassiker Verlag,1994,页 109 – 148;英译文据 Gregory Moore 编译,J. G. Herder,*Selected Writings on Aesthetics*,Princeton:Princeton University Press,2006,页 308 – 334。

> Multa renascentur, quae iam cecidire.
> 许多业已凋谢的将来又会重新繁荣。①

我们可以看到一种奇妙的景观:趣味(Geschmack),这一上苍所赐的美妙礼物,似乎只在人类精神绽放最美好花朵时出现,它只出现在大地之上的某一个具体的地区,并且只在短时间之内起支配作用。

---

① [译注]这一诗句来自贺拉斯《诗艺》(*Ars Poetica*),并在本文的末尾再度出现。在《诗艺》中这句话出现的段落主要是在论证拉丁语中为需要而发明新词的正当性。在这句诗之前,贺拉斯特地用自然界万物的变迁来作为佐证。这段诗值得引用作为参考:

应该永远可以
创造印有今天标记的词语,犹若
森林在流年中变换叶子,最初的先落,
年老的词语也这样死去,新诞生的词
开始它们的成长,就像年轻人的样子。
我们和我们的一切都将死亡。今日
引海入湖,让舰队免受北风侵袭,
多有王者气派;长久荒芜的沼泽,
原只能行船,今日变成了耕地,养育着
附近的城市;河流拐入了更好的路径,
不再威胁蔬果;但凡人的事功都将
灭亡,言语的荣耀和魅力更不能长存。
许多业已凋谢的语词将来会重新繁荣,此刻受尊崇,
以后也会死去,如果习俗改变了,
因为是它决定语言的法和规范。

中译来自李永毅,《贺拉斯诗选:拉中对照详注本》,北京:中国青年出版社,2015,页223,部分译法略有改动。

在某些幸运的地方,它总是无法长久延续,最终会给自己搜集来葬礼用的柴禾,从灰烬当中,会缓缓升起另一只凤凰,而后者在别处的命运又和它的前身一样。

在时间的汪洋大海中,这样一些浪潮何时会升起?其升起的原由是内在的还是外在的?那在历史中得到揭示的统治着趣味变迁的伟大自然法则,将由谁来教导我们?我们如果懂得这一法则,岂不就能够预先消除那让趣味不幸衰败的原由,在良好的趣味消逝之前将其牢牢抓住?抑或,当衰败的迹象渐渐逼近时,我们该如何重建良好的趣味?我们自己该如何利用衰亡了的趣味留下来的种子,来使之重新焕发生机?又或者,如果这一切都超出我们的能力范围,那么这样的衰败又会带来何种功效(würkt)?这样的衰败难道不会带来别的什么好处吗?不会带来人类的幸福吗?

的确,这是一个哲学的问题,也是事关人性的问题,甚至能为人类的外在制度的繁荣提供帮助!我们所选择的探索道路就是历史之书(Buch der Geschichte),其中充满了值得注意的多种事例可供我们考察,这条路毫无疑问是最为丰富、精确且平易近人的道路。自由的真理就是这条道路自身的基础和魅力。

我首先要基于灵魂论(Seelenlehre)来处理问题,并否定那些对这一途径的无效性的判断,清除那些作为障碍挡在我们通向历史的路上的偏见。然后,我希望能从每一个伟大时代的历史当中追溯出深刻且普遍的种种原由,如果没有找到这些原由,这些历史也就无法在之后的岁月得到后人的使用。从这一过程中得出的那些结论与解决方案,将构成我的研究的第三部分。

一　依据灵魂论观点考察问题的基本原则

人们倾向于将当前的趣味衰败归因于某种天才(Genies)能力(Kräften)的衰败,而非归因于理性(Vernunft)和道德或非道德的冲动,然后用他们喜爱的这些观点来解释历史上的种种事件。因此,有必要一开始就在人类灵魂的领域当中为这样一些能力划定疆界:在何种程度上,这些能力必然会导致趣味的衰败?抑或它们根本就不会导致趣味的衰败?

(一)无论关于趣味与天才的这些观念禁得住多么精密的分析,众所周知的就是,天才一般说来就是灵魂当中强烈且广泛运作的种种能力的混沌状态;趣味则是这一混沌状态的秩序化,是协调,进而也就是那些运作中的力量的美的特征。所以,就其本身而言,趣味和天才并不互相冲突:在自然当中,他们绝不会彼此败坏。请重视这一观点,因为它构成了之后讨论一切历史现象的基础。

1. 天才是自然力(Naturkräfte)的汇聚,源自自然的双手,趣味则随之形成。东方是人类文明的祖地,那里曾经是野蛮、强健且崇高的天才的土地,希腊人来到之后,则将沉睡中的美唤醒了。即便在希腊,也曾出现过许多粗野的体态和丑怪的举止,也曾有过力量的夸张和缩减、兴盛和衰落,但是,在这之后,这些力量将其自身归于秩序之中,并创造出趣味。一个孩子最初屈服于那变化多端、深邃难测的宇宙,之后,这些形象离开他的双眼、彼此分离并成为观念:只有通过许许多多粗糙地运用自身能力的不恰当的过程,摔跤手才学会协调地战斗并取胜。

所以,对于那些仍然野蛮的民族来说,我们绝不可以说这是趣味的衰落,而要谈论其逐渐走向趣味与协调的教化(Bildung)过程。显而易见的是,任何地方的民族都能由衷地或在表面上效颦别的民族,为了趣味上的精致而营造最为浮夸的自我颂赞。但是除了尽全力准备考试的小孩之外,没有人会高喊"我难道做不到吗?我难道做不到吗?"如果他真做得到,那就没必要以这种方式叫嚷了。对于这种教化过程,我们必须确定的就是,既不要干扰,也不要打击,而是要指点(weisen)和倾注(aufmuntern)。在小孩通过学习而自己领悟到规矩(Regel)必不可少之前,过早施加在他们身上的一切规训,在过去、现在和以后永远都是有害的,在埃及和中国占统治地位的固定且强加的趣味亦是如此。

造物主祂自己能够让混沌发酵,使其在大自然的种种内在法则当中顺理成章地发展,通向和谐、秩序和美。而一只被强行地、不自然地从冬眠中唤醒的苍蝇在蹦跶几分钟后就会永远死去。

2. 所以,如果趣味只能通过天才而产生,也就是通过种种敏捷且活泼地运作着的自然力而产生,那么,趣味也就必然渴望能在这些力量当中持存(bestehen wollen);否则,它就不外乎是过眼云烟。丰饶的乔木、灌木和草地构成一座园囿;一旦这座园囿得以存在,那么秩序、趣味和风景也就随之诞生。但是,没有这座园囿,一切都无从谈起。我们习惯于在天才和趣味之间人为划界,就好像天才用不着趣味一样,就好像天才自身就是趣味的补偿并比后者更加伟大一样,又好像唯有缺少天才的心灵才会用趣味来自我安慰一样,等等。排除掉所有这些推断之后,我们必须追问,如果趣味在最为宽泛的意义上并不为天才而存在,那么它又是为谁而存在的呢?不为别的谁,榆木脑袋(Dummkopf)没有趣味,也无法理解趣味;趣味是天才的种种力量付诸应用的唯一秩序,因此,没有天才的趣味是自相矛盾的。相反,一个天才越有力量,这些力量越要运作得敏捷,良好趣味的指导也就越必要,以让这些力量不会脱缰飞驰、彼此践踏,它在灵魂中主宰一切,不会让其他良善的力量遭到滥用。

所以,当一个时代陷入奢侈(Üppigkeit)和普遍腐败(allgemeinen Verderbens)的风气当中,天才的种种力量就自暴自弃,趣味将会由于天才的沦亡而变得万分低劣!但是,如果趣味不仅仅是趣味,如果它还能通过实践(durch Tat)来帮助、教导和扭转事物,那么就得欣然让它这么做。趣味的确能够被塑造出来,尽管只能通过各种榜样而重新得到塑造;这些榜样必然以精神(Geist)和力量(Kraft)为前提——它们必然能够被付诸实践并成为德性(Tugend);进而,趣味也就能够为人们所认识、感觉、尝试和遵循。但是,如果趣味并不是上述这一切,说这些空口白话就无济于事。如果一所学校是如此地堕落,以至于无论老师还是学生都不再有力量、欲望、典范和彼此之间的竞争,那么即便有最好的榜样摆在那里也没有意义。如果一具躯干正在死去,那么最好的膳食和锻炼都于事无补。在充斥着野蛮人和恶趣味的那些年代里,曾经有不少这样的空口白话。假如不仅仅是空口白话,那就应该持续起作用了。但是,如果这些空口白话当中能加入创造性的力量,如果这些空口白话能够唤起天才,同时鞭策其他人,那么一个更好的时代就会露出曙光。被春天的第一口呼吸所唤醒的那一只燕子预示了(prophezeite)更多的东西,这一切都是一目了然的。一种艺术当中的趣味会唤起其他一切艺术当中的趣味;打个比方说,这就像所有不同乐器上的相同调子的琴弦同时拉响,引发共振时产生和谐的气韵(Äther)。

所以,唯有天才可以且必定会教化和重新教化其他天才,使他们认识的、感性的或实践的能力趋向秩序、美与协调的一致(Gleichmaße),而真理(Wahrheit)和美在这一过程中则只通过同情(Gleichgefühl)和模仿(Nachahmung)发生作用。琴弦与琴弦之间越是同调,就越能产生共鸣;但种种规矩则无法让不协调的琴弦之间变得协调,也无法凭空创造声音。正如柏拉图在他关于磁石和科里班特迷狂巫师(Korybanten)的寓言中所说,①诗人的种种力量最为仰赖灵感和某种奇迹(Wunder)。进而,由此教化出来的天才还会影响到其他天才的教化,他们在秩序、美和不可见的创造性力量(Schöpferskräften)之中体现为神的相似者(Ebenbilder);他们是其所在时代的珍宝,是漆黑夜空中闪耀的群星,他们的自然本性照亮了身边的世界,这些光亮有多少,黑暗就能吸收多少。

3. 然而,天才们对趣味的破坏程度不也昭然若揭吗?因为趣味无法离开他们而存在,天才们如果误用了自己的种种能力,就会破坏趣味。这样的事情会通过两种方式发生,那就是通过错误的目的和通过错误的手段。容器已满,再倒水就会翻。心灵中若装满了力量,实现了目的之后还要继续,那就过犹不及,导致趣味通向不自然的和错误的目的。如果心灵选择了磷火②为目标,或者想要插上伊卡路斯(Ikarus)的

---

① [译注]见柏拉图《伊翁》533d – 534e。
② [译注]比喻心灵就像飞虫一样扑向虚假的火光。

翅膀飞向太阳,那将会让它的身体掉进泥潭与大海:它选择了种种错误的目的,进而在路上夭折。抑或,一个天才也可能面向着一个高贵且真实的目的,却找不到通达这个目标的向导。在最初的热情激励下,他走上错误的道路,直到迷路才发现太迟。他知道自己是天才,在错误的路上也获得了一些好处(Gute),但回过头来,却并不具备必需的伟大心灵敢于放弃这一切,去走不同的道路。相反,在他所走的路上,万物缤纷多彩;即便走错了路,他也觉得自己能够走到别人按常规路线未曾走到过的目的地;他凭借他高贵的力量坚持完成他的旅程,却造就错误的趣味,成为了一种诱人且消极的伟大人物的原型(Urbild)。这就是从天才方面来看的关于一切时代趣味败坏的可悲理论。

4. 但同时,这又是不带半点浮夸修辞的关于趣味影响天才的精美颂歌;趣味就是那在机运(Zufalls)的孤独之海上引领天才的种种力量的舵手。每一个人都能选择一条道路并充满热情地努力走下去,这是自然的安排;而让他走上正确的道路并努力追求高贵、可实现且有用的种种目的,则是尝试(Versuchs)与经验(Erfahrung)的功劳。是的,女神会现身在像赫拉克勒斯这样的人面前,给他指出道路,激励他的勇气,陪伴着他,直到他实现目标!① 这样的人将会免于多次徒劳无功的旅程,从容也就免遭其中包含的弯路、遗憾、精疲力竭乃至于有去无回。良好趣味的泉源何时会干涸?谁又能再次令其注满活水?新来的人们替代了老的、纯真的和简朴的经验的地位,把后者的教诲视为出于妒忌和无能的刻意挑错,认为后者无法胜过他们。他们这么说,"他躺在床上絮絮叨叨,是一个病入膏肓的老人,而我们则攀爬陡峭险峻的山崖!"即便在错误的道路上,表现为错误的趣味,天才的火花也如此神圣,尽管他若不被规矩所左右,就只会被天才的种种力量引诱到别处。

---

① [译注]即色诺芬笔下苏格拉底在《回忆苏格拉底》卷二第一章当中所讲的"赫拉克勒斯的选择"故事。沙夫茨伯里(Shaftesbury)也曾使用过这一典故。

每一颗被造物的种子都只能靠它自己的努力而生成。

（二）理性往往和天才一样，被当成趣味的对立面，有人认为他们很清楚理性是如何导致趣味衰败的，但这不过是谬论和迷误。

如果趣味不外乎是创造美的种种力量的秩序和敏感力，那么，无论趣味多快地发生作用并为人所感知，它也只能通过理性、判断力（Beurteilung）和思索（Überlegung）发生作用，并由此生成秩序。即便是蜂巢（如果天才可以与动物或许最为低端的本能进行对比的话），若要将其完美地建造出来，也要求最为卓越的属于蜜蜂的理解力。天才越是高贵，他所努力从事的事业也就越有价值；他的努力越要实现得有价值，他就越得在行动和感受的瞬间火花当中表现出精确且全面的理性能力。这样的创造者环视万物，看它们是好的，他在智性上通过最高的理性、在感性上则通过最为迷人的趣味来享受这一切。

从忒斯庇斯（Thespis）①到埃斯库罗斯，再到伟大的索福克勒斯，希腊肃剧从这些人提供的趣味当中孕育出自身，是什么推动了这一切的前进啊！是将理性与思索同感性与趣味合而为一的天才，是天才赋予了希腊戏剧以趣味。粗粝、沉重、空虚和冷淡被抛弃；情节（handlungsvolle）和效果（würksame）被分开，以更为复杂的方式得到整合：一和多（Einheit und Manninggfaltes），趣味、美！如果稍晚的欧里庇得斯无视对这种统一进行反思所取得的成果——亚里士多德所说的"情节"（Handlung），即便他用最佳的苏格拉底言辞（Sokratischen Reden）来代替它，剧场也不会因之受益。② 是什么造就了希腊的艺术？是天才的、行动中的（Tatvolle）反思。古埃及人的风格是坚硬且干燥的，在姿态与情节上贫乏；希腊人的思想和感觉则赋予大理石以美丽的曲面、旋律和情

---

① ［译注］忒斯庇斯作为希腊肃剧之父的说法，来自贺拉斯《诗艺》行275－280。

② ［译注］对"情节"的重要性的强调，见亚里士多德《诗术》1449b1－1450b5。

节,进而,希腊艺术的趣味发展起来了。然后,荷马从众多的传说、沉淀和在他之前讲述特洛伊战争的诗人们当中脱颖而出;然后,修辞术在关于城邦事务的争执和推理当中得到了发展;然后,其他的诗歌形式又从荷马那里产生出来。① 反思是提出神圣建议的顾问,引导着希腊人步步走来;尽管走在一条简单的路径之上,他们也能企及如此高度,原因就在于此。反之,他们越是背离理性,在艺术、科学和其他一切方面也就越是衰败。理解力是灵魂,天才则是身体,两者在彼此当中显现,这就叫作良好的趣味。这样一来,二者怎么会彼此对立呢?

所以,当有人猜测是理性助长了错误的趣味时,他实际上指的是无理性、机心(Klügelei)和诡辩(Sophisterei)。因为,这要么是说,有人出于纯粹的理性而隔绝了感性对象(sinnlichen Gegenstände)(但我们真正的理性从来不会这样,因为我们并非生来漂浮于恒星所在的天上),要么是说,有人错误地将理性运用于感性对象,在应当感受的地方展开了思索,又在本该让对象的特征彼此关联时却将它们彼此分开——这是在应当履行规则的时候忽视了规则。再次申明,这并不是理性,因为理性的首要任务是搞明白事物的所属,进而使得事物与非其所属之处保持距离或者完全脱离关系。在任何意义上,都不能说错误的趣味源自理性。

即便是错误趣味的产物,最终也会不由得教化出新的理性,进而带来错误趣味自身的毁灭,这一点也千真万确。尽管在最初的狂喜当中,理性总是看似着魔受骗,但是,在幻象的花园(Täuschungsgärten)里,趣味却总会变得厌倦,并在真理的镜子当中看到自己,从而再次振奋起来,将那些不幸的错误反过来视作对实践智慧(Weisheit)的教训。这道高贵的光线即便如此圣洁且纯粹,也会像太阳那样被云翳遮蔽,然而,它的自然本质无法变化或转化为黑暗。无论在何处发生作用,这道

---

① [译注]据德文本注,赫尔德对荷马的看法来自布莱克威尔(Blackwell)关于莪相(Ossian)和民歌的观点。

光总会闪耀并投射出它的形象(Bild)。

希腊人的的确确是通过趣味而掌握理性的,他们也是通过那轻捷平易的理性而获得趣味的。趣味转交给理性并使之在其中活动的是怎样一个千头万绪的世界(Welt von Veranlassungen)啊!一切都是感性地聚拢在我们面前的,无论是方法还是目的。从这些现象当中升起的判断力像闪电般瞬间出现,持续且飞快地发生着作用。在这一类产物当中,人们激情如火地工作,带着激情去判断和感受:即便是这种判断和感受,也是希腊人之间的一种竞赛。当一切都仍然是天才、是新鲜的力量(rohe Kraft)和狂飙般的行动(Sturm der Handlung)时,哲学在其中尚无容身之所;当一个民族首次觉醒并依照有力的梦想安排其自身时,趣味也就从中诞生,正确的判断力则成为对最非感性的概念进行反思的先驱。

但是,人们在此也得明确的是,不要把任何错误的特权授予理性,因为这会摧毁一切。没有了感性的工作和推动,理性不外乎是懒散的静观者,而如果感性与理性相对立,那么不和就会相继而来,趣味也绝不会臻至成熟。在衰败的方面,理性的影响力是空泛且被过度高估的;其作用其实微乎其微。因此,人们得到别处找寻趣味败坏的种种原由。

(三)有人则在种种道德力量当中看到了这些原由,并声称虔敬必然需要良好的趣味,而败坏的趣味则伴随着不信神(Gottlosigkeit)。这么说的道理何在呢?

1.趣味和德性并不是一回事。趣味仅仅是某些感性力量的秩序与和谐,驾驭着艺术作品或存在于其中;德性则被视为我们驾驭人生这一伟大作品的一切力量的秩序与和谐——这是一个相当值得注意的不同之处!艺术作品的限度在于:(a)局限在其中的灵魂功能就像蜜蜂筑巢的本能一般;而大多数更高的、生机勃勃的力量则仍然处于无序(ungeregelt)和僵死(tot)状态。(b)艺术作品吸引人的方式恰恰在于让激情搅乱其他的能力和倾向,进而,对趣味的狂热也就变得类似于对其他一切的狂热——这只是一个圈套。(c)最后,某些作品的确会需要一种在艺术上好、却在道德上不好的激情。他们渴望的是狂飙（Sturm），而非晴空万里（Sonnenhelle）。布鲁图斯（Brutus）并非西塞罗，苏格拉底也不是伯里克勒斯（Perikles）或德摩斯梯尼（Demosthenes）。① 让最好的趣味得以繁荣盛开的那些国家并不是最有德性的国家。尽管具备一切的趣味，但在公民德性（Brügertugend）方面，雅典甚至比不过斯巴达。

的确，诗人、画家、雕塑家或者音乐家能够将他们艺术上的趣味当作教化他自己的整个灵魂并使其生活富有趣味的场所（Anlaß）、形式（Gestalt）、回忆（Erinnerung）和典范（Modell），这其实也就带来了德性。他可以这么做，但他想这么做吗？他难道想要把艺术上的趣味甚至带到实践、制造和日常习惯方面？这是一个完全不同的问题！无穷大的须弥之山亦可从无穷小的芥子中涌现——无中生有！就在刹那间！

2. 不可否认的是，风尚（Sitten）遭受最严重败坏的地方，趣味必然同样遭到败坏，这完全符合自然。趣味仅仅是理性、天才和感觉与欲求能力（sinnlichen und begehrenden Kräfte）的现象。如果虫子从内部开始蛀蚀这一切，其外表也就会变得羞耻且丑陋，这也就是最宽泛意义上的糟糕的趣味。到处充满奢侈、软弱、奴役和色欲的地方，灵魂的任何一种力量都不会具备高贵的方法和目的。人们将令人厌恶的诸神安置在神坛上，为他们提供令人厌恶的祭献。各种力量的秩序一旦被摧毁，各种力量自身也会减弱，因为它们派不上用场，或者仅仅被不和谐且贬值地使用。趣味应该是德性的形象和衣冠（Kleid）；当德性无迹可寻时，其形象和衣冠也就随之消逝。

进而，这一点也就差不多可以确定了：趣味有助于良好的风尚，尽管其并非良好风尚本身，但可以作为仪礼（schönen Anstand）和良俗（Wohlordnung）而存在。良好风尚在某种意义上会促进趣味，提供与趣

---

① ［译注］这里代表德性一方的是布鲁图斯和苏格拉底，西塞罗、柏里克勒斯和德摩斯梯尼则因修辞术高超被安置在艺术一方。

味所要处理的内容相关的材料、范例和核心思想来装饰趣味。一旦美丽的外衣完全剥落,那么一切也就随之消逝了。趣味是关于良俗的种种概念构成共同习俗(gemeinschaftlicher Konvenienz)的工具,进而至少是一副假面具(scheinbare Larve)。

  以上的种种概念规定都没有将我们引领得太远。我们必须回应这样的问题:趣味作为天才、理解力和道德冲动这种种能力的现象,是如何偏离其出发点的? 我们的回应不能通过各式各样基于假设的推理(Spekulation),而应当从历史(Geschichte)的观点出发,仔细检视趣味。在任何时代出现的特定的趣味现象都必须就其自身而得到检视,就好像除了这一种趣味之外并不存在其他的趣味一样。除了直接询问每一个历史阶段"良好趣味的起源是什么、它持续的时间为何这么长"之外,我们还能找到更为确切且有穿透性的方式吗? 进而,我们会立刻看到让趣味失去其良好自然本质的那一原因,看到毁灭美好现象的那些处境正在出现。在这条探究之路上还会变得显而易见的,首先是趣味经过历史变迁何以最终变得如此稀少,然后是趣味何以从来不以它之前和迄今为止所呈现的同样的形式回归原处。最后,这条观察这一问题的道路还将提供最为丰富且深刻的应用;所以,就让我们大胆尝试吧!

二 各民族趣味兴衰的种种原由

  (一)如果对希腊趣味从其出现到其繁荣的种种原因追根究底,那么我们也就走在了理解趣味衰败的历史的路上。尘世间万物的时势(Veranlassungen)都不可能永恒持续:殊异的、无妄的遭遇随之发生,趣味也就衰落败坏,即便是在那些最为自然的民族当中。

  1. 荷马生于爽朗的伊奥尼亚(Ionien),当时的他见证了希腊人走向更加精致的教化(feinern Bildung)的第一步,并且聆听着关于前代种种粗犷风尚的故事,这些故事在长久生机勃勃的口头传统当中延续下来。那些日子里,种种英雄神话在希腊人的口中栩栩如生,等到写作和论述被发明出来时,希腊人自然地诉诸诗歌的形式。特洛伊大门前那些希腊英雄们的壮业当中体现着民族的目标(Nationalgegenstand),这些故事就像阿尔戈英雄们的航行一样,让人觉得有趣、鲜明且亲切;这些英雄的伟大形象萌芽于独立、英雄气十足且自由的城邦;众多的诗人业已吟唱过这一战争。荷马同样也恰是出于自然而以在他的时代所能采取的最为亲和且温柔的方式吟唱了这一战争。那些日子里,希腊的语言在东方的空气中盛开;神话生长得越来越美好且形态丰满;人们灵魂的种种激情得以张开;荷马把他所见所闻的这一切付诸吟咏,他的歌声因而能够为希腊人的耳朵和双唇所容纳。最终,吕库古(Lykurg)将荷马的诗歌汇编起来,①那时正是希腊公民文化(Bürgerkultur)的拂晓时分,荷马的诗歌也就成了关于风尚、法律和趣味学说的法典(Kodex);荷马本人也以这种最为自然的方式成为了希腊趣味之父。是一系列有利的时势造就了他,也为他造就了希腊。

2. 希腊戏剧同样自然地从其趣味的全然繁荣当中产生出来。在埃斯库罗斯、索福克勒斯和欧里庇得斯大显神威的剧场里,生长出了英雄神话、体育比赛、音乐表演、娱乐活动和宗教仪礼(这一切都鉴于、源于且适于希腊的风气[Art])。亚里士多德列举的所有肃剧元素——情节、风尚、思想、音乐、言辞和场景——这一切都包含在其所起源的那些种子里,②其中并无半点秘传学说(Schulgeheimnis)。诗的本质——行动、表演(Vorstellung)——就是试金石,与这一目的不相契合的一切都被视作错误的。我们从戏剧比赛当中所看到,接受过希腊文化的每一个高贵的人都是法官(Richter),然后,我们还能从戏剧的内容和影响当中看出,舞台是对雅典人公共生活的生机勃勃的展现。亚里士多德这整本理论著作来自于人民之口(Munde des Volks),这就正如在北方的

---

① [译注]见普鲁塔克《希腊罗马名人传》"吕库古"部分的第4节。
② [译注]见注7。赫尔德在《莎士比亚》一文当中通过对比索福克勒斯和莎士比亚,对亚里士多德的诗术观及其在后世遭到的滥用有更多的批判。

法院里被选举出来的共同体的法官通过事情的本原(der Natur der Sache)来进行裁决一样。希腊戏剧是趣味在时间(Zeit)、在种种生机勃勃的时势当中所绽放并繁盛的自然之花,几个世纪前的吟游诗人们(Aoiden)的神话和颂歌也是如此。索福克勒斯与荷马出现的方式是相同的,品达(Pindar)也是如此。

3. 希腊修辞术(Redekunst)也别无二致。在共和政制时期,修辞术是一种公民制度和主流活动;共同精神(Gemeingeist)、公开议事(öffentliche Ratschlagung)、贸易(Geschäfte)和自由(Freiheit)是其基质。有些人自然就懂得演说,正如他们自然就懂得自由和经商的行动方式;哲学、教育和训练都被导向公共生活(Leben der Republik),引向公民实践(Tätigkeit des Bürgers)。希腊语就此实现了其最美丽、生动的形式;一切外在的制度都旨在激励、教化和唤起活力。伯里克勒斯、阿尔喀比亚德(Alcibiades)和德摩斯梯尼就此涌现,直到这股火焰熄灭为止。希腊共和制的自然精神和规范遍布他们的言辞。

4. 最后,作为时势影响范围最广的存在,艺术也走着同样的道路。希腊的文化、他们关于美的形式、轻松情节、欢声笑语、神话宗教和对自由的爱的感觉,奖赏着他们勇敢的成年男性与高贵的青年——这一切和其他许多原由,已经由温克尔曼(Winckelmann)了不起地详细描述过了,①是这些原由将希腊艺术塑造和培育成美丽的花朵,与前面所述的一切作品一样,这一切都源于生动且纯化的希腊自然本性。

这一切说明什么?说明了一个非常简单的前提——但我们总是过于轻浮地将其想得虚假且复杂——那就是,良好的趣味不外乎是茁壮年代的希腊人自己自然本性的产物,是他们的文化、气候、生活方式和制度(Verfassung)的产物。它与其他一切一样,存在于具体的时间和地点当中,不受限制地从最为简单的时势当中诞生,为了实现当时的目的,采取的是当时的方式。当天时地利的美好时势烟消云散之后,作为

---

① [译注]见温克尔曼的《古代艺术史》卷一第四章第1节。

结果的希腊趣味也随之消逝。

（1）如果希腊人当中有人幻想自己是荷马，但又不具备荷马可能具备的境遇，那么他肯定只能成为一个假荷马。生活在托勒密（Ptolomäern）时代的阿波罗尼乌斯（Apollonius）可以作为一个明证。① 即便他乘坐阿尔戈英雄们的船只出航，但是他该如何到达他们曾经到过的地方呢？他靠自己就能去到那里吗？会有人跟随他一起出航吗？有人愿意吗？就这项任务而言，既然他的时代无法给他提供这样的风尚和言辞、内容和听众乃至于目标和情绪，他也就成了一个僵死的模仿者；他不接地气地演唱。假如在早些年代里，希腊人渴望成为他们所不是的样子，演唱自己不适合演唱的歌曲，良好的趣味就不可能在他们当中持续繁荣那么久。然而，他们的天才们保护着他们不走上徒劳无力的嫉妒之路。希腊人作为主人（Herrn）而演唱：诗艺随着时代在转变；他们通过远离荷马来追随荷马。

（2）良好戏剧趣味的主流曾和谐地运作着，时间流逝，趣味也随之衰败。来自希腊神话——也就是他们所说的史诗时代——的舞台主题已经变得干瘪无味；低劣的话题受到欢迎，抑或古剧被按照新的——也就是低劣的——潮流来演出。原初的、贴切的场景是戏剧大师们的造物；他们的模范立在那里，却遮住了他们的继承者。那些搞模仿而无法自由地处理素材的人，他们的灵魂被自由和奴役（Knechtschaft）撕成两半，无法恰当且高贵地搞创作。正如趣味只能居于那些不受约束地行动的天才当中，希腊人越是渴望用冰冷的规矩和偏见来达到趣味，也就越是与趣味南辕北辙。人民的处境（Umstände des Volks）在变化。之前作为公民关怀的东西，变成了无节制的娱乐追求。戏剧比赛连日上

---

① ［译注］这里指的是数学家佩尔戈的阿波罗尼乌斯（Apollonius of Perga），赫尔德刻意将其与据传写作了《阿尔戈英雄记》的罗德岛的阿波罗尼乌斯（Apollonius of Rhodes）进行对比。前者生活在托勒密时代，后者则与荷马一样属于传说诗人。

演导致的结果是,在绝对数量的事物面前,味觉变得迟钝,失去了感受滋味的能力,贪得无厌的饥渴则导致疾病。随着这些民族的行动和自由精神的消失,舞台也就失去了其基质;过去日子里遗留下来的良好趣味无法带来任何新的作品——我们已经从亚里士多德的《诗术》中看到了这样的种子。①

(3)修辞术亦然。随着希腊自由的衰落,修辞术的火焰熄灭了;在德摩斯梯尼的雄辩术当中,在其尚有需求的最后时刻,火花还在燃烧;这朵火花蔓延到课堂和狭窄的审判庭里,在灰烬中挣扎,最终熄灭。朗吉努斯(Longin)用他平实清晰的话语描述了这一切。②

(4)决定艺术的时势所涉及的领域最为广泛,艺术本身能够决定的范围则不广,但却是感性、形象的,甚至几乎是机械的(mechanischen),这样一来,艺术便能够更久地维持自身,即便是在君主制的前厅(Vorhofe des Monarchie)当中被赡养——一直以来,它们既不是奴隶,也不为开明的奴役(guten Joch)服务。艺术当中的良好趣味一如既往地稳定,因为艺术当中的一切都基于实践和模仿,这一切都对艺术无害,反而有助于其持存。许多艺术的应用——诸如对诸神的敬奉和对观念化的雕像的修饰——得以幸存,艺术家们在那些艺术爱好者的门庭前受到的重视也就与日俱增,正如胜利和财富能够给绘画和雕塑提供更加丰富的题材一样。进而,艺术和谐剧(Komödie)一样,也就在希腊的自由和创作的时代之后还能够坚持下来;但是,我们清楚地看到,它们都是之前时代的种子发芽的结果。如果这些种子之前没有得到种植和培育,它们也就不会生长成形。艺术亦然,它有其最佳的时期,在那些日子里,艺术就是民族之花(Nationalblüte),是生机勃勃的希腊自然本性,那是良好趣味、荣誉、创作和自由的年代,是波斯人和伯罗奔半

---

① [译注]情节太长导致观众失去兴趣,见《诗术》1451b1 – 1451b30。
② [译注]见托名朗吉努斯《论崇高》第12节和第34节对德摩斯梯尼的论述。

岛发生战争的年代。在被这些更早年代的火花引燃之后,艺术也就随之爆发。这就是希腊趣味逐渐燃尽并以最微末的作品告终的命运。

因此,对于生活在亚历山大时代的人来说,尽管身处繁荣阶段,与此同时,引发希腊趣味的种种源泉还是渐渐被彻底堵上了。希腊人伴随着欢声笑语的自由、共和的公共精神和轻快的风气逝去了,接下来还会盛开什么呢?不受约束的缪斯的风尚和激情不复存在了,还会有诗歌吗?如果一切独立行动和自由身份都不复存在,还会有勇敢壮烈的修辞术吗?即便是史学,也被锁链所拘,亚历山大没有找到过他的色诺芬或修昔底德,当然是因为这两位史家只会出现在没有亚历山大的时代。在君王的殿堂上,艺术无时无刻不是繁花似锦,但是那只是温室,而不再是大自然的花园。谐剧在米南德(Menander)手里变得更为精致,当然是因为谐剧已经没有别的任务可以完成,只能通过提供优雅的机趣来维持自身。托勒密的宫廷里有一批诗人如群星璀璨,但他们只是在他们自身的伟大的意义上群星璀璨。① 唯有忒奥克里托斯(Theokrit)这位归隐田园的人物身上还保留着古代的天真与真实,找到了他真正的归宿;②其他的诗人则明显缺少内容,没有受到缪斯的感召,更没有获得自由、有活力的创作空间。诗歌在前厅、雕花酒杯和花团锦簇当中等待着提供服务,希求获得青睐,或是试图用矫揉造作、刻意为之、阿谀奉承和卖弄学识的手段来掩盖其不完美;就这样,诗歌把一切败坏了。即便是希腊语,当其被移植到如亚洲和埃及这些孕育着如此之多的狂热且甜蜜的毒草的土地上时,也会开始腐化的。希腊人和波斯人及印度人一样四散流落(verstreuet)、深深扎根。波斯哲学那精神化、杞人忧天的(überspannte)种种观念和新的希腊精神进而在从高加索到利比亚的地区之间开始发酵;希腊趣味失去了其直觉、美感和

---

① [译注]指作为艺术家赡养人的埃及法老托勒密二世,据说是他建立了亚历山大里亚的图书馆。

② [译注]指叙拉古的忒奥克里托斯,希腊田园诗的始祖。

纯粹;其实,若是没有别的民族很快将希腊民族取而代之,它就将发展为一个怪物。但是,希腊人的自然特性并没有命中注定要降格为怪物;即便在衰落时期,它也持守着对过去的美的追挽。即使在今天,希腊人也天生就是有趣味的人;他们的从容不迫、精致组织和欢声笑语引领着他们,使他们远离恶趣味的根源:不自然。根据所有的描述,很明显,即便在美好的、也许在世界历史上绝无仅有的时代,其天才一旦放弃了这一切,也就将一去不返,当然,他也不会再与接下来出现的种种环境有快乐的相聚。希腊的趣味是美丽的民族之花,是希腊人的自由创作和沉醉于美的天才、聪颖和敏锐理解力的产物。一旦这朵美丽的花缺了土壤、汁液、养分和元气,那么疾病的风就随之刮起,使之死亡。

(二)罗马人努力地要赶上希腊人的脚步,但对他们来说,趣味已经不再是希腊人眼中那样;也就是说,不再是民族的事业和文化的基质。人人皆知的是,罗马人不依靠趣味也坚持了很久,甚至变得伟大富强,所以老派的、真正的罗马人拒斥对希腊趣味的引入,将其视为外来的、有毒的植物,①尽管希腊人仍然通过趣味来自我教化,就像他们延续安菲翁(Amphion)②和荷马的血统那样。所以,即便那些趣味的产物是整个希腊文化的基础,对于罗马人来说,艺术和诗歌也从来没有在实际上成为主流。诗歌的繁荣来得相当晚,也就是在希腊的种子被种植于皇帝的园圃当中时,尽管这朵花盛开得十分美丽,但却毫无意义。对于罗马人来说,剧场(按亚里士多德的说法,剧场是诗歌发生效用的焦点!③)从未产生过什么影响,更不用说艺术了;最好的诗人只是韵文写手罢了,也就是那些用韵文写作的哲学家、演说家抑或拍马屁者而已。罗马诗歌的最佳时期一旦过去,错误的趣味就会盲目地生根发芽,而如

---

① [译注]见普鲁塔克《希腊罗马名人传》"加图"部分第22节中加图驱逐希腊哲学家、保护罗马青年人不受希腊文化影响的做法。

② [译注]琴手安菲翁用竖琴的声音挪动石头建造忒拜城的事迹,见贺拉斯《诗艺》第394-396行。

③ [译注]见《诗术》第26节中对肃剧演出性的强调。

果诗歌、艺术和良好趣味一直是思想的民族媒介,那么这一切也就不会发生。但是,贺拉斯和维吉尔的精神根本就不符合公众的趣味,前者谈论诗艺的书札已经清楚地显示了这一点;即便消受了诗人们的所有奉承,奥古斯都(August)也无法哪怕片刻将他的黄金罗马转换成拥有趣味和对美的感觉的雅典。

修辞术和史学是罗马精神的民族作品,尽管其趣味是通过如此熟练且富有活力地模仿希腊而形成的。罗马语言专业人士的最古老的名字都是史书作者;即便是恩尼乌斯(Ennius)也是如此,早期肃剧诗人们在舞台上展现的更多是历史而非诗歌。加图(Kato)随后则有力地带动起公民修辞术和史学写作,①之后,李维(Livius)、西塞罗、撒路斯特(Sallust)和恺撒(Cäsar)逐渐使那可以称作罗马精神的趣味得以完善。但这种完善仅是一种外来作物的生长,并不真正从罗马的土壤深处萌芽或吸取养分。罗马趣味处于史学、真诚的法律辩论和政治行动当中,正如希腊人的趣味就处在他们一切生气勃勃的创作和美妙的感受与和谐当中。

于是,就在罗马出现了种种时势并唤起促进行动的演说(Tatenred)和历史精神时,严格意义上的罗马趣味也发展出来。第一批演说家是淳朴且受人尊敬的长者、高级祭司、将领和监察官们;他们的雄辩源自心灵;他们的言辞就是行动与勇气。罗马的第一批史书作者都对他们的国家、城邦和家庭充满感情,是毫无掩饰地从事政治行动并追求真理的编年史家。先辈的尊荣和对祖考的记忆使他们笔下的一切栩栩如生。出于这样的精神,罗马成长起来。凭靠这种精神,格拉古(Gracchen)势若狂风,加图声似雷霆,安东尼(Antonius)扣人心弦,西塞罗最终则与一切希腊人的声响告别。演说术是罗马人大船上的掌舵者,指引着划桨者们前进,史学则是充满智慧的航海图,罗马人在其上标注进程。大小西庇阿(Scipionen)、大小加图、苏拉(Sylla)、克拉苏(Crassus)、卢库卢斯(Lucullus)、布鲁图斯(Brutus)、安东尼、庞培(Pompejus)和恺撒都是演说家或史书作者

---

① [译注]见普鲁塔克《希腊罗马名人传》"加图"部分第7、8节。

或这样一些人的朋友:这就是古罗马的精神。

这种精神的衰落与罗马共和国在君主制的枷锁之下的衰落同时发生,然后,粉饰这一枷锁的花朵和桂冠得到了泛滥成灾的高度赞誉,养尊处优的奥古斯都和平庸的麦凯纳斯(Mäcenas)无论提供多少资助,都无法取代过去的罗马精神得以盛开的土壤。奥古斯都死后,这一切立刻变得不言自明。那些疑心重重、充满妒忌的狡猾狐狸,那一只又一只的怪物,现在变成了光鲜的皇帝们,史书则记录着鲜血与眼泪,这一切就是罗马精神的子嗣,是其真实的趣味。趣味被这些皇帝视为造反和叛国:其中一个暴君将那些用伊奥尼亚式辩证法(Aeolischem Dialekt)回应他的人置于死地,另外一个打算禁毁荷马,第三个想要让新的语词和字母归化,第四个则将他自己所写的诗句和卑劣的史书强行立为供人模仿的范例:这就是在富有罗马精神和罗马趣味的国家当中盛行的一切。一切都堕落为对暴君及其宠臣们的奴隶般的恐惧;真正的史书坚持基调,却被迫陷入这种恐惧之中。在这种状态下,不愿意像佩尔西乌斯(Persius)①那般用费解的含混表达把自己包裹起来的改良的天才总要散发光彩,进而要因其坚持一生的改良的趣味和真实而被迫付出代价。你这人类自由的杀手,你这居于国法(der Gesetze des Staats)和同胞公民种种权利之上的压迫者啊——你要为你祸及后世的暴行承担何等的罪责!奥古斯都虽能冷静、有趣味且温和地治理国家,却为他之后的那些提比略(Tiberen)、卡里古拉(Caligula's)、克劳狄乌斯(Claudius)和尼禄(Neronen)的当政提供了机会——这样一来,他将会扛起多么沉重的罄竹难书的恶名!②

老派的罗马教养(Römererziehung)现在去了哪里?他们那庄严的

---

① [译注]佩尔西乌斯生于尼禄时代,以写作讽刺诗闻名。

② [译注]可以看出这里的历史观出自塔西佗的《编年史》(*Annales*)和《演说家对话》(*Dialogus de Oratoribus*),之下则与昆体良的《论雄辩术的衰落》(*De Causis Corruptae Eloquentiae*)有关。

祖先形象又在何处？能够惩戒监察官和独裁者的自由去了哪里？贸易生活（Leben in Geschäften），只为公众提供的教育，一个人从祖国富强当中获得的荣誉和自我价值，他发表言论、参与商议、献上谏言并独立行动的种种权利——这一切现在又在何处？都在骄奢淫逸、寡廉鲜耻、心惊胆战和惨绝人寰当中消逝了！雄辩在学究气（Pedanten）当中蒙尘，教育只培育出奴隶，史书全是阿谀奉承之徒所作，众人的福利取决于暴君的心血来潮和他的宠臣的喜怒无常——在此，就让这关于罗马雄辩术的衰落的卓越言辞作为法官和证人来替我发言吧。

人们不应认为这一时代没有意识到自身的病态，尽管它常受到这样的谴责。上面关于雄辩术衰落的言辞，就出自昆体良（Quintilian）等人对这一堕落的敏锐的感受。除了佩特罗尼乌斯（Petron）之外，还有谁对接下来扎根的恶趣味的批评更丰富且更有力呢？① 普林尼（Plinius）自己也坦率承认，在他的颂词里最为朴实无华、用力最轻的那些篇章，反而取得了最大的成就。② 即便是塞涅卡（Seneka），也在很多地方提到趣味正在败坏，对于佩尔西乌斯、马尔提阿（Martial）和尤维纳（Juvenal）来说，这正是他们辛辣控诉的唯一对象——他们自己在这样的趣味当中也遭到了败坏。但是，察觉到邪恶和消灭邪恶是那么地不同，忍受瘟疫和将整个祖国从瘟疫中带出来也是如此不同。

人们也不该认为有趣味的人（正如某个飞短流长[schwatzenden]的时代的理解那样③）渴求的是饮食和栖身之所。无论如何，提比略供养着文法学家的学院，某天早上，他要求这些夸夸其谈的学者写下他们口里说出的蛮语。④ 克劳狄乌斯所写的书里甚至有为西塞罗的辩护，因

---

① ［译注］见佩特罗尼乌斯的《萨蒂利孔》（*Satyricon*）第1-5节和第88节。
② ［译注］见普林尼《书信集》卷三，第18篇。
③ ［译注］应当是指赫尔德本人所处的受法国趣味观深远影响的欧洲启蒙时代。
④ ［译注］参见苏埃托尼乌斯（Suetonius）的《罗马十二帝王传》（*De Vita Caesarum*）"提比略"章第56节。

而的确具备博雅之士(Herr)的趣味。他出口成章,发明新的字母,在亚历山大里亚扩建博物馆,也是各门科学的伟大赞助人。① 尼禄洗劫了希腊一切可搬走的美丽事物;所以,他也是一位美的伟大爱恋者,用最为精美的艺术的纪念碑丰富了罗马。韦帕芗(Vespasian)给希腊语和拉丁语修辞学者提供薪酬。② 图密善(Domitian)让昆体良担任太子太保,使后者尽享尊荣。③ 图拉真(Trajan)与普林尼以朋友的身份互相通信,并为守信诺的青年人在死后树立雕像。曾经周游各地的哈德良(Hadrian)是鉴赏家、诗人、学者和艺术家;他的朝堂上满是阿特拉游戏(Atellanische Spiele)、谐剧、修辞学者、诗人、几何学家、哲学家,他还给自己写墓志铭,诸如此类。④ 我们无法轻视从王冠上洒落到诗人的竖琴和学者的著作之上的点点金砂的痕迹,尽管这些金砂也并不意味着一切;毋宁说,它们会抑制竖琴的发声,还会让著作中的色彩、生命和力量黯然无光。诱惑(Anlässe)、冲动、真理和迫切的需求,更不用说神赐的最高贵的礼物:趣味和天才——不具备这些东西,一切都无法成就。如果你将树从其本来的气候和土壤中移走,使之不再居于它那自由、广阔且野性的空气里,而将其移植到温室的逼仄氛围当中,树木就会死去,哪怕它看上去只是像生了病而已。如果你在饲养漂亮的外来动物时不考虑其体质,而是盲目地将它公开展出,那么无论提供怎样的饮食,它都会死去,抑或变得肥胖且虚弱。它根本无法繁育幼崽,即便做到了,也万分艰难,并将在漫长的半死不活的状态中生命慢慢腐烂。这就是罗马趣味的同样遭遇,因为它也不得不被喂养。

这一观察悲观且真实:趣味一旦失去了赖以生存的根基,就无法通

---

① [译注]参见《罗马十二帝王传》"克劳狄乌斯"章第41、42节。
② [译注]参见《罗马十二帝王传》"韦帕芗"章第18节。
③ [译注]参见昆体良《雄辩术原理》卷四,第2章。
④ [译注]参见库尔西乌斯(Curtius)《罗马帝王史》第14章第8、10、16节。

过个别的法规和善意来使之复原;昆体良、普林尼和塔西佗的活跃时期当中即便插入更好的短暂间奏,也于事无补,他们的说教已经远远偏离了古老的力量和质朴。在他们的著作里可以找到个中原因。真正的罗马演说术不可能以如此狭隘的颂词的方式自我呈现——即便这些颂词是题献给图拉真的——而是呈现在真正的书信精神(Briefgeist)之中,就像我们生活的守护神(Spiritus familiaris)①那样在为公众消费所编写的那些书信当中呈现着。塔西佗那渊博且矫饰的简洁文风显然只是掩饰了他自己和同时代人的缺陷。如果史学仍然保持开放、公开和共和制的状态(Pepublikanische Sache)——就像在撒路斯特和李维的时代一样,那么塔西佗也就不会用这种精巧的方式写作了。在共和国当中,每一个人都参与到整体当中,他们对这样的闪烁其词(Winkelzüge)闻所未闻,充满了恶意与国家秘事(Staatsgeheimnisse)的小说将遭到鄙视和奚落;在一个共和国里,塔西佗这样的写作根本不会出现。但如今,既然他所写的是遥远时代的僭政、诡诈和丑闻,他的史书也就不为人知地呈现了他自己时代的形貌;他逃离了开放的质朴,倾听了把手指放在嘴唇上的哈伯克拉底(Harpocrates)的窃窃私语;②也就是说,他喜爱的是最为含混、神秘和复杂的风格。如果写的是黑暗和多疑的时代,那他就采取多疑和黑暗的写法,其中包含着哲学的怨气(philosophischer Galle)。慈爱的昆体良为自己的儿子发自真心地写下了《雄辩术原理》(*Institutionen*),③但他无法开展无风的航行,与其说他是罗马人和演说

---

① [译注]即罗马人的"家神"。

② [译注]哈伯克拉底是沉默之神。普鲁塔克在《伊希斯与俄赛里斯》一书的第19、65、68节对他有介绍,并将其与关于神话的哲学解释关联起来。"要知道一些关于神的轻率的、不完善的和断章取义的言论,在人类中间流传,哈伯克拉底正是修正这些言论的神。这就是为何作为审慎和沉默的象征,这位神将一只手指放在嘴上。"中译见段映虹译本,《论埃及神学和哲学——伊希斯与俄赛里斯》,华夏出版社,2009,页126。

③ [译注]参见昆体良《雄辩术原理》卷六。

家,不如说是朗诵家(Deklamator)和抛话题的人(Sachenführer)。塞涅卡希望征服他的时代,他的确做到了,但靠的是精微的洞察力和美妙的错误。他笔下的圣徒安贫乐道,而他自己却住在深宫大院里;他的道德感在高空翱翔,但在落地时却效果甚微。① 所以,有些人的创作与时代精神(Zeitgeist)紧密相关;其他的作为点缀的跟随者们则更加倾向于误入歧途。塞涅卡作为肃剧作家而以浮夸的冗长言辞自讨苦吃,这是因为他没有能力实现索福克勒斯在雅典所实现的舞台,琉善(Lukans)的缪斯女神也臃肿不堪,因为他的时代不再是英雄时代。尤维纳的萨堤尔变成了粗野的农神,以残酷的鞭子作为武器,这是因为贺拉斯笔下那机灵的萨提尔已经不再有用武之地。佩尔西乌斯笔下的萨提尔富有天才,这是塔西佗的史学梦寐以求的,西利乌斯(Silius)则在维吉尔的雕像前顶礼膜拜,尽管没有他的精灵(Dämon)附体。最后,马尔提阿在帕那萨斯山(Parnaß)脚下采撷花朵,即便它们长在泥潭和沼泽当中——这是他为他那个插科打诨、放荡不羁的时代所能提供的最好和最轻盈的东西。因为山顶狂飙大作,太遥远也太危险。就上述这一切而言,唯一值得一说的是对暴君的诅咒:是他们禁锢了人类行动的力量,也禁锢了人类精神的每一次高贵的翱翔。

时间就这样将罗马人拉倒在地,此时野蛮人兴起,在语言、风尚和思想方面逐渐与罗马人交融。在伟大的罗马帝国的每一处,异国战士的部落遍布;各个行省纷纷并入富饶的罗马,不具备市民精神的公民也纷纷涌入贫瘠、荒凉的意大利;语言混乱(Sprachenverwirrung)的问题出现了。皇帝们被蛮族的衣着和趣味所迷惑;在对希腊的朴素感到乏味之后,罗马的奢侈与埃及式的庞然大物发生了爱情;在饥渴的暴君们的时代,亚洲的趣味也倾泻进罗马。因此,风尚与思想方面的颠覆——进而是民族方面的颠覆——随之发生。在康茂德

---

① [译注]塞涅卡生活作风及其与尼禄皇帝的关系,见塔西佗《编年史》卷十四第52–56节。

(Commodus)治下,希腊人不再理解荷马,拉丁语则倾向于"罗马的质朴"(Rustica Romana);①直到最后,一切都为汹涌的蛮族洪水所淹没。从哈德良和安敦宁(Antonine)的时代开始,基督教就不自觉地促成了这一分崩离析。由于趣味的种种典范是通过偶像崇拜的体系形成的,基督徒在反偶像崇拜时也就显得要毁掉或拒斥趣味。基督徒拆毁或改造异教的神殿和神像,即便这些东西同时也是优美的建筑和雕塑。对于基督徒来说,偶像崇拜的毒素往往掺杂在诗歌的甜言蜜语当中,而他们的宗教则能够净化世界,将其提升到更高的、超感觉的体系当中,然后古代对美的感觉就被摧毁,最终野蛮人的形式掌握了一切。

我们已经看到了罗马趣味衰败的简史。源于希腊土地的趣味在罗马居留,因为双方的土壤相似,空气和良好的农业资源也允许。由于时代的原因,它具有了更加坚硬、稳固的罗马形式。很快狂飙就刮向这些树木,把它们和其他一切拔地吹起。但没多久,在偶然的、宜居的环境当中,这些树木紧抓住地皮,尤其是紧抓住罗马真正伟大形式的残留物和它那卓越的语言;即便如此,它们的力量和效用却小了很多。罗马趣味仅仅经历了一次短暂的繁荣,那个时候,罗马首次开始以一种自信的平静且高贵的方式意识到它自身的行动精神(Tatengeist);但结党营私、挥霍无度和卑躬屈膝很快摧毁了这次美丽却并非必需的花朵绽放。我们现在也正遭遇着这样的悲惨命运——如果我们那些文法学家们的愿望必须被视为理所当然的话,那些人不了解趣味史中的种种典范,只知道把罗马描述为黄金、白银、青铜等各个时代。他们必然会对那些完全出于偶然且不会再现的事情置若罔闻,尽管这些事情可能预示着我们将迅速衰败,走向崩溃、疫病和死亡——这一切对于他们来说根本不算什么,只要我们都能学习说拉丁文。

---

① [译注]可参见温克尔曼《古代艺术史》卷二第418节对康茂德皇帝时期拉丁语状况的描述。

(三)在现代欧洲,人们往往相信依靠列奥十世(Leo dem Zehnden)①和美第奇家族(den Medicis)能够恢复良好趣味,但只要人们能够确切区分天才和趣味,就会发现这并非事实。成就意大利诗歌和散文的语言天才们并不需要等到美第奇家族的出现,相反,他们在较为艰苦的年代里完成了他们已经确定的工作;即便是在列奥十世的时代,受到奖励的也不是阿里奥斯托(Ariost)这位伟大的天才,而是弄臣和拉丁语效颦者们。因此,众所周知,那些艺术和科学的重建者,如罗伦佐(Lorenz von Medicis)、波利希安(Politiano)、本博(Bembo)、卡斯提廖内(Casa),即便是伟大的米开朗基罗和达芬奇等人,在人们眼中都是彼特拉克主义者(Petrarchisten),他们与平庸的意大利文艺家们难以区分。而从中我们可以明白的是,良好趣味的重建需要长期的潜心工作。彼特拉克(Petrarca)、但丁(Dante)、薄伽丘(Boccaz)、奇马布埃(Cimabue)和乔托(Giotto)都曾经长期地从事创作。在每一个蒙昧的年代(dunkeln Zeiten),美和艺术都未曾从大地之上完全绝迹,这是因为人们总是会幻想,尽管那些杂糅的蛮族观念散布得如此广泛且深入人心。在壁垒之后,在大地之下的深处,涌动着一股洪流,唯有当它在许多次细碎无效的喷涌之后,才会一鼓作气地爆发,这就是天命(Schicksal)对它的期许。就在希腊回归到意大利的那一刻,美第奇家族正当强盛,于是便收割了过去黑暗世纪里播下的种子所长成的东西。

那么,我们了解这一时代的趣味是什么吗? 什么造就了它、使它重生? 它所追求的是什么? 我们如果明白这一切,也就懂得了这一趣味衰败的诸原由。这些原由都已经包含在了这一趣味的不完善的起源(unvollkommne Genesis)当中了。

人们发现了古代典籍,以后者为语言上的楷模,模仿其演说和艺

---

① [译注]列奥十世是美第奇家族的成员,以能够礼遇艺术家著称,阿里奥斯托和马基雅维利都曾经是他交好的谐剧作家,这些人的作品中攻击教廷中其他主教的内容得到了他的默许。见伏尔泰《风俗论》第127章。

术,使意大利语变得纯净且平润——多么美好且让人钦羡的年代啊!唯有意大利人那细致、敏锐且深刻的天才能够在诸多激情影响之下保持着平和,并以这样的方式模仿其先辈和老师们。但是,如果他们的所有工作仅仅是模仿,那能坚持多久呢?古人总会被模仿完,以至于人们无法也不再愿意模仿他们。抛光后的器物被高高地放置,要么掉下来摔得粉碎,要么不断锈蚀,除非后人再度将其抛光——对于我来说,这似乎就是意大利趣味的历史。

对于希腊人而言,趣味就是自然、需求与事业,在确定时间和场合中,每一个人都能参与其中;在罗马也是如此,尽管持续时间更短,并且其方式也更为有限和不完善。比起罗马来说,意大利更是如此。单纯模仿古人,仅仅因为古人能够被模仿、因为这或许会是一件好事,这一切作为目的来说过于寒酸且小家子气。至于要从优雅且慷慨的艺术鉴赏家们那里获得奖赏,这样的目的就更加寒酸了。与古人竞争,并最终要在作品方面超过他们,才是更有价值的目的,但是可以看到只有少数人会这么做,或者甚至根本看不到有人这么做,因为相同的生命脉搏已经不复跳动,而现代艺术无论如何并非只是古代艺术的另一种形态而已。比如说,模仿希腊众神与英雄们的雕像,这样做的目的是什么呢?表现寓意、德性、教权和圣经人物呢?这与希腊艺术有哪怕一点可比性吗?这样一来,艺术家就得不到激发;艺术的原由就不是来自活生生的历史和民族的高贵需求(edeln Bedurfnissen des Volks),也并不被这一切所决定和限制;可以想见,艺术的衰败就此发生。如果艺术仅仅是一种模仿,那么人们同样也可以选择不模仿,或者只在某种程度上进行模仿;也就是说,人们可以在任何他渴望的地方展翅高飞。宗教、历史、国家和人民的生动趣味都不会给艺术施加狭隘且强力的逼迫,将其隔离起来;艺术实际上就会在空中从流飘荡,或者仅仅受风的吹息而运徙——这阵风就是艺术家自己和赞助人的善意(guten Willen)。

即便是那些具有更为重大使命的艺术,如绘画和建筑,也证明着我所说的道理。的确,比起雕塑,它们在国家和宗教中获得了更多的主题内容、需求和应用；但是它们仍然无法匹敌希腊人更为明晰的自然本性（sichrer Natur）。无论如何，它们仅仅基于模仿，而不是原初的、主动的需求。在盛行的模范仍然足以唤起人们的激情和竞争时，这些模范受到模仿，最为勇敢的人模仿得也最为贴切。当模仿者的数量变得太多时，即便是成功的模仿，也是令人失望的，因为这样的模仿者缺乏从一百个其他模仿者当中脱颖而出展现自我的动力——即便作为第一百零一个模仿者，他还算差强人意。所以，出于他们胆大妄为的性情，艺术家们渴望与彼此不一样。艺术不再有新的、有生命力的目的，以激励它朝向善和更好的事物，那些塑造了最初的画家们的品质——勇敢和创新的光彩（Wagnis, das Licht den Neuheit）——现在与艺术家们无缘，或者被他们所误解。即便是美丽出众的外观也不再受到注意，因为全都太过相似；吃饱的母鸡对谷子不屑一顾，只会去啄各种颜色的东西。毁掉良好趣味的不是别的，正是对良好趣味的需求的匮乏。

优美的拉丁和希腊语是伟大的工具；但是，当工具自身变成目的时，它们又是什么呢？本博用罗马的语言写作他的威尼斯史，却没有以罗马的方式进行构思和写作；这位枢机主教不想阅读他所属教会的通行版拉丁文圣经（Vulgate），不想让自己的风格受到破坏，并想让他笔下的圣父像一个罗马文法家那样写作，但是，在这种形式当中，他无法提供相应的内容，所以人们只能从中看到炫耀，看到目的和方法的不一致，看到不切实际的冲动。一切的炫耀、冲动和不切实际都必然走到尽头、烟消云散。对古代人的无思想、缺乏风尚的模仿纵然美丽，但什么也不可能实现，除了僵死的学问、雕虫小技（Buchstabenkram）、藏头诗（Akrosticha）和回文诗（Anagrammen）之类。这些其实就是接下来的时代的情况。17世纪紧随着16世纪，意大利仍然为这种困惑所奴役。良好趣味的种子在意大利人当中散落，但却无法生根。

诗歌的衰落延续着同样的路线。由于诗歌全然是观念的（Idealisch），与当下的需求和目的的关联尽可能少，因而其下一步总是要奔向幻想和夸张的领域。最美妙的希腊趣味在任何地方都意指自然、精确(Richtigkeit)和真理,但即便在有这样追求的年代里,无论是在原创还是模仿方面,也会到处都充斥着低劣的彼特拉克主义者,他们自己都是古人的模仿者——这都清楚证明了他们的一切用以陶冶自我自然本性的趣味是多么肤浅。阿里奥斯托在空气中造就了一座有一百扇大门的魔幻城堡,因为他无法在坚实的地面上建造一座民族庙宇(Nationaltempel);但脱离地面而建构的一切,只能是讽刺画和无稽之谈。塔索(Tasse)在幻想的领域中展开寡淡的模仿;马里诺(Marino)夸夸其谈——其他的人则根本不能成事。一个英国批评家认为,意大利诗人,尤其他们当中那些艳情诗人和田园诗人们,是最能轻而易举败坏趣味的;我能说他的看法完全不对吗?最有力且最为自然的诗歌和肃剧的风格因而从来不会在意大利人那里繁荣起来;音乐、艺术乃至于变成一种风气的谐剧让意大利漂浮在空气和理念当中,绝不落脚在丰饶的土地之上。他们无法走得更远的原因就在于:他们已经走到自己所能走到的最远的地方了,没有什么东西会迫使他们成为别的样子。

从一种角度来看这是悲惨的,但从别的角度来说,这也是一种好的天意弄人。因为意大利人只会发现、修订和抄录古人,别的人则无法采取这些手段。意大利人使古人观念化并模仿他们,这并非狭隘地、全然地为了他们自己,还是为了整个欧洲。他们向所有的邻国推行教化,把趣味的种子撒到他们当中:阿里奥斯托教化出了斯宾塞(Spenser),意大利的萨提尔剧教化出了拉伯雷(Rabelais),短篇小说则教化出了莎士比亚;新的政治哲学(Politische Philosophie)在法国影响深远,并从那里传到别的地方。① 在艺术和趣味方面,卡尔(Karl)和弗朗索瓦(Franz)彼此竞争的同时也与意大利竞争。② 拉丁语的模仿者们进而在各地发

---

① [译注]指马基雅维利的政治哲学,"在法国影响深远"当指博丹、黎塞留等人对崇尚君主制和国家主义的政治哲学的热衷。

② [译注]或指神圣罗马帝国皇帝、兼任西班牙国王的卡尔五世(Karl V,又称卡洛斯五世)和法国国王弗朗索瓦一世(François I)在文艺复兴时期的长期争斗。

芽;意大利的地域和命运兴衰决定了这个地区将成为良好趣味的质料的货仓,它也的确成为了这样的货仓。

(四)在路易十四(Ludwig)治下,一个趣味的新时代回归了,就这个时代而言,我们先前的观察同样生效,除了其具有如此不同的环境之外。在这之前,天才们可是长期活跃着的:拉伯雷和蒙田(Montange)并没有等到路易十四时代;高乃依(Corneille)则与黎塞留(Richelieu)和法兰西学院作对;即便是路易十四时代的最有本事的天才们,也并不属于宫廷:帕斯卡尔(Paskal)、费内隆(Fenelon)、卢梭、拉封丹(la Fontaine);拉辛(Racine)则不应如此心甘情愿成为路易十四宫廷的一员。因此,路易十四所能唤起的并非天才,而毋宁说是趣味,因为趣味来自并后于天才的时代。他被礼仪(Anstand)、活力、显赫与庄严所围绕。与此相应,法语要求得到润饰;路易十四也以同样的精致自我要求,他圈子里的每一个成员都要亦步亦趋;这就是趣味呈现出来的形式。尽管已经无力再展翅高飞,至少雄辩术还能有礼节地扑扇几下翅膀;尽管不可能再次造成轰动,剧院里还是表演着风尚、礼仪、哲学和英雄主义的假象。除了路易十四的高贵和行动之外,诸艺术门类什么也无法表现。那些不能作诗的人锻造出了精美的句子,不能写作史书的人则漂亮地朗诵和绘声绘色地描述。法语的强力、丰富和充盈长久以来已经不复存在,这门语言发展成了一种社交的(gesellschaft)、精确的、富有礼节的腔调。这就是路易十四时代的特色,它深深地植根于它的原因之中。

然而,很快地,从同样的原由当中也产生了衰败。如果趣味不深深地植根于民族的需要和风尚的特性当中;如果路易十四显然既没有也无法拥有一位像从前的色诺芬和李维那样能够描述其王国(Reichs)的史家;如果路易十四的剧院无法像雅典的剧院那样为他的民族服务;如果他的布达罗(Bourdaloue)并不替他说话或是冲着他说话,[1]就像德摩

---

① [译注]布达罗(Louis Bourdaloue),法国耶稣会修士,路易十四时期著名的文人、布道家、演说家。

斯梯尼冲着腓力(Philippus)或是替雅典人说话那样；①如果希腊人不会在波舒哀(Boßvets)那崇高的"夫人驾崩！夫人驾崩！"面前热泪盈眶——那么，很明显，居绝对统治地位的光辉夺目的社交和宫廷趣味很快就要陷入衰败当中。对于公众、对于那每一个受到启蒙的(aufgeklärten)机智的(wtizigen)圈子来说同样如此，他们一旦接受了语言当中轻快的、纯净的、礼貌的内容，很快就会用小聪明(kleinfügigen Witz)、漂亮话(Spitzfündigkeit)和没有趣味的炫目的句式回馈这种语言。正如费内隆、圣马尔(St. Mard)、②拉辛和数不胜数的人们曾经抱怨过的那样，法国人进而就此抛弃了伟大的、未被肢解且未遭强制的自然本性，抛弃了那高贵的单纯，而以如此精致、得体、时髦且高雅的方式来解剖思想(Gedanken)，直到思想不复存在。塞涅卡之于罗马，就如丰特内尔(Fontenelle)之于法国，拉莫特(La Motte)则成为了另一个佩特罗尼乌斯；更为年轻的克雷毕庸(Crebillon)凭借他无穷无尽的创意，在他彬彬有礼的社交圈子当中造出了一具心灵优美但纤小的中国玩偶；马里沃(Marivaux)则将莫里哀(Moliere)的伟大角色精心打磨了一番，使之变成了多愁善感的微雕。③ 教授良好趣味的学院所传达的东西不出人们所料：恭维(Komplimente)。宫廷趣味的土地上长不出别的什么东西来。一切事物所依赖的国运(Schicksale der Regierung)变得越来越糟，自然地也就造成了许许多多的衰败。由于一切都枉顾公众的喊叫而漂浮于其上，所以比起世界上的其他地方，在这里名叫阴谋(Kabale)的可怕怪物必然更多地管制、拘捕和腐蚀趣味。由于一切都基于时尚的趣味，荒唐的教育和首都的生活方式必然波及法官们，进而也会波及

---

① ［译注］指德摩斯梯尼反对腓力的八篇著名演说，合称"驳腓力"(Philippic)，已经成为西方历史上用以指代抨击暴政或暴君的演说的专有名词。

② ［译注］圣马尔(Rémod de St. Mard)，法国批评家，写过一部名叫《通用诗学》(Sur la Poésie en Général, 1734)的书，对赫尔德影响很大。

③ ［译注］这里列举的四位剧作家都具有强烈的启蒙主义与新古典主义结合的风格。

作家和艺术家,更不要提其他许多同根所生的嫩芽了。趣味一旦仅仅只能是社交的或宫廷的趣味,就立马变得糟糕无比;它生长得体虚身弱,本应首先当向着公众进军,却反而掉队在后。

正如我们所见,为了呼吸到最为纯净的空气,这一时期最伟大的人们不得不打破这一切来寻求自由。卢梭大声疾呼,好似来自荒野,假如不是因为要面对如此多的乡下人(dörfen),①他本来没有必要这么做。孟德斯鸠好像贺拉斯笔下的麦凯纳斯(Marcellus)那样,②在他自己的土地上像一棵高贵的树一样成长起来;假如他能够更加明确地在凡俗面前直言其伟大的主题,他就没必要用精神(Esprit)作为补充。最后,伏尔泰则与哥伦布(Kolumbus)一样伟大,因为他超出路易十四的时代,相信另一个世界。他航行前往英格兰,也就是他的民族趣味的敌人的土地,从他们那里盗火;他在巴黎的优雅圈子之外自我教化,inter discrimina rerum[见多识广],③就此成为了伏尔泰。这个在全欧洲播撒光明、礼仪、精确和纯粹的国家在这个时期里也许造就了对于其自身来说过于难懂的深刻天才和原始情感。这道光在温暖的、四处洋溢的波动里扩散开去,并没有在一道明亮的火光中闪耀起来。人们一旦站得离前一时代的雕塑太近,就很少会将它们放置在基座之上。因此,法兰西趣味的种种原由同样在其自身当中就包含着走向衰落的种子。

出于节制,我不该再继续说下去了。我们在这四个不同的趣味的时段里看到了足够多的东西,以至于可以从中得出一些道理(Wahrnehmungen)——这也是我们要考察这四个时段的唯一理由。这些结论就是:

如我们所能看到的,就其各自显示出来的情况而言,趣味的各个时代都是天才们自我形塑和自我调节的力量的结果。所以,趣味的范畴尽管必定和其所属的各个时代一样多种多样,却总是遵循同样的法则。

---

① [译注]当指不懂哲学的外行人。
② [译注]见贺拉斯《颂歌》(Carmina)第一首"致麦凯纳斯"。
③ [译注]维吉尔《埃涅阿斯纪》卷一行204。

唯有其质料和目的(Zwecke)是不同的。

如果没有人能够成长为一个天才(他们从更高的、特殊的原由当中萌芽,总是处于非常不安全的处境当中),人们就看不到黄金时代的趣味,甚至看不到完全出于某人意志的创作。相反,人们只能追随天才,从他们那里获得方向。在人类种族的历史当中,天才们就像一个和弦(Saite)中的那些协和音程(konsonen Punkte);他们脱颖而出的地方必然还保留着不协和音(Dissonanzen)。

最终,我们已经解决了这样一个难题,那就是,为什么伟大的人总是同时涌现——以前人们只能极端不完备地通过机械的竞争论、赞助论和气候论等等来解释;将这一切总而言之,那就是,所有这样的伟人都是一个单独和弦中的各个协和音程。不协和音程则势力衰微;过去半野蛮或完全野蛮的时代里,人们做各种无用功,庞大的事功后来一个接一个倒塌;人们自然会开始观察前人的碰撞和力量并为之找寻秩序,人类的灵魂就此被带入和谐当中。于是,一切艺术被统一起来,飞快且迅速地彼此对接,追根究底,它们不外乎是同一种艺术。然后,也就出现了许多的麦凯纳斯和许多的维吉尔;他们的行动尽管如此地迥异,却依然构成协和音程。

进而,趣味的衰败正如趣味的生成(Entstehung)一样,是一种自然现象,在生成当中已经包含着衰败的倾向。一切尘世之物都转瞬即逝;最佳的处境必将过去并被有害的处境所替代,趣味也就随之衰败。

任何渴望改变趣味史的人进而必须改变其时势;不能让他在树桠和花朵上施肥,而应当在树的根部。任何渴望创造黄金时代的人必须首先创造黄金时代所需的时势;这些时势进而会让趣味达成和谐。任何渴望提升或保存趣味的人必须除去那让趣味变得阴云密布的泥淖之源,或者确保趣味受到足够的支持。否则,他的劳作就是无效的。

良好趣味的原由扎根得越深,它的自然本性就越真实,进而能维持得更久,也更为坚忍不拔。这就是希腊的情况,在那里,趣味是民族之花的盛开,在某些特定的时间里,对于罗马的高贵人物来说也是如此。

希腊一去不复返,趣味进而也绝不可能扎根得如此深、持续得如此长久。在我们当中,趣味仅仅在民族的表面播撒。

然而,就自然而言,没有任何东西是毫无意义的;种种力量绝不会被浪费掉;一切的解体都只是表面上的。对于趣味来说,这也是千真万确的;趣味只是一种现象,并且只能被当成一种现象来承受。自然的发条朝向至善持续地工作着;唯有那些不完善的和有局限的(正如前文的历史论述所表明的)会自我毁灭;其中那些趋向完善的则持存下来,变得更为不可感(unsinnlicher),并继续在别的层次(Fläche)运作着。即便会重新造成错误,最终它们也将带来更高的善;它们是造就更高和谐的不协和音程。

所以,我们绝不可固步自封,因过去发生的事而绝望。自然在唤起天才们的时候,也为趣味的各个阶段提供了方向,这在从一片土地到另一片土地的彼此相异的过程当中都体现出来。如果一个民族的斯宾塞、莎士比亚和弥尔顿(Milton)们已经各就各位,我们可以确定的就是,斯梯尔(Steele)、蒲柏(Pope)和艾迪逊(Addison)也将随后赶来。① 也许,今天的德意志正在纪念碑建筑的断壁残垣上不断工作,并朝着具有高级的哲学趣味(hohen philosophischen Geschmacks)的时代迈进,一切现存的事物都得为此作出贡献;而缺陷与德性,理论与实践,这一切却都还在彼此盲目地碰撞着。

无论如何,趣味只是一种现象,正如自然让其从属于更高的目的一样,人类也应当是自然的仆人与代理人(Statthalter)。任何为了艺术而把一个人钉上十字架并看着他死去的做法都是恶行,任何让罗马火光冲天以观察特洛伊焚城景象的人都是尼禄——他本质上是一个白痴和十恶不赦的恶棍,最终只会高喊 qualis artifex pereo[我这个艺术家要死了!],然后遭到嘲讽和鄙视。我们生来就要创造人类的幸福(Glückseligkeit);上帝只创造了天才,在天才们当中,趣味开始自己教化自己(bildet sich

---

① 斯梯尔和艾迪逊都是出版业者,在英国创办多本启蒙主义刊物。

der Geschmack von selbst)。我们要像医生或助产士(如苏格拉底所类比的①)那样跟随自然——她总是在创造、形成、安排秩序并再次毁灭。

三 结论

尽管历史的每一个阶段都充满了实践的教训,但如果我们不对之前的话题在应用方面进行回顾就告一段落的话,那么,将这些教训运用于我们自己的时代就会带来不幸。即便不能造就什么新东西,这样的检验仍然是必要且有用的。

(一)任何想要更为确切地培育趣味的人,必须培育天才,也就是自然的种种力量,进而我们就明白了,教育是良好趣味的主要部分。但是凭借趣味的教育和对于趣味的教育总是被混淆,并被愚蠢地实施着。

对于趣味的教育并不意味着(否则我之前写的全都是废话)要宣讲趣味或为了良好趣味而发牢骚,而更应当是展示趣味,用趣味来萦绕灵魂,也就是从童年开始就乐感地(melodisch)、行动地教授趣味;抑或,换句话说,给学生的种种能力带来秩序,这不能匆忙草率,而应当温柔敦厚、持之以恒,以连绵不绝的干劲带给灵魂一幅敞亮、通畅且轻松的图景,在心灵中逐步灌输进对美和善的温柔感受,并让理性和抉择(Wahl)与之相伴;这比其他一切来说都更应当是教育学,是春风化雨般的言传身教(schweigende Tat und Führung)。通过对自身功能的操练,灵魂必将变得像阿波罗的里拉琴那样谐和。趣味在感官、习惯和行动方面的效用,必然不亚于在想象或理解的认识能力方面的效用;通过书籍和写作训练,我们能认识到马的形态,却认识不到马本身,包括它的力道和能耐。如果地基没有打得更深,那么学识丰富的想象和有艺术感的记忆随后都会倾向于消逝;但是,如果整个灵魂都受到了教化,那么趣味必然会在其实践过程中出现于所有艺术之上。

---

① [译注]见柏拉图《泰阿泰德》148d – 151d。

但是,在一个腐败的时代进行趣味的教化是多么艰难,这用言辞是无法表述的。除了总是败坏其导师的审慎建议和激励的那些东西之外,学生什么都学不到;幼苗们生长在每一只冷酷无情的脚都必然会从其上践踏而过的小路之上——这也是无论我们提出什么样的理论都无法让希腊趣味复兴的原因。我们的气候、风尚、礼俗甚至是学问的种种目的,都处于冲突当中,并致力于毁掉对美的感受能力,就连我们最高贵的德性似乎也要与之划清界线。于是,对于我们来说,趣味必然在重要性上只能屈居二等,它要为更高的动机而牺牲,然而对于希腊人来说,趣味就是德性的自然的衣冠和躯干(Körper)。

所以,任何通过理解力、通过人的生活方式和礼俗来整合趣味的努力都是无价的,之前的那条原则——自然中出现的一切都有其意义——给予我们最有力的支持。作为趣味的教师,昆体良努力尝试超越他的时代;古代的种种趣味的典范则更是如此:真理和德性的美就像阳光,永恒不变,作用非凡,温暖无比。如果在任何时代都能有三个伟大且善良的人将他们的力量联合起来,①他们就能创造奇观,或是像这三位捍卫国家的正义之人那样,与趣味和德性的衰败进行斗争。

在我看来,在这方面,我们似乎正要迈进一个敞亮无蔽的未来。如果理性也能穿透进那各种人们只能机械地感受和创作的宗教当中;如果有一天理性从它繁重的税务之下翻身,并且(一个更加伟大的愿望!)倾注到倾向和礼俗当中,构成一种生活的普遍趣味——啊,那些迄今为止作出贡献的先前的时代是受神眷顾的,这种眷顾体现在礼俗、心智和倾向等等方面种种最深刻的精神当中——也就是说,在教养(Erziehung)当中。一位接受过更好教养的君主,一所更为稳固地建立起来且更加纯净的学校,一间建立在默默行动基础之上的良好趣味的仓库——这一切都是向未来更好的人性献祭的庙宇!

(二)传统教育中所谓的有趣味的作品——以古人为典范——即

---

① [译注]当指前面提到的普林尼、塔西佗和昆体良三人。

便只是从学识的角度来看,也能够触发恶趣味、恶心和通奸的至恶。而用来替代它们的东西则总会带来更坏的结局。如果多年来我仅仅告诉艺术学徒们该如何运用工具来雕刻,他就绝不会与自然本身面对面地接触,进而就不会变成一位雕塑家,而是变成最拙劣的懒人,他的工具会锈蚀变钝,从此毁弃。对于敬重西塞罗和荷马的那些学校领导和老生常谈者们来说也是如此。他们没有教化出任何一位荷马或西塞罗(这是一项更应当去实现的事业!),这就是他们的不义;他们教出来的可怜的奴隶们根本看不懂西塞罗与荷马,而是被他们搞得万分恶心,甚至不愿意再多看上他们一眼。他们的导师们教育出来的是一点点蚕食荷马和西塞罗的蛀虫,把后者的作品降格为习惯用语;被他们教育出来的年轻人们不会作画,只会从画作上刮下颜料,或是把"良好趣味"的匾额当成棍子,四处捅鸟儿们的巢。一旦被古人的美丽所环绕,对美的感觉变得麻木,趣味就将遭遇被毁灭的威胁,遭遇被低级、孩子气且没心没肺的种种目的所追逐的威胁。

那些试图对抗这一主流恶趣味的解救措施只会让事态恶化。据说应当把年轻人视为谷仓那样,给他们灌输真实的事情,如此,他们以后当然无法变成繁花似锦的花园。培根(Bako)业已抱怨过,当我们仅仅出于实用的、立刻有用的标准来寻求知识时,一切知识都不能称之为知识,当这种趋向发生在教育当中时,人的整个生命也就荒废了。① 年轻人该怎么学习,而非该学习什么,才是教育的首要关怀。趣味即一切力量的秩序、节制和和谐,是安菲翁(Amphion)或俄尔甫斯(Orpheus)手中的里拉琴,能让石头活起来,进而能够凭借自身建构起整体。有人从年轻人手中拿走古人的著作,无论他的借口是什么,无论他会给年轻人读什么东西——百科全书、教材、规范、事实——作为替代,都无法弥补他造成的伤害。这是尤利安(Julian)玩过的把戏,但是他的目的是给他

---

① [译注]培根反对为谋利而求知的看法,见《学术的进展》卷一第五章第11节。

的敌人们造成最深的伤害。①

"但是天才呢！天才会自行成长；本质上,趣味和古人的著作只会败坏他！"这一原则本质上是最恶意的假话,是恶魔的作品。天才会被趣味所败坏——那就让他被败坏吧！让天才被败坏,也好过让天才败坏其他人。如果有人在诚实地阅读古人（这当然不是通常的读法）之后却变得比之前更坏,那就让他自个儿坏下去吧！这种人已经无可救药了！"莎士比亚！莎士比亚！"他们总是这样高喊——莎士比亚的什么呢？莎士比亚那里没有趣味、没有规则吗？莎士比亚在这些方面远胜一些人,但是这种趣味也是他自己时代的趣味；他自己的规则统治着他能够实现的内容。难道你会认为,当天才生活在古代时,他会张牙舞爪地拒斥趣味吗？或者依靠这种趣味他会变得比今天更糟糕？但是,若趣味只是对自然美的概括或抄袭性质的模仿,那它当然就是一个可悲的字眼。真正的趣味是通过天才们而发生作用的,一位高贵的天才就像黑暗中的一颗明星。光只会发光,太阳只会是太阳。

（三）但最后得说,最伟大的、最好的培育良好趣味的学校,当然就是生活（Leben）自身。如果让有毒的、压迫性的阴影逼近,纤弱的幼苗就会发出悲鸣！如果让性欲的狂暴蹂躏良好的趣味,清净的空气就将变得十分罕见,你这轻率、贪婪的年轻人啊,就会发出悲鸣！

奴性是如此地压抑着灵魂；渴望富贵的欲望毒害着趣味；最终,那对生计的饥渴就此动摇且冲跨了一切高贵的东西,使之掉入尘埃：对此,朗吉努斯能替我发言。②

声色犬马与奴颜婢膝,对真理、事功、卓越和荣誉的担忧,共同构成了任何良善之物都无法从中生长出来的深渊；《论雄辩术的衰落》的作者以他那高贵的罗马心灵哀叹着这一切。我们为何与他的抱怨发生着共鸣呢？

---

① ［译注］指尤利安皇帝为了挫败基督教而引入异教的事情。
② ［译注］参见托名朗吉努斯《论崇高》第9章第3节。

如果在许多行业和专业当中，趣味一词仍然是一种侮辱，那么即便双手染血，也要加快步伐除去这些荆棘，这样趣味就将掌握新的疆土。

如果礼俗、嫉妒和阴谋联合起力量，点起浸过硫磺的火把，那么就让诸善也聚集在一起吧！阳光要比硫磺火把的光更加明亮。

如果种种主流的趣味典范都在败坏当中，那么就大声与之唱反调，清清楚楚地警示其缺陷；或者，如果你能做到的话，干脆使用那源自仍然更好的典范的雄辩术。

最后，自由和对人性的感受正是那属天的元气（Himmelsäther），在其中，一切美和善的存在都在播撒种子，不在其中，这一切都必然会死亡和腐朽。正因为如此，我们得争取这些趣味的原因，而不仅仅是追求趣味自身。趣味不外乎就是真和善被纳入美的、感性的形式当中，是理解力和德性为适合于人性的精致衣冠所包裹。我们越是聚集起大地上的人性，就越能进而深刻地从事我们的工作，那就是认识到一种时势——这种时势使得趣味不再仅仅是模仿、流行和宫廷趣味，不再是希腊和罗马那很快毁灭其自身的民族媒介，而成为与哲学和德性相联合的持续不断的人性的工具（daurendes Organum der Menschheit）！Multa tum, altiora renascentur, quae iam cecidere［业已衰亡的，将获得更高的重生］！

何为普遍历史？为何学习普遍历史？

席勒(Friedrich Schiller) 撰

卢白羽 译

[中译编者按]本文根据 Friedrich Schiller, *Werke und Briefe in zwölf Bänden*, hrsg. von Otto Dann, Bd. 6: *Historische Schriften und Erzählungen* I, Frankfurt a. M. 2000, S. 411 – 431 译出,注释均迻译自此一版本。

[德文版编者注]席勒有意以原初演讲稿的形式发表本文,尽管也经过修改。本文再现了席勒于1789年5月26日作为耶拿大学哲学教授的就职演讲。这一演讲开启了席勒计划于夏季学期开设的大课"普遍历史导论"。这门课成为一个特别的学术事件。席勒此前以天才剧作家闻名,他能将极具争议的政治以及社会批判话题搬上舞台——而远在凡尔赛,自五月初起,法国的将军们聚在一起,在那几天里将事物引向革命的转折。

尊敬的先生们,将来能同你们一道悠游于普遍历史之林,实乃鄙人之荣幸。普遍历史(Universalgeschichte)①这片广阔的领域能向勤于观

---

① 在18世纪,传统上 Universalgeschichte (historia universalis [普遍历史])仍然处理已知历史的整体经过。这样的普遍历史是人文学科学术研究的对象,也是文学处理的热门话题。即便对于席勒而言,普遍历史也仍然打上了圣经、神学历史观所规定框架的烙印。这一历史观在启蒙时代越来越受到质疑,人们尝试着以新的方式——以哲学的而不再是神学的方式——来定义普遍历史的框架、内容和目标。

察和思考的人提供丰富的研究题材,也提供庄严的楷模供练达的实干者效仿,哲人也从中获取重要的启发,所有人皆能从中汲取丰富多样的最为高贵的愉悦。看见这么多青年才俊济济一堂,为着高贵的求知欲而环绕在我周围,想到在他们中间,日后定将出现能左右未来世纪的人才,我履行的职责在我就成为了一件赏心乐事,不过,这同时也让我彻底明白到这项职责的严肃和重要。我馈赠给诸君的东西越是伟大——馈赠给别人的东西岂有比真理还要伟大的么?——我就越是忧心忡忡,唯恐这馈赠在我手中被贬损了价值。你们的精神在最能发挥效用的幸福年月里越是生气勃勃且又纯粹地汲取知识,你们青春的热情越是迅猛地燃烧起来,我肩负的责任就越是重大,我要确保这唯独真理才有权利激发起来的热情不会浪费在不值当的欺骗与假象之中。

历史领域硕果累累且包罗万象,整个道德世界②都囊括在它的范围之内。历史陪伴着人类历经他所经历过的一切状态,也历经了形态万千的看法,以及人类的愚蠢与智慧、卑劣与高贵。最重要的是,历史必须对人类的获取和给予作出解释。诸君之中没有人不会从历史中受益匪浅。你们将来要踏上的道路千千万万,历史总会使它们交汇于某

---

① 除了"普遍历史",席勒还使用"通史"(allgemeine Geschichte),"世界历史"(Weltgeschichte),"人类史"(Menschengeschichte)等概念。早在席勒的第二篇医学博士论文《试论人之动物天性与精神天性之间的关联》(Versuch über den Zusammenhang der tierischen Natur des Menschen mit seiner geistigen)中,他就详细阐发了普遍历史。

② "道德世界"指的是通过人的道德和文化行为而产生的世界。从道德意味上将历史世界理解为负责任的行为所处的领域——正如阿伦特清楚明白的表述——也可参看席勒《断念》(Resignation)一诗的句子:"世界历史就是世界法庭"(Die Weltgeschichte ist das Weltgericht)。这种对历史的主观化理解在席勒的就职演讲中随处可见。

留意此处表露出的从人出发的世俗化转变:告诉人如何评判自己的生活、如何为自己的生活定位的机制,这已不再是上帝的启示,而是人自己能够认知的历史。

处,然而,有一项使命①却是你们以相同的方式共有的,这使命随着诸位的降生而来到这世上,那就是将自己培养成人②;而历史正是对着这样的人言说。

尊敬的先生们,我会更精确地界定你们对自己努力学习的目标应怀有的期待,并且要告诉你们它与你们所学其他不同学科的真正目的之间的联系。不过在这之前,与诸位就你们学业本身的目的达成一致,恐怕并不多余。在我看来,以澄清这一问题来展开今后我们之间的学术纽带,不仅十分恰当,也很有价值,并且,澄清这一问题还能让我立即将你们的注意力引向普遍历史最有价值的一面。

为稻粱谋的学者(Brotgelehrte)与哲学头脑为自己规划的学习计划一定大相径庭。③ 前者勤奋刻苦的唯一目的是为履行将来的职务打下基础,以享有职位带来的利益;此人仅为了改善他的感性状态以及满足自己狭隘的功名心,才肯动用他精神的力量。这样的人在踏入学术生涯之时,最要紧的事务,便是将他称之为谋稻粱的学科与其他一切只是

---

① "使命"(Bestimmung):晚期启蒙的一个重要议题就是"人的使命"这一人类学和道德上的根本问题。在席勒早期作品中也经常出现(参看国家版 NA,第 20 卷,页 10 – 12)。

② 人天生并不为人,他的本质、他的"人道"是后天培育而成,这是德国 18 世纪后期的一个核心观念。这里特别需要提到的是赫尔德的著作《关于人类历史之哲学的观念》,此书写成于 1780 年代,席勒也共同经历过这个年代。普遍历史的内容和目的是教养(Bildung),这也是席勒的核心议题。他从发展史角度出发,指出了"教养的不同阶段",从"离群索居的洞穴人"到"才艺双全的练达之人"。这些不同阶段也同时存在于现存各民族所处的不同文化水平之中。将人道、历史和文化联系起来,这是 18 世纪末期出现的现代教养观念的本质特征。

③ 参看 1789 年 5 月 28 日席勒写给科尔纳的信以及 1785 年 5 月 2 日表白信念的信(国家版,第 33 卷上册,页 67)。从斯图加特读书时期起,席勒就经常区分"为稻粱谋的学者"和"哲学头脑"(参看国家版,第 20 卷,页 38、88)。他通常将"天才"和"哲学头脑"这两个概念同等起来使用。席勒认为能够证明康德也是用"哲学头脑"在进行历史书写。

为了愉悦精神本身的学科最最仔细地区分开来。所有用于后面那些学科的时间,他都认为是从他将来的职业中抢来的,并且他绝不会原谅自己犯下这样的抢劫行径。他的全副精力都会按照将来主宰他命运的主子对他的要求来安排。一旦他有能力不再惧怕这个权威,他就认为自己大功告成了。如果已经修完所有课程并如愿以偿,他就打发掉他的引路人——为什么还要在他们身上耗费精力呢?如今他的头等要务就是把自己靠死记硬背堆积起来的珍宝展示给大家,并且确保这些珍宝不会贬值。谋稻粱的学科每有扩展,就会让他心烦意乱,因为这会给他增添新工作,或是让旧知识失效。每次重大革新都会让他惊慌失措,因为革新会摧毁他辛苦学来的旧有知识模式,会让他之前的全部工作毁于一旦。还有谁会比这些为稻粱谋的学者更厉害地冲着改革者大喊大叫?还有谁比他们更热衷于阻挠知识王国里那些有益的革命的进展?某位成功的天才点亮的每一束光,无论属于哪门学科,都烛照出他们的贫乏。他们带着愤恨、奸诈、绝望而战,因为他们保卫这个学派体系,同时也是在保卫他们的全部存在。因此,没有比他们更势不两立的敌人、更心怀嫉妒的官吏、更热心的异教徒捕手了。知识本身越是不能犒劳他,他就越汲汲于从外界获得报酬。无论手工业匠人还是思想者取得的功绩,在他只有一个评判标准,那就是劳力。因此,人们总是从这类学者那里听到他们抱怨别人忘恩负义。他不在自己的思想宝藏那里,而是在别人的认可、各种名誉席位以及生活保障上找到自己的酬劳。若不成功,还有谁比为稻粱谋的学者更沮丧呢?他空活一场,白白醒着,白白工作。若是真理不能变成黄金、报刊上的褒奖、君王的垂青,追寻真理也是徒劳。

手握最高贵的工具,手捧科学与艺术,①追求的却不过是小时工用最差劲的工具追求的东西,这样的人何其可悲!他身处最自由的王国,却有着一颗奴隶的灵魂!——更可悲的是,禀赋过人的青年,他天然而

---

① "科学与艺术":当时有教养的阶层使用这两个概念来指称两个"最高

美好的步伐却被有害的学说和榜样误导到这条凄惨的歧路上来。他被人劝说，以可怜的精准为将来的职业而四处搜罗。不久，他的职业学科就像鸡零狗碎一样令他厌烦；他心中升起的愿望，他的职业学科无法满足；他的禀赋起来反抗他的使命。如今，他眼里的一切，自己所做的一切，都是碎片。他的活动看不到目的，而他又无法忍受没有目的的状态。职业工作中的艰辛和琐碎压得他直不起腰，因为他无法朝气蓬勃地去应对——唯有清醒的认识和能预期到的完满方能带来如此蓬勃朝气。他觉得自己被隔绝、从万物的相互关联中被连根拔起，因为他没有将自己的行动与世界这个巨大的整体打通。一旦更高级文化的微光烛照出法学的弱点，法学家便立即褪去法袍，而不是立志奋起直追，成为法学新领域的开拓人，用内心的丰盈来改善揭露出的弊端；一旦重大挫折向医生证明他的体系并不可靠，医生会立马与他的职业分道扬镳；一旦神学家对他学术大厦之无谬性的信仰稍有动摇，他就即刻失去对自己职业的敬重。②

哲学头脑行事则何其不同！——为稻粱谋的学者有多细心地将自己的学科从其他学科中区分开来，哲学头脑就有多细心地拓展自己的领域，重新确立(herstellen)与其他学科的盟约——我使用确立这个词，因为只有抽象的理智才会划分学科界限，才会让各门科学相互隔离。为稻粱谋的学者作区分，哲学精神则作融合。哲学精神很早就坚信，一切都如水乳般交融，理智领域的情况与感官世界并无二致，他汲汲追求统一的冲动根本无法忍受碎片。他所有的追求都是以完善知识为鹄

贵的"文化形式与机制，它们负责认知和传达真理——这在之前本是只有教会和神学才能胜任的事。席勒认为艺术和科学是他自己的创作领域(参看诗歌《艺术家》)。他特别尝试在历史书写中将"科学与艺术"结合起来。

② 席勒在这里提到旧的大学体系里的三门"高等"学科：法学、医学、神学，他称之为"职业学科"。传统的"低等"基础人文学科在当时受到重视，升级为哲学学科，以"科学与艺术"为研究对象吸引着哲学头脑。可参看康德著名的论文《科系之争》。

的。直到所有概念都整合成为一个和谐整体,直到他站在所学艺术、科学的中心,可以由此出发带着满意的目光环视整个领域,哲学精神那高贵的躁动才会平息。职业范围里出现的新发现,会击倒那些为稻粱谋的学者,却令哲学精神欣欣然。或许这些新发现能弥合令他那日渐成长的概念体系蒙受损害的罅隙,或许这些新发现是筑起理念大厦所缺的最后一块砖石。即便这新发现反倒会摧毁理念大厦,即便一连串新思想、某个新的自然现象、物理世界新发现的规律推翻了哲学精神所学学科的整个构造——即便如此,他也热爱真理甚于体系,并且希望用更新、更美的形式替换千疮百孔的旧形式。即便没有任何攻击从外部来撼动他的思想大厦,他本人也会在永不停歇的精进之心的驱使下,第一个站出来挑剔、拆散这栋大厦,以便把它重新建造得更加完美。通过越来越新、越来越美的思维形式,哲学精神迈向更高的卓越,而为稻粱谋的学者呢,他的精神处于静止状态,抱残守缺,护着自己那点儿呆板、贫乏的学术概念。

　　无人能比哲学头脑更加公正地评价别人的功绩。为利用每种活动(um jede Tätigkeit zu nutzen),哲学头脑目光敏锐,足智多谋。此外他也十分公正,尊重哪怕是做最微小工作的人。所有头脑都为哲学头脑工作——所有头脑都为抵制谋稻粱之学者而工作。后者知道怎样把他周围发生、思考过的一切东西都转变成他的所有物——思考着的头脑之间则会诚心共享一切精神财富。一人在真理国度获取的东西,受益的则是所有人——而为稻粱谋之学者则竖起藩篱隔开所有邻居,他甚至嫉妒到连阳光都吝惜分予他们,还忧心忡忡地看守着那摇摇欲坠的栅栏——只能勉强助他抵挡一路凯歌的理性。为稻粱谋之学者谋划任何事都需要借助外界的激励和支持,而哲学精神在研究对象本身、在勤劳工作本身当中就找到激励和奖赏。他一碰触到工作就会振奋得多,干劲也足得多,信心和耐力也要持久得多,因为对他而言,工作就是工作的兴奋剂。在他富有创造力的手里,毫末小事也有千钧份量。因为他献身大局,所以也总是着眼于大局,而为稻粱谋者在大局中却每每只看到毫末。区分出哲学精神的,并非他着力的东西,而是他如何对待他所着力的东西。不管他立足何方,他总是位于全局的中心。就算他所从事的对象使他远离其他弟兄,他也与他们心意相通,并且因为有着同样和谐运作的理智,他们亲密无间。无论何处,只要清醒敏锐的头脑聚在一起,他就能找到同道。

我还需要继续描述下去吗?在我为诸君描绘的这幅图画中,要以哪位为榜样,想必在座诸君已一目了然?两者中究竟选择哪位,将关系到我应该建议诸君选修还是放弃普遍历史这门专业。我关切的是第二类人。因为,若要挖空心思助益第一类人,那么,恐怕科学离它更高的最终目的会太远了些,并且极有可能花费惨痛代价却只获得微薄利润。

从哪一点出发才能确定一门学科的价值,我与诸君就此达成一致,之后方能着手探讨普遍历史这一概念,也即今日①讲座之主题。

咱们欧洲航海家在遥远的海洋、偏远的海岸所获得的发现,为我们提供了一出既富有启发又精彩绝伦的戏剧。航海家向我们展示了居住在我们周围的各个不同民族,②他们分别处于教化的各个阶段,就好像不同年龄层的孩子围绕在一个成年人周围。他们作为活生生的例子,让这个成年人回忆起他自己曾经是什么模样,又是怎样一步步走到如今。似乎有一只智慧的手,为我们存留这些野蛮种族到这一刻:此时,我们自身的文化③已经如此进步发达,已经可以将这些发现有益地运

---

① "今日"这一表述表明,从本段开始可能是席勒5月27日作的第二次演讲的讲稿。参看席勒在5月28日写给科尔纳的信中对两次演讲题目的陈述。为了出版,席勒似乎将两次演讲的讲稿合为了一篇。结尾处(从"诸君,照着这样的处理方式"起)从内容上看,应该又属于原来的就职演说。

② 下文的背景是当时对于人类社会、各民族和国家的形成及发展的热烈讨论。席勒阅读过施勒策尔(August Ludwig von Schlözer)、赫尔德、康德等人的著作,从中了解了这场讨论。他认为历史就是各个民族在文化、政治上发展的过程。

③ "文化":文化是前进的、发展的,本质上区别于"自然",自然的运动形式是循环。人在原初的自然状态里像动物那样依靠本能过活,与此不同,文化

用于我们自身,并从这一明鉴之中重构出我们这一种族那被遗忘的开端。这些民族为我们提供的我们童年的情景,是何等令人羞赧,惨不忍睹! 而且我们触目所见的,甚至还算不上童年最初的阶段,人类的起源比那还要粗鄙。我们加以研究的那些人,在我们发现他们时,已经组成了民族和政治体,然而,人必定经过一番超常的挣扎才会结成政治社会。

那么,旅行家又是怎样向我们描述这些野蛮人的呢? 我们发现他们还不知道那些最不可或缺的技艺,没有铁、没有犁,有的甚至没有火。有的还和野兽争夺食物和住处,许多野蛮人的语言还没有从动物的声音上升成为可以听懂的符号。有的地方连婚姻这一最基础的纽带都付之阙如,有的地方还从未听闻所有权这回事;在有的地方,蒙昧的灵魂甚至还不能记录下它天天重复的经验:我们看到野蛮人草率地丢弃了今天过夜的营地,因为他根本没意识到自己明天又要睡觉……然而,战争却随处可见,并且胜利的代价往往是被征服的敌人的血肉。其他民族的生活更为舒适惬意,已经爬升到教化的较高等级,但他们展现给我们的,则是奴役和暴政这样令人毛骨悚然的画面。一个非洲暴君会为了一口烧酒拿自己的奴才做交易。在有的地方,奴才被屠杀在暴君的墓前,以便在冥府继续服侍他。虔诚而单纯的野蛮人或是跪倒在可笑

则是自由和理性的领域。

在他的第一个"普遍历史纵览"(Universalhistorische Übersicht)里,席勒也反思了如下历史状况:在各民族的发展过程中,文化和自由很少能够统一起来。"纵览"里,席勒认为,随着近代欧洲的诞生,"晚熟的理性还能遇见早熟的自由"这个问题已经得到解决。他认为"乐善好施的中等阶层"是"我们整个文化的缔造者"。

然而,自从1792年起,席勒所经验到的法国大革命使得他开始批判迄今为止的文化发展。席勒批判一种仅仅启蒙智识的文化,并认为这种文化是导致革命突变成恐怖的根本原因,也导致了他那个时代没有能力建立一个人道的社会等问题(特别参看1793年7月13日致Friedrich Christian von Augustenburg 的信以及《审美教育书简》第五至八封信)。

的偶像面前,或是匍匐在可怕的怪物前面。人把自己画进他的诸神之中。① 他们一方面屈从于奴役、愚蠢、迷信,另一方面却又因为无法无天的自由而处境凄惨。由于每时每刻都全副武装地准备进攻或是防御,野蛮人提心吊胆,在荒漠中支棱起耳朵,风声鹤唳草木皆兵。一切新鲜事物都是他的敌人,那些被风暴抛上他们海岸的异乡人真是可怜!不会有人为这异乡人升起好客的炊烟,没有殷勤的待客之道让他宾至如归。就算此人已经从怀有敌意的孤独上升到群居生活,从匮乏上升到富足,从恐惧上升到欢愉——在我们眼里他又是怎样一副荒诞与奇特的嘴脸!他品味粗俗,在迷醉中寻快活,在扭曲中寻找美,在夸诩中求名声。即便他的美德,在我们心中也只会唤起惊骇;而他称之为幸福的东西,却只能激起我们的厌恶和同情。

这就是我们曾经的样子。八百年前,恺撒和塔西佗眼中的我们与这并无二致。

我们如今怎样呢?——请诸君容我在我们生活的这个时代、在我们所居之世界现今的形态里稍事停留。

人勤劳地在这世界上耕耘不辍,以不懈努力和灵巧技艺征服了那一再抗拒的土地。有的围海造田,有的引流灌溉贫瘠的土地。人们打乱地域与季节,将东方柔嫩的植物移植到更为阴冷的天空下加以磨砺。正如他把欧洲带往西印度群岛和南半球大洋,他也让亚洲在欧洲复活。如今,晴朗的天空在日耳曼的森林之上欢笑:是人类强有力的双手撕开这片森林,让阳光照耀进来。在莱茵河的波光中倒映着亚洲的葡萄藤。沿河两岸屹立着人口稠密的城市,在人们的享受与劳作中欣欣向荣。在这里我们发现,人在与百万同类共处中,可以和平地占有自己的收益,而在其他情况下,甚至一个邻居都会让他无法安眠。因为加入社会而失去的平等,人又通过智慧的律法重新获得。为躲避偶然以及匮乏的盲目压迫,他逃到契约那更加温和的统治之下,并为了拯救人更高贵

---

① 参看席勒的诗歌《希腊诸神》,尤其行 65 – 66 和行 185 – 192。

的自由而放弃了野兽的自由。他的忧虑被分割,工作被分配,他惬意自得。他借同胞的臂膀来填充草料棚,用战士的武器来保卫疆土。法律看护着他的财产——而他则享有那无价的权利,即为自己拣选义务。

自从人不再可悲地将自己的力量白白消耗在自我防御之中,自从与那本无法彻底逃脱的匮乏达成妥协乃是取决于人的意志,自从他赢得了宝贵的特权,可以自由掌管自己的才干,追随自己天资的召唤——从那以来,已涌现出多少艺术创作和汗水凝结的奇迹,又有多少光芒普照知识的所有领域!自从日益增长的欲求为创造才能添翼、为勤勉开疆拓土以来,各地都在跃跃欲试,摩拳擦掌!——一道藩篱隔离了国家与民族,使其陷入敌对的利己主义,如今,这道藩篱被冲破,一条世界公民的纽带①将所有思考的头脑联结起来。从今往后,这个世纪的万丈光芒将照耀下一个伽利略或是伊拉斯谟的精神。

自从法律俯就人的软弱以来,人也适应着法律。人因为法律而变得更加温柔,正如他也会因为法律而变得野蛮。野蛮的罪行与野蛮的刑法一道,逐渐遁入遗忘。法律向着高贵迈出了一大步,变得更有道德,尽管人并未因此而变得更有美德。强加于人身上的义务开始松动之时,道德习俗(Sitten)便会接手。不惧刑法、不受良心约束的人,体面和荣誉这一律法会让他乖乖就范。

的确,某些过去的野蛮残余仍然侵入我们这个世纪。这些偶然和强力的产物,理性的时代不应让它们再持续下去。然而,人类的理智却赋予这些上古和中世纪的野蛮遗产多少合理性!有些东西人类理智尚不敢颠覆,却常常将它们变得多么无害甚或有用!德意志②在封建割

---

① 世界公民、大同政治意识,体现在启蒙世纪的那些从自己的界限解脱出来的智识人身上。席勒也多次表达这种意识(参看他为自己担纲主编的杂志《莱茵塔利亚》撰写的发刊词)。作为历史学家,席勒的普遍历史倾向也表明了这一世界公民和大同政治的意识。

② 席勒对当时的德国,即德意志民族神圣罗马帝国及其政治体制的评价是矛盾的:一方面他批判其"封建割据"、封建专制状态,另一方面他又强调

据的严酷根基之上施行政治和宗教自由。罗马皇帝的影子还残存于亚平宁以北,它带给这世界的福祉要远甚于古罗马它那可怕的原型——因为它通过团结(Eintracht)而维系住一个有用的国家体制:而它那个原型则将人类最活跃的力量打压成奴隶式的整齐划一。即便是我们的宗教——将宗教传承给我们的手并不忠诚,对它进行了扭曲——有谁从中辨认不出更好的哲学施加的影响,即对宗教进行的提纯?我们的莱布尼茨和洛克对基督教教义和伦理所作的贡献,不亚于拉斐尔和科雷乔对神圣历史所作的贡献。

最后是我们的各个国家——它们是何等亲密、运用何等技巧相互纠缠在一起!它们迫于情势而团结在一起,甚过之前被最为庄严的盟约捆绑在一起!如今,一场随时准备发动的永恒战争却守护着和平,国家追求自己的利益,反倒使它看护别国的福祉。欧洲诸国群体②似乎成了一个大家族,各个成员虽然还抱有敌意,但恐怕已经不会相互撕咬了。

这是何等对立的画面!谁会在 18 世纪精致的欧洲人身上仅仅捕捉到现代加拿大人或是古凯尔特人的更为进步的弟兄的身影?所有这些技能、艺术冲动(Kunsttrieb)、经验,所有这些理性的作品,不过短短几千年便在人类之中生根、发育。所有这些艺术的奇迹、勤勉铸就的伟业,皆从人类胸中被唤起。是什么促成了艺术奇迹的诞生?又是什么引诱出丰功伟绩?人类从一个极端攀升到另一个极端,从离群索居的

帝国内部国家与宗教(信仰)之间的"团结"以及植根于欧洲诸国群体的帝国"政治与教会自由"这一体系。这一概念在 1790 年代经历了变化。特别参看《三十年战争史》以及 1801 年题为"壮哉德意志"(Deutsche Größe)的残篇。

② Europäische Staatengesellschaft:德国启蒙群体的文化与政治想象框架是欧洲层面的。席勒自学生时代起就受此影响。作为作家,他对这一意识的表达具有特别的分量。席勒的历史散文以及历史戏剧选取的素材和主题都源于欧洲历史这一宏大框架,并从欧洲以及世界公民的视角来加以处理。参,席勒在此处为了形容欧洲的共同点而使用了"家庭"以及同一屋檐下("家庭成员")的比喻。然而仍然需要注意的是,席勒及其同时代人笔下的"欧洲"并不等同于地理上的欧洲,也不等同于今日的欧洲。

洞穴人上升为才艺双全的思想者、世事洞明的练达人,这期间他都经历过哪些状态?——世界通史能够回答这一问题。

如果纵观不同时代,就会发现,同一个民族在同一片土地上,呈现出何等不同的模样!而同一时期、不同国家的人类呈现给我们的差异也同样引人注目。风俗、政制、规矩是何等多样!即便看看欧洲这一小片大陆,我们也会发现,从昏暗到光明、无序到有序、幸福到悲惨,转变是何等迅速!泰晤士河两岸享有自由,而为了这自由,人类欠下自己的债;居于阿尔卑斯山间的人不可征服,住在人造河道与沼泽之间的人不可战胜。维斯瓦河畔的人因内讧而虚弱悲惨,比利牛斯山脉以南的人因安宁而羸弱悲惨。阿姆斯特丹颗粒无收却依旧富饶有福,埃布罗河畔未开垦的天堂却贫穷而不幸。有的地方,两个民族尽管被大洋阻隔而天各一方,却出于必需、手艺和政治联系而成为近邻;而在有的地方,共饮一江水的居民却因为礼拜仪式的差异而老死不相往来!是什么使得西班牙的势力越过大西洋,直捣美洲心脏,甚至都不用跨过塔霍河与瓜迪亚纳河?又是什么在意大利和德意志保留下如此多的王座,而在法国却让所有王座都消失,独独留下一座?普遍历史会解答这些问题。

就连我们此刻济济一堂,共有这样程度的民族文化、这样的语言、这样的习俗,共享这样的市民利益、这样程度的良心自由,或许都是世界上之前发生的一切事件的结果:要解释这一刻,至少需要动用整部普遍历史。若要我们身为基督徒汇聚一堂,那么基督教必须在无数次革命的准备下从犹太教中脱胎而出,而罗马帝国也必需刚好是基督教遇见它时的那个状态,这样基督教才能以迅捷的胜利步伐在全世界传播开来,并最终自己也登上恺撒的宝座。我们在图林根森林里生活的粗野的先祖必须先臣服于法兰克人的优势,方能接受法兰克人的信仰。由于财富渐增,人民蒙昧,统治者羸弱,僧侣必得经不住如此有利条件的诱惑,滥用自己的威望,将自己良心那沉默的力量转换成世俗的宝剑。僧侣统治制度必得通过格里高利或英诺森,将它所有的暴行倾泄到人类头上,使得那频频发生的道德沦丧、思想专制下那些臭名昭著的丑闻激怒一位奥古斯丁修会的修士,①使他给出背离信仰的信号,并从罗马僧侣统治者手中夺去半个欧洲——如此我们才得以以抗罗宗基督徒的身份聚在一起。若要此事发生,我们的诸侯必须迫使查理五世缔结宗教和约,而要破坏和约,又必得有个古斯塔夫·阿道夫出马报仇,并确立一个长达几百年的新的普遍和约。② 意大利和德意志的城市必得拔地而起,向勤劳敞开大门,粉碎农奴制的锁链,夺过昏君手中的权杖,以军事汉莎同盟赢得赫赫威名,而后工商业和贸易才能欣欣向荣,丰衣足食才能唤起带来欢乐的艺术,国家才能表彰有贡献的农夫,而从乐善好施的中等阶层③——我们整个文化的缔造者之中,全人类永固的幸福才能渐渐成熟。德意志的皇权国家必得在长达数世纪与教皇及其走狗、与妒忌的邻国的征战中损耗殆尽——欧洲必得在亚洲的坟茔里摆脱掉自己那危险的富足,而执拗的封建贵族必得因为杀气腾腾的弱肉强食法则,因为屡次南下罗马和十字军东征,滴尽最后一滴犯上作乱的血——必得这一切之后,这乌烟瘴气的混沌方得拨云见日,国家内部相互斗争的势力才能幸运地达到均势,而这正是我们得享今日闲暇必须付出的代价。我们的精神若想挣脱教会和世俗捆绑它的束缚,若想从无知中解脱出来,那么之前在激愤的迫害者手中被扼杀的学术幼苗就必须重新破土而出,而哈里发马蒙(Al Ma'mun)则必须替科学要回奥马尔(Omar)④从它那里掠夺

---

① 指马丁·路德,他自 1505 年起是奥古斯丁隐修会成员。

② 席勒说的是 1555 年奥格斯堡"宗教和约",该和约因为神圣罗马皇帝斐迪南二世的"归还教产"敕令(1629)以及 1648 年的威斯特伐利亚和约而被"破坏"。威斯特伐利亚和约因其具有国际性而被席勒称之为"普遍和约"。参看他在《三十年战争史》对这些事件的描述。

③ Mittelstand:席勒使用了他那个时代的新词汇,它体现出有教养的市民阶层日渐增长的重要性以及这一阶层新的自我意识。

④ 马蒙是 810—833 年执政的哈伦·拉希德(Harun Al Raschid)之子。他于 830 年在巴格达兴建"智慧宫",这一书籍文化中心集图书管理、科研、翻译和教育的功能于一体。在哈里发奥马尔一世(634—644)执政期间,举世闻名的亚历山大图书馆在其侵略过程中毁于一旦(641 年)。

走的东西。蛮荒状态那难以忍受的凄苦,必得将我们的先祖从上帝血腥的审判驱赶至人性的审判席;带来毁灭的瘟疫必得呼唤走入歧途的医术重新回到观察自然的正途;僧侣的闲暇要为其事工所作下的孽恶储备好很久以后方能兑现的补偿;还必得有修道院里的俗世勤劳让奥古斯丁时代的残篇断简保留至印刷术时代。学问若是想要找到通向心灵的道路,并期望配得上人类雕塑家这个名号,北方野蛮人的精神就必得依照古希腊、古罗马的榜样而鼓舞起来,学术也应该与缪斯及美惠女神结盟。——然而,古希腊、古罗马若没有奋力向上达到政清人和的那般高度(事实上他们也攀升到了那一高度)———句话,如果没有之前的整部历史,那么古希腊焉能诞生出修昔底德、柏拉图、亚里士多德,古罗马焉能诞生出贺拉斯、西塞罗、维吉尔、李维这样的人杰?科学与艺术这株新生的嫩芽能够成长、扩散,得有多少发明、发现以及国家与教会的革命同时发生!唯有和平才能让国家和市民专注于自身,将他们的力量集中到明智的目标上去。而为了最终夯实欧洲和平的根基,又要发起多少战争,又有多少盟约要缔结、撕毁、再缔结!

即便在市民生活最寻常的事务中,我们也无法避免成为过去几个世纪的债务人。人类千差万别的时代为我们的文化作出了贡献,正如这世上的天涯海角都推动了我们的富饶繁华。我们身上的衣裳、盘中的调料、我们购买它们的花费、我们最有效的医药以及极具杀伤力的许多新工具——它们之所以存在,难道不是因为先有了发现美洲大陆的哥伦布和绕过非洲好望角的达·伽马?

相互纠缠为原因和结果①的事件,可以从眼下一直延伸到人类开初这一漫长的链条。能完整而全面地纵观这些事件的,只有无限的理

---

① 欧洲启蒙运动自18世纪中期以来就历史书写的任务、可能性以及方法展开了热烈讨论。席勒以下的论述要与这场讨论联系起来看。在德国,年轻的哥廷根大学是这场讨论的中心。席勒了解这场讨论的重要论文(有施勒策,伽特勒,康德,赫尔德)。

智,而人则被设置了更为狭窄的界限。一、许多事件要么没有目击者或是观察者,要么没有通过符号记录下来。那些发生在人类诞生以及符号发明之前的事件,均属此列。一切历史均来源于传统,①而传统的喉舌是语言。有语言产生之前的整个时代,不管它对这个世界的意义多么重大,对于普遍历史而言都已无迹可寻。二、然而,即便语言被发明出来,因此而有可能将发生过的事表达出来并向外传播,但在开始,这种传播仍是通过传说这一不可靠、不稳定的途径。这样的事件由一代代人口口流传,兼之其媒介或被人为改变或自身发生了嬗变,所以它必定也要遭受同样的蜕变。因此,现有的传统或口传传说是十分不可靠的历史来源。所以,对普遍历史而言,在文字使用之前的所有事件几乎也可算是无迹可寻。三、然而文字本身并非永固不朽。无数古代文物都被时间或意外事件摧毁,只有少数来自远古的碎片废墟得以保存下来直到印刷术的时代。绝大多数文物在普遍历史中都荡然无存,随之消散的还有这些文物本可以透露给我们的讯息。四、最后,被时间饶过的少数残留,大多数又被激情、无知,甚至时常被书写者的天赋而毁坏得面目不清。我们对最古老的历史文物心存疑虑,甚至对当今的编年史也难以信任。一桩事件就发生在今日,发生在和我们共同生活的人中间,发生在我们居住的城市里,我们聆听了各方证人的证言后,尚且还要绞尽脑汁从这些相互矛盾的陈述中揭开真相,更何况对于那些年代久远、风俗与我们相差岂止万里的国家与民族,我们需要鼓起多大的勇气呢?——扣除这一切之后剩下的一星半点就是广义上的历史素材。而这些历史素材之中又有哪些、有多少是属于普遍历史的呢?

普遍历史学者从这些事件的总和中挑选出的事件,对当今世界的形态、对现在生活着的这一代,有着无可辩驳、有迹可循的本质影响。为搜集普遍历史的材料,就必须关注某一历史日期与当今世界状态的

---

① 对于原始文献的价值,以及研究原始文献对于一种要求真理与学术性的历史书写的价值,席勒具有反思意识。

关系。普遍历史出发的原则①与世界开初完全相逆。事件发生的真实顺序,是从事态的源头往下至最新的秩序,普遍历史学者则是从最新世界局势回溯至事态的源头。他的思想从今年或本世纪向上攀升至去年或前一个世纪,并且在呈现给他的事件中察觉出那些包含着能够说明下一年或下一世纪的事件。他就这样一步步向前推进直至开端——并不是世界开端,因为没有任何路标可以把他引向那里,而是直至遗迹这一开端,然后在那里停留,沿原路折返,以标记出来的这些事实为引导,一路畅通无阻步履轻松地从遗迹这一开端再下行到当前的时代。这就是我们所拥有的普遍历史,②也是将要向你们讲授的普遍历史。

因为普遍历史取决于原始资料的丰富或匮乏,所以,正如流传下来的典籍中会出现散佚,普遍历史必定也会产生许多空白。世界上的变化都是相互发展而来的,然而,不管这发展是多么均匀(gleichförmig)、必然、确定,在普遍历史里,变化之间都并不连续,其联系也很偶然。因此,能明显看出,世界的进程和普遍历史的进程之间并不对称。前者可以比作一条川流不息的河流,后者却好比河面上一两处粼粼的波光。此外,时常还会出现这样的状况:早在我们发现今年某一情况与它之前或同时发生的事件之间的联系之前,我们就已经发现它与某一久远的世界大事之间的关联。同样不可避免的是,某些与当今时代关系最为密切的事件,在它所属的那个时代却常常显得十分孤立。比如,基督教的诞生,尤其是基督教的道德学说就属于此类事实。基督宗教以形形色色的方式参与塑造了当今世界的形态,因此,它的出现是普遍历史上的重

---

① 席勒在下文中勾勒出的这种操作方法也见于施勒策的《普遍历史》(Welt-Geschichte)。施勒策断定,当今的独特形态,其肇因是过去的变化。他还继续说道:"这些变化的原因又在其他地方;循此下去,最终会追溯至万物开初,或是所有记述之初,由此而生发出一长串相互关联的事件,称之为普遍历史"(《普遍历史》,卷一)。

② 在席勒的作品中能找到对人类史的各种分段模式:有基督教传统的三段式,可追溯至赫西俄德的逐代递衰模式,以及类似有机生命各阶段的人物生平模式(das organisch - biographische Modell der Lebensstufen)。

大事件。然而,无论是从它出现的时代,抑或是产生了它的民族当中,都(因为缺乏原始资料)找不到能令人满意地解释基督教出现的原因。

既然如此,我们的普遍历史就只不过是零散碎片的聚合体,①也绝对配不上科学这一名号。这时,哲学理智伸出援手,用人造的搭扣将这些碎片串联起来,将聚合体擢升为成体系、合乎理性且前后关联的整体。它之所以能这样做,是因为自然法则以及人的心绪都具有均质性(Gleichförmigkeit)以及不会改变的统一性。这种统一使得如果相似的外部状况聚集发生,那么在最为久远的古代发生的事件会再次出现在最近的时代;这种统一也使得那些处于我们观察范围内的最近事件,可以往前去为那些已经遗失在史前时代的事件得出某些结论,或是有所澄清。类比②推断这个方法随处可见,在史学

---

① 将历史提升为"体系",是启蒙晚期实用主义(pragmatisch)历史书写的重要关切点。

"聚合体"和"体系"这对概念也见于施勒策和康德的作品。席勒读过他们的历史理论著作:"可以从两种视角来构想普遍历史:或是想象成所有特殊事实的聚合体,这些事实的汇集(仅当它们是完整的时候)、纯粹的罗列也可以构成某种整体;或是想象成体系,其中世界和人类是统一的,并且按照这一目标,从聚合体的所有部分中特别拣选出一些,按目的归整起来"(Schlözer, Vorstellung seiner Universal - Historie, Göttingen und Gotha, 1772,页14)。

② 类比这一方法,以及运用"人造搭扣"来填补残破不全的历史传承的漏洞,依据的是"自然法则以及人的心绪都具有均质性以及不会改变的统一性"。施勒策认为,论到人类的行为,历史总是能随处发现"令人惊异的一致与类似。它发现,人再怎么样也是人,在相同的环境下会做出相同的行为"。然而,施勒策反对那种填补历史传承的漏洞的历史书写:"没有记载的地方,普遍历史也就不要叙述……将事件关联起来就一定会出现空缺,普遍历史不是要用假设和幻象去填补它,而是指出有空缺就好了"(Vorstellung,页36以及页41)。康德也讨论过流传下来的记载中出现空缺的问题,并用类比原则来应对(Mutmaßlicher Anfang der Menschengeschichte)。康德严格区分了自己对类比原则的评价与赫尔德在《关于人类历史之哲学的想法》中对类比原则的全面使用。席勒完全在康德意义上要求"谨慎"使用类比推断。然而他在文章《浅论人类初级社会》(Etwas über die erste Menschengesellschaft)里面对类比推断原则的明确使用,则偏离了以康德为模本的论证,重新回到赫尔德的《想法》。

领域里也是一个强有力的工具和帮手,不过必须要有一个重大的目的才能证明其合理性,并且在运用时要像下判断那样小心谨慎。

哲学精神在普遍历史素材上逗留不久之后,一种向往和谐的新冲动就会在它之中兴起,令它无法抗拒,诱使它将周遭一切都同化为它自己的理性性质,将遇见的一切现象都提升至它所认识到的最高结果,即思想(Gedanken)。哲学精神越是经常成功地尝试将过去与当下联系起来,它就越是倾向于将它看到的作为原因和结果而相互榫接起来的东西作为手段与意图而联系起来。渐渐地,一个现象接着另一个现象挣脱了盲目的偶然以及漫无章法的自由,成为构成一个和谐整体(当然只存在于哲学精神的头脑之中)的恰当部分而依次排列起来。这一连串的现象在哲学精神的想象中既合规律又合目的,但其实,这些特征在现实中并不存在,然而哲学精神难以说服自己。那些借理智的光芒而开始具有了如此明朗的轮廓的东西,哲学精神很难重新再将它们置于必然性的盲目统治之下。它从自身之中祭出这种和谐,将它培植在自身之外、植入事物的秩序里,即,哲学精神将一个合乎理性的目的引入世界的运转,向普遍历史引入一个目的论原则。① 带着这一原则,哲学精神再次畅游普遍历史,用目的论原则来比照普遍历史这一宏大舞台

---

① "目的论原则"(teleologisches Prinzip)是一种基本观念,认为人类历史是线性走向,向着一个有意义的目标(希腊语 telos, logos)、向着"终极目标"前进。席勒早年笔下的历史图景受循环走向模式的影响更深,在本文中,席勒第一次表明拥护目的论走向模式,这或许是受到康德的影响。康德在"关于在世界公民视角下的通史的一些想法"(Idee zu einer allgemeinen Geschichte in weltbürgerlichen Absicht)一文中,从"目的论的自然科学"的进化原则中推导出政制史的"先验主导思想",即"普遍的世界公民状态……有朝一日必将来临"。在"目的论原则"的帮助下,就有可能将历史"这个向来是人类行为毫无规划的聚合体至少大部分表述为一个体系"。康德在"论哲学中使用目的论原则"(Über den Gebrauch teleologischer Prinzipien in der Philosophie)一文中阐明了"目的"这一概念的意义。席勒应该也读过这篇文章,因为此文与席勒的《尼德兰合众国衰亡史》的节选均发表在 1788 年 Teuscher Merkur 杂志的同一期上。

提供给它的每个现象。它发现,成千与目的论原则相符的事实证实了这一原则,但也有同样多的事实驳斥了这一原则。然而,只要世界变迁的序列中还缺少重要的关联部分,只要如此之多的事件的命运还没有最后揭晓,哲学精神就宣告这一问题尚无定论,而获胜的是那些更能满足理智、带给心灵更多幸福的意见。

或许不用提醒,直到晚近的世代才出现了依照第二种想法规划的普遍历史。历史研究者①冒失地使用这一宏大尺度,很容易陷入这样的诱惑:对历史事件施加暴力,并且越想加速普遍历史幸福时代的来临,最终却距离幸福时代越加遥远。不过,普遍历史的这一面虽光辉灿烂,却备受忽视。我们关注这一面,普遍历史便与一切人类奋斗的最高对象挂上了钩,因此,再怎么早地开始关注它也不为过。哪怕只是默默往这一尽管只是可能会实现的目标瞧上一眼,也会鼓舞、鞭策研究者,或是让他恢复元气、重整旗鼓。当他看见自己走在路上,或者引导晚辈走上解决世界秩序这一问题的道路,走上遇见最高精神结出的最美成果的道路,那么,哪怕再微小的努力,在他眼中都是重要的。

诸君,照着这样的处理方式,普遍历史专业将为诸位提供既诱人又有益的研究。普遍历史将会点燃您理智的光亮,在您心中激发出乐善好施的热忱。在看待道德事物时,它使您的精神戒除狭隘的寻常观点。它在您眼前展开各时代、各民族的壮丽画卷,由此来纠正因为一时匆忙而作出的抉择以及出于自私利己而下的鼠目寸光的判断。它使人惯于将自身与整个过去联系起来,并带着相应的结论向着遥远的未来冲刺,因此而掩盖了生与死的界限——这界限四面围困着人的生命,使它狭

---

① Geschichtsforscher:席勒使用了这个当时还是新生词汇的概念,非常值得注意。他把历史学家称为研究者。参看《艺术家》一诗第384行。尽管席勒偶尔把"历史研究者"和"历史书写者"进行对照,前者主要发掘原始材料,后者则将出处确凿的数据串联成可读的历史,然而他并没有一贯地区分这两个概念。研究与哲学运思对于历史学家都具有根本意义:席勒也会把历史学家称为"人类历史的哲学研究者"。

窄而压抑——也从视觉上欺骗了人,将他短暂的此生扩散到无限的空间之中,从而在不知不觉间将个体引向人类。①

人会变样,会从舞台上遁去。他的看法也随他而远遁且变样:唯有历史一直停留在舞台上,毫不间断,是一切民族与时代的不死公民。如同荷马笔下的宙斯,历史带着同样快活的眼光俯瞰战争的血腥及吮吸牧群乳汁的无辜而和平的诸民。不管人类无法无天的自由如何支配世事运转,普遍历史只是冷眼静观这场混乱的游戏:因为它的高瞻远瞩已经遥望到,今后这一无法无天的自由散漫终归会被必然性束缚、引导。普遍历史对格里高利或克伦威尔那实施惩罚的良心所隐藏起来的东西,它却急切地向人类展示出来:"虽然自私自利的人追逐卑下的目标,但却无意识地促成了辉煌的目的"。②

虚假的闪耀不会让普遍历史眼花,它也不会被时代的判断裹挟,因为它经历过万物最终的命运。一切止歇的东西对它而言持续的时间都一样长。它让名至实归的橄榄叶冠永葆青春,摧毁由虚荣浮华堆积起来的方尖石碑。它解剖自然所操控的精细装置,自然那无言的双手自开天辟地起就按部就班地用这套装置来发展人类的力量;另外,它精确地指明,自然这一宏伟的规划在每个时期都获得了什么:这样,普遍历史重新确立了幸福与功业的真正尺度——而每个世纪盛行的谬见总会

---

① 参看1788年7月13日写给 Caroline von Beulwitz 的信以及1793年12月10日写给 Augustenberg 大公的信。这里的意思是:人应该有能力"将他自己的想象方式普遍化,将他的个体延展到人类的层面"。

② 可能并非引用,而是强调。席勒经常用引号来表示强调。这里表达出的"理性的狡计"思想,由黑格尔上升成为历史的原则,我们在《尼德兰合众国衰亡史》就已经可以找到。提及格里高利七世和克伦威尔,可以猜想席勒是受到 Spittler 的《基督教会史概要》(*Grundriß der Geschichte der christlichen Kirche*) 的启发。Spittler 将格里高利称为"11世纪的克伦威尔",他对格里高利发起的十字军东征的"偶然益处"的评价要高于其真正的意图。Spittler 认为,谁也没能预见到这场运动最终促成了启蒙,削弱了教皇。对十字军东征的这一评价也见于席勒的《普遍历史梗概》(一)。

伪造不同的尺度。它医治我们对古人的夸大惊叹，或是对过去孩童般的追慕。它还提醒我们注意自己的财富，这样，我们就不会渴望回到亚历山大和奥古斯都那备受称颂的黄金时代。

　　以前所有的时代——它们本身并不知情也并未有此打算——都努力在促成我们这个人性的世纪。一切珍宝，那一切汗水和天才、理性和经验在世界漫长的年岁中终于带回家的珍宝，都归我们所有。只有从历史之中诸位才能学会珍惜这些财富，因为，习以为常和不假思索的占有轻易夺取了我们的感激：珍贵的财富，上面洒满最优秀、最高贵者的鲜血，必须经过好几代艰苦卓绝的奋斗才能获得！在座诸君思想敏锐，兼之心地柔善，试问诸位，在挂念着这一崇高职责的同时，谁的心中不会默默腾起这样的希望？这就是：对过去一代所欠的债务既然已无法清偿，那么就还清对来临一代欠下的债务吧。我们胸中燃烧着高贵的热望，前人遗留给我们的这笔真理、道德、自由的丰厚遗产，定要在我们手里极大地增值，再传给下一代，我们要用我们的财富为这笔遗产添砖加瓦，并将我们的蜉蝣一生牢牢系在这编织起全人类的不朽链条之上。不管将来在社会上有什么样的职业在期待着您——诸位都可以为这项事业效力！我认为，通向不朽、通向真正不朽的道路向着任何成就开放，只要业绩不死并继续向前挺进，哪怕建功立业者的英名却要留在这功绩背后。

论普遍历史

兰克(Leopold von Ranke) 撰

王师 译

[中译编者按]本文依据柯瑟尔(Eberhard Kessel)教授整理的兰克《遗稿》中的《论普遍历史》(*Nachlaß*, Paket 38 I Konvolut "Über Universalhistorie", fol. 7-10,40-43.1830年代手稿)迻译,注释均出自柯瑟尔教授的校勘。

史学别于其他学科的独特之处,在于它同时亦是一门艺术。史学是一门科学,因为它可搜集、发现和钻研;而它同时也是一门艺术,则是因其能对已发现和已知之物加以重述和重构。其他诸学科,或仅止于严格如其本然地说明所发现之物,史学则拥有重现事物的能力。

以科学观之,史学近于哲学;以艺术观之,其或与诗相类。二者区别在于,哲学与诗皆于观念要素中运行;史学则落实于实在物中。哲学的任务,在于透过各时代的现象,探索因果性的本质,并以概念把握存在物的核心内容;既如此,则历史哲学可否以历史视之?诗歌旨在重塑对象,可重现已然消逝的生活——由是观之,则其亦未尝不是历史。史学与诗歌、哲学的区别,并非能力的差异,而在于史学所涉之材料,皆受经验既有条件之限制。是故史学可糅融诗歌、哲学二端,别成一独特要素。史学既非哲学,亦不等同诗歌,实乃二者精神力之统一,唯哲学与诗歌谈论观念之物,史学所营求者则是实在之物。

此要素,自非所有民族皆有能力把握,如印度者,纵已发展出哲学与诗,却无史学可言。须知,希腊史学孕于诗歌,一体两分。古希腊的史学理论虽在影响上无法与诗学比肩,却自有重大意义。一方更具科学性质,另一方则显出艺术特征,两者统合之必然性,却仍不容否认。只是希腊人之历史理论,辗转此二要素间,未尝委身一端。用昆体良(Quintilian)的话说:Historia est proxima poetis et quodammodo carmen solutum[史最近诗,庶几无韵之歌也]。①

近世以降,论家纷起,有质疑史学之实在要素者,亦不乏借科学为之立基者。人们试图升华史学,令其成为哲学之一端。② 这意味着,史学兼备科学与艺术的特征;它既非科学,亦非艺术,却时而为科学,时而为艺术。虽然如此,我们在此讲授史学,却是针对其观念而论,因此不得不以科学视之。

艺术自存自在,无假他者,其存在是其有效性的体现,相反,科学却需深究每个概念最深处的清晰性。——因此,我试就世界史之观念问题作一简述;——以史学的原理、范围与……③

一 论史学之原理

史家治学之志,其本身即为理由,并非迫于生计而为之。④ 史学之不可或缺,世人自无疑议,而关于史学实用与否的讨论,其自身便甚为无用。史学的必要性,乃是社会整体的要求。——然而,我们在此需上行至最高的层面,并寻求史学独特生命力所从中发源的那个基础——这种科学的追寻,与哲学的主张并不相同,甚而将导致与哲学的冲突。——在此,我们说的是经由思辨之路而得出的哲学,这种哲学有着要凌驾于史学之上的诉求。

---

① *Institutio Oratoria* X, i, 31。
② 此处划掉的文字:"它们将失去所有不言自明的特性"。
③ 此处的句子字迹潦草,难以辨认。
④ 开头处划去的文字:"其必须把握最高之物,并自我提升"。

这种诉求究竟是怎样的？我们从费希特的话中,可知其大略,他说：

> 哲人将经验中的可能现象从其假定的概念之统一性中推导出来,显而易见,哲人的工作全然无需经验,便可在其领域之内自由驰骋,而不必担心经验的束缚——这是绝对的先天性——这种先天性必可描摹古往今来的一切真实的和可能的时代。

费希特旨在让哲学成为一种统一生活全体的概念,它可分别体现在一切不同时代之中;纯粹而可相互把握,就如同每个具体时代(Epochen)同时又都是具体时期(Zeitalter)的统一概念一样——它呈现在多种多样的现象之中。

在费希特看来,哲人最终可凭借自身独特的方式寻得真理,并以之建构整个史学;——此种史学,乃是对人类的哲学把握;——哲人不满足于仅仅根据历史事件的真相去探究其概念的真伪;他们力图支配历史本身;事实上,唯当哲人通过概念支配历史之真理时,他才能够认识此真理。这也便是史学的建构过程。

倘若此理路正确,则史学将失去一切自主性,它将永受哲学定律的宰制,并随哲学的真理起舞。非但其所有的独特旨趣将灰飞烟灭,其一切求知的努力,也都将集中到这样一点上,即探求哲学原理(*principium philosophicum*)在多大程度上体现于史学之中,而此哲学原理,又在人类历史的进程中先天占据着怎样的地位。这种史学,既无意加深世人对过往之事的理解,又不愿深考各时代之人的生活和思想的细节;它唯一的旨趣,便是寻求那存活于人类历史的种种现象之中的概念之全体性。一种普遍而自以为是的观点认为:史学研究甚为无用;唯一的可能的多样性,只能经由自上而下的概念分疏来达成。总之,史学既无自主性,又不具备内在的独特旨趣,故行将干涸。治史艰辛,却注定收获寥寥;其所追求的,皆可从哲学概念中推导而得。

类似的诉求,此前早已出现在神学论述之中。神学家曾试图通过某种虚假无疑的理解把握整个人类历史,在他们看来,原罪、救赎、千年国或者但以理所预言的四个王国[的更替],便足以涵盖整个历史;而历史上种种现象背后的理智,则更是仅凭数句话便可参透。

于是,史学便将以种种方式逐渐失去其科学特征;①其赖以为生的原则,自然也将不复存在。只是我们注意到,史学的境况恰恰与这些诉求所说的相反;哲学也尚未能取得对史学的支配权。而从所有已刊行的史学著作中,我都既未找到任何主导史学的哲学思想的痕迹,亦未发现有任何哲学,可以成功地从思辨概念中推导出历史现象的无穷多样性——因为②这些思辨的概念往往出离自身,在各方面都逃逸到现实之外。

在此,我们还发现,史学非但始终③未受损害,还对上诉说法展开了全力反击。以此方式,史学愈加表现出自身那个内在原则的独特性,正是这种原则,对抗着哲学原理的宰制。

在谈论这些之前,我们首先要问的是,史学通过怎样的行动彰显自身?

哲学总是令人想起最高蹈的思想;——史学则始终与生存之条件相联。前者总是涉及普遍物,后者则离不开日常生活的具体兴趣;前者视进步为本质:对其而言,一切个别物无非是整体可有可无的部分;——后者却对个别物情有独钟;前者总是喜新厌旧:一旦达成某个状态,就旋即弃离之;就其本性而言,哲学俨然是向前探视的先知;——相反,史学则试图把握既有的事物与事迹,其目光乃是向后回溯。④

---

① 一作"旨趣"。

② "因为……现实之外"是侧批的补充,划去的文字作:"在哲学概念与事实之间,有一道内在的裂隙"。

③ "始终……独特性",一作(部分来自侧批):"不愿遵循前者的诉求,反倒有自身的原则"。

④ "其目光是回溯的"是侧批的补充。其后有划去的一段文字:"前者在政治上是革命的,并得益于敏锐的感官,后者则是静态的;前者运动不息,后者则对抗运动。"

诚然，这些截然相反的特质，体现出一门学科对另一门学科的直接反抗。正如我们所见，就在哲学试图支配史学的同时，史学亦给出了自己的诉求；它并不无条件地接受哲学的成果，而只是将其作为特定时代的特定现象；真正的哲学就寓于哲学史之中，对此史学并无异议，这意味着：各个时代依次登场的哲学理论，尽管不无相互抵牾之处，却都蕴含着可为人类所认识的绝对真理；非但如此，在史学看来，哲学——尤其是其独断的行事风格——体现的无非只是那体现于语言中的、具有民族性的知识而已；史学并不承认这种知识的绝对有效性，而始终将其与其他现象等量齐观。就此而言，史学也有了哲学的意涵：它往往也将所有过往的体系都视作一个阶段，即某种有条件的现象，所谓的绝对有效性，则只在其自身体系内部才能成立。

我并不认为，这就是应该达成的状态；我在此无非是要表明：在史学中亦活跃着一个原则，该原则始终与哲学相对立，且永不停歇地表述自身；——关键的问题在于：为这种表述奠定基础的东西，究竟是怎样的？

当哲人在自身的领域中思考史学，并一心在所谓进步、发展和整体性中寻求无限之时，史学却从每个具体的存在中认识到了无限者；——而这，便是她的生存原则。

倘若具体的存在背后没有神性的基础，我们又如何能以某种方式存在呢？

正是出于这个原因，史学才格外关注个别物，也正是由于这个原因，史学对具体物的旨趣才获得了有效性。史学注重既有的事迹，那变化无常而喜新厌旧的特性并非其所好；即便面对错误，史学也能从中收获真理的点滴。正因如此，与那不断抛弃旧说的哲学相比，史学在某种程度上可谓永恒之知。

当然，这倒未必是说，史家很早便已证明永恒呈现于个别之中；事实上毋宁说，此种观念构成了史家治史旨趣背后的宗教式理由。我们认为，若无神，便无物存在；而万有的存在又无不仰赖神。当我们脱离了那有限的神学的束缚,——便会认识到我们所有这些治史努力的背后,皆有一种更高的、宗教性的本源。

只是我们须反对这样一种说法,即:史学研究所寻求的,无非是更高原则在现象中的体现而已。绝非如此,因为若如此,史学便会过分靠近哲学,从而非但无法认识该原则,反倒受其宰制。

在史家看来,现象本身之所以自为自在,乃是其所包含、彰显并视为神圣之物的使然。史家在具体事物上倾注精力,非但仅仅关注事物中的抽象原理而已。

如今,我们要为这最高的原则辩护,并由此思考这原则为史学研究提出了怎样的要求。

1. 首要一个原则,是对真理的纯粹之爱。① 当我们要在事件、情境与人物中认识更高的原则之时,我们需面对着那些正在发生、成为过去以及呈现着的东西来进行思考。认识它们,是我们的首要目标。而一旦我们意欲借助想象来获得某种事前之知,我们便与自身的目标背道而驰,我们所获得的,也无非只是想象和理论造就的倒影而已。② 但这并不意味着,我们就应当永远停留在"时间"、"地点"以及"事件如何发生"等等这些具体现象的层面。因为通过这些要素,我们只能外在地把握事物,而史学的真正原则只能在内部有所呈现。于是便有以下第二点。

2. 专门、深刻和实证性的史学研究,乃必不可少。这种研究首先应致力于现象自身及其周遭境况,因为离开这些,我们便无法获致史学知识——无论是本质还是内容,因为正如一切统一都离不开精神性,史学也唯有通过某种精神性的统觉(Apperception)才可加以把握。此种统觉乃是建立在一种规律的统一性上,这些规律引导着精神的思考进

---

① 一作"鞭辟入里的研究"。

② 侧批:Wih[elm] Tyrus. Verba enim rebus decet esse cognata[词与物当相辅相生]。

路,也正是通过它们,被思考的对象才得以呈现出来。在此,我们看到了那程度不一的能力。而一切天才的出现,则无不以个体与群类的统一为基础。此种创造性之原则建立了个体的结构,造物的自然进入个体,后者借此认识自然,并以其为参照,令自身得以被厘清和把握。——这种天赋是可能的,只是每个人拥有它的程度往往高下不一。要知道,①对于言说真理,做到诚实和勇敢就已足够;史家治史,自然无不希望能够以谦卑公允的态度,对其所致力的领域钩玄索隐。然而此种公允的态度究竟是怎样的?——这又把我们带到第三个原则。

3. 普遍的志趣。不少治史者往往只对某一领域颇感兴趣,例如有人擅长公民建制与宪法研究,有人则专攻经济进步、艺术生产或政治演进的历史。此前的大多数历史写作,都以战争与和平为主线。如今,史学的各个方向已然无法各自为政,它们相辅相成,结成整体——例如,经济的走向会对内外政策(尤其是后者)产生影响,因此史家需对这些不同领域的历史给予同等的关注。其中某个局部领域的缺失,将给整个史学研究之目标带来损害。我们前述的公允性便在此体现出来。这种公允并不是说对各个领域都毫无兴趣,相反,它意味着一种寻求纯粹知识的、不为既有意见所污染的志趣。然而如何做到这点? 这种深入探究、追求真理的努力,难道不正是力图将整体剖分成各个部分吗? 我们所面对的,难道不正是一系列片段吗?

4. 探索因果之网。② 就其本身而言,那些与对象相符的简单解说就足以令人满意,治史的原初目标,亦无非是要探明,不同的事件在多大程度上仅仅是时间上的前后相继;——只是它们之间存在着整体脉

---

① "要知道……足够"这部分文字来自难以辨识的字条。参见 Mülbe a. a. O. S. 125, Anm. 3, der die Mülbe 显然正确地解读了 Werke 53/54, S. 571 处的文字。侧批划去的文字:"这是基础性的研究,在其立场上对各种材料的批判。"

② 后加侧批:Sine ferris hypothesibus cognoscimus et ab effectis progrediamur ad causas[吾等不借假说而知,循果而趋因也]。

络。同时发生之物彼此接触、相互作用;发生在前的事件则成为发生在后的事件之条件;原因与结果之间有着内在联系;——即便未能体现在年份之中,这种联系也未曾减损:它就存在于此,而正因其存在,我们就必须认识它。——人们往往将这种由因推果的史学思考称为"实用主义式的"①;但我们对此并不完全按惯例理解,而是依我们的概念加以把握。

  自从所谓的新史学建立以来,实用主义史观便在行动领域造就了一个有效体系,使得自利心与支配欲成为历史事件的主要驱动力;如果说艺术更多的是熟能生巧的习惯,那么个人的行动则是出于这种或那种激情和考虑,它们皆是行动者自身推想、激发、引导和发展出来的。于是,整个史学的视角便笼罩上了一层枯燥、世俗而毫无灵气的色调,这只会令人心生怀疑。当然,我在此并不否认,那些动因可能的确十分强大而显著;我要指出的只是,它们并非历史事件发展的唯一驱动力。首先,无论能否发现事物背后的真正动因,我们都应在事件的描述中尽可能寻求它;事实上,这些动因要比我们想象的更易于发现;而只有当我们穷尽上述诸种可能,无法继续深入之时,才能诉诸假设与推测。这种做法,显然并不是对所谓思想②自由的损害;事实上,我们的研究愈是精确和贴近事实,便愈是富有成果,而治史这门艺术也便愈加自由自适。唯在那直接而不容否认的真理中,史学方能繁荣滋长!——史学绞尽脑汁,③反倒枯燥无味;深刻、多样而鲜活的思考,才是其真正的动力。因此,正如所有的知识一样,我们的实用主义也是基于事实,它往往言辞不多却能直达本质。毕竟,若结果自身便足以说明问题,若历史的编纂便足以给出当时的真实境况,我们自然无需对此多费笔墨。

  5. 不偏不倚的态度。历史书写之中,往往出现相互对立的两

---

① 划去的文字:"我们并不反对它"。
② 一作"精神"。
③ 侧批补充的文字难以辨识,开头部分似乎是"变得干燥……"

派。——两派间的斗争情形,虽不尽相同,却有类似之处。——我们总是将其中一方视作从另一方之中发展而来。①

诚然,我们并不认为以往之事会被轻易遗忘。因为幸运的是,人类②对后世的历史判断不仅尚存信任之心,而且对其援引讲述,更是不计其数。然而这无数历史叙述之中,真正做到不偏不倚的,却并不多见。如今之人的利益与前人大不相同,故我们难免以今人的眼光评价前人。此种倾向,如今正愈演愈烈,因为有些历史观点对大众意见的影响远甚于此前的时代,并由此造成激烈的争论。

此类争论并非真正的史学,而往往与政治相关。只要我们试图在前人的错误中寻求真理,只要我们认为一切存在者都具有某种起源,我们就必须首先摒弃这种偏颇的倾向。也就是说,在研究许多类似的斗争和对抗过程之时,史家须对对立双方都作设身处地的考虑,并从双方各自的内部状况出发加以考量;——简言之,作出判断之前,应对双方有全方位的把握。③

有人或许会反对说:一切历史的书写者与讲述者,无不带着各自的意见和宗教倾向,此乃不可避免的事实。

诚然,在任何争论中,人们都有权利决定其所论述的倾向。很有可能的情况是,我们十分清楚自身在那些对立中的立场与定见判断的观点;——而那种能在两种观点的辩论中看到折中的真理的不偏不倚的姿态,对史家而言往往是不可能达成的,因为他们早已有了某种明确的

---

① 此页有划去的侧批云:通过这种方式,[史学]遭遇发展(Fortgangs)与进步(Fortschritts)的原理。正如所说的那样,它钟情于既有之物,但它不会错误地认为任何既有之物中都有进步的要素;——它拒绝革命[?]而倾向于发展。它与那些只坚持法律原则的人大不相同,这些人还停在半路,就把合法性看成了最高目的,却从未意识到法律是如何而产生的。而研究史学,却将进入一个非"合法"的状态。[?]但史学会自由地认识发展的原理。
② 一作"世界"。
③ 划去的文字:"这就是如今的不偏不倚"。

观点。然而,这种说法并不确切。我们能够看出错误所在,但何处没有错误呢?因此,我们并不否认某事物的存在。我们在善的近旁认识到恶,但这种恶同样也是内在于前者的。

我们所要检验的不是意见和观点,我们需要将意见和观点与实存的事物相对照,而这些事物,则往往在政治和宗教等论争中具有决定性的影响。探讨相互对立之要素的本质及其复杂性之时,我们无法对双方遽下正误与否的判语,而应将其视作不同生活形式的作用与反作用。史家的任务正在于,深入探究这些要素各自的基础,并以全然客观的方式将其展现出来。

当前两大政党的争论与对峙甚嚣尘上,双方也都把"运动"和"对立"等字眼挂在嘴边。而史学与政党有本质区别,前者永远固执己见,总是试图让长期的运动更进一步。其中不少人,往往持有一种司法原则般的固执态度,为其所主张的秩序寻求某种律法般的合法性。但他们不愿承认,自己往往将现有的状况投射到过往境况中,并以此作为对立的理据。这意味着他们已经离开了史学的范围,并在别处寻求达成目标:毕竟,任何秩序,即便再不合理,亦都是理性所可把握之物,因此任何结论都是可能的。同样,他们也不能无视具体历史的局部性与利益的个别性,①从而将前人视作早已死去的无用之物。他们的思考已然充满了暴力,其理论的应用也不遑多让。他们对历史的一再破坏与改造,早已脱离了事物本来的面貌。可以说,这是一种内在的破坏,——他们常常与自身产生矛盾:虽热衷思考,却并不令人愉快。无论如何,史学往往将演化而非革命视作发展运动的原则;也正因为如此,史学往往认识到对抗所遵循的原则。只有当对抗双方都免遭那剧烈的冲突吞噬之时,人类才能繁荣生息。② 也由于史学对斗争双方都

---

① 划去的文字:伴随着这种张力[?],他们看到了那按自然法则而自我发展着的、进步与抵抗间的竞争。

② 划去的文字:"然而巨大的危机定然是免不了的。"

有所认识,所以才能作出公正的判断。凡对斗争的历史有所了解者,从不仅凭理论便对斗争遽下判语;因为他们知道:唯有神才有资格这么做。

6. 对整体性的把握。——那相互联系的个别物如何构成整体?我们可以将其表象理解为一种生命现象,在其中,某一个环节的前提往往通过另一个环节得以实现;然而,这种理解尚不完整,因为整体不是静止的,而是变动不居、真实有效且自我完善的。这种整体性与任何环节任何具体表述都一样确切,我们须对其高度关注。对某个民族而言,这种整体性并非该民族所有外在体现的一切环节之总和,而是这个民族的一切事迹、建制、文学乃至其发展的整个过程所给出的,这种整体性正以不容否认的显著性,向我们表达着其中的观念。我们在这方面走得愈远,便愈加难以获致这种整体性;—— 因为唯有通过准确的研究、循序渐进的理解以及从实证入手的方法,方能有所收获;许多并不知名的哲学家,往往要通过对知晓之物的归纳,寻求对未来的预知。然而这种普遍历史学是无比困难的,因为其中混杂了无数的因素与各方面不同的愿景与期望!即便只想把握个别事件,也已经面临诸多难处!① 我们对此所知甚少,只能冀求把握各处事件之间的因果关联;并借此默默地探究整体性的本质。在我看来,这一目标是无法完全实现的。普遍历史唯有神才能知晓。我们的所知却是矛盾重重——正如一位诗人曾所说,"人类不解和谐,唯有神知晓",史学家也只能以猜测的姿态从远处探求。但显而易见的是,我们所面对的历史,是一个进步、发展着的统一体。②

于是,我们便沿着史学的路径,来到哲学的问题那里。倘若哲学真

---

① 侧批:"这绝然是原理的要求,尽管在……偏好神性之物"[后文中断]。

② 侧批:这并不意味着他们知晓了。Scibitur ad narrandum, non ad probandum[书写乃为叙事,非有所评定]。

是其所当成为的那样,倘若史学真是如此完满清晰,尽善尽美,那么此两者最终将完全合而为一。借助哲学的精神,历史科学将穿透历史要素。但实际上,史学亦是一门艺术,其赋予自身以生命,其每一部分都带着诗性的力量,这种力量并不热衷于虚构新事物,而是试图尽可能真实地再现和重造其所把握之物,正是在这个意义上,史学既是一门科学,亦是一门艺术,如我们一开始所言,在史学独特的属性之中,科学与艺术获得了统一。

二 论世界史之范围

在此要论述三类事物:1. 前后相继之物;2. 同时发生之物;3. 单独发展之物。

1. 前后相继之物。——显而易见,史学要涵盖人类生活中的全部决定性的时刻。然而这方面的许多内容已经湮灭无闻。例如人类存在的最初阶段——以及中间阶段——就已难以知晓,而重新发现它们的希望也十分渺茫。

在此我们不难注意到史书的意义所在。在其他类型的文字中,一旦作者逝去,我们便失去了一种独特的个人化的表达方式。而在史书中,非但作者的存在与观点得以体现,其中所包含的特异的生活形态也尤其激发我们的兴趣。历史上许多应当加以描述的东西已然湮没不存,还有许多则从未被提起过——一切事物都面临着死亡的威胁;然而,那些在史书中被思考的东西却并未完全死去,因为一旦被人所领会,它们的本质与存在便得以持存下来:只有当思想消散之际,它们才真正死亡。①

那些尚存蛛丝马迹的史事是幸运的。至少它们得以被人领会和把握。

---

① 书页下批有希腊文:*ῥῆμα δ' ἐργμάτων χρονιώτερον βιοτεύει*(品达,N4.6)。

但那些连痕迹也不存在的东西呢？要将其划入史前史(Urgeschichte)吗？我主张将这些事物剔出史学的界域，这样做的理由在于，它们背离了史学的实证研究的原则。

同样应当拒斥的，还包括要在世界史中加入地质学论述，乃至收入关于创世、太阳系与地球的自然史研究成果的做法。这些话题并非我们在治史之路上愿意看到的；我们并不否认自身对某些领域的无知。

至于神话传说，我并不否认它们或许含有部分史学的要素。但对史学最为重要的一点，在于神话传说往往反映着一个民族对自身及其与世界的关系的意识。神话传说之所以重要，与其说是因为其中的客观性，毋宁说是因为其中往往凝结着民族的主体及其思想。——它们能在史学中占有一席之地，不是因为它们的真实可靠，而是因为其中的主体性和思想为史学研究提供了颇为可靠的材料。

最后，对于那些至今仍维持着某种自然状态的民族，虽然他们从一开始就保留了远古世界的状态，但我们并不对其给予太大的关注。印度与中国年代古远，且有着悠久的编年史（一作"神话"），但即便是最敏锐的编年史家，也难以在其中找到确切的记载。这些民族悠久的年岁就如同传说一般，因此其与自然史更加接近……［此处行文中断，后文迄今不知所终］。

附录一

"论新近历史"讲义之导论的结尾部分

［德文版编者按］出自1830年代手写笔记片断，收于 *Nachlaβ*, Paket 38 I, Konvolut "Über Universalhistorie", fol. 20。这段文字的第一句包括在兰氏此前对"早先时代普遍历史进程"的评论中，故笔者在此并未收录。

……每个肯定的环节，即便一般并无如许重要的意义，对于我们而言也是十分重要的，因为这些环节自身即蕴含了精神生活的调整。

在我们看来，世界史的整个界域充满了精神内容：它们蕴含着内在的真理、必然性和能量，世界史本身就是一系列不可估测的进步所构成，而我们也正处于其中。

因为这与任何民族的欲求和愿想无关。事物由出现到消亡，自然服从造物者的律法，但那在建设和努力中生发出来的精神内容却属于永不消亡的理念之域。它们一旦进入了那个更具毁灭性的［原文如此］、不断扩展着的精神生活的洪流之中，所产生的效果也就永远不会消失。

如果说整个史学领域都具有这些特点，那么它们如今正以更加特别的方式在我们眼前发生。在此，一切既有之物非但像此前那样包含着某种理想化的内容，而且人们已经在很大程度上对其有了认识。只要把握了存在的全体，人们便凭借这理念的武器在竞技场上彼此对立，并得以说出他们所为之奋斗的东西。正是在这实在之域向理念之域的贯穿中，那相反相成的各种精神力的直观，得以显出其独特的必然性。

附录二

"论普遍历史"讲义导论

［德文版编者按］出自 *Nachlaβ*, Paket 38 I, Konvolut "Über Universalhistorie" fol. 25 – 31 处的片断。它是由若干部分剪贴而成的文本，与卷中其他部分作了改动的文本一样，显然写于1840年代。笔者无意对所有簿页的内容加以详考，而只关注其中源于1830年代的两处文字，这两处文字虽有独特的书写特征，但我们仍无法确定它们源自同一份较早的手稿；两处文字所使用的墨水与纸张很相似，各自的笔迹虽大致出自同一时期，却有所差异。

一个讲师在讲座的开头,就开宗明义地给出自己在普遍思想上与主流意见相左的立场,这在我看来虽非必要之举,却定然对增进相互了解大有助益。我们在此将特别讨论一下方法上的问题,该问题不仅决定了本讲座的形式,而且对史料的处理方式也有着重大的影响。

因此我在此将对如何科学地把握普遍历史作一番评说。首先,我要给出史学中处理史料的几种不同方式:

1.① 旧时流传的② 理论或方法,主要以外在的方式进入问题,旨在寻求事件发生的时间、地点及前后相继的状况,尤其是要判定过往表象的真实性,历史学家们试图记录一切,从其最初的起始,一直到最新的状况,他们的工作是搜集与编纂。然而,这种传统的方法正面临着诸多难题。一方面,历史流传下来的东西是不确定的,过往事件的数量又是如此浩繁不可估测,令人觉得毫无厘清的希望。我们在历史中一再看到的,无非是强者将弱者征服,而后又被更强的力量摧毁;这种暴力过程,非但持续到我们的时代,甚至在未来也将如此。荷马曾说:有朝一日,神圣的特洛亚将要灭亡;后世的迦太基人也重蹈败亡的命运,奥斯曼帝国的穆罕默德二世在攻陷君士坦丁堡时曾说,他觉得无论是他所毁灭的还是他所建立的,都是一片虚无:只需想到君士坦丁大帝府邸中结网的那只蜘蛛。[?]③ 历史给我们留下的,只有那对于一切事物的虚无之感,以及对那玷污了人类的恶行的抗拒之心。人们非但看不到所有这些事件与人物何以会如此出现,甚至连其内在的语境也被扭曲了。

因此如今哲学的兴起,其意义与以往时代都不相同:此前的史学往往更重实用性;而如今以费希特——以及更热衷于此的黑格尔——为代表的哲学思潮,则要奔放自由得多。这些在近代形成的观点主张理性是世界的主宰,进一步解释了精神世界的规定性,而且认为,促成精

---

① 该编号是中断的。
② 一作"史学的"。
③ 对此参见 Ranke, *Weltgeschichte* IX, i S. 270。

神对自身之自由及其真实性的意识,乃是整个实在世界的最终目标。这种观点首先追求的是精神本性的抽象规定性,然后讨论那为了实现其理念所需的手段;柏拉图曾指责阿纳克萨戈拉,说他虽坚持理性（νοῦς）的主宰,却只看到外部的原因,为了避免重犯这个错误,该观点试图直接通过具体事物证明抽象原则。其每一步进路都清晰明确,其中精神的发展得以完善自身:既沉潜在自然性中,又部分摆脱了它,并得以提升到一种纯粹的普遍性,换言之,就像逻辑范畴一般,精神正是在对具体物的应用中被进一步把握。世界精神的演进经由某种必要的发展得以完善,在其发展过程中,世界精神放弃了个别物并进行了自我牺牲。正如黑格尔所言,世界精神乃是一种针对历史人物的狡计,世界精神让历史人物以激情和愤怒达成各自的目标,并借此自我成形。在此,我不拟对这种方式细加讨论;但不容否认,我对此有所保留,因为这种努力（我们可以意识到,体制的创造者所具有的力量往往是巨大的）本身便具有某种伟大的东西,值得在历史上留下浓墨重彩。

这种观点并未主张说自己是史学研究的充分条件。显而易见的是,其所涉及的与其说是哲学理论试图超离自身的反思,毋宁说是对那本就可以知晓的事实的思索,而我们对这些事实的研究正与日俱增;总有一天,即使是最确凿的史学批判成果,也会遭到人们的激烈反对。

主要问题在于,这种与个别意识之真理针锋相对的观点认为:唯有世界精神①才是本真的生活,也唯有它才是真正的行动者,即便那些最伟岸的历史人物,也无非是世界精神手中的工具而已,他们并不领会自身所完成的事业,而只是对其有所欲求而已。在这个意义上,历史其实是变动着的神圣历史;我的主,我在此相信过去、此时以及未来的事,相信每个人身上那本质上不死的本性,也相信那活着的神以及活着的世人。

————————

① 这是1830年代的字条上的文本与新文本的联接之处,新文本结束于"世界精神"（Weltgeist）,而字条的开始处则是"精神"（Geist）。可见,1930年代的手稿中并没有"世界精神"的说法。

这两种观点之间,形成了论述上两个持续对抗着的矛盾,前者的不充分性导致了后者的出现,伴随着这种矛盾,两者间也得以相互关联;人物、数字和事迹等外在规定性,便如同经过了由外加入的图示化过程。二者都未曾进入伟大事件的内部。

毋庸置疑,完成这些任务是我们这门科学——历史(Geschichte)或史学(Historie)——的应有之义。历史只是事件(Geschehen)的名词化形式。发生之事及其科学乃是不可分割的。反之,史学($ἱστορία$)则源于知道和知识——也就是亚里士多德曾说的$ὅτι$,而非$διότι$——此二者在翻译上的混淆,正是如今自然史概念被误用的原因。"历史"(Geschichte)这个词更多强调的是客体性,而"史学"(Historie)一词则与主体性的关系更为密切;前者主张科学的事实性,后者则是科学自身对对象的把握。历史与史学相互呼应,更确切地说,将二者统摄起来乃是我们重大的任务。

我们不妨简短地思考一下如何达成这个目标。自远古以来直到如今,我们始终是历史的记录者,无论是古代的列王,还是古罗马人记录执政官的年鉴,甚至埃及的象形文字,无不如此。我们不禁要问,这些就是历史吗?

它们无非只是单调喑哑的纪念物;而历史只能经由记忆和叙述得以传承。因此,真正的史学,乃肇始于古希腊哈利卡纳苏斯的狄奥尼修斯(Dionysius von Halikarnaß)。

近代以来,人们极为看重统合史学与诗歌,①这种努力是建立在这样一种基础之上,即诗歌对于史学中的内容有着无限多样的理解;然而一旦科学兴起,史与诗便判然两分了。

狄奥尼修斯之后的那些古老的史学活动,在很大程度上包括两方面:他们搜集公共纪念物,……[手稿在此中断,至今尚未发现接下来的内容]

---

① 一作"或许过多的"。

研究文献

历史主义:通史的早期史

克瑞格(Leonard Krieger) 撰
蒋开君 译 安 蒨 校

近代早期的"史学革命",亦即本文所说的历史主义,一向被视为孕育了现代心智的文化变迁中的一个基础部分。本质上讲,历史主义是以考据法研究原始史料的进一步发展。① 这个常被归于 16 世纪或 17 世纪的所谓的史学革命,首先在于它靠着法律和宗教认信(legal and confessional auspices)的庇护,逐渐和连续地形成了一些前所未有的方法来鉴定文献的真伪,并从中分离出纯粹的事实真理。事实上,"历史主义"是指某个历史写作时期中产生了这样一种混合,即运用考据的

---

① 关于 16、17 世纪的这一史学革命,请参阅 Julian H. Franklin,《博丹与十六世纪法学和史学方法论中的革命》(*Jean Bodin and the Sixteenth - Century Revolution in the Methodology of Law and History*), New York, 1963; Donald R. Kelley,《现代史学的基础:法国文艺复兴中的语言、法学与史学》(*Foundations of Modern Historical Scholarship: Language, Law and History in the French Renaissance*), New York, 1970; George Huppert,《完美历史的观念:文艺复兴时期法国历史学识与历史哲学》(*The Idea of Perfect History: Historical Erudition and Historical Philosophy In Renaissance France*), Urbana, 1970; F. Smith Fussner,《史学革命:英国历史写作与思想,1580—1640》(*The Historical Revolution: English Historical Writing and Thought*, 1580—1640), London, 1962。关于将"革命"观念应用于 15 至 17 世纪的考据史学的广泛而持久的进步是否适宜的问题,学界始终有争议。关于对争议的赞同与反对,请参阅 Joseph H. Preston,《有一种史学革命吗?》("*Was There an Historical Revolution?*"),见 *Journal of the History of Ideas*, 38(1977):353 - 364。此议题在此显然不那么重要。

规范标准来处理那些新近被称为"历史性的"过去——这过去在古典的意义上最好看作"哲学性的"。因此,重要的是,应当用近代早期的"历史主义"倡导者们所用的术语,对"历史主义"这个术语给以历史的界定,因为历史主义意味着历史思维状况本身发生了重要的形式转变,提出了一些新的贯通图式(schemas of coherence)。有些人,比如那些自为的理性主义者(auto-rationalist),把超历史的实在吸纳进他们所提出的历史图式之中;实用主义者则明确强调因果关系,以便引出政治上的指导性规则;另一些人则因实在的多元性而主张原则的多元性;还有一些人得就具体个案而论。显然,这些发展对于各门各派考据式思想者来说都非常重要,意味着极其重大的史学革命。

就我们从古代和中世纪史纂中所见,应该清楚,近代早期史学方法的新异之处,并不在于其对原始材料持考据态度这样一种外观,而它之前的史学都不持考据态度(至少史纂中所声称的态度始终是考据的);毋宁说,拓展考据态度所应用其上的原始材料,以及详尽阐述针对这些新的可考据史料所采用的标准程序,共同构成了我们对历史主义所下的定义。反过来,这一发展又影响到了如何推断新的可考据材料所引出的新事实之间的连贯关系。最重要的新材料,乃是储藏着历史事件本身的文献,而要获得有效的历史真实就需要具体程序。历史主义阐明了一套新的方法来制定程序标准,此方法新就新在它关注文献究竟是如何产生的——从前的人们则从未感到追究这一问题的必要性。当然,这些新异之处本身亦彼此关联,因为正是文献记录下来的历史要求人以明确和严格的方法来确认原始文献的真实性。

新兴的对文献真实性的关注,有两个相互关联的基础。首先,15世纪以降的史学运动极其关注文献的起源问题,指望通过文献鉴定来证明其起源。当时以瓦拉(Lorenzo Valla)为代表的人文主义一派,满怀激情地要在严格意义上恢复古典模式,他们把语文学与史学结合,随之以"对文字和事实的共同忠实"——即坚信知识的获得只能"通过对个别史事(things)的考证"——"为史学学术的正当性辩护"。① 其次,风行一时的法学研究,既在人文主义影响下出现了史学导向,又通过研究原始法律条款而服务于君主统治者被激发了研究热情。此乃近代早期为考据式史学研究方法提供了文献注释的又一场运动。

人文主义的影响特别体现在布德(Guillaume Budé)、居雅斯(Jacques Cujas)以及其他热爱"法国式"罗马法的人身上;想要服务政治的动机则特别体现在博丹(Bodin)、格劳秀斯(Grotius)、普芬多夫(Pufendorf)以及其他身兼历史学者与史官的法理学家身上。布德和居雅斯把罗马法文本视为史学文献,按照文本成文的时代进行阐释,剔除后世插入的内容。博丹发明了确立史料可靠性的验证法,史料,用他的话来说,即"事实"或"对事情的真实叙述","普遍法(universal law)的精髓隐匿其中",而且史料会给予我们关于"国家政府形式"的知识。格劳秀斯与普芬多夫则为雇用他们的君主撰写档案式的历史(archival histories),通过声称其方法在考据上的公正性来激励爱国主义热情。②

最后,近代早期还有一股潮流,促成了从教派(partisan)动机出发,以考据方法来接近真实历史这样一种悖论式的进步,这就是长期的基督教论战,此论战源于宗教改革派与反改革派之间的宗教论争。新教方面的《马格德堡世纪史》(*Magdeburt Centuries*)——这显然是一部充

---

① Kelley,《现代史学的基础》(*Foundations of Modern Historical Scholarship*),前揭,页 22、24、45。

② John Bodiin,《理解历史的简便方法》(*Method for the Easy Comprehension of History*),Beatrice Reynolds 译,New York,1944,页 8、15。关于普芬多夫,请参阅拙著《辨识的政治学:普芬多夫与对自然法的认可》(*The Politics of Discretion: Pufendorf and the Acceptance of Natural Law*),Chicago,1965。亦可参阅 Hugo Grotius,《比利时事件编年与纪事》(*Annales et historiae de rebus Belgicis*),Amsterdam,1658;Jacques Cujas,《新制度》(*Novellarum Constitutionum*),Gymnicum,1569;Guillaume Budé,《论君主制度》(*De l'institution du prince*),1547,Gregg Press,1966 再版。

满偏见的教会史,以及巴罗尼奥(Cesare Baronio)代表天主教方面作出的回应,都在倡导[26]而非阻止关于这段历史的文献资料的发掘与汇编。这一流派的后来者,如萨皮(Paolo Sarpi)和阿诺德(Gottfried Arnold),进一步扩大了这类带有教派立场的文献辅证兴趣:萨皮曾言不由衷地坚持"我将紧随真理而行",甚至认为可以在写作中"悬置判断";阿诺德则将他的著作命名为"无教派倾向的教会及异端史"(The Nonpartisan [Unparteiische] History of Churches and Heretics),①尽管此书实际上偏向异端一方。

但毋庸置疑,是马比隆(Jean Mabillon)创立的科学文献学(diplomatics,或译古文书学),亦即鉴定文献真实性的科学方法,才明显将教会史学从迎合新的考据标准转向了为事实学问建构新的考据标准。马比隆发展他的方法论工具,是要服务于撰写教会史的首要目的,特别是服务于他本人所属的圣摩尔本笃会教徒以及早期教父。这一决定乃是他内心深处的信念使然,他深信:基督教义的正确知识很大程度上依赖于对教会史的正确知识,而教会史的正确知识则依赖于对原始史料的精确知识。他就圣经、教父、教会会议、教会法及神学方面的研究提出了一系列建议,反复强调有必要运用方法来鉴定真实史料,对号称是权威的和第一手的材料作考据性判断。由此,马比隆为文献考据史学确立了可能加固而非破坏宗教信仰的规范。他这样写道:

> 一位睿智、可敬的考据者(critic)只求教育自己,他小心地控制自己的情感,正如他也同样小心地开启自己的心智……这位节制的考据者会从一切中受益,被一切所提升,上帝将乐于把真知识

---

① Paolo Sarpi,《圣职史与特兰特会议史节选》(History of Benefices and Selections from the History of the Council of Trent), Peter Burke 编译, New York, 1967,页 xxv、117;Heinrich Ritter von Srbik,《从德意志人文主义者到当今的精神和历史》(Geist und Geschichte vom Deutschen Humanismus bis zur Gegenwart), Munich,1950,I:95。

传授与他。①

除了 16、17 世纪的许多思想运动对历史考据法起到了上述鼓励作用外,史学研究状况中还有一种重要的形式变革,为正在发展的文献方法论传统提供了第二重支持。古典人文主义和宗教改革不仅倡导直接回归史料,还促进了学校特别是大学里的历史教学。结果,研究一段历史的文学标准,逐渐被代之以用某些科学程序来研究历史:历史过去要么是口头传授,要么作为中世纪人文学科的一个下属部分来衍伸性地教授给学生;现在,历史则是以书面材料为基础,作为自主的世俗史或教会史来传授,以便为法学或神学的专门研究作准备。因此,史学中的方法论"革命"的开端,跟编写学生用的读史指南是联系在一起的,至少在德国的新教大学里,伴随着世俗史与教会史的同步发展,专门介绍如何弄清历史事实的方法手册越来越凸显出其重要性。② 不过,我们现在无需关注这种对待史料的考据态度如何制度化,因为考据式态度成了规范已是显而易见的事实。相反,我们现在必须考虑的是源于这一发展、并与这种发展相伴随的一些历史贯通形式。

通史的早期史:两种变式

正如我们所看到的,近代早期的史纂革命首先以其精细的考据方法引人注目。但不容忽视的是,尽管思想上的惰性将会产生出一个叫

---

① Jean Mabillon,引自 R. P. Dom, J. M. Besse,《马比隆方法之后的教会研究》(*Les etudes ecclésiastiques d'après la methode de Mabillon*),Paris,1902,页 91。

② Franklin,《博丹与十六世纪法学与史学方法论革命》(*Jean Bodin and the Sixteenth-Century Revolution in the Methodology of Law and History*),前揭,页 83 – 88、152 – 153;Emil Clemens Scherer,《德国大学中的史学和教会史》(*Geschichte und Kirchengeschichte an den deutschen Universitäten*),Freiburg,1927,页 135 – 139。Adalbert Klempt,《普遍历史观的世俗化》(*Die Sakularisierung der universal historischen Auffassung*),Göttingen,1960,前揭,散见各处。

博丹的人的大不和谐的占星术,或者一个叫波舒埃(Bossuet)的人所提出的倒退图式,这几个世纪的方法革命还是产生了一种[历史]图式上的转换,它为考据所确认的史实提供了一个贯通点。潜在于这种转换底下的是彻底的视角转换,它使得"神史"(divine history)或"圣史"(sacred history)形式的基督教式的安排(dispensation)与"人的历史"不再相干,并瓦解了通过《但以理书》与该安排相连的四王国式的地上历史图式。① 然而,人们还是信奉一点:在发现自原始史料的人类事件之中,存在着某些大的模式,它们在上帝之下但在历史之上,历史学家必须承认它们。因此,历史的贯通仍是普遍性的,但不是来自世俗的或教派的普遍性;这样,它便产生出了那种因为把个别事件相互关联起来,并为其创造出一种新的关系而带来的传统的满足感。

但是,伴随着16世纪这个近代世纪的诞生,属人历史中的贯通也被世俗化,这不仅导致人们通过某种复兴的古典人文主义和一种新的自然逻辑,即通过它们的种种泛理性主义者(pan-rationalist)或自为的理性主义者来阐明历史内部及外部的模式,还产生出一些仅在历史自身之内的、新的历史内在模式。近代早期史纂的种种泛理性主义形式实在足够明显。人们也许可以料到,马基雅维利(Machiavelli)一类的人会复兴自然循环的古代观念,将其再次应用于人类历史;而霍布斯一类的人则会用他关于自然人和社会人的政治洞见来研究修昔底德的史作,研究克伦威尔治下英格兰(他称其为"比希莫斯"[Behemoth])的当代历史;18世纪的哲人史学家,如伏尔泰、罗伯逊(Robertson)和吉本(Gibbon)(但不包括休谟)则会主张,自然、人类和社会的连贯机体中

---

① Thomas Hobbes,《法律、自然和政治的诸元素》(*The Elements of Law, Natural and Politic*), Ferdinand Tönnies 编辑,第二版, London, 1969,页 22–25; Thomas Hobbes,《利维坦》(*Leviathan*), New York, 1914,页 18–23、41–42; J. G. A. Pocock,《政治、语言与时间》(*Politics, Language, and Time*), New York, 1971,页 149–57。

有一种世俗的理性结构，它显明于但又不仅仅存在于历史之中。然而，人们可能没有料到，同一时期还有整整一大串作家，从博丹到休谟、赫尔德（Herder），却会发现那么一些历史模式，它们要么针对某一独特类型的实在，要么针对某一范式类型的实在（reality）。这批思想者将是历史主义的两种变式的开创者，这两种变式自此就成了历史主义的主要成分。

这批历史思想家主张的实际上是一种尤为历史化的理性，它表现在过去事件背后或之间所隐藏的连续性中。这一传统认为这些模式是如此突出，以至于认为它们可以解释人类命运的模式。历史和人性（human nature）常常被视为同源（homologous）。思想者的关注点若在人性，他就认为历史模式为人性提供了实证；思想者的关注点若在历史模式，他就认为，人性使某段包含多重意义的过去中那些完全不同质的事实具有了连贯性。但是，让历史模式跟有理性的人具有同等的知识论地位，这里面可大有文章，这是要给自为的理性主义（auto-rationalism）以历史的界定。

其实，那些把历史模式真理视为理性真理的等同物的思想者，他们之所以普遍拒绝"理性"（reason）这一术语，原因恰恰在于，合理性（rationality）是所有并非历史本身模样的模式的突出特征。另一种传统则从历史中看到天意或理性的实例，这天意或理性有效运行于各种属人的努力中。这种传统如此强大，以至于早期那些倡导历史中有一种鲜明理性的作者，从根本上被否认具有任何历史性，从而被读者贴上了"非历史的"标签，一直到非常晚近的时期。但这样的标签建立在一个原则之上，该原则是否可应用于像培根、霍布斯这样公认的具有非历史特质的思想者，至少可以说是值得怀疑的。"非历史"这一称呼，可以追溯到17世纪耳熟能详的关于科学真理与事实真理的区分：前者以推理为基础，相当于哲学；后者则作为"过去的、不可逆的事"，并被作为历史记载下来。此外，这一称呼还要追溯到同样耳熟能详且颇为明显的17世纪对理性的科学真理的偏好。①

的确,众所周知,17世纪不欢迎那种钟爱贯通性的实用型历史或通史(general history),其中的原因或许在于,为历史提供贯通原则的哲学有了反历史的倾向——实际上是历史这一面的反理性主义。笛卡尔以及笛卡尔主义者对史学的厌恶尽人皆知,不过理由较为模糊。在《谈谈方法》(Discourse on Method)中,笛卡尔由于事实的不可靠性而明确表达了对史学的不满,他的这一著名论断掩盖了一件事实:他对史学推理的不信任才是他拒斥史学的更为根本的理由。② 笛卡尔的《指导心灵的规则》(Rules for the Direction of the Mind)中的第二原则主张,作为通向知识的道路,演绎法优于来自直接经验的推理(如历史理性就必须是这样的推理),因为"经验的推理常常出错",而建立在演绎法之上的种种科学则提供"确定性",因为,"它们根本无需作任何被经验弄得很不确定的假设,而完全在于从结果出发的理性演绎"。③ 虽然笛卡尔原本的"经验"观念比他这里的用语所表明的更含糊,但他只肯接受以"清晰、明确的观念"形式出现的经验,这些观念是由心智作用于常识性经验而直觉(intuited)到的,与假定中的历史事实无关。④ 无论如何,恰恰是历史对逻辑连贯性的抗拒,而不是历史事实本身的可疑性,构成了笛卡尔主义者心存偏见反历史的基础。

---

① Lucien Lévy‑Bruhl,《笛卡尔的精神与历史》("The Cartesian Spirit and History"),见 Philosophy and History: Essays Presented to Ernst Cassirer, Raymond Klibansky/H. J. Paton 编, New York, 1963, 页 191 – 195; Descartes,《正确思维和发现科学真理的方法谈》(Discourse on the Method of Rightly Conducting the Reason and Seeking for Truth in the Sciences),见 The Philosophical Works of Descartes, Elizabeth S. Haldane/G. R. T. Ross 译, n. p., 1931, I:84 – 85。

② Descartes,《指导心灵的规则》("Rules for the Direction of the Mind"),同上, I:3 – 5。

③ Norman Kemp Smith,《笛卡尔哲学新研究:开拓者笛卡尔》(New Studies in the Philosophy of Descartes: Descartes as Pioneer), London, 1952, 页 63 – 65。

④ Hobbes,《利维坦》(Leviathan),前揭,页 30 – 32,41。

因此，不太明显的是，甚至像霍布斯这样一位肯定史学的杰出的笛卡尔主义者，也将史学等同于纯粹"事实的知识"，而将每一种这样的事实"链"仅仅归类为"意见"，并把它与"关于一个断言对另一个断言会产生何种结果的知识"（他又称之为科学或哲学）相对照。① 霍布斯的道德和政治哲学的根据——自然状态，本质上是"非历史的和逻辑性地非时间的"；只有通过退回去乞灵于上帝，他才能找到一种可将历史安置其中的模式。②

更不必说洛克，他可能从来都不是什么笛卡尔主义者，但他也赞同自然状态的观念，只是并未将其应用于历史的贯通。由于他同时也排除了上帝的神意，所以与霍布斯相比，他对历史的抑制作用（inhibitory effect）更大。③ 甚至在他的形式哲学中——在那里他一定程度上肯定了他从未搞过的史学的价值——洛克也反复提到流行于17世纪的一种区分，即区分关于存在物的知识与关于逻辑关系的知识。他将史学列在关于存在物的知识一方，认为它是"具体物的知识"，提供的只是一种可能的真理，与"仅仅以习惯和抽象观念之间的关系为基础"的"普遍的、确定的真理"形成暗含贬义的对照。④

但是，这种贬损，虽说它无疑跟培根偏好从"自然进程"中归纳出的理性公理相联，同时也跟笛卡尔看重数学科学中展现出来的"自明

---

① J. G. A. Pocock,《马基雅维利时刻》(The Machiavellian Moment), Princeton, 1975, 页 370。

② J. G. A. Pocock,《古代宪法与封建法：十七世纪英国史学思想》(The Ancient Constitution and the Feudal Law: English Historical Thought in the Seventeenth Century), New York, 1967, 页 235 – 239。

③ John Locke,《人类理智论》(An Essay Concerning Human Understanding), A. D. Woozley 编, New York, 1964, 页 393 – 395、411 – 412。

④ 关于培根的强调，请参阅 Francis Bacon,《新工具与其他作品》(The New Organon and Other Writings), Fulton H. Anderson 编, New York, 1960, 页 43 – 45；关于笛卡尔的强调，请参阅他的《指导心灵的规则》(Rules for the Direction of the Mind), 前揭, I:45、84 – 85。

的直觉和必然的演绎",而轻视属人历史或公民历史中的不确定事实相联,但它从两个方面来说并不切题:其一,①上述区分是知识论的,聚焦于历史的知识性(knowledgeability),而那个时代的人们对历史的真实态度却是实质论的(substantive),亦即,他们对历史的态度乃是基于过去所成之事的可能模式,而不是基于史学家了解过去所成之事的过程;其二,上述区分是特殊主义的(particularistic),聚焦于具体历史记述的可靠性,而不是所记述内容的连贯性。近来对培根、霍布斯和普芬多夫这些17世纪代表人物的重新阐释,都在强调他们史学的一面,这与其说引发了权威之间的冲突,不如说是在关注他们史著中的实际材料而非其正式的方法论,尽管这种关注点的转换可能并不为那些重新阐释者们所知。我们若根据从知识论到历史实质论这一关注点的重新定位,来看待对这些代表人物的重新阐释,就会看到历史主义传统内部两种标准变式的开端,它们要到19世纪才臻于完成和完善。

历史主义传统的变式之一,在其17世纪的初级发展阶段无疑由培根所代表,特别是历史主义的历史哲人使其保持了活力。在这一变式中,历史的可理解的过程与一般意义上的实在的过程同源(homologous),同时前者为后者提供基础或模型。据此,现在的分析认为,培根的思想表明了性质与功用(character and function)的密切关联,这种关联把培根关于公民历史或属人历史的观念与自然历史联系起来,后者一直被视为培根所谈知识结构的基础。分析认为,培根的关注点不在知识的方法论,而在知识的道德和社会目的。分析还指出,培根在其《英王亨利七世本纪》(History of Henry VII)中对主题、因果及解释的看重,违背了他那很成问题的知识论原则——该原则将历史划归"个体

---

① Fussner,《史学革命:英国史学写作与思想》(The Historical Revolution: English Historical Writing and Thought),前揭,页255、262 – 269;James C. Morrison,《培根的哲学与史学》(Philosophy and History in Bacon),见 Journal of the History of Ideas,38(1977):595 – 606。

事件",而将哲学归为"普遍观念",实际上给予了他的实质论史学(substantive history)以决定性的角色;但在他的实用主义式的知识、伦理和政治理论中,他对这一角色很是含糊其辞。①

历史主义传统的另一变式,在其发展早期的 17 世纪则由霍布斯和普芬多夫代表,并被随后所有时代的史学家首先采纳。在这一变式中,历史所显明的或可能得以显明的模式是历史本身所特有的。这种模式不同于也无关于赋予其他类型的实在以实质的其他模式或过程。要证明霍布斯的确有历史主义精神,不能光是证明他所提出的从自然状态到政治体成员这种人类学式的属人历史中已经具有了历史的维度,因为这种历史只是他的分析哲学的一种延伸,很可能指没有历史的绝对的时间性。要证明他的确有历史主义精神,必须诉诸他(在《利维坦》第三、四部分)对圣史的正面处理,因为在这些语境中,他对历史的处理是主题化的,然而又与他的政治哲学不相连续。据最近一位校订者考证,霍布斯的上帝是"一位历史的上帝",如果说他信仰的根据在于他对某些历史权威的信仰——完全不同于他常有的哲学感觉论——那么,这一信仰已融入了某种对于末世论意义上的未来的信奉,这种末世论未来作为一种独立结构为他的史学服务。② 至于普芬多夫转向历史,则显然是作为他先前非历史的自然法政治理论的一种替代,因为他

---

① Pocock,《政治、语言与时间》(*Politics, Language and Time*),前揭,页 159-201。对于霍布斯其他史学作品,如他早期的《修昔底德》翻译及后期的当代史学论著《比希莫斯》或《长期议会史》,评论者则坚持认为它们从属于他的政治理论。参阅《霍布斯的修昔底德》(*Hobbes' Thucydides*), Richard Schlatter 编, New Brunswick, N. J., 1975,页 xi、xxvii-xxviii。Schlatter 的评论本质上在重复他更早些时候的分析《霍布斯与修昔底德》(*Thomas Hobbes and Thucydides*),见 *Journal of the History of Ideas*, 6 (1945):362; M. M. Goldsmith,《霍布斯的政治科学》(*Hobbes' Science of Politics*), New York, 1966,页 234-238。

② Krieger,《辨识的政治学》(*The Politics of Discretion*),前揭,页 170-200。

试图理解人类经验的那些原则,而这一点被他先前的政治理论遗漏了。①

我们应该注意到,历史主义的两种变式都代表了这样一种总体趋势:肯定历史关联性(historical connectedness)的某种超历史基础。应当把这种历史主义与历史相对论(historicism)和史实论(historicity)区分开来:"历史相对论"这一称号是指历史主义中一个特殊的理论分支,它在本世纪的一战和二战之后逐渐占据了主导地位;"史实论"则是现在流行的史学思想运动,它真诚地在历史过程自身内部寻求历史关联性的基础。不过这已超出了当前论证的进展。

培根、霍布斯和普芬多夫这些例子表明,与理性主义者相比,历史主义关于历史贯通的观点提出了大不相同的分析难题。理性主义者不加掩饰地将他们组织历史的原则置于历史之外,并公然把这些外历史的(extrahistorical)原则应用于历史;而历史主义的两种变式则主张,历史的贯通性自成一类(sui generis),无论它只能在人类历史中找到,还是作为人之实在的一种模型在历史之外。历史主义的两种变式还主张,追索历史贯通的现实的、外历史的根源这一任务,就是去揭开某种历史主义者本身所不知道或至少不承认的过程。这样一来,对历史主义的分析必然是两方面的,即分析必须论及两个问题:一是历史主义者对理性主义者应用历史的明确抵制,二是它自身对同样性质的外历史原则的隐秘吸纳。因此,那些历史主义学者如何归属的问题就显得很模糊:那些很有争议的早期历史主义者如圭恰迪尼(Guicciardini)和博丹,以及17世纪对天主教信条和非天主教信条进行历史批判的批评家——前者如马比隆,后者如斯宾诺莎和贝尔,以及维科(Vico)、赫尔德、休谟,乃至19世纪地道的历史主义及其相关的史学大家,如兰克(Ranke)、米什莱(Michelet)、布克哈特(Burckhardt)和库朗热(Fustel de

---

① Friedrich Meinecke,《历史主义的兴起》(*Die Entstehung des Historismus*),Munich,1936,I:63。

Coulanges),我们既可以把他们的品质归为历史的,又可以归为非历史的。上述每一个例子中,物理自然或属人自然的结构都被认为与人类历史中显明出来的人性模式同源。从外历史结构向历史模式的实际运动,被看似一致的、另一方向上的明确运动给掩盖了。

在关于历史贯通的观点上,与历史主义相对的另一选择是理性主义,后者明确断言可将外历史原则应用于历史。理性主义者在近代早期的几个世纪里拥有同样引人注目甚至更加突出的代表。可以凭形容词修饰语,"实用的"或"哲学的",来认出那些理性主义作家和史学理论家。在无可争议属于近代第一世纪的 16 世纪,实用史学具备了它字面上的含义(become literal)。它明确强调普遍关联(general connections)。实用史学派尽管是从这些关联的角度来定义历史,也仍然不得不将这些关联输入历史,就像学究派(scholarly)以隐秘的方式所做的那样。术语"实用史学"是 16 世纪的德国人发明的,虽然当时仅限于在德国的历史编纂学上使用,但它所指的那种史学却是近代早期全欧洲盛行的一种史学类型。这一史学类型主要通过历史行动背后的因果关系来研究广阔的政治史,历史分析的首要目的在于引出政治体的教化规则。

就我们的论述目的而言,这种实用史学值得注意的特征,在于它从历史中所看到的诸普遍关联的政治或道德起源。实用学派的普遍历史真理其实是一种自然法,①它跟自然法一样,是一种不论时空如何变换都始终存在的普遍性。马基雅维利的《佛罗伦萨和意大利事变史》(*History of Florence and of the Affairs of Italy*)就是特别突出的例子,它证实了关于意大利文艺复兴期间的实用史学的如下普遍判断:在时间中,"历史变得从属于政治"。马基雅维利在进入历史部分的主要章节之

---

① Felix Gilbert,《马基雅维利与圭恰迪尼:十六世纪佛罗伦萨政治与历史》(*Machiavelli and Guicciardini: Politics and History in Sixteenth - Century Florence*),Princeton,1965,页 285、288 – 291、300。

前,先抽象地阐述了政治的自然,比如他论到殖民地带来的利益、内乱的灾害以及政治循环的种种结果。若从他的政治学视角来看,随后的历史仅仅是原则的实例;若从他所撰历史的视角来看,则政治原则又是他选择及组织[史料]的诸范畴。① 既然连马基雅维利这样的人,都在历史之外的思想和信仰领域找到了其历史贯通原则的终极根据,那么,在那些原则的结构与所记事件相应的情况下,诉诸这些外历史的领域就更是明显不过的事情了。

当然,这一时期的史学家往往必须当作个体来对待,而不是把他们扣在某个特殊阐释类型的大帽子下面。16世纪有两位领军人物——圭恰迪尼和博丹,他们的不同立场导致了早期历史主义的诸多模糊性,这一点不无启发意义。圭恰迪尼是马基雅维利的同时代人,但比较年轻,二人同为佛罗伦萨史学家。某种程度上,圭恰迪尼似乎代表着对以外历史的贯通原则来撰写历史的重大偏离。在他早些时候的《佛罗伦萨史》(*History of Florence*)和后来的《意大利史》(*History of Italy*)中,他都正式放弃了理论探讨,否定人类行为的普遍规则与历史的关联,而高扬从事历史行动的生机勃勃的个人。因此,他严格限制了理性主义史家对概括的嗜好。用一位权威评论者的话说:"圭恰迪尼对历史的痴迷太过强烈,以至于这不允许他[给历史]强加上一种理论结构来抹杀过去的多样性和丰富性。"② 此外,圭恰迪尼一贯假定人类事务中的变化无处不在,因此,他倾向于在笔下历史角色的个性化动机及性格中探寻因果关系。因此,在他的史著中,属于公开的普遍连贯性的东西,似

---

① 同上,页230。
② 因此,当圭恰迪尼引入他对皮耶罗一世统治的描述时,他承诺:"在这些事件中,我将努力表明的不仅仅是一般的原因与结果,还要尽可能详尽地表明所有这些邪恶的本源"。Guicciardini,《意大利史和佛罗伦萨史》(*History of Italy and History of Florence*),John R. Hale 编,Cecil Grayson 译,纽约 New York,1964,页11。

乎表现为内历史(intrahistorical)关联的形式。① 然而,经更严密的考证便可看出,圭恰迪尼虽然表面上信奉历史个体,也不遗余力地将诸关联历史化,但很显然,这本身同样表达了他试图说出的普遍的道德和政治原则。在圭恰迪尼本人的非历史著作《回忆录》(Ricordi,英译 Memoirs)和《佛罗伦萨政府论》(Dialogo del Reggimento di Firenze,英译 Dialogue on the Government of Florence)中,我们可以发现这一潜在结构的关键所在。前一本著作中,处处可见《佛罗伦萨史》及《意大利史》中那些披戴着历史外衣的普遍原则,而后一本著作则提供了实实在在把历史整合进他的政治命题的一个先例。不过,决定性的证据还是在于圭恰迪尼的史作本身:这两本著作除了以分散的格言,并根据主题引出或归纳史料,从而把史料联系起来之外,其特有的历史关联的最终证据还在于作者忠实地应用了他的两个最高普遍原则,一是政治中的非理性会带来灾难性后果,二是人类在无常的盲目支配下会遭遇悲惨的命运。②《佛罗伦萨史》的主题是,非理性的政治领袖的变化无常造成了一系列恶果。《意大利史》也展现了这两个原则,但更强调第二个原则,即意大利在无常命运的打击下陷入了灾难和奴役。圭恰迪尼本人在他的"引言"中特别强调了这本著作的要义:"无数实例都将表明人类事务是多么变化无常——就像暴风雨中汹涌的大海,统治者若仅仅追求虚空的活动和当下的贪婪,他们缺乏明断的行动……毒害将是何等地大"。③

圭恰迪尼既被称为"最后一部古典模式的理论巨作"的作者,又被称为近代"史家之史家"。他既信奉古代人文主义的史学理想,又赞同近代史学的经验论标准,这些模糊之处在他那里获得了具体的形式。

---

① Gilbert,《马基雅维利与圭恰迪尼》(Machiavelli and Guicciardini),前揭,页 285、288 – 291、300。

② Guicciardini,《意大利史和佛罗伦萨史》,前揭,页 27 – 28、69、85、111、145。

③ Gilbert,《马基雅维利与圭恰迪尼》,前揭,页 290 – 291、295、301;Guicciardini,《意大利史和佛罗伦萨史》,前揭,页 ix。

而其一般的表现形式是,他既信奉对人类行为的理性解释,又承认偶然和"不可控的命运之力"——前者假定了某种对人性的外历史分析,后者则只能通过历史来加以研究,并且只符合某种历史的"内在逻辑"。①因此,他一方面苛责马基雅维利把事情说得"太绝对"——如在《罗马史论》(*Discourses*)中——即过于图式化(schematically),并在他的《意大利史》中他强调笔下历史人物的特殊品格;另一方面,他亦毫不犹豫地应用理性标准来进行历史判断,他的叙述在表面上的事实性之下实则潜藏着关于人性的悲观看法。这种悲观根源于他之前在《回忆录》中曾经阐明过的哲学观点:人类生存状况本就是悲惨的、非理性的。《回忆录》的许多部分甚至一字不差地出现在了[后来的]《意大利史》中。因此,兰克批评圭恰迪尼"关注根据和结论胜于事实",这其实正是圭恰迪尼本人出于类似的原因谴责马基雅维利的回响,因为圭恰迪尼的历史逻辑微妙地做了马基雅维利公开做的事情——从历史之外的约定信仰那里获得历史中的逻辑联系。②

年轻的博丹,亦即撰写《易于认识历史的方法》(*Method for the Easy Comprehension of History*,1566)时的博丹,也以相似的方式把一些外历史的规律性嵌入了他的史学之中——虽然他并不承认这一点——以作为历史贯通的基础。他的整个考据读史法都是为了阐明普遍法则,以便"我可以从史料本身去追溯主要类型及其分支类型,直到最低一级,但要以一种使所有分支相互契合的方式",因为"诸技艺和诸学科……并不关注具体的东西,而只关注普遍的东西",而"普遍法则的精髓就

---

① Felix Gilbert,《马基雅维利与圭恰迪尼》,前揭,页 279、284 - 285、291;Guicciardini,《意大利史和佛罗伦萨史》,前揭,页 xix;Krieger,《兰克:历史的意义》(*Ranke: The Meaning of History*),Chicago,1977,页 115。这种考据不是对圭恰迪尼事实精确性的谴责。

② Bodin,《方法》(*Method*),前揭,页 2 - 3、8、157;Julian H. Franklin,《博丹与绝对王权论的兴起》(*Jean Bodin and the Rise of Absolutist Theory*),Cambridge,1973,页 25 - 26。

隐藏在历史之中"。他的《理解历史的简便方法》因此用了整整三分之一的篇幅,致力于寻找——的确也找到了———些比亚里士多德之类的哲人迄今所提出的统辖原则更加确定的原则;接着,他又界定了如公民身份、主权、国家类型(typology)等政治概念,并以历史实例的分析论证阐明了诸帝国内部的变迁模式。① 此外,同样众所周知的是,博丹明确拒绝了四王国这一圣经和中世纪图式,而代之以一个同样主题鲜明的"普遍时间体系"(system of universal time),把它作为历史纪年的数字基础。② 至于博丹提出了一些具有鲜明历史主义意味的普遍问题——如导致各文化兴衰的因素——他通常并不能给出任何明确的阐述。③

博丹的例子是寻找历史贯通的外历史本源的突出证据,原因是他代表了近代早期史纂中更学究化、更注重事实、也更讲究考据的一派。如下事实已成为史学史上起码的常识:史学中两条分开的脉络,一脉是学究式的(scholarly)史学,另一脉则有过诸多不同称呼,如实用史学、普遍史学或文学史学等,它们分别贯穿了16、17世纪,但在18世纪最终合流。同样广为人知的是,第一条线——学究式的史学,在考据式史学研究方法上取得了诸多重大进展。然而,必须要说的是,尽管学究派史学家无疑强调事实的鉴定和验明,但他们也提出了一种"新史学",它不仅要呈现真实的历史事实,也要对事实进行彻底的解释,即要揭示"那些始终作为人类事件之原因的永恒关联"。④ 当这些学者从拟定计划进展到实际的历史纂写时,他们的法律和教派兴趣——同样的兴趣曾经促使他们关注原始史料并因此在史学内部发动了考据法的革

---

① Bodin,《方法》(*Method*),前揭,页291 – 303。
② George Huppert,《完美历史的观念》(*L'Idee de l'histoire parfaite*),Franoise and Paulette Braudel 译,Paris,1973,页107 – 109。
③ 同上,页29、93。
④ Pocock,《古代宪法与封建法》(*The Ancient Constitution and the Feudal Law*),前揭,页15 – 17、29、122 – 123、178 – 181。

新——便为他们提供了那些应用于史学的综合性概念。例如在受法律兴趣激发的史学作品中,传统宪法以及罗马或中世纪法不只为新式史家提供了写作动机和题材,还尤其在保皇派或共和派(corporate)对宪法和法律的政治性阐释的影响下,为他们提供了[所记历史的]连续性。①

教会史学作品中亦有类似情况。即便在宗教分裂瓦解了中世纪的神意图式(providential schemes)之后,教派分子的宗教思考仍然界定出了某种层面上的历史"实在",这个历史"实在"包含着对某种表层的和无法把握的历史"表象"的理性阐释。② 因此,无论是法律类型的史学,还是教会类型的史学(学究化史学中的古文物研究一类向来不长于历史的贯通,因此与这里所提出的图式无关),16、17世纪的学究化史学一脉显然代表了第二变式,或者说代表了全然历史主义化了的那一变式中的历史主义观点。其作者们既构想出一种鲜明历史性的实在,也构想出一种跟历史不同类型的外历史实在,但他们通过某种渗透方法,将外历史实在的结构吸纳进历史实在的模式中,作为该模式的隐性基础。

到18世纪,维科和赫尔德沿着第一变式这条线继承了历史主义传统,即,他们的观念是用史学的术语来表达所有实在;休谟则沿着第二变式这条线继承了历史主义传统,即某种理性化的史学,它是作为统辖实在中其余部分的诸原则的替代物而提出来的。在此并不需要作重新分类来标明这些具有历史主义性质的思想传统。

18世纪的这些历史主义者与他们公开反对的理性主义者一样,仍是从外历史来源推演出他们的历史贯通原则。但是,他们在两方面扮

---

① Sarpi,《圣职史与特兰特会议史节选》(*History of Benefices and Selections from the History of the Council of Trent*),前揭,页 xxiv – xxv、142。

② A. Robert Caponigri,《时间与观念:维科史学理论》(*Time and Idea: The Theory of History in Giambattista Vico*),Notre Dame, Ind.,1968,页 ix – x、109 – 113;Isaiah Berlin,《维科与赫尔德》(*Vico and Herder*),New York,1976,页 xvi – xix、26 – 28、73。

演了独特的角色——如果说这两种独特角色并没有违背他们的历史关联在本质上的外历史性,那么,它们的确在重要程度上造成了这种推演的暧昧性。一是他们对哲学和科学概念的应用,这些概念本身是动态的、受时间条件制约的,因此可顺畅地加以历史化;二是他们坚持以遗传学模式来理解人类事物,主要是通过人类事物的种种开端,把人类事物转变成可理解的连贯过程。维科和赫尔德在18世纪作出的这些贡献,预示了历史科学在19世纪将带着它看似特有的贯通性和事实性大获全胜,并宣告独立。但是,他们也比后继者们更明显地暴露出了那些藏在表面历史性的建构背后的脚手架。

尤其是维科,如今已被誉为"第一次看见历史的人"。这一"看见"包含两个信仰:其一,坚信"唯有对史实精确入微的观察……才揭示出那决定着人是什么、曾是什么、可能已经是什么、能够成为什么以及将会成为什么的模式";其二,坚信这一模式本身就"内在于"史实之中,它使"事件的原因(ragioni,意大利语)与事件的事实绝对协调"。① 维科完成这一历史化过程,不仅仅是通过一种新的"考据式"方法,以当时的史学术语以及创造这些术语的学者的态度去接近事实,也是通过在方法上作出三项历史主义的变革,来寻找史实之间的关联。第一,维科有一个著名的判定人文真理(verum)与事实真理(factum)的方法,即他曾断然提出的如下命题:人类只能知道自己创造的东西为真;但他对此命题加上了一个规定条件,即这样的知识必须是"通过原因"(per causas)得来的知识,此即他断然提出的如下命题:只有当我们知道某物为什么或如何成为它现在所是时,我们才能知道某物为真。他以此界定了历史事实,也正是凭靠这种连贯性,他将历史事实从笛卡尔的贬损中恢复了名誉。② 第二,他开出了如下历史主义的处方:所有人类活

---

① Berlin,《维科与赫尔德》,前揭,页13。
② Vico,《新科学》(*The New Science of Giambattista Vico*),Thomas Goddard Bergin、Max Harold Fisch 译,Garden City N. Y. ,1961,页351 – 373。

动都必须根据其所处特殊时空中的可变意义来理解,而特殊时空又处在某个整体模式的大背景下,这一模式借助一种独具特色的文化把特殊时空中该模式的不同表现联系起来。第三,维科的遗传学式的史学方法根源于他对起源问题的偏好,而这种偏好又从属于一个更宏大的观念,即各民族的不同生命阶段都是连续的和相关联的。该观念认为,原初品质(qualities)规定了整个民族生命的走向。正如维科坦率直书的,"诸制度(institutions)的不可分离的属性,必须归因于其诞生时发生的变异(modification)或与生俱来的外观(guise)";然后他继续夸大这种关联,甚至逾出了各个民族生命内部三阶段的连续性(the triadic succession),因为他主张以"复返说"(recourse)——即"重现说"(recurrence)——把不同民族的进程也互相连结起来。①

虽然维科从过程角度对诸贯通原则的整个阐述带有明显的历史化倾向,但很显然,他的"新科学"并不是对哲学的一种史学替代,而是对哲学的一种史学校正。首先,就像维科在他的《自传》(*Autoiography*)——完成时间与《新科学》第一次出版时间大致相同——中明确表明的那样,他总是为拥有"形而上的心智而自豪,这种心智的全部劳作就是通过属(genus)和种差(differentia)来认识真理"。维科认为,这种心智的特征,在他而言,就是致力于"观察那些把相隔遥遥的事物捆绑在某种共同关系中的联系……直到所有属神和属人的智慧无论在哪里都以一个精神施行统治,且它的所有部分都贯通一致"。也因此,他总是强调从他的形而上学研究到法理学研究、再到他的史学研究的连续性。他不仅将他先前的著作《普遍法》看作《新科学》的草稿,还明确给予《新科学》本身一个混合性定义,列出其中兼杂的哲学元素和史学元素。他写道,在《新科学》中,他的目的是"设计一个体系,以便使最

---

① Vico,《自传》(*Autobiography*),Thomas Goddard Bergin and Max Harold Fisch 译,Ithaca, N. Y. ,1944、1963,页 117、121、123、139、146、155 - 156; Vico,《新科学》,页 17、62。

好的哲学,亦即从属于基督教信仰的柏拉图式哲学,跟某种语文学和谐相处,这种语文学在其两个分支——语言(languages)和史事(things)中展示了科学的必要性"。他以相应的二元性描述《新科学》,说它是"一种理想的永恒史(an ideal eternal history)……各国族的一切特殊史都要在时间中跋涉此间,各有其兴起、发展、巅峰、衰落及灭亡"。①

这种二元性可以并且的确在两个方面起作用:如果说它意味着"氏族(gentes)自然法"这类"理想的永恒史"中的成分"在不同民族中拥有各自独立的本源",并意味着"哲学的——还有语文学的——史学原则"一般而言可由其在特殊国族之"圣史"中的原初形式得知,那么,它同时也意味着,那些用以理解"永恒观念中的国族世界"的"公理"和"原则"——即通过"一切国族所据以建立并仍然在保存自身的……那些普遍和永恒原则"来理解——为具体史料赋予形式,并以其关联性区别于靠它们组织起来的历史事件和语言表达。② 维科明确表述了双方的交互关系:

> 哲人失败了一半,因为他们没有诉诸语文学家的权威,从而没有给予他们的推理以确定性;同样,语文学家也失败了一半,因为他们没有诉诸哲人的推理,从而没有留心让他们的权威得到真理的允准。③

为了强调历史贯通的这种独有的超越性,维科明确把这一功能归给"神意"(divine providence),神意可以通过历史而得知——"可以说,我们的新科学必须用实例说明神意在历史中成就了什么"——也可以通过人类历史行动之外的某种力量被知晓,这种力量完成了人类种种选择都做不到的贯通工作。在神意的这一贯通功能中,有两点对于维

---

① Vico,《新科学》,前揭,页 18、22、52;Vico,《自传》,前揭,页 166 – 168。
② Vico,《新科学》,前揭,页 21。
③ 同上,页 22、52 – 53、58 – 59、62;Vico,《自传》,前揭,页 127。

科的史学尤为重要,它们是史学中对应于哲学中的那些"我们不可能弄错或否认,因而不是由我们创造的永恒真理"的东西。首先,维科认为"神意"造就了不同氏族本质上相互独立的自然法间的共性;其次,"神意"造成了人类所要的种种事情与其所导致的、人类本无意要的那些关联之间的分歧。由于前一个原因,他认为是神意保证了"人类的常识",彼此离散的国族正是靠着这种常识,才认识到各自自然法中的统一性,而这一认识本身也源于神意所赐与这些自然法的和谐;神意不但是各种自然法的作者,同时也是关于那些法的常识性意识的作者:

> 起源于互不相识的所有民族间的共同理念,必定有一共同的真理基础。这一公理乃是伟大的原则,它将人类常识订立为标准,这一标准由神意教给所有民族,以规定蕴含在各氏族自然法中的确定性。各国族通过认识到他们在这一自然法方面达成的诸般潜在共识——尽管细节各有不同——而认识到这种确定性。

这个标准——"即人类的常识"——"由人类风俗制度的必然的和谐决定",而这些风俗制度本身则"是由神意建立的"。①

由于第二个原因,维科把那种后来被归于多少可见的自然之手(康德和亚当·斯密),或被归于理性的狡计(黑格尔)的功能,归给了神意的贯通这一明显超历史的功能,即,是神意把人们有意为之的个别事物及其所导致的极其不同的社会事件与事件本身之间不可约化的关联这两个方面连结起来。维科如是说:

> 因此,可以说,我们的新科学必须用实例说明神意在历史中成就了什么,因为,它必须是风俗制度(institutions)的历史;神意借着这些风俗制度,井然有序地安排了人类这个伟大城邦,他没有依靠人的分辨力和建议,甚至常常与人的设计背道而驰。虽然这个世

---

① Vico,《新科学》,前揭,页60。

界是在时间中被创造的,具有特殊性,但神意在此建立的风俗制度却是普遍和永恒的……的确,人类自己造就了这个由诸民族构成的世界,……但这个世界无疑来源于一个心智,这个心智常常多变,有时还很矛盾,且总是高于人类为自己提出的特殊目的;该心智总是利用人的这些狭隘的目的——它们成了服务于更宽广的目的的手段——来保存这地球上的人类。①

正是"通过邦民(civil)风俗制度的安排","神意……使自身对我们而言成了可感知的"。维科毫不退缩地表明,这一安排不仅仅是空间性的,也是时间性的,亦即神意不仅仅是家庭"自然秩序"和君主国"邦民秩序"(civil order)的原因,也是年代上从一种普遍状况过渡到另一种普遍状况,以及邦民秩序随岁月流逝而发展这一同样普遍可见的现象的原因。② 因此,维科最后呼吁把"对虔敬的研究"作为"新科学"不可分割的一部分,这对于他的史学而言不可或缺,也满足了他的宗教信仰。

赫尔德与维科在历史哲学上的相似属于平行创造,而不是派生关系,它预示着对启蒙时代那种哲学品质的史学的某种替代方案,它比几个显然无所归属的怪人的表达可能留给人们的印象要更具普遍性。像维科一样,赫尔德也拒绝像哲人那样,采用理性普遍主义的进路来研究自然结构和人类历史,他赞同一种多元的、个体化的和遗传式的历史进程观;但与维科不同的是,赫尔德将一种创造性的而不是塑型性的角色归给超越的神性——可以显明这一点的是,他笔下的历史因此而更缺乏贯通性。与维科相比,赫尔德的确提出了更果断、更成熟的个性学说。他更加强调每个民族无法通约的独特性,他普及了"民族精神"

---

① 同上,页 376–384。重点强调。

② Frank Manuel,《导言》(Introduction),见 Johann Gottfried von Herder,《人类历史哲学反思》[以下简称《反思》](*Reflections on the Philosophy of the History of Mankind*),Frank E. Manuel 编,Chicago,1968,页 xiv、xvi–xvii、xx–xxi。

(Volksgeist)这一术语,把它作为这种独特性的印记,并引入莱布尼茨的单子概念以最终确立这种独特性;当他全盘思考历史的时候,他甚至倾向于把历史整体定义为诸形式的渐进展现,这些形式不可模仿亦不可相互比较,它们显明了万事万物的统一基础所具有的丰富多产的特性。

最近,一位评论者阐述了赫尔德对于历史诸组成成分的态度,他用愉快的语调说道:

> 论到人,实在是千变万化不可胜数。每个人都有其有限的存在,但当每个人在时间中诞生并完成时,整体的人性也就变得更加丰富。在历史的进程中……将会出现人类感性(human sensibility)的所有可能的组合……这些组合之间的亲缘关系(filiations)很脆弱。人性可能有的文化表现无穷无尽、不可预测而且杂乱无章……为了赋予所有民族的历史以意义,赫尔德向来拒绝在不同民族之间进行比较。每个民族在其自身之内都包含着自己的个性原则,它是一个自我关涉(self-respecting)的单子……所有民族都以不同的形式分有人性……这些形式是共同人性的不同表现……所谓进步,就是指所有可能的民族构型(configurations)的逐渐展现。这些形式不是同时被造的,因为神意的目的正是要它们随时间的推移而显露。①

这种赫尔德式的个性化不但延伸到时间,也延伸到空间——不但区分此时与彼时,也区分此个体与彼个体。赫尔德写道:

> 一个人生命的整个过程就是变化。他生命的各个不同阶段都是转变的故事,整个人类也是一个持续的蜕变过程(metamorphosis)……因此,人的历史最终是一个上演着转变的剧场,唯有赐这一切角色以生气的那一位才能检阅他们、养育他们并以他们为乐。

---

① Herder,《反思》,前揭,页4-5。

地上的漫游者,转瞬即逝的蜉蝣,则只能在一个狭小的圈子内欣赏这伟大精神所创造的奇迹,在大诗班中享受那属于他的形式……①

这并不是说,赫尔德完全不关心历史的总体贯通问题,也不是说,作为地上的漫游者,他禁止自己把人类历史作为整体来思考。有人充分指出,赫尔德全心关注"一"(the One)与"多"(the Many)之间的持久张力,也不乏分析表明,他曾受惠于基督教传统及启蒙运动所主张的普遍性——无论这二者可能多么有悖于彼此且有悖于他那强调多元性的思想立场——以此来解释他对西方文化的偏向,并解释《朝向某种历史哲学的观念》(Ideas Toward a philosophy of History)中出现的他对西方文化的整体呈现。上述明确断言的重要之处在于,在赫尔德的书里,上述偏向和呈现乃是指向一个普遍的、本质上目的论的导向。这一导向的终点是非历史的,因为它作为尚未实现之物而在历史之外,但它也提供了一个视角来观照历史之内的一切。赫尔德本人关于人类事物瞬变的特殊性的断言,已宣示出这一导向,从而既表明他本人坚信人类事物之间的兼容性,同时又不经意间解释了他自己的表现;就连他关于他所涉足的历史范围所下的"我们不能"(non possumus)这一裁断,也不如下述断言那样充分地解释了他自己的行为:

人类理智……在各种多样性中寻求统一,而神圣理性——人类理智的原型已经给地上不可胜数的多样性盖上统一性的戳记,因此,我们可以从广袤的变化之域冒险而行,回归最简单的立场:全人类只是同一个种。②

的确,"人性"(humanity)——在人类学与道德相结合之意义上的

---

① 同上,页 5。赫尔德的强调。
② 同上,页 82 – 118、269 – 270、398。

启蒙德性中(这些德性界定了人这一种属)——对于赫尔德来说,乃是"人性(human nature)的目的",该目的"由优美而又崇高的自然法确立,我们向来所漫游其中的种种喧嚣场景就是凭靠这自然法得到治理";这个目的就是那将人类历史捆束在一起的东西。

除了上帝给予的、存在于他自身之内的目的,亦即存在于或软弱或强大、或卑贱或高贵的自然(nature)之中的目的之外,人无法设想在其所有属世的风俗制度中还有其他什么目的。而既然我们对整个创造从头到尾都一无所知——除了通过它所是以及它所造成的结果——那么,人在地上的目的就由人的自然和历史向我们表明出来,就像通过最清晰的证明一样。

尽管自然在人里面植入了自发的自主活动(self-activity)原则,尽管自然把人类组织得多种多样,就像人这一种属在地球上可能被组织的那样——这些造成了人类历史中的异质性——耶稣带来的基督教以及人里面的"天赋理性"还是成了两种统一的力量,"推动着我们这一种属之中的人性进步,并……将继续推动",因为,"一般地说,尚未在地上出现的东西无疑会在未来某个时刻出现"。①

实际上,历史记载已经表明:在自然法的庇护下,"人间的理性在何种比例上增加","人类的毁灭性恶魔"也就在何种比例上减少,而"技艺和发明"也就在何种程度上进步。自然法所规定的,不仅仅是"源于某些特殊事物或该事物之有限系统的力量所具有的行动方式……的完美",而且是这样一些整体调控:"自然中所有毁灭性的力量都要服从于……整体的圆满(Consummation)"。另外,自然法还把人类永恒的福祉建立在人的理性之上,理性是"那唯一原则(the one principle)……它致力于从多样性中发现统一性,从混乱中清理出秩序,从各种力量和设计之中创造出一个匀称、持久、美的整体"。自然法规定

---

① 同上,页87-117。

了这样的必然性:理性和正义必然"随时间的进程在人间赢得更多阵地",因为"诸时代不仅因其自然而把它们自己整个与时间之子——人类连结在一起"。自然法还规定了"内在的必然性",即,"可以在地上发生的一切事,也必定发生在人类身上——假使这事是根据自身内部就带着完美性的法则而发生的话";此必然性乃是基于一个超越的原则:"某个智慧的善(Goodness)安排了人类的命运"。因此,人类有序的进步是"自然的总体计划……在这一线索引导之下,我穿越历史的迷宫,处处感受到神圣的和谐秩序"。历史,唯当如此被引导时,才履行了教导我们"依据上帝的永恒律法而行动"的教化功能。虽然赫尔德没有这样说,但在他而言,对于某种尚未存在但将要存在的理性秩序的信仰,就是这一引导的源泉。

> 人类理性……先发明创造然后才能应用……下面这一盼望中并没有任何狂热的成分:无论人类居住在哪里,在未来某个时段,地上都将居住着理性、正义而幸福的人们;这幸福不是单单通过他们自己的理性得到的,也是通过兄弟般的人类整体的共同理性得到的……近代欧洲教养可能成为哪一种类型是显而易见的……:所有阶层、民族间普遍地互相塑造在那时还是一件不可去想的事;这事会在何时到来呢? 然而,理性,以及人类有效的联合行动,将坚持不懈地前行;它甚至可能被当作一个美好的记号,到那时,最佳美的果实也就适时成熟了。①

此外,不单赫尔德[对历史]的总体设想,就连把他不断发展中的个性论的不同阶段联系在一起的那种力量,都带有超历史本源的迹象。赫尔德断定,诞生、生长与衰落的有机模式,乃是自然中所有特殊事物

---

① 同上,页 20 – 24。关于同时代科学对赫尔德的影响,请参阅 Berlin,《维科与赫尔德》,前揭,页 146、150。柏林拒绝赫尔德将多样的个性彼此相连的任何整体设计的观念。参阅同上,特别是页 206 – 211。

以及历史中所有个别民族必经的过程。这种思想自有其古代渊源,然而,有证据表明,赫尔德绝非赋予这种类比一个直接的历史形式,而是通过他在同时代自然科学中找到的生机论学说(the vitalist doctrine),将该有机模式应用于历史。他坚持,存在着那么一种东西——他以许多不同名称来呼之,如"一种活生生的有机力量"(a living organic power)、"这种活力"(this vital power)以及"活力原则"(the vital principle)——"所有的自然力量都与它相关联",它创造并维护着时间中所有的自然事物和民族形式,同时也是它们衰落的原因。① 无论18世纪的生机论在本源上是生物学的——如对拉马克(Lamarck)而言,还是自然哲学的核心信条——如对狄德罗和歌德而言,有一点很显然:作为一种通过空间和时间渗透于、组织并统一自然现象的力量,生机论精神已作为民族贯通的原则融入赫尔德的历史主义,此原则生长自一个非历史性的母体(matrix)。②

如果从我们的视点把二人一前一后连起来看,那么,维科和赫尔德的历史主义在18世纪的位置,并不像有时看起来的那么古怪。如果说,事实上起码维科是凭"我们自己制造的东西"并因而是凭历史来判定真理,并以这样一种独特的认识论而闻名;如果说,事实上,维科和赫尔德都是通过假设民族个性的终极性及其在时间中诸发展阶段的自主

---

① 关于这种关联,请参阅 Charles Coulston Gillispie,《客观性的边缘:科学观念史论》(*The Edge of Objectivity: An Essay in the History of Scientific Ideas*),Princeton,1960,页200,另参 Maurice Mandelbaum,《历史、人与理性:十九世纪思想研究》(*History, Man, and Reason: A Study in Nineteenth - Century Thought*),Baltimore,1971,页58。

② David Hume,《自然宗教对话录》(*Dialogues Concerning Natural Religion*),Norman Kemp Smith 编,Indianapolis,1947,页19-20;J. B. Black,《史学技艺:十八世纪四位伟大史学家研究》(*The Art of History: A Study of Four Great Historians of the Eighteenth Century*),New York,1965,页79-80;《休谟:具有哲人品质的史学家》(*David Hume: Philosophical Historian*),David Fate Norton and Richard H. Popkin 编,New York,1965,页52-54。

性,而开创了近代的历史主义——那么,两人都强调以下几点亦为事实:强调[民族个性的]诸发展阶段存在着一种普遍的有机模式,而且所有这些民族个性通过这一模式在发展过程中彼此重叠;强调这种模式共同的遗传特性,该特性强调原始和神话阶段的至关重要性;强调神意在保证人类统一性上的角色,历史个性因其独立性是不会靠自身凝聚为统一体的。

两位作者在这种有机模式的定位问题上也互为补充,此亦为不争的事实:维科使这一模式成为某种"新科学"的最重要的内容,这种"新科学"包含对人的整体生活的研究,而以历史作为其主要的维度和工具;赫尔德则把这一模式本质上的历史性实体化了,并将其写进他的经典之作《朝向某种历史哲学的观念》。因此,两位学者都从内心深处信奉历史的合理性(the rationality of history);虽然他们都反对理性主义(Rationalism)——它也可以从以前被看作赋予其他类型的实在以活力的理性(Reason)中,引申出历史的理性这种东西——但赫尔德明确证明,历史乃是维科的不仅用于史学,也拓展到所有人文学科的那种思维的模型。两种理性,一种是从非历史的方向延伸到历史和非历史上,一种是从历史的方向延伸到历史和非历史上。由于维科和赫尔德对理性主义的公开反对,18世纪几乎不会遇到将这两种理性相混淆的危险,但为了澄清未来可能有的混淆,我们必须牢记,二者间的关系交错着相似与相异。

历史主义传统的第二种变式——即主张不同类型的实在各有其多元性原则,并将其纳入一个孤立的历史理性来解释过去的贯通性——显然可以追溯到休谟的哲学与史学的特殊结合。尽管休谟将宗教认定为"一种哲学",并且终生对宗教主题颇感兴趣,而这弱化了那促使他以史学代替哲学的单纯而古老的观念,并使他从一个到另一个的公开转向显得更像是一种出于审慎而非出于真诚的皈依——尽管如此,休谟在理智上依靠史学提供给他他从哲学中获得的那种贯通性,这一点仍是事实。鉴于在《人性论》(*A Treatise of Human Nature*)中他已证明,贯通性并不属于外部自然而属于人的精神,因此,他开始依靠人的历史去"发现人性中恒常与普遍的原则",即那些他不可能通过任何其他方式公开证明的原则。① 因此,历史的道德目的——由"真正的美德之友"所撰写的、知识中最富教育意义(improving)的部分,听起来或许与他被启蒙的朋友们的所见一致,但它在休谟那里的作用,却与在休谟的被启蒙的朋友那里有着根本差异:他们利用历史与道德的结合来称赞历史如何效力于道德的普遍原则,休谟却是利用这一结合来高扬道德的历史基础。② 在休谟看来,道德中的贯通性就像知识中的贯通性一样,得自于一个历史为其提供了原则的具体经验。

但是,如果说休谟的原则以及他所走过的研究之路凸显出鲜明的历史贯通的观念,那么,他也没有免于历史主义者的一个同样典型的倾向,即从历史之外借来他们声称在历史之内发现的贯通性的本质。他认为史学的一个好处在于"为大多数科学提供了材料",这其实重复了他的启蒙朋友们的意见。③ 此外,他态度鲜明地指出道德哲学中基本历史模式的根源,他看到不变的人性原则在整个历史中运行;人与统一的自然原则之间、结果与固定原因之间的哲学关联,是他提出这些原则的基础;他还认为史学的主要目的就是阐明这些原则;而且,也许最富揭示意义的是,通过证明基于哲学的人类贯通原则与历史的契合,他示范了18世纪史学家所采取的独具特色的哲学进路。主张恒常人性的观念认为,在人的行动中,以及在所有的民族和时代中,都有着某种高度的统一性,人性在其原则和运作上始终是一样的,人类在所有时代和地方也都完全相同,以至于历史在这一点上从不告诉我们什么新鲜或

---

① 《休谟:具有哲人品质的史学家》,前揭,页37-38;J. B. Black,《史学技艺》,前揭,页85。

② David Hume,《论历史研究》("Of the Study of History"),见 *David Hume: Philosophical Historian*,前揭,页38。

③ Hume,《人类理智研究》(*An Enquiry Concerning Human Understanding*),见 *David Hume: Philosophical Historian*,前揭,页52。

陌生的东西——休谟认为,这种人性观源自我们关于自然和社会贯通的诸判断在哲学上的一致性;①正如动机与行动的统一有着恒常性,就像在任何自然运作中那样,同样,这种恒常性对知性的影响也一样,它决定着我们从一种东西的存在推论出另一种东西的存在。因为,

> 无论我们根据性别、年龄以及政府的差异,还是根据教育方法的差异来思考人类,都能辨认出自然原则的相同的统一性及有规律的运作。相同的原因仍然产生相同的结果,跟在自然元素与力量的相互作用中一样……判断人的行动时,我们也必须遵循相同的原理,就像我们就外部对象进行推理时一样。如果有些现象恒常不变地彼此相接,它们就在[人的]想象中获得了这样一种关联:想象会毫不怀疑、不假思索地从一个联想到另一个……除了绝对的必然性,什么也不能迫使一位史学家打乱时间顺序,在他的叙述中给予某个实际上发生在另一事件之后的事件以优先性。②

休谟的观念或许是特别的,他认为,事件的关联性,特别是那种可以用因果(亦即动机和行动)术语来归类的关联性,是基于知识论而不是基于本体论;但休谟信仰普遍人类原则超越的有效性,并坚信这些原则与其在特殊历史事件中的经验性展开可以兼容,这却代表着一般意义上的具有哲人品质的史学家,并在哲人中为他赢得了"好大卫"的绰号。因此也就有了休谟的如下假定:人性的那些永恒原则,虽然形式上可以锚定在人的精神结构之中,实质上却只能在其所超越了的特殊历史中方可被知——也就是说,实际上史学的"主要用途只是通过……

---

① David Hume,《人性论》(*A Treatise of Human Nature*), Garden City, N. Y., 1961, 页 363、366、389。休谟的强调。

② Hume,《人类理智研究》,见 *David Hume: Philosophical Historian*, 前揭, 页 52。

为我们提供史料,去发现人性中恒常、普遍的原则;我们可以从这些史料得出自己的观察,熟悉人类活动和行为的有规律的跃动(springs)"。① 其实,对休谟来说,史学推理(historical reasoning)是那种通常从事实经验出发的概率推理的一个子集;休谟承认,这种概率推理"很不幸没有得到……其他哲人的认可",但他本人觉得它在哲学上是值得尊重的。② 由此,人们也把休谟跟他那个世纪的理性主义的、具有哲人品质的史学家联系起来,因他假定历史有着某种隐形结构;这种结构曾有一度是从具有合法性的哲学或科学中推导出来的,否则就只可作为与该结构相符的、史实间的隐形联系被人所认知。

近代早期西方文化中的史学和历史哲学,证实了这样一个历史时期的观念:该时期将在 18 世纪结束,它见证了古典秩序及其影响的主宰地位。这一观念即"历史与科学要变得彼此分离"。在普遍历史学家如雷利(Walter Raleigh)和波舒埃那里,尽管神性已被人文主义者改造成了木偶操纵者,通过拉动木偶细线来控制世俗历史事件,但事件的神意模式依然很明显。③ 17 世纪撰写史书的世俗哲人在这种意义上理

---

① Hume,《人性论》,前揭,页 131 – 135。
② Fussner,《史学革命》(*The Historical Revolution*),前揭,页 193 – 197;Jacques – Benigne Bossuet,《论普遍历史》(*Discourse on Universal History*),Orest Ranum 编,Elborg Forster 译,Chicago,1976,页 xix – xxxiii。
③ 理性主义的哲学品质的史纂——假如不是历史主义的——旨在驳斥那时新近流行的时代观念,其中,经验的事件被视为一系列记号,代表着意义化的本质实在,并显现出彼此之间的关联,因为在主张贯通的理性主义与历史主义形式之间,我们必须做出区分:贯通原则在每一个案中都是不同的和具体的。被驳斥的观念更适合历史主义者,而不是理性主义史学家,与这一判断所依据的那些原则相比,理性主义者的原则更恒常,有着更加明显的超历史色彩。请参阅 Michel Foucault,《事物的秩序:人文科学考古学》(*The Order of Things*:*An Archaeology of the Human Sciences*),New York,1970,页 xxii – xxiii,页 50 – 67。17 世纪初期,在文艺复兴与古典时期之间,福柯所标明的突破或认识型(episteme)并未得到这种原始史料的支持。

性主义倾向尤为明显。① 正如我们先前注意到的,霍布斯在所写俗史中应用了其政治理论中的人性论和政府学说;而斯宾诺莎和莱布尼茨的史学研究进路,若不分别参考其理性主义哲学和人种史论的、法理学的及单子论的原则,也将变得不可理解。③ 最后,培尔(Pierre Bayle)被判定为17世纪的最高代表,他的宗教虔敬渗入了他的考据史学,为考据史学赋予了实体和连贯性。④

现在人们已达成这样的共识,即18世纪史纂的最大特色以两个彼此相关的发展为特征:一是学究派与普遍史这一史学传统的汇合,二是因此而出现的一种混合倾向,即不但把考据标准应用于史实,也用于历史的关联。这种混合倾向以其最佳范例带出了一种结合,即在通常称为"具有哲学品质的史学"的掩护下,把世俗化的、可历史化的范式与通过方法论得到确证的事实相结合。现在,重要的是理解两种史学的汇合与其所导致的混合倾向之间的确切关联,因为,对二者的混淆在18世纪期间既造成了该世纪早期对史实性(historicity)的低估,也造成了该世纪后期对史实性的补偿式高估。史著中学究模式和普遍模式的汇合,相对于之前二者长期的相互隔离而言的确意味着一种进步,但还不意味着两者的紧密联合,这种紧密联合要到19世纪才会成为史学写作的典型特征。因此,一方面,最优秀的普遍史学家——既包括法国和

---

① Spinoza,《神学政治论》(Theologico - Political Treatise),见 The works of Spinoza, R. H. M. Elwes 译, New York, 1951、I:4 - 9、132 - 155; Leonard Krieger,《德意志》("Germany"),见《民族意识:欧洲现代早期的历史与政治文化》(National Consciousness: History and PoliticalCulture in Early Modern Europe), Orest Ranum 编辑, Baltimore, 1975, 页 90 - 91; Lewis W. Spitz,《莱布尼茨对史书的意义》("The Significance of Leibniz for Historiography"), JHI(1952):13。

③ Elisabeth Labrousse,《鹿特丹哲人培尔》(Pierre Bayle: le philosophe de Rotterdam), Paris, 1959, 2:36、65 - 68、124 - 125、280 - 283、289、295 - 297、446。

④ Peter Gay,《启蒙:一种阐释》(The Enlightenment: An Interpretation), New York, 1969, 页 2:373 - 276;《吉本自传》(Autobiography of Edward Gibbon), London, 1907, 页 135 - 142、172。

英国正式所称的"具有哲人品质的史学家",也包括德国人以更隐秘和更政治性的方式所称的"实用史学家"——熟悉或至少利用了史学巨著(historical magna opera)中学究派和古文物研究的成果。① 的确,德国实用史学家中的一些重量级人物,特别是哥廷根学派,也包括奥斯纳布吕克的著名史学家默泽尔(Justus Möser),不但应用了古文物研究者的学术成果,本身也为这一流派作出了贡献。②

另一方面,18世纪的两种史学之间仍然始终存在着感觉得到的裂缝。古文物史式的研究方式在我们尊之为博学,在具有哲人品质的史学家则看为学究,从后者加给前者的无数习惯性的鄙视,可以明显看到裂口所在;但是,更能说明——虽然更隐晦——这一裂口的,是普遍历史学家中,从伏尔泰到格林(Grimm),再到集大成的史学家吉本(Gibbon),都同样盛行一个主张,即认为史学家"必须像哲人一样写作",因为,历史关联,即具有哲人品质的史学家所强调的对事件的"属人原因"的穷究,才正是哲学所披的外衣。③ 从一些试图使二者互补的失败个案,可以明显看出哲学贯通与历史事实性之间存在的鸿沟;一些极有抱负的实用史学家,像哥廷根学派的创始人加特勒(Johann Christoph Gatterer),以及声称写出了第一部连贯可靠的德国民族史的默泽尔,他们的承诺与真实表现之间都出现了可悲的鸿沟,这亦证明普遍史学与

---

① Herbert Butterfield,《人论其往昔:史学的历史研究》(*Man on His Past: The Study of the History of Historical Scholarship*),Boston,1960,页42-55;Leonard Krieger,《德意志》("Germany"),前揭,页93-95。

② Gay,《启蒙》(*The Enlightenment*),2:376-77;《吉本自传》,页180。对史学和哲学做出详细说明是为了18世纪的普遍史学家,同时说明也是由他们做出的。因此,德国史学家J. G. Meusel 赞扬吉本的写作"既适合史学家,也适合哲人"(ut Historicum et Philosophum decet)。引自同上,页213。

③ Peter Hanns Reill,《启蒙中的史学和解释学》("History and Hermeneutics in the *Aufklärung*: The Thought of Johann Cristoph Gatterer"),见 *Journal of Modern History* 45(1973):30-31;Srbik,《精神与史学》(*Geist und Geschichte*)I:123。

学究化史学之间,仍然继续着既结合又独立的关系。加特勒草拟了不下于八项关于普遍史学的纲领性研究计划,这些研究将基于一个"事件体系",其显著特征是研究这些事件一般意义上的"内在关联"及具体意义上的"因果"关系;但另一方面,他也协助发展了如文献学、地理学、谱系学、古文字学这些辅助学科。这些学科是摩尔会修士(Maurists)等一批17世纪学者创立的,旨在促进事实史学的考据学的发展,加特勒跟他们一样,十分关注史学中的"考据"(Evidenz)问题。① 另外,在他的普遍历史著作中,他显然未能整合这些不同层面的历史化问题,因为,他关于"事物的普遍联系"的一般陈述,与他关于全球历史事件所绘制的未整合的图表就那么生硬地放在一起,几乎未加编排。② 默泽尔做得好一些,这符合他比较狭窄的和民族化的关注点,但同样,对于默泽尔而言,"共同的土地财产拥有者们"(common landed-property-owners)本应成为多彩但统一的德国历史的一个共同主题,但一到实际讨论时,其命运却是被分割成为研究帝国内某个具体邦国历史时的一个个具体对象。③

但是,如果说,普遍史学与学究史学彼此关联而又相互区别的关系有助于划定18世纪史纂的边界,那么,曾作为普遍史学精华之所在的那些贯通性主题的确切性质,便决定了二者所拥有的关联具有何种特征。简而言之,具有哲学品质的史学的结构,源自18世纪关于哲学是什么的独特观点。从我们的观点来看,18世纪的启蒙哲人(philosophe)可能只是个有学问的人,而不是严格意义上所谓的哲人,但这并非18世纪人当时的观点。对于他们来说,启蒙哲人的确是一个哲人;如果说这种人的特征是热爱"道德真理",并且拥有关于"人的义务"的知

---

① Krieger,《德意志》,见《民族意识》,页93。
② 同上,页95–97。
③ Voltaire,《哲学词典》(*Philosophical Dictionary*),Peter Gay 译,New York,1962,2:419–420。

识——即他知道"生活所需要的本质性的东西"——而不是他的形而上学或自然哲学,那么,这一描述其实是界定而非取消了他的哲学。①虽然 17、18 世纪的哲人可能都深信存在着永恒的人性原则,但是,17 世纪的思想者倾向于将这些原则与形而上学相关联而与史学相分离,相反,18 世纪的思想者则倾向于使这些原则摆脱他们所否定的形而上学,而导向这些原则在其中得以体现的人类行为的现实。

传统史纂评论说,典型的 18 世纪那种具有哲学品质的史学因为主张人性原则的恒常性、普遍性和逻辑性,所以是非历史的,这已是老生常谈。意识到在 18 世纪——就像在西方传统中曾有过的那样——曾有过一些具有超历史根据的历史贯通原则,这既证实又削弱了前述判断。使那些具有哲人品质的史学家后来尤遭诟病的,不仅是他们不承认其原则的超越性来源,还因为他们主张外历史原则与历史事实之间的契合,这种契合鲜明地突出了这些原则的非历史维度。

事实上,具有哲人品质的史学家是将恒常的概念链条——这些链条本身并非历史性的——应用于历史。例如,伏尔泰关于历史贯通的原则几乎没有撰述,然而分析其史学作品无疑表明,他的确应用了哲学上的因果论,这一点可帮助我们把他的作品与他所感到惋惜的那种非哲学的史学作品的"琐屑细节"区别开来。该因果论声称,它关注的是"值得所有时代关注的东西,是刻画人类的精神与习俗的东西,是可以服务于教化且劝导人们热爱美德、技艺和祖国的东西"。② 因此,18 世纪的具有哲人品质的史学家,如伏尔泰、罗伯逊和吉本——但绝对不包括休谟——都主张在历史事件表面的混乱背后有一种新的理性结构,并将这种结构等同于自然、人、社会或这个唯一可通达之世界中的其他

---

① J. B. Black,《史学技艺》,页 37 – 44;Voltaire,《路易十四时代》(*The Age of Louis XIV*),Martyn P. Pollack 译,London,1926,页 4 – 5。

② Descartes,《正确思维的方法谈》,见 *The Philosophical Works of Descartes*,I:92;Voltaire,《历史哲学》(*The Philosophy of History*),New York,1965,页 21、32、45 – 46、60、80;Black,《史学技艺》,页 1、23、52。

任何可以想到的集合性实在(collective reality)之间的一致构成(consistent organization)的连贯机理。启蒙了的史学家继承了笛卡尔式的信心——"那些长长的推理链条,那些尽管简单容易却被几何学家用来达成最困难的论证的链条,曾使我想象,所有处于人类认知范围内的事物,很可能都以同样的方式彼此相关"——但他们行笛卡尔所未行,将这信心应用于历史;他们因此也跟伏尔泰一起,相信"自然无论在哪里都是相同的,人必定接纳相同的真理,也必定犯下相同的错误",相信"上帝将一个普遍的理性原则放在我们里面"。这样的史学家自然可以毫无障碍地援引自然学说的材料来阐释那些根源于人性的行为,或者毫无障碍地利用关于自然统一性的理性假定,针对那些为所谓的神迹以及自然中其他非理性事物作证者来展开史学的批判。①

博灵布鲁克(Bolingbroke),伏尔泰的导师,在一封信中公开把启蒙运动的典型史学理论与如下假设关联起来:在自然中存在着一种外历史的但又与历史相关的统一性。也是在同一封信中,他给出了对史学的著名定义:史学是"一种哲学,用实例教导我们在所有私人和公共生活情境中如何为人"。他的这一定义建立在史学的功能之上,即史学就是要提供那种哲学教育:

> 存在着某些必定永远为真的普遍原则及生活和行为的准则,因为它们符合事物的不变自然。一个人若像研究哲学那样地研究历史,那么他很快就会分辨出这些原则和准则并将其收集起来;这样一来,他很快就会在自己里面形成一个伦理学和政治学的总的体系,这一体系乃是建立在最确定的基础之上,建立在所有时代对那些原则和准则的检验之上,建立在人类普遍经验对它们的确认之上。

顺及,应当指出,博灵布鲁克区分了历史与"经验",并使历史从属

---

① Lord Bolingbroke,《史学著述》(*Historical Writings*),Isaac Krannick 编,Chicago,1974,页 xx、25、28-29。

于"经验"。① 这种对过去的怀疑主义态度,使博灵布鲁克也代表了启蒙时代的典型史纂,它体现于批判理性这支传统,以消极的方式把过去一些更为荒诞的方面结合起来。从更本质的意义上,我们也许可以说,它实则根源于史学之外的某种哲学上的皮罗主义(Pyrrhonism)。

就这种超越性而言,18 世纪最透彻的具有哲人品质的史学家无疑当属孔多塞和康德:孔多塞使史学从属于社会科学,并将社会科学等同于社会数学(social mathematics);康德则使史学从属于自然和道德哲学。细致分析孔多塞的名著《人类精神进步史表纲要》(*Esquisse d'un tableau historique des progrès de l'esprit humain*),会清楚看到,其众所周知的必然进步说并不是由历史规律而是由社会数学的原则来保证的,而这些社会数学原则又体现于统辖人性活动及其进步的普遍规律(general laws)之中。孔多塞将整个人类历史视为诸理智活动"为了推进人类理性进步"的某种结合,并把这种理性进步等同于科学的整体进步;就像赞美人类过去的历史和谐一样,他也赞美未来的历史和谐。"信仰自然科学的唯一基础乃是这样一种观念:即统辖宇宙现象的普遍规律,无论已知或未知,都是必然和恒常的;何以这一原则对于人类智力和道德能力的发展就该比它对于自然的其他运作而言少些真实性呢?"因此,"人类只是变成了人类能力的必然发展所要求它成为的样子"。同样的"普遍规律"也统辖着自然现象、"个体能力的发展"以及"人类精神的进步",且因此也统辖着历史的发展模式。"人的历史……由一条由事实和观察组成的连续链条连接起来;……人类精神前进和进步的图画"赋予历史以连贯性,但在孔多塞看来,它本身却不是历史性的——实际上,孔多塞最权威的评论者曾称其为"元历史的"(meta-

---

① Keith Michael Baker,《孔多塞:从自然哲学到社会数学》(*Condorcet: From Natural Philosophy to Social Mathematics*),Chicago,1975,页 344、346、355 – 360;《孔多塞作品选》(Condorcet, *Selected Writings*),Keith Michael Baker 编,Indianapolis,1976,页 210 – 211、215、226、254 – 258。

historical)。① 孔多塞本人把阐释人类精神的这种发展规律归为"哲学的真正主题",并把达到那些植根于人类灵魂深处的"普遍真理"的方法描述为"形而上的方法"。如此一来,历史就只是应用这些社会科学规律或错误地偏离了它们的经验证据。由此,历史既服在这些规律之下,又与它们契合。

不仅像孔多塞这样的具有哲人品质的史学家,还有像康德这样的18世纪历史哲人,都明确表达了历史贯通的超历史基础。康德关于某种规范性原则的明确概念,就算作为历史关联的本源再怎么独特,他的一个典型做法仍是为此目的而通常诉诸超历史的稳定性。康德有个著名的区分,即"个体事物"的"相互对立"和"混乱喧嚣",区别于全人类朝向一个正义的公民宪制(civil constitution)的和谐进步。这一区分乃基于他的另一个更为根本的区分:"纯粹经验论的史学"处理的是"人类事务的混乱闹剧",而当"一种哲学精神"从"恒常的自然法"的视角对世界历史作"大范围的"思考时,就会看到"世界历史的……有规律的……统一的、连续的进程";这种视角为朝向"一个完成的(completed)理性目的"提供了"一种先验的指引(a priori guide)"。由此,康德就将史事的关联归于某个明确哲学性的原则,它与经验史学杂乱无章的事实相对照。但他主张,这一哲学性的目的论原则可与自然法进行类比来阐明,也因此可类比于专为揭示物理现象之间的联系而找到的贯通性,由此,康德也在证明哲学原则与它所组织起来的史实之间的密切关系(affinity)。史学,无论是其理性主义形式还是其历史主义形式,都表达出一些基本原则,这些基本原则首要的正当性都在历史之外,并赋予历史这个时间媒介以某种模式。不消说,这如许个世纪间,历史已经展示了这一模式。

---

① Kant,《从世界公民的观点看普遍历史的观念》("Idee zu einer allgemeinen Geschichte in weltbürgerlicher Absicht"),见 *Immanuel Kant's Sämtliche Werke* (Grossherzog Wilhelm Ernst Ausgabe, n. p. , n. d.),1:223、227、229、237 – 240。

波舒哀的《论普遍历史》

雷努姆(Orest Ranum) 撰

蒋开君 译

[中译编者按]本文是作者为波舒哀的《论普遍历史》英译本写的导言。

自17世纪70年代后期开始,波舒哀(Jacques-Benigne Bossuet)在《论普遍历史》(*Discourse on Universal History*)向这个世界呈现了信仰与历史的伟大综合,他不仅陈述自己关于历史意义的信念,也为基督教的历史基础辩护,以驳斥那些新近攻击这些基础的人。就像波舒哀几乎所有的后期作品一样,《论普遍历史》也是应时之作(une oeuvre de circonstance),旨在驳斥荷兰哲学家斯宾诺莎(Spinoza)和奥拉托利会(Oratorian)教士兼圣经文史学家(Biblical antiquarian)西蒙(Richard Simon)危险的异端思想和学术研究。此外,由于波舒哀的宫中庇护者路易十四(Louis XIV)正与教宗英诺森十一世(Pope Innocent XI)论争,所以,波舒哀觉得,阐明法兰西君主制在罗马帝国后期动荡伊始的年月里如何维护了早期教会,包括维护了罗马众主教,可能也会有些益处。

波舒哀还有一个不那么明显的目的,更为符合法兰西政治文化中的人文主义和训诫式(preceptorial)写作的古老传统。即,他撰述《论普遍历史》,也是为了教导和规训太子和他的父亲——太阳王(the Sun King)路易十四。① 不管怎样,波舒哀几乎没有感到他作为论战者的显

---

① 关于史学在17世纪法国政治文化中的意义及作用,最好的介绍是:P. Ariès,《历史的时间》(*Le Temps de l'histoire*), Monaco, 1954;W. F. Church,第二章《法兰西》("France"),见 *National Consciousness, History, and Political Culture*

白目的,与他身为导师和作家这一身份对自己的隐含要求之间有什么矛盾。他的两个目的以改革派天主教的福音传播为沟通,互为补充,而福音传播是那唯一高于一切的目的,它激发了波舒哀所有作品的写作和他所有的行动。

波舒哀时刻准备着参与关于几乎任何主题的论战,只要他认为基督教和王权原则(royal principle)正在受到攻击。他成年生活的大部分时光都在作为作家反击那些他觉得正在拆毁信仰的人。波舒哀七岁出家为修士,在法兰西天主教会的改革派圈子(circles)中被抚养长大,成为他们的"儿子"和辩护者。② 波舒哀一生不懈地努力修复如下两者之间思想之墙上的裂痕:一边是他心目中唯一一个历史性的信仰和教会,一边是他心目中唯一一个真正的、由上帝支持的君主制,即法兰西君主制。

20世纪的读者很难重构《论普遍历史》诞生的时代氛围。那时的凡尔赛充满活力,宗教气氛浓厚,崇尚感性而且斗志昂扬。一种狂热的宗教和政治热情在凡尔赛步步高涨,这里成为法兰西政治文化的中心。波舒哀也在其中作出了自己的贡献,他通过他那伟大的布道营造了这种氛围:他能使最心怀不平的朝臣感动得泪流满面,也能教导太阳王本人。这种氛围始于17世纪60年代早期,并一直延续到80年代以后,因此,波舒哀这样的人不由得打心眼里相信,他们的时代是一个伟大的时代,他们是人类史上最伟大历史时刻的参与者。

波舒哀一方面支持这种氛围及君主的政策,一方面却总是勇敢地试图去校正路易十四的治国政策和个人行为,使其符合他这位导师关于基督徒君主的理想。无论这种宗教-政治热情对于后世的法国人来说显得多么幼稚和危险,或者在同时代的别国人眼里看来是多么邪恶(diabolical),总之它就是波舒哀的《论普遍历史》的写作基础,该书于

---

in Early - Modern Europe,第二章,O. Ranum 编,Baltimore,1974。

② 请参阅 T. Goyet,《波舒哀的人文主义》(*L'Humanisme de Bossuet*),两卷本,Paris,1965,1:3。

1681年首版面世。作为融历史和宗教为一体的雄辩演说,《论普遍历史》持续受到读者的青睐,直到第一次世界大战期间法国文化中的古典主义－基督教元素最终消亡。《论普遍历史》集中体现了对待宗教和路易十四的这种古典主义－基督教的观念,并且使这种观念世代相传,后世之人在世俗化和共和主义的惊涛骇浪中也曾持守这种观念,作为生命的护佑。

这种热情氛围也带有深刻的宗教和民族含义。事实上,就在波舒哀撰写《论普遍历史》的年代里,改革后的法兰西教会走自己的路、独立于罗马教廷的可能性已经显得很真实。耶稣会教士(Jesuits)与冉森派教士(Jansenists)之间,以及教宗全权论者(Ultramontanists)与高卢派(Gallicans)之间,就诸多神学和教会议题发生了路易十四本人所说的"不朽论争",把大学、高等法院、国王和教宗都卷入到一场激烈的冲突中。冲突带来的威胁是,法兰西与罗马教廷可能以分裂告终。冲突并非由路易十四造成,尽管他在统治早期曾加剧了这一冲突。① 不过,到17世纪80年代,高卢派运动已如火如荼,他们支持法兰西国王享有教会之上的俗世权利,法兰西教会宣布独立于罗马教廷似乎已成可能。波舒哀虽然一直强调基督教世界的统一以及教宗在属灵议题上的权威,但他跟他的主教同仁们一样,也怀着共同的高卢派抱负。因此,1682年,他草拟了著名的《高卢派四条款》(*Four Articles*),由教士会议

---

① 往往被忽略的是,近来关于路易十四统治时期法兰西教会中的宗教制度、改革运动及政治冲突的史学研究,方构成了对法兰西政治文化的核心关注点的唯一极富启发性和连贯性的描述。参,A.-G. Martimort,《波舒哀的高卢主义》(*Le Gallicanisme de Bossuet*),Paris,1953;P. Blet,《教士会议和路易十四》(*Les Assemblées du clergé et Louis XIV*),Rome,1972;P. Blet,《英诺森十一世和一六八二年法兰西教士会议》("Innocent XI et l'assemblée du clergéde Francede 1682"),见 *Archivium Historiae Pontificiae*,7(1969):329 - 377;W. J. Bouwsma,《高卢主义和基督王国的本性》("Gallicanism and the Nature of Christendom"),见 *Renaissance Studies in Honor of Hans Baron*,A. Molho 和 J. Tedeschi 编,Florence,1971,页811及以后。

(Assembly of the Clergy)投票通过,并在得到国王认可后呈送罗马教廷,他们认为这样已经摆明了要调和路易十四与罗马教宗冲突的姿态。虔诚又愤怒的教宗英诺森十一世却将这些条款解读为对他[教宗]权威的挑战。再一次,凡尔赛对君权神授(divine-right)、对征服以及对民族统一的热情所形成的特殊氛围裹挟着波舒哀,促使他采纳了强硬的高卢派立场。《四条款》的思想就是《论普遍历史》中的思想,即亦是对他所相信为自明的历史真理(truths)的富于雄辩的综合。然而,这些"真理"是极端(intensely)高卢主义的,冒犯了罗马教宗。在随后的罗马与凡尔赛之间的紧张谈判中,波舒哀扮演了极为重要的角色,因为他的声音有助于缓和更敌视罗马教廷的高卢派教士的影响,后者竭力劝说路易十四不要对罗马教廷作任何妥协。国王暂时在波舒哀身上找到了他心目中理想的教长(prelate),他可以依赖他的声音来平息法兰西教会内部有关教义和教会管理的激烈论争。作为高卢高等法院派(Gallican parlementaire)之子、主张教宗全权论的耶稣会(Ultramontanist Jesuits)的学生、奥拉托利会(Oratorians)的朋友、圣事会(Company of the Holy Sacrament)的支持者以及圣文森特・德・保罗(Saint Vincent de Paul)的门生,波舒哀的品格和个人经历都自带着一种领导能力,这使他雄辩的声音在教会各派群体中都具有极大的权威。

到17世纪70年代后期,"鼓励"胡格诺教徒(Huguenots)皈依的运动似乎结出了果实。法国几乎再没有胡格诺教徒存在这一想法支撑了天主教改革者、宫廷牧师(royal ministers)以及可能还包括路易十四本人的希望。① 波舒哀是否相信这一点很难辨别,但显然他不遗余力地想要摇动新教信仰的神学和历史基础,他的《新教教会变迁史》(Histoire des variations des églises protestantes)证明了这一点。② 许多朝臣和

---

① 请参阅 J. Orcibal,《路易十四与新教徒》(Louis XIV et les Protestants), Paris,1951,散见各处。

② A. Rébelliau,《新教史家波舒哀》(Bossuet, historien du protestantisme),

天主教福音派不理解英国圣公会(Anglicanism),他们以为英格兰仍可能有朝一日回归天主教;路易十四没有设法去纠正他们这一希望,因为似乎查理二世仍可能尊重秘密《多佛条约》(Treaty of Dover)条款,该条款要求国王本人承认自己为天主教徒。

就在之前不久,在一场漫长而代价高昂的战争中,法兰西人不是挫败了骄傲、繁荣、信守新教的荷兰共和国吗?凡尔赛宫廷大概没有认识到荷兰战争(1672—1679)的真正后果——由于欧洲权力平衡即将发生转变,这一后果对于法兰西来说将是灾难性的。② 事实上,根据我们从路易十四《回忆录》(Memoirs)中对路易本人的了解,这位国王通过重写他自己的历史,设法将荷兰人带给法国的僵局和失败改写成胜利,从而迎合并维持凡尔赛和巴黎的宣传家、诗人及布道者们[营造的]胜利氛围。③ 新教显得大势已去,只控制着欧洲几个很小的权力中心。某个叫莱布尼茨的家伙和其他哲人及神学家们正忙着制定一个叫做"临时协议"(modus vivendi)的条款,想要使整个基督教世界统一起来。④ 波舒哀不能怀疑那些营造这种愉快氛围的人的真诚、虔敬和忠于国家

Paris,1891。此书正确地强调了波舒哀与许多天主教教士共有的信念,即,他即便不是唯一一位、至少也该是少数几位其作品在 17 世纪 80 年代后期可能被胡格诺教徒阅读的教士之一;这是凭着他作为一个拥有信仰和诚实品格之士的声誉,他曾反对像 Baville 和 Flechier 这样的天主教狂热分子。

② 见 J. B. Wolf,《路易十四》(Louis XIV),New York,1968,页 247 - 265;K. Ekberg,《从荷兰到欧洲战争……》("From Dutch to European War... "),见 French Historical Studies 8(Spring,1974),页 393 - 408。

③ 见 P. Sonnino,《拉辛与路易十四的历史颂词》("Jean Racine and the Eloge historique de Louis XIV"),见 Canadian Journal of History 8(1973),页 189 及以后。

④ 1678 年,莱布尼茨开始跟波舒哀商议,试图制定一个统一教会的方案。天主教改革者甚至波舒哀把这一举动理解为新教方面示弱的表现吗?参阅 J. P. Spielman,《经济学者和和平主义者斯皮诺拉》(Cristobal Rojasy Spinola, Cameralist and Irenicist,1626 - 1695),Philadelphia,1962,页 41 及以后。

之心,然而,他本人是否相信对新教的胜利唾手可得,则完全是另一码事儿。①

然而,对于确定《论普遍历史》的主旨而言,更重要的问题是,搞清楚17世纪70年代后期的这种愉快氛围如何为波舒哀综合信仰与历史提供了背景。《论普遍历史》出自这样一个人之手:他觉得过去和未来都坚定地站在他这一边,乃至他所驳斥的那些人一定错了。这一绝对信仰正是波舒哀从凡尔赛的愉快氛围中得来的,在波舒哀那里则转换成了对圣经历史真理的完全自信。没有谁摆姿势摆得像他那样彻底;此书是这样一个人的"论":这个人知道并相信,在一场终将胜利的伟大战斗中,上帝坚定地站在他这一边。不过,这种高昂情绪并未完全遮盖波舒哀敏锐的批判力。就属灵的、满有君尊的福气而言,路易十四治下的法兰西当然不能与天国相提并论。《论普遍历史》从未讨论过宫闱之中的淫乱问题,或路易十四进行的是征服战争还是防卫战争的问题,波舒哀从不利用历史去维护通奸和对外征伐的正当性。波舒哀着手要写的东西乃是信仰与历史的综合,二者相互支撑,但总体而言历史的要素更强大,他的最初几代读者阅读这部著作时理解就是如此。然而,到了19世纪,作品已被解读为仿佛以信仰支持历史,这也是由于书中弥漫的自信情绪。到了20世纪,对于我们当中那些信奉宽容原则和多元政治文化——即宗教 - 非宗教——的读者来说,已经很难重构波舒哀及其许多同时代人——包括新教徒和天主教徒——脑海中所萦绕的那种渴望统一的情感和思想了。但正是这种对统一的渴望解释了波舒哀处理神学和史学论争时的极其特殊的路径。一部反驳异端的著作,假如仅止于反驳异端,在法兰西反宗教改革(French Counter Reformation)的发起者和追随者看来,是不够圆满的。作品本身还必须具有

---

① 只有逐月、逐年详细研究17世纪70年代波舒哀的生活,并逐篇研究他在这一时期的作品,才会找到这一问题的答案。参阅 A. Rébelliau,《新教史家波舒哀》(*Bossuet. historien du protestantisme*),前揭,页71及以后。

传福音的特性,以便上帝之言可以传于从未听闻过它的人群。因此,从一开始,撰写《论普遍历史》就远不止是为了驳斥斯宾诺莎和西蒙,或者为了给教宗全权论者上一堂高卢派的课。我们将要看到,它所起的作用也远不止于为太子提供一些额外的历史教训这一直接目的。

《论普遍历史》只是关于该主题的一席篇论说。也许波舒哀是回到了他的论述式(discursive)写作的老路,因为他将第一部分作为对太子的口头训导,但他这样做或许还有别的理由。书名使用"论"(discourse)这个词,使波舒哀免受普遍历史这种文体的固定套路所制。他可以随意组织材料,强调一些主题而淡化其他主题,而且,对于他若将作品题名为"普遍史"读者就会期待他收入的大量史料,现在他却可以直接忽略。

在法国,普遍史和国别史由于跟宗教信仰和史学技艺(ars historica)相关联,已成为高度程式化的文体,要讨论的题材都非常确定。在波舒哀和他的同时代人看来,普遍史和国别史中的事件乃是外在于史家精神劳作的东西,因为他们认为,历史事件已经固定不变,并不是写下这些事件的史家研究与分析的结果。普遍史的作者也许可以对这些事件略作调整,但总体来说,所用的原始史料、所概括的事件已成为某种历史标准(canon)。① 普遍史中的圣史部分为这种程式化提供了框

---

① 主题常常是不变的,这些主题在君王谱系中的安排也常常是不变的,这一点在以下著作章节中得到了突出的表现:Michel Tyvaert,《十七世纪基本历史》("Les Histoires él émentaires au XVIIᵉ siècle"),见 *Le XVIIᵉ siècle et l'éducation*, R. Duchêne 编, Marseilles, 1973, 页 71-78;《王的形象:十七世纪法兰西历史中王权的合法性和道德性》("L'Image du Roi: légitimité et moralité royales dans les histoires de France au XVIIᵉ siècle"),见 *Revue d'histoire moderne et contemporaine* 21 (1974):521-547。J. Truchet,《歌功颂德者波舒哀》(*Bossuet panégyriste*), Paris, 1962, 页 120,作者在此尝试性地勾画出波舒哀在布道中用到的关于圣徒生活美德的层级构成。这种圣徒美德的构成不同于 Tyvaert 在史书中发现的君主美德,但重要的是,应注意到范例(exemplum)如何在两种文

架,但绝不是确立这些标准事件的唯一原因。波舒哀用"论"来命名他的著作,就可删除这些标准中的某个部分,或者用一句话来总括这部分而非提供完整的叙述,因为他的标题已向读者明示,他不打算遵守这一文体的惯用套路。②

这是说,普遍史比法兰西国别史更程式化、更缺乏灵活性吗? 其实,在波舒哀的时代,这两类文体包含着相似的而且几乎不可变更的事件结构,同时还包含着可能相似的宗教和意识形态成分。③ 就像旧约圣经中[以色列]诸王的叙述一样,法兰西国王的谱系也成了这两种文体中例行的主题结构。还在远早于波舒哀的时候,法兰西作者们就想避开撰写国别史的这些严格标准,因此他们在标题上添上一些诸如"研究"或"导言"之类的字眼儿,就像伟大的帕斯基耶(Pasquier)在他的《法兰西研究》(*Recherches de la France*)中所做的一样。④

既然已经有了这些高度程式化的文体,史家的作用又是什么呢? 作为一位修辞家,他的任务是触动读者,开启心智。实际上,史家的这种作用可能比我们通常所认为的更接近于布道家的作用。在波舒哀的

学类型中对圣徒和君主发挥相同的作用。若用统计学的方式来研究16、17世纪间圣徒生活中美德层级的改变,也许就会显出与Tyvaert研究中所发现的君主美德层级相比较时那些值得注意的差异和相似之处。

② 像这样把历史理解成已经记载下来且对所有时代都固定不变的事件,在标题中最明显的迹象就是一些史书会在标题中用到"镜子"(miroir)这个词。史学家出版的东西是已经固定了的系列事件的反映,正如镜子中的像既不是他造的东西,也不是由他重组的东西。

③ 此外,法兰西历史的诸多有争议的方面也存在着一种惊人的连续性。关于法国法律和制度史的争议,以及关于圣女贞德的神授地位的争议,自16世纪在巴尔多鲁学派－新巴尔多鲁学派(Bartolist－neo－Bartolist)的观点中发端,直到18世纪被孟德斯鸠(Montesquieu)和杜波斯(Dubos)重新提出,几乎从未改观。参阅 M. Gilmore,《来自罗马法的论据》(*Argument from Roman Law*), Cambridge, Mass., 1941; F. Neumann,《导言》("Introduction"), *Montesquieu's "Spirit of the Laws"*, New York, 1949。

④ 也请注意帕斯基耶的标题中"历史"这个词的缺席。

时代,布道者和史家几乎都还是有意识地相信如下假设或基于如下假设而行动:即,他们拥有一个由不变的宗教真理和历史真理所构成的实体(body),而他们的任务就是将这些真理传授给听众和读者。他们可随意使用的工具就是修辞家的工具。① 旧约历史,耶稣生平,众使徒、众教父、克洛维(Clovis)、查理曼大帝(Charlemagne)、圣路易(Saint Louis)以及神圣教宗和主教们的生平和著作,为 17 世纪的法国人构筑了信仰和历史的不易的整体,波舒哀只是重申并确认这一整体而已。与他的其他一些著作相比,他在《论普遍历史》中或许更强调历史要素和历史论证,但他在所有著作中都试图传达他对这种贯通的、神圣的、为人耳熟能详的知识体的存在的信念。从这个意义上说,波舒哀反映了他那个时代除极少数几个人之外的所有学者和哲人的信念和预设。除了强调历史可能多于强调虔敬、仁慈和祈祷(oraison)的真理,他的作品并无原创性,这恰恰解释了他何以上升到大有影响力的位置,成为他那个时代无出其右的布道者。我们在这篇导论的最后一部分将看到,他之所以更强调历史,很大程度上是因为他想要驳斥那些挑战圣经中的历史真理的人。

　　《论普遍历史》还在其他一些方面更清晰地展现出波舒哀炉火纯青的史学技艺。史学技艺乃是一整套修辞原则,在他的时代指导着所有想要为过去塑造文学形象的法国文人。修辞学,一种真正的沟通科学,渗透于波舒哀时代书面语和口头语文化的各个方面。修辞学与其姊妹学科文法学和语文学联手,在过去已经促成了法语的转变,为所谓古典主义的文学和文化运动奠定了基础。修辞学在 16 和 17 世纪间经历连续数代人的发展,已成为一套丰富且越来越连贯的原则,为几乎任

---

① 因此,在讨论波舒哀的作品时将它们分成布道文和历史著作并没有多大助益,而法国文学史家几乎总是如此划分。波舒哀在他的布道和他的政治作品中都会用到历史,这表明他已大体意识到过往的作用:过往之事能够教化听众和读者,向他们指出过往乃是对上帝诫命起补充作用的唯一真正的向导。

何言说提供了指导性原则。① 史书作为从古代世界继承而来的最高贵的文体之一,[在这一过程中]经受了特殊的检验(particular scrutiny),因为真正高贵的语言在描述过去时也许会以最大的强度影响理性和情感。关于历史散文的文风、模式和适用的文学手法,文化人表现出普遍的共识,这对如何撰写历史产生了巨大影响。波舒哀的人文学科(humanités)曾经学得非常好,而且那时他还在人生的早年,因此西塞罗的原则几乎成了他思想结构本身的一部分。他似乎从未有意识地非得"模仿"某位典范史家,或挖空心思地要在作品中展示些修辞手段。作为杰出的古典学者,波舒哀能够同等自如地运用拉丁语和法语写作,他是西塞罗最伟大的学生之一。他深知什么时候该灵活地运用原则,最重要的是,他深知如何使写作显得"自然而然"。对古典修辞学的精通使他对这些修辞原则的运用臻至化境,读者根本不会意识到有这些原则在引导作者。波舒哀的确达到了这种精湛的技艺。事实上,通过指出波舒哀使用的一些更加显白的手法,我们可以看到,由普鲁塔克和西塞罗滋养长大的世代法国读者将从何种批判视角把波舒哀视为史家,并看到他们何以仰慕他。

[这些显白的手法包括]伟大人物的肖像式描写(portraits),范例(examples),评断(judgements):人文主义史家的主要目的是将这些东西以某种方式插入叙述中,避免叙述中断或引起读者的厌倦。人文主义者借鉴了古代史家和修辞学家读史必须既愉悦身心又富有教益这一观念。当然,历史意味着政治、更多的政治,它研究身上带有种种优缺点的行动着的人。历史也包含政治和道德哲学,只是不应该让读者意识到这一点。

---

① 参阅 N. Struever,《文艺复兴时期的史学语言》(The Language of History in the Renaissance),Princeton,1970,散见各处;P. France,《法国的修辞学和真理:从笛卡尔到狄德罗》(Rhetoric and Truth in France:Descartes to Diderot),Oxford,1972,第一章;《拉辛的修辞学》(Racine's Rhetoric),Oxford,1965,第一章。

人物肖像式描写的手法在普鲁塔克和塔西佗那里曾得到杰出的运用，它描摹所述伟人的主要性格特征，使他们栩栩如生如在眼前。① 一个人性格中优缺点的平衡或失衡，他的性情，他的身体素质，以及勇敢、嫉妒、慷慨、坦率和自卑感等诸如此类的特征，这一整套的主题可以构成一个人物的简明肖像。对人物优缺点的描写范围很有限（那时还没有描写潜意识一说），但靠着高明修辞学家的想象力，这些优缺点可以综合在一起，起到彼此平衡或强化的作用，最终解释个人在政治上的成功或失败。在波舒哀的作品中，普鲁塔克笔下的性格特征与圣经和基督教传统中的那些性格特征得到了综合，甚至常常交融在一起：如虔敬、正直、信仰和仁慈。《论普遍历史》中最伟大的描写都是属于圣经人物的，他们通常被树立为人类行为的正面榜样，至于古代异教时期的大人物，虽然波舒哀也承认他们身上具有某些好处，却往往遭到蔑视或用一两句尖酸刻薄的话打发了事。波舒哀对亚伯拉罕、摩西和大卫这些人物的肖像式描写最为精妙，每个人生平中的具体事件都镶嵌在一个带有道德和宗教性的画框中，从而被塑造成综合性的统一形象，起到教育读者的作用。

有时，在人物肖像式描写的中间，波舒哀会插入一个"警句"（sententia）、一句老生常谈或曰 topos、一个道德原则或恰逢其时的训诫，既适用于所有时代和所有地域的人，也适用于所描写的具体个人或制度。例如，在亚伯拉罕的肖像式描写中，类似这样的句子会突然映入我们眼帘："他那受到上帝庇护的虔敬和正直，为他赢得了这种尊重"（《论普遍历史》，页130，以下）。这个"警句"既蕴含着时间性的亦即历史层面的意义，又蕴含着非时间的亦即道德和宗教的意义。"虔敬和正直赢得尊重"是非时间的道德原则或警句；另一方面，亚伯拉罕虔敬正直的

---

① 晚至吉本，史书作者们仍然认真地试图通过硬币上和雕塑中的统治者肖像来辨识其性格特征。参阅吉本，《从日内瓦到罗马的旅行》（*Journey from Geneva to Rome*），Georges Bonnard 编，London，1961，页 165 – 171。

品质提高了他的声誉,这在波舒哀看来又构成了支撑并证实该警句所含真理的历史证据。① 修辞家的技艺在于将两个要素编排在一个叙事中,让它们一方面完全适合于描述手头的主题——在此是亚伯拉罕——一方面又完全适合于阐明一个宗教的、道德的或政治的真理,可以供人当作格言,一生学习和回忆。直至第一次世界大战时,在培养法国古典学者的训练中,学生的日课(devoirs)还常常由以下这些活动组成:从波舒哀这类作者的文本中找出一些"警句",抄下来并且背诵;背诵之前,学生还要将警句从拉丁语译成法语,再从法语译回拉丁语。

除了"警句"之外,还有对人物的整体勾画,波舒哀这样写人物,是为了帮读者认识到个体人物的道德品质及其生活的指导原则。在描写亚伯拉罕这个人物时,波舒哀把王者典范应用在一个事实上并不是国王的人身上。波舒哀期待读者把一个人物身上的诸元素跟其他人物进行对比,从而在不同历史人物之间进行"平行比较"——"平行比较"也是普鲁塔克运用自如的另外一种修辞手段。这种平行比较可以是历史层面的比较,比如波舒哀可能期待读者在脑海中将亚伯拉罕与摩西或大卫进行平行比较。在另一个层面上,这种平行比较也可以是心理的或哲学的比较,因为波舒哀笔下的人物中注入了波舒哀对于真正王者的普遍的、非时间性的界定。读者若将两条[位于不同层面的]线索结合在一起,就可以把历史上的形象与某个在世国王——甚至路易十四!——进行"平

---

① 对于波舒哀的同时代人来说,亚伯拉罕的虔敬和正直蒙了上帝的"庇护"这句话,除了让人想到旧约中所描述的上帝与亚伯拉罕之间的关系外,还承载着一种社会意义。受某人庇护或拥有他的庇护,意味着个体之间的那种称之为"忠诚"(fidélités)的社会关系或纽带。忠诚乃关于互助的契约或承诺,是影响17世纪法国人行为的最强有力的纽带之一,观察波舒哀如何唤起这种忠诚以作为上帝与人之间的纽带也很有意思。参 R. Mousnier,《君主专制下的法国政制》(*Les Institutions de la France sous la monarchie absolue*),Paris,1974,页85及以后。

行比较"。比如在1682年的凡尔赛,哪个读者读到以下文本时,还会想到路易十四以外的什么人呢?

> 虽然他的生活简单而平静,但他也知道如何发动战争,不过那仅仅是为了保卫受困的盟友。他保护了他们,以一场重大胜利为他们雪了耻。他把从敌人手中夺回的他们所有的财产归还给他们,只留下其中的十分之一敬献上帝,还有一部分则分给了被他拖入战斗的策应部众。(《论普遍历史》,页130)

若与路易十四不久前的行为平行比较,以上对亚伯拉罕的肖像式描写便暗示出太阳王并没有达到基督徒君王的理想。路易十四发动战争并不"仅仅"是为了保卫受困的盟国,他也没有将战利品归还盟国,而是据为己有。平行比较理想的基督徒君王与路易,显示出后者缺乏王者美德。如果波舒哀正在人物肖像式描写中实现古典修辞学的原则,那么,个人道德行为与他的国家行为实质上就应该是一体。同样地,从时间(即历史),或者说从对一个具体人物的肖像式描写,向非时间(即心理学和道德哲学)的转变也会轻而易举。这样,波舒哀就达成了人文主义史家的终极目的:让读者愉快地接受教导。榜样或理想基督徒君王[的形象]不仅可以用来教化读者,也可以用来教化当下活着并在位的基督徒国王。波舒哀如此坚信某些基督教的伦理信念,以至于他敢于委婉批评那个时代所有的统治者,特别是他本国的国王。

叙事不是讨论个体,就是处理社会[问题]以及决定个体命运的重大事件。"范例"的作用在于提升这些主题讨论的层次,把它们从纯粹发生之事的层次提升至政治哲学的层次。人文主义史家从不满足于仅仅解释那些被当事人以为决定了他们命运的事件的原因。波舒哀没有沿袭旧约的神意框架来解释以色列的灭亡,也没有遵循古希腊-罗马史家的解释框架来说明那些帝国的衰落。他将奥古斯丁式的史家和古希腊罗马史家综合起来提供道德的阐释,并将这些阐释作为"范例"——亦即所有时代学习的榜样——穿插到叙事中,由此创造出强大而统一的综合性阐释。读者只要跟波舒哀有着共同的关于历史的基督教预设,似乎就会觉得这些阐释足够充分。犹太人遗忘了上帝的恩典曾在过去护佑着他们,而且就像先知所预言的一样(在此是一个"当时代的"决定因素),他们自己内部的争吵导致了他们的倾覆。关于祭司功能的争吵成了"致命的时刻,历史在此时向我们显明了犹太人毁灭的第一原因"(《论普遍历史》,页 183),因为争吵导致骚乱并引来了外邦人——罗马人,结果罗马人征服了以色列人。

波舒哀改造了某种道德哲学和灵魂学,使之适合于某个政治学观念,而这个政治观念可以使他证明贪婪、野心、败坏、淫荡如何可以导致一个国家灭亡,无论这个国家原初的良法多么好。他用的范例主要来自柏拉图、色诺芬(Xenophon)、珀律比俄斯(Polybius)和李维(Livy),其中注入了经他改造过的奥古斯丁式的历史观,同时这些范例也靠这种改造后的历史观得到了综合。[在他笔下]只存在一种真正的、由神维护的王国和圣者的谱系:该谱系始于以色列人,一直延续到亚伦(Aaron)的继承者英诺森十一世,并到大卫的继承者路易十四(《论普遍历史》,页 289)。李维是所有古代史家中读者最广也最为人仰慕的史家,甚至一直到启蒙时代都是如此,波舒哀利用最多的就是李维的道德教诲。[1] 李维对[帝国]衰落的怀旧般沉迷,以及李维对美德的界定,都吸引了波舒哀的兴趣,因为比起修昔底德或塔西佗之类的作家所使用的范例,这些更能顺畅地与奥古斯丁[关于人类]败坏的观念对接。实际上,波舒哀想要超越李维的道德化框架而纳入"评断"——亦即坦率陈述某个属人行为的好或坏的结果——这表明他对塔西佗有反感,而且

---

[1] 参阅 H. -J. Martin,《十七世纪巴黎的书籍、权力与社会》(Livres, pouvoirs et société au XVIIᵉ siècle),两卷本,Geneva,1969,1:502。

可能表明"塔西佗主义"在他那一代人中已经衰落。① "评断"使波舒哀可以将某种奥古斯丁式的视野随自己的意思加在几乎任何史料上,甚至伟大的梭伦(Solon)——立法者们基本上都免于受波舒埃批评——也由于允许为一位淫妇建庙而受到波舒埃的严厉批评,即使这个淫妇的名字是维纳斯(《论普遍历史》,页180)。那样的评论符合修辞家对"评断"的界定,因为波舒哀越出了叙事去品评[人物]。② 那些评论刺耳地回响在波舒哀文学同辈们敏感的耳中,因他们曾造了一个古代希腊罗马的像,并将其置于以色列历史和早期基督教历史之上,他们可以用这个历史化的乌托邦来教育他们的同时代人。但是,波舒哀首先是一位天主教改革派基督徒,其次才是一位人文主义者。他总是依据万世之中那一个最重要的历史事件——人-神(man-God)耶稣在尘世的短暂一生——来评判一切过去,并无丝毫勉强(《论普遍历史》,页184及以后)。③

在更加属人的行动领域,波舒哀相信,造就一个伟大民族的主要特征倘若过度膨胀,也就成了这个民族衰落的原因。波舒哀用这一基本的亚里士多德式阐释来解释埃及人、希腊人和罗马人的辉煌和衰落,偶

---

① 塔西佗主义的史学观鄙视在史学散文中纳入道德判断,在16世纪晚期极具影响力,一直延续到17世纪30年代以黎塞留(Richelieu)为核心的一群作家那里,但随后便式微。参阅W. F. Church,《黎塞留与国家理性》(*Richelieu and Reason of State*),Princeton,1972,页58及以后。

② 关于史书中的评断的争论,可能最具启发意义的原始史料是夏普兰(J. Chapelain)于1632年12月12日写给莫勒昂(Granier de Mauléon)的一封信,以及随后布瓦罗伯特(Boisrobert)、夏普兰和黎塞留之间的通信,见《夏普兰书信集》(*Lettres de Jean Chapelain*),Tamizey de Larroque编,两卷本,Paris,1880-1883,1:13及以后。

③ 不考虑版本,波舒哀的耶稣纪事几乎正好出现在书的中间,这有重大意义吗?波舒哀对数字的信念是真实的,反映在他总是专注于事件编年及诸时代和君主国的时间和数。让耶稣正好出现在他叙述的中间可能是偶然,但按照17世纪的标准,在一本如此主题化且按年代顺序组织的著作中,这种安排也许有其重大意义。

尔也夹杂一些珀律比俄斯的例证;不过一般来说,他对一个民族的"性格"及兴衰[的解释]始终停留在道德的框架之内,而不是政治的、哲学的或社会学的框架。政府形式几乎没有引起波舒哀的关注,因此通常只是作为解释个体政治行为的工具。在人类事务的层面上,偏离中道(juste milieu)可能取得巨大的成就;埃及人的机智和罗马人的勇敢都是美德,但若过度膨胀,就会导致这些美德的拥有者覆亡。在这里——如果他真在哪里这样做了的话——波舒哀近乎于发展出了一种独立于他的神意信仰的、政治的历史哲学。虽然他对这些民族性格特征的分析有别于灵魂学和道德哲学,但是我们应该注意到,这些性格特征本身只是扩展了的个体属性被应用于整个民族。李维这样的古代史家经常运用这种手段来解释一个民族的行为。

波舒哀很传统,因此,他在勾勒这些帝国历史中人和神行事的范围时几乎没有觉得有任何困难。上帝已直接说到他对以色列人的青睐,其他帝国的历史之所以有意义,仅仅是因为影响到了以色列的历史。波舒哀坚定地相信,人的知识虽然有限,却与上帝的知识具有相同的本性,可以使他认识到历史中神意的和属人的因果关系的共同作用。曾有哪个民族遵从上帝律法却受到上帝的惩罚吗? 或者,曾有一位道德上始终正直、虔诚的君主和一个好统治者看到过他王国的衰落吗? 波舒哀也许很难充分认识到这些问题的内涵。问这样的问题是时代错置,因为在波舒哀看来,历史证明了伦理学与神意相互协调。人由恶而识善。当然,上帝通常并不会像考验约伯(Job)那样去考验一位君权神授的君主,虽然他可以这样做。假如瘟疫、饥荒和失败临到一个王国,那更可能是来自君主自己的罪或臣民的罪。历史的教训不是表明了这些因果关联吗? 在波舒哀看来,以色列历史的旧约叙述提供了无可辩驳的证据,证明一个民族或一位君主若行错误的道,就可能导致上帝降怒于他们。因此,史书的目的之一就是要警告读者(达官贵人和平民百姓),他们的罪可能导致上帝惩罚他们及他们的孩子或者——假如是国王的话——臣民。

路易十四的罪总是萦绕在波舒哀心头。作为一名人文主义者,波舒哀相信国王为上述历史教诲树立了活生生的榜样。国王不仅仅是上帝在尘世的受托人,也是所有臣民的典范。在波舒哀看来,由于国王路易十四对他的情妇蒙特斯庞夫人(Montespan)毫无节制的纵欲,法兰西和国王本人正冒着受神惩罚的危险,这些危险与法兰西的尘世之敌——荷兰和哈布斯堡王朝带来的威胁一样真实。① 事实上,路易的纵欲恶行可能导致上帝将胜利赐予荷兰人!因此波舒哀冒着可能在宫廷失宠的危险,应用历史教训督促路易与蒙特斯庞夫人及所有其他的情妇断交。君王纵欲而受神惩罚的主题在《论普遍历史》中频繁出现,波舒哀似乎总会得出结论:神的惩罚是这一罪恶的结果。② 由此,阐明历史教训既有一个直接目的,也通过教化太子而带有一个长远目的。

对于波舒哀这样的人文主义者,就像对于文艺复兴时期的人文主义者一样,史书的主要作用是教育。人文主义者们不停地重申,历史是人所能发展出来的最有用的知识体系,君王们需要熟知历史教训以便智慧地治理国家。③ 对于20世纪的智识人来说,反复老调重弹往往意味着思想陈腐,或者仅仅是"修辞",因此不必认真对待。④ 这种对于自明之理(truisms)的非常现代式的感觉,会妨碍我们领会波舒哀

---

① 参阅 A. Floquet,《太子傅波舒哀》(*Bossuet, Précepteur du Dauphin*),Paris,1864,页500 及以后。

② 波舒哀在这一问题上的观点既非原创,也不是他所独有。可以肯定的是,太阳王跟波舒哀有着同样的畏惧,畏惧皇室的罪恶可能导致神对他本人和臣民的惩罚。国王曾看到上帝之手反过来加在他头上。参阅 J. B. Wolf,《路易十六》(*Louis XIV*),特别是页 612 – 618。

③ 一个很容易找到的例子是比德(Budé)的《君王制度》(*Institution du Prince*),见 C. Bontems、L. -P. Raybaud 和 J. -P. Brancourt 编,《十六、十七世纪的法兰西君王》(*Le Princedans la Francedes XVIᵉ et XVIIᵉ siècles*),Paris,1965,页77 及以后。

④ 波舒哀关于这些老生常谈最著名的套话是:"历史是君王们的审慎顾问"(l'histoire, cette sage conseillière des princes)(*Epist. de Institut. Delphini* 8)。Floquet 引自 *Bossuet, Précepteur du Dauphin*,前揭,页64。

和他所阐明的历史景观,因为,就像绝大多数同时代人一样,波舒哀相信,不同时代和民族的历史倘若结合在一起,将传授相同的教诲。历史真理是非时间性的,无论其中包涵的是历史知识本身的作用(方法论),还是可从过去学到的关于人性和政治的自明之理。被重复的真理正是在重复中获得的。从不同时代或不同民族的经历阐明相同的历史真理,并不会使真理变得陈腐,反倒使真理变得更加真实。因此,波舒哀在《论普遍历史》中并未打算发明过去的什么"新意",而是竭力更加言简意赅地陈述已知真理,并根据具体语境将这些真理与事件相关连。

波舒哀如此强调那些谈及史书于君王之功用的老生常谈,并将其作为准则,我们若忽略这一点,将犯下危险的时代错误。柏拉图的哲人王理想仍然潜藏于 17 世纪后期人文主义者的脑海中。这一理想虽然经过不断的修正和基督教化已经变得几乎无法辨认,却在继续界定着路易十四宫廷中思想家与掌权者之间的关系。① 如能将太子教育成一位仁慈、博学、智慧的国王,就有可能改革这个国家,这一信念在 17 世纪晚期的法兰西几乎萦绕于所有有识之士的头脑中。② 对于这种改革进路,虽然讽刺者有之、怀疑者有之,但我们与其视之为关于人文主义教育的一般性挖苦,不如视之为人文主义在首都和宫廷中已产生巨大影响的迹象。《论普遍历史》是一绝佳范例,展示了 17 世纪后期人文主义在道德教育(didactic)的一面依然充满活力。路易十四怀着极大的兴趣监督他儿子的教育,还亲自选择波舒哀为太子师。太阳王自己

---

① 可参阅 T. Goyet,《论柏拉图在法国古典主义中的在场》("Présence de Platon dans le classicisme français"),见 *Actes du Congrès de l'Association Guillaume Budé*,1953,页 346 及以后。

② 据说,帕斯卡尔曾谈论过太子师之职的事:"世间别无职务比教育王储更合乎他的心意……为了完善地履行这一重任,他心甘情愿奉献自己的一生"。见 Floquet,*Bossuet*,*Précepteur du Dauphin*,页 28。

时不时也会记下波舒哀对太子的教导,并一直在撰写他自己的回忆录。① 路易相信政治可以从历史中学得,他可能觉得波舒哀不仅跟他一样抱有这一信念,还以内心深处的宗教委身在坚持这一信念。

波舒哀身处政治权力的中心,能够规谏国王的个人生活并教导太子,这代表着最高的属灵机遇和最好的育人机会。他全身心投入教导太子拉丁语和法语课、宗教课及历史课的重任中。长达十一年的劳碌生涯中,他的时间主要用于对一位小男孩的初级教育。波舒哀使用各种方法帮助太子记住自己国家的历史,包括1677年参观圣日耳曼德佩(Saint-Germain-des-Prés)和圣丹尼的皇家陵园。波舒哀和孩子参观一座接一座陵墓,向孩子吟诵每一位国王的生平事迹。

然而,撰写《论普遍历史》时,萦绕在波舒哀脑海中的并不仅仅是太子的教育问题。人文主义教育的准则之一是,为教育太子而开发的课程也应该作为全法国的范本。17世纪,这种"从君王向平民渗漏"(trickle-down-from-the-prince-to-the-people)的教育理论极真实地构成了人文主义和王室的公共教育观,至少就精英群体的教育而言是这样。② 因此,波舒哀撰写《论普遍历史》时似乎总是在关注更大的群体。他对重大事件的总结性叙述、他编订的大事记以及他对民族命运的评判,可能都受到它们是给人诵读的这一事实所影响。事实上,读者阅读[《论普遍历史》]第一部分时,还是应该仿佛在阅读巴洛克康塔塔(baroque cantata)音乐的乐谱那样。曲式像是先定的(名为"纪元",即 Epochs),而其乐句、和弦假如与整体剥离,美感或意义几乎也将丧失殆尽。波舒哀有意以这种方式[撰写历史],因为他的兴趣在于营造历史的宏大感以及上帝的全能掌控着人类行动这样一种总体印象。有时,他刻意传达出这样一种印象:读者应该避免拘泥于细节;精

---

① P. Sonnino,《〈路易十四回忆录〉编者导言》(editor's introduction to Louis XIV's Memoirs for the Instruction of the Dauphin),NewYork,1970。

② 参阅 Floquet,*Bossuet*,*Précepteur*,前揭,页4。

确的历史细节虽然重要,但只有在支撑了构成《论普遍历史》核心的权威论证时,才会引起波舒哀的兴趣。读者应当从历史中学到的首要功课是,历史可以为宗教和政治真理的证明提供一个基础或体系。但太子还应该从历史中学习其他功课,这些功能可能具有更直接的意义。我们不妨来探讨其中一个这类具有更直接意义的功课,以此来说明波舒哀以怎样的方法让历史教训来影响自己时代的基本政治决策。

基督徒国王的对外征伐权这一问题已经争论了许多世纪。17 世纪 80 年代早期,亦即经历了 17 世纪 60 年代和 70 年代的扩张战争之后,这一问题还会再次引起争论吗?有许多申辩者为国王的对外征伐辩护。自路易十四出生以来,人们几乎不断地将他与亚历山大大帝相比,诗人们对于他拓展法国边界的好战行动推崇备至。异口同声的赞美势不可挡,质疑国王的行动将是极富勇气的举动。

但作为一名天主教改革者,波舒哀从未丧失他的责任感,他不像 16、17 世纪的许多人文主义者,这些人只是一味奉承讨好赐给他们导师职位和宫廷俸禄的国王。他能够并且的确曾作为一名申辩者,通过促成君权神授的绝对君主制的世俗化(vulgarization)来为皇室权力辩护。然而,历史的教训总是证明了尘世制度的极度脆弱性,就连上帝选民以色列人和法国人的制度也是如此。结果,在基督徒国王的征伐权这一问题上,《论普遍历史》既是对路易十四行动的温和责备,又是一份未来改革的纲领。① 波舒哀谈论亚历山大大帝时口气很严厉。这位希腊英雄道德上堕落且沉迷于征服,此乃他英年早逝的原因。波舒哀的同时代人自然将这些解读为对太阳王的公开警告。然而,波舒哀也绝不是一位和平主义者。捍卫法兰西[应有]的权利对于基督徒国王

---

① 波舒哀对征伐之王们的评论散见于整部著作,但最富启发的评论在页 125。也请注意,他把罗马军队之所以被认为不可战胜的理由,与路易十四治下法国人被认为不可战胜的理由之间进行了明确的类比(页 349)。如此类比要教给人什么呢?

来说是正当的。但 1672 至 1678 年的荷兰战争是自卫性的吗？当然不是。

波舒哀那一代作家们不断撰写和重新撰写亚历山大论题（topoi），为的是歌颂路易十四，使他的行动在公众眼中合法化。波舒哀却着力刻画亚历山大的个人弱点，更重要的是，他着力突出其帝国的短暂本质。① 从亚历山大的历史所得的这类教训并非针对路易的政策，而是针对太阳王作为人的弱点。波舒埃在此重新撰写这些论题似乎经过了深思熟虑。在波舒哀看来，历史证明了神对人类重大事务的干预；他虽然不否认亚历山大作为征服者的伟大，但他看起来几乎是乐意地指出，任何持存之物都未能在这位英雄手下幸免于难。

在另一处，波舒哀对亚历山大论题的重新处理则可能是下意识的。波舒哀这样描述亚历山大："他返回巴比伦，不像征服者，而是像神一样受到人们的敬畏和敬仰"（《论普遍历史》，页 338）。偶像崇拜发生在一位从不知道上帝诫命的异教徒君主身上，这或许情有可原。天主教改革者波舒哀是在潜意识中对路易十四提出更严厉的批判么？他是在暗中批评太阳王鼓励或允许臣民崇拜他？波舒哀可能并非有意识地警告君权神授君主制中所包含的偶像崇拜的危险，但他在此使用亚历山大论题，又频繁强调国王及其帝国的必然朽坏，都流露出警告之意。波舒哀是他当时代的人及制度的观察者，这一观察能力支撑了他对信仰和历史的综合，乃至于他的这种从历史到预言的跳跃几乎完全是合乎逻辑地发生的。这样一位热情的天主教改革者，他是在阅读并信仰圣经和教父的环境中长大的他可能是无意识地使用了亚历山大论题，以使他的史纂在这样一个时代更具批判的锋芒。那时候，越发世俗化了的法兰西智识人毫无作为，只能将路易十四跟英勇无畏、四处征伐的亚历山大进行"平行比较"，以便为路易十四辩护。

---

① 参阅 Goyet，《波舒哀的人文主义》（*L'Humanisme de Bossuet*），前揭，2：318。

在《论普遍历史》中，另一个极其重要且明确政治性的主题，也许是为高卢主义进行历史层面的辩护。波舒哀的高卢主义最简明地表现在他关于以色列人的讨论部分。以色列社会是基督教社会的唯一真正的始祖（ancestor）。波舒埃用大量笔墨谈到以色列人的统治方式，强调上帝对以色列人的"庇护"，这种"庇护"后来体现在大卫及其继承者的君主国中，并体现在对选民的护佑中。摩西是立法者，因为上帝选择将他的律法交给摩西，属灵权力与俗世权力之间没有清晰的区分。摩西的哥哥亚伦及其继承者的职责是确保圣殿得到妥善维护，并料理敬拜上帝所需的献祭及其他诸圣礼。但是，弥赛亚是从大卫这一脉而不是从亚伦这一脉降临的，大卫是［以色列君主国］的王和真正的奠基者，这是一个由上帝缔造的王国。

此外，在建立普世教会（Church Universal）一事上，难道不是君士坦丁皇帝（Constantine）和后来的克洛维保护了众主教和信徒，并借助上帝的支持带来了教会的繁荣发展吗？波舒哀从未否认罗马主教所行使的权威，但是，通过这样宽泛地界定教会的保护者，这一权威反而受到了限制，以符合17世纪80年代早期较为极端的高卢派教义。实际上，太子经常被波舒埃描述为大卫、君士坦丁和克洛维的直系后裔。他还描述法国国王如何持续关心教会福祉并帮助罗马教宗，从而为路易十四对自己权利的"正义的"辩护奠定了基础。17世纪80年代早期，法国与罗马教宗之间的冲突越发严重，波舒哀发现，他已无法调和自己关于教会统一性的信仰与自己关于教宗与法国国王互为援助的这一历史解释。这一冲突就成为了《论普遍历史》第三部分的主题之一。

在《论普遍历史》的有些地方，信仰和历史发出某种预言式的回响，这可能诱惑读者丢开自己的现代史学观，暂时回归到波舒埃的史学技艺（ars historica）。有什么比把波舒哀本人与他所仰慕的伟大的圣经先知及众教父进行平行比较更具诱惑力呢？像西蒙一样，波舒哀相信这些人也是史家。对于认同《论普遍历史》的读者来说，这些人的教训与波舒哀的教训似乎在内容和时间上瞬间重叠了。

波舒哀精通这样一种技艺:把他对异端论点的反驳包含在对某个更为广泛的主题的详尽讨论之下。《论普遍历史》一书之于信徒的史学,就像塞尔的圣弗朗西斯(Saint Francis of Sales)的《爱主真谛》(Traitéde l'amourdeDieu,1616)和德贝路(Bérulle)的《论耶稣的伟大》(Grandeurs de Jésus,1623)之于建立宗教敬虔的日常操练,具有同等的意义。① 这本书语气宽厚,满有上帝的启示且不带怨恨,长远看来,其中的福音元素终归包容了争议。

在反驳西蒙的同时,波舒哀界定了某些原则,他想以新的、可能有些尴尬的——虽然不是破坏性的——方式为这些原则辩护。也许波舒哀从来就不曾相信,人类历史及上帝干预这历史的大事年表,加上旧约前五书的著作权问题,曾被视为或应该被视为天主教基督信仰的基础。这一宗教的史实性,亦即对过去实际发生的事件的叙述,并不是法国天主教改革中的宗教经验或福音作品的基石。通常,虔敬主义(pietism)和神秘主义才是改革运动的源泉,②罕有人借助那些基于罗马天主教史实性的论证来使放纵之徒或异端分子归信。③

然而,17世纪中叶,圣经本身的史实性,而不仅仅是早期教会的制度,再一次成为争议的焦点。一些早期思想者,特别是蒙田(Montaigne)和沙朗(Charron),曾求助于古代的怀疑主义和皮浪主义(Pyr-

---

① 这些著作也许可视为一种相似的宗教思想潮流的组成部分,通过阅读 R. de la Broise 的著作《波舒哀与圣经》(Bossuet et la Bible,Paris,1890)可表明这一点,此书强调了圣经在波舒哀本人的沉思和祷告中的作用。在后来的争议使波舒哀将《论普遍历史》看作史书之前,他曾认为此书本质上是一种"灵魂的真正解药"(vrai remède de l'âme),de la Broise,页 242 – 273。

② 参阅 L. Cognet,《后改革时期的精神》(Post – Reformation Spirituality),Wheathampstead,1959,3 – 5 章。

③ 实际上,学者们曾认为,这样做的困难本身对某种"历史主义者"的观点在 16 世纪的发展和传播产生了不利影响。参阅 W. Bouwsma,《后文艺复兴时期意大利的三种史纂类型》("Three Types of Historiography in Post – Renaissance Italy"),History and Theory 4(1965):303 –314。

rhonism)来为他们提供挑战新教信仰基础的论据,①同样地,波舒哀时代的一些神学家和古史家也强调圣经考据,这种考据往往削弱了作为神圣真理唯一源泉的圣本——他们希望由此动摇那种认为只有圣经才是宗教信仰的神圣源泉的新教主张。自路德的时代以来,新教主要强调圣经的字面意义,而否认众教父、众教宗乃至大公会议所产生的文本的神启性质。西蒙明显想要反驳的正是这种对教会传统的否定。

两种策略——对新教信条持怀疑态度的批判和西蒙所引领的圣经古史家的批判——都将引火烧身,戏剧般且强有力地回枪挑战宗教信仰(既包括天主教也包括新教)的一般基础。② 事实上,西蒙之所以指出由于许多人抄录而导致的旧约错误,并表明摩西不是也不可能是旧约前五书的作者,其初衷是让新教徒反过来认识到他们在解释圣经时需要罗马天主教会的传统!

1678年,当波舒哀看到西蒙的文本时,他立刻去见法国司铎(chancellor),请求国王没收并烧毁西蒙著作的所有复本。③ 西蒙的著作是用拉丁文撰写的这一事实,并没有阻止很多法国人、外国学者和论辩者阅读此书。1685年,此书的法语译本在鹿特丹出版。

一场辩论开始了。新教徒和冉森派(Jansenist)圣经学者准备与西

---

① 参阅 R. Popkin,《怀疑主义的历史》(*The History of Skepticism*),New York,1964,页83以及散见各处。

② 西蒙曾在他的《旧约批评史》(*Histoire Critique du Vieux Testament*,Rotterdam,1685)中论证,只有罗马天主教会,才能够通过众教父、众教宗那永活的、神启的劳作以及其他传统资源,来决定圣经中的神圣真理。

③ G. Peignot,《被火烧查禁的主要图书的文学和目录学的批评辞典》(*Dictionnaire critique, littéraire, et bibliographique des principaux livres condamnéire, et bibliographique des pés...*,Paris,1806),他相信这一版只有六本保存下来。P. Verni,《斯宾诺莎与大革命前的法国思想》(*Spinoza et la pensée française avant la Révolution*,Paris,1964),他说第一版印了1300本。亦可参 H. Margival,《论西蒙与十六世纪的圣经批评》(*Essai sur Richard Simon et la critique biblique au XVIe siècle*,Paris,1900),页89–101。

蒙和斯宾诺莎展开一场论战。波舒哀身为专门教授历史的太子师兼改革派天主教徒,也觉得必须重审整个问题。不过,部分由于得到斯宾诺莎的著作很困难(斯宾诺莎已于1677年离世),部分由于西蒙身在巴黎而且影响力很大,波舒哀可能几乎是不假思索地强调反驳西蒙而不是斯宾诺莎。① 结果就有了《论普遍历史》的第一部分"纪元"(Epochs),这部分从创世开始重构世界历史。[在波舒埃看来,]圣经的叙述是真实的,其他史料可以用来丰富圣经所提供的历史,但不会与圣经冲突。他多方考察了希罗多德、色诺芬、柏拉图、亚里士多德、波菲利(Porphyry)、哲罗姆(Jerome)、卢奇安(Lucian)、优西比乌斯(Eusebius)的作品以及其他大量古代史料,以便支持并补充圣经中的叙事和大事年表,是为"纪元"这部分的主线(fil conducteur)。

波舒哀承认圣经文本有些脱漏之处,但他拒绝接受一种观念,该观念认为不可能用旧约来重构从创世开始的人类历史年表。西蒙曾断言:

> 这些[旧约的]书卷只是更长回忆录的简写,因此不可能根据圣经建构起精确无误的大事年表……例如,有人不承认除了圣经中的国王之外还有其他的波斯国王,而试图根据这些圣经中的国王来建构大事年表,这是很荒唐的;大多数拉比就曾相当不明智地这样干。②

波舒哀意识到,试图重构一个波斯王的谱系是不可能的;但就像西蒙婉言批评的那些拉比一样,波舒哀怀着对圣经字面意义的信念,打算

---

① 参阅 P. Hazard,《欧洲的精神(1680—1715)》(*The European Mind* 1680 - 1715), Cleveland and New York, 1963, 页 202; D. C. Allen,《挪亚传说》(*The Legend of Noah*), Urbana, 1949, 他在书中评论道:"西蒙的学问和所用方法与斯宾诺莎的相当,事实上,我倾向于相信是斯宾诺莎的著作激发了他的研究,虽然他在前言中声明,他的唯一目的是反驳斯宾诺莎"(页 63)。

② Simon,《旧约批评史》(*Histoire critique du Vieux Testament*),前揭,页 5。

重构普遍历史。他这一信念可以跟有些新教古史学家对圣经字面意义的信念媲美,后者否认解释圣经需要任何传统。① 波舒哀以反驳西蒙为己任,即使所有世俗史料都与圣经相矛盾,他也始终相信圣经,因为圣经是神启的,而世俗史料则不是。他没有发现矛盾之处。像这样完全根据圣经的字面意义撰写历史,使波舒哀把《创世记》中的创世叙述接受为历史,这历史发生于"世界元年",亦即"基督诞生前的4004年"。③ 而摩西,"第一位史家、最卓越的哲人和最有智慧的立法者",记录了摩西五书中"第一纪元"的历史(《论普遍历史》,页9)。波舒哀不可能相信其他说法。

在他反驳西蒙时,以及在他随后对《论普遍历史》第三版(他一生中的最后一版)进行年代上的修订时,波舒哀脱离了学术性的罗马天主教传统,这一传统向来提防那种强调对圣经作字面的、历史的解释的做法。的确,西蒙为了尽力保护自己免受波舒哀这样的批评者攻击,曾引用过一些令人尊敬的教会人物的说法,后者也承认圣经文本中可能存在抄录的错误。④ 希坡的奥古斯丁(Augustine of Hippo)就曾暗示,基督徒应该把圣经中的创世叙述视为关于世界本源的"想象的"或寓意

---

① 关于波舒哀的决定,更突出的一点在于,他显然无视跟圣经解释有关的那些庞大而又精致的哲学和语言学学术体系,例如,他无视长期以来围绕"默示"的争论。参Allen,第三、第四章,作者将圣经批判和阐释圣经的各种方法置于文艺复兴思想的更为广阔的语境之中。亦可参阅S. Zac,《斯宾诺莎与圣经解释》(*Spinoza et l'interprétation de l'Ecriture*,Paris,1965),此书对这一犹太学术传统有极好的介绍。E. Labrousse,*Pierre Bayle*,The Hague,1964,第二卷,页325及以后,作者在此讨论了波舒哀时代盛行的释经学上关于圣经的诸种"默示"说。

③ 波舒哀可以依赖年代学家的传统,他们试图建构世界的精确年代,推断甚至预言神圣历史和人类历史这出"伟大戏剧"中的诸般含义、关系和事件。参A. Rebelliau,《新教史家波舒哀》(*Bossuet, historien du protestantisme*),前揭,页127。

④ Simon,《旧约批评史》(*Histoire critique du Vieux Testament*),前揭,页7–8。

性的叙述,而非看作实际的历史。① 西蒙还指出,16 世纪时,教宗西斯笃五世(Pope Sixtus V)和克莱门特八世(Pope Clement VIII)曾命令学者"纠正"拉丁版圣经,使其符合圣经学术研究的最新进展。②

然而,波舒哀不会被吓住,因为他坚持圣经作为历史的真实性。圣经并未包含所有的人类历史,即,有些发生过的历史事件圣经作者并没有记载。不过,按照波舒哀的标准,这样的事件不过是"非-事件"(non-events)。既然圣经作者没有记载,那么这些事件就没有什么意义。实际上,作为历史的圣经无疑不仅是必要的历史,也是充分的历史。摩西和他的继承者们——众先知——已经记载了关于人类历史之初人们所需要知道的一切。有些人想要延长或缩短创世与亚伯拉罕之间的这段"空白世纪"——这显然是在暗指西蒙和他的学术类型——但这样做并没有什么意义(《论普遍历史》,页 109)。③ 年代学家之间的分歧变得无关紧要,因为,"有什么比看见宗教从世界开端起就在相同的基础上持续这件事更美妙的呢?"(《论普遍历史》,页 114)。波舒哀所说的"事件"自带神圣的意义,因它将上帝的行动与人的行动联系

---

① 参阅 E. Gilson,《奥古斯丁研究导论》(*Introduction à l'étude de Saint Augustin*),Paris,1943,页 260。

② Simon,《旧约批评史》(*Histoire critique du Vieux Testament*),前揭,页 7。

③ 西蒙推测,圣经各卷书可能是一些更长、更详尽的关于犹太和普遍历史的叙述的概要,这一历史原初由一代又一代的"公共作者"(public writers)保存。当西蒙想要为经外传说辩护时,他不就是通过强调这些"公共作者"的角色,而把经外传说的书写源头推回到了圣经时代吗?波舒哀也相信,圣经各卷书是作为犹太民族的一种"官方历史"被一代又一代人有意识地保存下来的。他由此也接近了西蒙的观点:即,从来没有哪一个时代是信仰者的历史遭到忽略或不受保护的。虽然二人对某些议题有着深刻的分歧,但西蒙和波舒哀都想确立一点:圣经的解释和编纂从来不会落在不够格或粗心的作者手中。他们就这一问题的观点,与 16 和 17 世纪盛行于法国人文主义圈子中的"官方历史"、宫廷史纂这些更普遍的观念直接相连。参阅 O. Ranum 即将出版的著作《荣耀的艺匠:十七世纪法国的历史思维与政治学》(*Artisans of Glory: Historical Thinking and Politics in Seventeenth-Century France*)。

起来。普遍历史中的那些"非－事件"无助于证明信仰的史实性,也无助于说明神圣历史与俗世历史之间的秩序和关系,不妨删除之。这难道不是世上第一部史书——圣经的选择原则吗?对于写下圣经的摩西和先知们而言,是神圣的引导使圣经成了这样一部书。圣经里面中国历史的叙述缺席似乎丝毫没有使波舒哀感到不安,因为中国人显然没有做什么在此值得一提的事情。还有许多别的民族,旧约中或者提到或仅仅暗示到,其唯一目的是提供一些教训,这些教训要由那些民族与"选民"之间的关系来解释。

类似地,有些学者提出一种创世说,认为诸自然元素的被造之间隔了很长时间,此后,"混杂着水的地球才在太阳热量的帮助下……生出植物和动物。这些学者也谬误至极"(《论普遍历史》,页116)。在这些反驳中,波舒哀字面解经的倾向变得显而易见。《创世记》说,上帝在创造地球之前先创造了光,还强调,在造好了地球、植物和动物之后,上帝才在第三日创造了星星、太阳和月亮(《创世记》第一章)。在波舒哀看来,这段文字固然证明了前述理论的谬误,但其首要的重要性在于突出了历史的庄严和美。圣经文本启发了波舒哀,也强化了他的信仰。①

通过坚持圣经的史实性,波舒哀重新确证了他自己的信仰。他觉得他根本就没有冒什么险,而只是在说出所有人都该知道的显而易见的真理。这导致一种奥林匹亚式的,或者毋宁说是一种西奈式的(Sinaitic)看待事件的视角。波舒哀似乎成了站在西奈山顶的摩西,从那里他一眼瞥见所有的历史。他的信仰和神赐灵感使他能够用一个警句来描述整个文明,用一个词或短语来概括从历史得来的道德或属灵教训。正是这种摩西式的判断能力吸引着《论普遍历史》的读者。一位信仰者表现出的这种笃定和宁静,使他可以超越细节,消除模糊性。圣

---

① 参阅 Goyet,《波舒哀的人文主义》(*L'Humanisme de Bossuet*),前揭,2: 293。

经是一个被选民族的历史,按照摩西的律法写成;其中的事件记载了犹太人如何尽心尽力地服从律法,以及当犹太人没有服从律法时上帝的救助和惩罚。

[圣经中]每件事都被谨慎地记录下来,每件事都按年代顺序给出;这是上帝留给他的子民以便他终止预言后用来教导子民的东西。这种[圣经-历史的]教导极大地改变了以色列人。[由于有了摩西律法和他们的历史书],他们不再需要异象和明明的预言,也不再需要上帝曾经为了保存他们而经常施展的那些闻所未闻的奇事(《论普遍历史》,页170)。

关于神恩、惩罚和奇迹的历史记载,已足以"维系"一个民族并教导他们如何恰当行事。这解释了上帝何以转去不再对历史作为明显的干预——基督的生平和受难是一个例外。在波舒哀看来,这种解释为我们理解历史的更为个人化和属灵化的意义提供了另一条线索。历史既记载了神迹又取代了神迹,特别是那种决定着帝国兴衰一类的巨大政治变化的神迹。由于历史取代了神迹,所以它在17世纪欧洲人的头脑和心灵中发挥了巨大的作用。

波舒埃的上述信念有助于解释这样一个事实:《论普遍历史》远不只是一篇对西蒙的反驳。对于像波舒哀这样性情的人来说,阐明真理——即神圣真理——的崇高经验,自然高于仅仅反驳某些乖僻和危险的假设。人文主义者相信,教育中必须强调积极的东西,方才符合源自西塞罗和昆体良(Quintilian)的古代修辞学原则,这一信念维护或者说造成了波舒哀阐明真理的癖好,而不是满足于对别人提出的假设吹毛求疵。但凡有可能,波舒哀都会坚持古代历史的普遍的、"显而易见的"和"无可辩驳的"真理,而藐视那些对细枝末节提出质疑的人。强词夺理、百般诡辩,或仅仅过度精细,都是危险的事。在人文主义者波舒哀看来,经院哲学家及其继承者,即16世纪天主教和异教的论战者们都落入了这样的陷阱。虽然波舒哀试图学习希伯来语,以便在西蒙和其他学者所确立的层面上掌握圣经批判,但他从未真的试图在西蒙本人所熟悉的领域内反驳西蒙。①

像大多数同时代人一样，波舒哀相信，异端和虚假学说始于单独个体的头脑之中，然后凭偶然机会像火焰一样在森林中蔓延。因此，每一个对信仰的质疑，每一个可能用来损害信仰的、由某一犯错的头脑而产生的哲学和理智思考，都必须予以反驳。撰写《论普遍历史》之前，波舒哀已经撰述反驳了怀疑派、冉森派和新教，而在可能是他最伟大的著作《新教教会变迁史》中，他将再次这样做。但无论在哪部著作中，他都不会显得像一位论战者，试图在对方熟悉的领域来反驳他们对他信仰的挑战。波舒哀总是通过虔敬派（pietist）和属灵派（spiritualist）的口吻，②转弯抹角而又不无热切地表明自己的驳斥，由此，他成了天主教的论辩大师而又并未显得像大师。就此而言，必要性和所用策略实为相互支撑。

作为 17 世纪最伟大的布道者，波舒哀可能从气质上就怀有一个愿望，那就是接触更广大的读者群，而不光是与几位学者吹毛求疵。作为皇家导师的地位使他不得不在时代关键问题上担任着某种意义上的大众灵性导师的角色，这些关键问题出现于凡尔赛主流的人文主义政治文化。这些影响加上波舒哀的宗教信仰和雄辩之才的浇灌，就产生了我们现在所看到的《论普遍历史》。

西蒙可能也想获得更大的读者群，而不仅仅是跟那几十位拥有充分理解其著作所必需之学问的学者[打交道]。③ 尽管存在这类迹象，西蒙的著作与波舒哀的《论普遍历史》相比较，还是显得很博学和学究化。那个时代曾激发圣经学者的种种问题，即年代学问题、圣本相互冲

---

① 参阅 Hazard,《欧洲精神》(*The European Mind*)，前揭，页 202。

② 参阅 J. Le Brun,《波舒哀的灵性问题》(*La Spiritualité de Bossuet*)，Paris,1972,特别是第二章。

③ 西蒙想要总结以前的论战，大全式地呈现圣经史学的关键问题，这表明他意识到他需要一个更大的读者群，他的读者不应仅止于他声称对其说话的那一小撮新教圣经学者和斯宾诺莎主义者。

突的版本问题以及抄录错误问题,《论普遍历史》中一次也没有谈到。波舒哀对这些问题的意义的认识或许还流于表面,但他清醒地意识到,这样的问题在教会敌人的手中可能变得十分危险。他相信,所有这类学问,即使是善意的,也都是只见树木不见森林。

19世纪的圣经学者——突出的如雷南(Renan)——会有意删减他们的脚注和玄奥的学术观点讨论,写书的动机是吸引更大的读者群。吸引读者的努力是共同的,不同的人虽然动机各不相同,但用来吸引"普通读者"的手段常常相似,而且通常包含一些可能吸引眼球的主题或文体手段。① 波舒哀却不是这样。不能说他在掩盖他事实上并不具备的学问,也许这样表达更为准确:他在为了更大的读者群撰述,以防西蒙的学术使这个读者群遭受任何可能的负面影响,因为论战已导致西蒙的错误"渗漏"到基层教区。波舒哀曾经这样写道:

> 人不是唯恐那些迎合人类感官的渎神行为不会迅速影响人们的心灵吗?……它们展示革新者而不是与他们抗辩。它们吸引赞成他们的观众而不是敌人。②

可以推断,波舒哀意识到了"错误的"观念如何通过试图反驳这些观念的学者的著作得以传播。因此,他在《论普遍历史》中没有引用西蒙的文献是有道理的;他有意识地竭力利用他运用自如的所有雄辩才能,要撰写一本综合性的著作,这也是有道理的——这部著作既可以给一个男孩即太子阅读,也可以给普通读者阅读。

---

① 圣经古史学家并没有完全放弃这些手段。Morton Smith 新近关于早期基督教中巫术元素的研究,其形式显得更加通俗,同时也更加学术:《秘密福音》(*The Secret Gospel*), New York, 1973;《亚历山大的克莱门特与一种秘密的马可福音》(*Clement of Alexandria and a Secret Gospel of Mark*), Cambridge, Mass., 1973.

② 《教父传统辩护书·遗著集》(*Défense de la Tradition des Saints Pères, Oeuvres posthumes*), Amsterdam, 1753, 2:83, 被引于 P. Vernière,《斯宾诺莎与大革命前的法国思想》(*Spinoza et la pensée fraçaise*), 前揭, 1:116。

然而,在很多方面,《论普遍历史》与其说是一种免疫预防,不如说是一种治疗。通过法国斯宾诺莎主义者的著作,并通过以伏尔泰为首的启蒙哲人的著作,"错误观念"在 19 世纪受到广泛的青睐和接受。① 圣经字面意义之争当中文学形式与学术形式间的分歧,其回响将会持续几个世纪。一方是西蒙和他的博学,另一方是波舒哀和他的雄辩——不同时代的学术精英和普通大众将分别受到这两个不同阵营的影响。

法国大革命之后改变了的精神氛围,使波舒哀的《论普遍历史》相比革命前的旧制度期间受到更多读者的青睐。此书第一版(1681)曾在一年内售完,这对于像波舒哀这样拥有政治和文学声誉的作家来说很平常。但第二版(1682)滞销了十几年,直到 1700 年第三版(修订版)再版,这也是波舒哀一生中的最后一版。② 虽然也出了外文版本,但书却滞销。因此,这本著作在 17 世纪晚期对大众的影响相对较小,③与他更早的著作《关于有争议问题的天主教会教义详解》(*Exposition of the Doctrine of the Catholic Church on Matters of Controversy*,1671)

---

① 参阅 Vernière,《斯宾诺莎与大革命前的法国思想》(*Spinoza et la pensée fraçaise*),前揭,散见各处。

② 参阅 T. Goyet,《围绕"论普遍历史"的相关问题》(Autour du "Discours sur l'Histoire universelle"), *Annales littéraires de l'Université de Besançon*, Paris, 1956,页 10 及以后。

③ 出版当时似乎尚未有人对此书的批判性接受作系统研究。Floquet 只是引用了 Charles Perrault 和 Dom Mabillon 的简短赞美之词。此书出版后一周内,马比隆就此书写信给他博学的朋友 Magliabechi,说道:"再没有什么比这部论著更美了"(1681 年 3 月 31 日);引自 Floquet,《太子师波舒哀》(*Bossuet, Precépteur du Dauphin*),前揭,页 218。我不认为这句评论是一把双刃剑。虽然 17 世纪的饱学之士(érudits)意识到他们自己常常并不雄辩,但他们并不将雄辩视为学术的敌人。关于雄辩,他们仍然共同尊奉着人文主义的一般原则,并且认为只要可能,就应该在史书写作中实现这些原则。结果,他们很少认为他们出版的著作属于史书的类型。值得注意的一件事是,《论普遍历史》首次出版于 1681 年,而马比隆的巨著《论古文献学》(*De re diplomatica*)这部开拓性的关于史料的科学研究著作也在同年首次出版。

相比，影响肯定要小得多。18世纪间，此书的原版和修订版以及其他作者的增补版大约每十年出版一次，再次表明关注这部经典著作的读者群相对有限。比起同时代的一部著作，费内隆（Fénelon）的《忒勒马克》（Télémaque）18世纪出现的版本数量，《论普遍历史》肯定算不上成功之作。

然而，1800年之后不久，此书版本开始急剧增多，1800至1904年之间，177种完整版中超过一半得以再版。《论普遍历史》安慰了一个破碎的世界，这个世界想要重新相信圣经的字面意义。波舒哀的史书中浸透着天主教改革派的虔敬主义，这种虔敬主义支撑了他自己的时代，成为17世纪晚期宗教虔诚的整体画卷中的一个重要元素。历史在路易十四的时代则显得无关紧要，或者说它是天主教信仰的一种并非必要的支撑。但是在启蒙运动和法国大革命之后，为信仰竖立一个历史支撑似乎明显变得必要了。这是对西蒙、斯宾诺莎和伏尔泰的[流毒]治疗，而不是免疫预防？18世纪时，历史在法国民族意识中的地盘可能扩大了，因为越来越受到良好教育的读者群逐渐失去了虔敬派-属灵派的灵性热情，这种虔敬派-属灵派的灵性建基于塞尔的圣弗朗西斯、德贝路、德尚达勒（Jeanne de Chantal）、德马里拉克（Louise de Marillac）以及许多受他们著作启发的其他作者。与波舒哀的时代相比，现在信仰更多需要历史。结果，19世纪的中学生都阅读《论普遍历史》。那些在法国中学中作为奖品奖给学生的精美本子足以证明对这部著作的推崇。

然后，从19世纪中叶开始，出版商们开始把《论普遍历史》各卷拆开并分别出版，第三卷出的版本数远超过第一、第二卷。由此，以希腊和罗马历史提供道德和政治教诲，以法国早期历史来强化法国人是一被选民族的民族信念，将是波舒哀的《论普遍历史》在19世纪为法国政治文化作出的最后贡献。他的著作最终落在了中学生的手中这一结果应该不会使他不悦，因为从一开始，《论普遍历史》的构思与撰写难道不就是为了向一个男孩，即太子，教授信仰和历史课程吗？

施特劳斯讲维科

——关于施特劳斯的维科课程的报告

安布勒(Wayne Ambler) 撰
方楚道 译 娄 林 校

[作者按]感谢施特劳斯文字遗产的遗嘱执行人克罗波西(Joseph Cropsey)教授,容许我写出有关这些材料的报告。

括号中的数字,包括小数点,诸如(7.2),指施特劳斯研讨课中的一节(Strauss,1963b)以及研讨课记录稿中的一页或多页,所以,这里指第七节研讨课记录稿的第二页。当施特劳斯的一个评说直接关系到维科著作中的一段时,我会补充其出处,比如:(7.2,在343[语境将会指出,出处是《自传》还是《新科学》])。出自《自传》(Vico,1963)中的引用以页数表示。出自《新科学》的引文依照尼科里尼版(Vico,1928)中的段落编号;贝根和费希在他们的译本中沿用了这些编号(Vico,1986)。

方括号中的补记不在记录稿内容之列,但我想,这可能有助于理解记录稿和理解维科。

芝加哥大学1963年秋季学期,施特劳斯开讲维科(Vico),本篇报告便探讨他这次唯一讲授过的维科课程。如同施特劳斯的课程一样,我只试图为进一步的研究发现问题,而非解答维科提出的大量问题中的任何一个。

行文伊始,我想提出些许告诫,有些人试图呈现施特劳斯最终或绝对的观点,不管施特劳斯在讨论维科还是任何其他主题,但我反对这种做法。首先,施特劳斯的研讨课记录稿是不是寻找他最具决定性思考的最佳文本,这一点姑且不谈,单论本课程的文字记录,其情形已非常糟糕。研讨课第八、十和十六节的记录全部遗失(照目前情况,文字记录包括少数一般性说法和少数宣称是结论性的说法);记录的课程文稿屡有脱漏(包括经常或几乎是惯常的疏忽,以及未能抓住班上成员的许多提问及评说),这些脱漏有些出现在特别重要的时刻;绝大多数研讨课授课的文字记录,都在研讨课下课之前结束(例如,参看7.2);文字记录中也有些错误(有些错误很明显,比如提及罗马在公元1724年击败迦太基[Carthage],或用Stengler代替施宾格勒[Spengler],所以,我担心还有其他不易发觉的错误)。

其次,施特劳斯讲授这门课程时开门见山地说明,这是他第一次教授维科——原因非常简单:他从未研究过维科。在整个课程中,施特劳斯经常指出,应该把他自己和这个研讨班对维科的思考理解为一种准备。施特劳斯主动提出,他最初着手处理维科的理由,不应用来指导研讨班同学的文本研究(2.2-3)。他更经常说的是要充分理解维科就必须研究些什么,而非自称正在提供这样一种理解的果实。何况,在上课过程中,施特劳斯偶尔会改变自己的见解(或在以后的课上)。施特劳斯还坦率地说:《新科学》(New Science)①是一本令人迷惑甚至"古怪的"书[即便贝根(Bergin)和费希(Fisch)这种富有思想的维科信徒,也会毫不犹豫地说,维科"记错、引错、歪曲或曲解"他引用的原始资料。在他们出版的《新科学》里,整本都是附加括号的惊叹号,意图引起对这种明显失误的注意(Vico 1986, xviii)。施特劳斯不再提出这种批评,但他偶尔也对维科作品的某些古怪特征表示惊讶,例如,维科对各种词源的嗜好令人难以置信(9.8;11.12;5.3;13.6;9.3)]。总之,施特劳斯很谨慎,并未声称他的短期课程——仅持续八周,在第二至四节课讨论维科的《自传》(Autoboigraphy),第四至十五节讨论《新科学》——提供

---

① [译按]本文中所有维科《新科学》的引文均依据朱光潜译本,北京:商务印书馆,1989。

了什么是维科的全面和最终教诲之类的东西。施特劳斯看来也没有将维科作为下一步研究的中心(不过,请参看施特劳斯为《自然权利与历史》第七次印刷所作序言的第二段,1971,vii)。①

第三,施特劳斯在芝大开设的研讨课研究过各种各样有挑战性的作家和问题。最能理解这份讲课记录稿的学生自然熟知下面的清单:圣经(尤其旧约);斯宾诺莎(尤其他的圣经批判);培根、笛卡尔、霍布斯、洛克、卢梭、康德和黑格尔;马基雅维利的李维,还有间接的圣经论述;论自然正确和自然法的传统教诲;其他还有很多。另外,维科的《新科学》出版过几个差别很大的版本,施特劳斯使用的第三版已经有过大量修订,首先是尼科利尼(Nicolini)(Vico 1928)在意大利文原稿中作的修订,然后是贝根和费希(Vico,1986)在英译本中作的修订。施特劳斯强调,意欲更认真地研究维科,就得更频繁地查考原始手稿(13.10–11)。

记录稿多少欠缺准确性,与此相应的是,施特劳斯在研讨课中的讲法本来就不算正式,带有尝试性质,讲的方式也不时调整,所以,我不会使用引号,虽然我可能直接引用讲课记录稿;除另行注明外,所有引文都来自维科。

现存讲课记录稿总长约160页打字纸,用的是单倍行距。其中,施特劳斯的讲述所占比例大约一半,另外一半记录了听课人的发言,或是朗读维科的文本,还有空白。

我从研讨课第九节和第一节开始,而且我也最关注这两课,因为这两课中,施特劳斯讲的时间最长,且用语最为平常。在第九课中,施特劳斯为每个将要进一步研究维科的人提供了一项建议性的计划。他这

---

① [译按]施特劳斯在这里说,"通过研究维科的《新科学》,我的观点得到了确证。维科此书致力于重新审视自然正确理论,但并没有得到那些视'历史意识'为理所当然的人们的恰当研究和理解"。中译参《自然权利和历史》,彭刚译,北京:三联,2003,页86。

样做,表明这门课程是要指向一项研究,而非提供一项研究。施特劳斯的综述也再次提出他开始教授维科的理由。回顾第九课之后,我将转回第一课,对于施特劳斯选择教授这门课程的理由,第一课中有相似但更完整的说明。

施特劳斯声称,他希望更好地理解历史何以替代了自然法,通过简要引用特洛尔奇(Ernst Troeltsch)、曼海姆(Karl Mannheim)、海德格尔(9.3-4),施特劳斯详尽阐述了这种代替。特洛尔奇指出,这种代替在一战后的德国已经发生,而德国以外的西方国家仍然继续维持自然法的传统。但特洛尔奇也让我们知道,尽管自然法的传统有政治上的优点,他还是不信奉自然法。曼海姆比特洛尔奇更肤浅,但他在《意识形态与权力》(*Ideology and Power*)中用通俗的语言重述了特洛尔奇的观点,这令他的观念在西方各门社会科学之中得到更广泛的流传。部分由于这个原因,特洛尔奇对西方这种缜密的自然法传统的理解,如今已难得一见,至少在学院中如此。人们现在遗忘了特洛尔奇,这仅仅因为,特洛尔奇不得不说出的话,海德格尔以更深刻、更吸引人的方式作出了表达。施特劳斯提出自己的研究,作为对海德格尔的回应。他看到,自然法是对历史最直接的回应。施特劳斯对维科的兴趣在于,他试图更好地理解历史对自然法的代替,因为维科可能是最早认识到这种代替的人物。施特劳斯注意到,维科经常使用短语"自然法"(diritto natural),这虽然是个传统用法的短语,但我们决不能因此而忽视维科赋予了这个短语怎样的历史性含义。①

在回顾第一节研讨课的过程中,我们发现,关于施特劳斯何以把注意力转向维科(还有他为何不早点这么做),这节课有一个相似但更完整的说明,所以,我现在转而讨论这节课。在这个说明中,施特劳斯谈

---

① 另见施特劳斯,1971,1-2,以及第1章中更一般的看法。在这一文本中,施特劳斯并未提及海德格尔(或曼海姆和施宾格勒),但这一文本与维科研讨课有明显差异,文本中还概述了对历史方法的回应或替代方案。

及维科对 19 世纪现代史学考据的影响,因为这种史学考据尤其牵涉到对荷马和早期罗马史的解释。不过,施特劳斯也把现代史学考据的基本原则追溯到斯宾诺莎,而斯宾诺莎在解释圣经时对史学的运用集中于旧约。因此,至少在这方面,斯宾诺莎比维科更早,也更具有根本的重要性。

这就是说,施特劳斯不再基于历史问题来解释他转向维科的原因。历史问题一开始就是作为一个解决方案而出现的,因为,关于何谓好的或正义的社会,其答案纷繁复杂,且相互冲突,历史问题则将这种混乱整理为有序。这些答案数量和种类繁多,甚至引出了怀疑论,结果,这些答案与得出这些答案的时间和地点挂钩,使思想的混乱被还原为某种秩序。比如,亚里士多德和洛克对财富问题当然意见不合:[这只是因为]他们各自都是一个非常不同的社会的代表人物。由此,一套单一的学说取代了众多互相冲突的学说:即各种学说都是其时代的作用。但是,这种整齐的解决方案付出了沉重代价,因为它意味着,寻找纯粹好或纯粹正义的政体的政治哲学根本已不再可能。所有思想家都是他们时代的儿子或继子,甚至在——或尤其在——他们的那些最高思想中也是如此。

在施宾格勒看来,这种见解似乎意味着所有高级文化的平等,而对美国人类学家来说,却意味着所有文化的平等,这恰是如今我们看待这个问题的流行方式。然而,与此同时,我们提到发达国家和不发达国家,由此,我们又暗示了不同文化之间并不平等。总之,一方面有一种平等主义的见解,另一方面,人们又认为,有而且应该有从不发达文化到发达文化的进步。历史地讲,进步的信仰出现更早,而且与这种见解相关——科学不仅仅是一种特定文化的表现,它还超越了各种文化:自然学(physics)上的正确既不限于委内瑞拉,也不限于中国。

更早的现代观点认为,科学和进步基于各种文化的不平等,施宾格勒拒绝了这种观点——施特劳斯认为,施宾格勒作为历史相对主义的普及者,其地位最为重要。这种观点中的"科学"需要一个形容词,即便是现代西方科学的普及,也不能证实现代西方科学在科学上就是正确的;这更证明了西方文化的统治地位。事实上,现代科学依赖于某些假设,这些假设不像基于这些假设所作的证明一样,可以得到严格的证明。所以,从根本上讲,它不可能是纯粹的科学。总之,科学的分析最后支持的主张可能是:一切思想都是历史的。

然而同时,现代自然科学的成功使其对立的主张依然有效,即,至少存在某些超越文化或历史的知识,这让我们想起希腊人对自然与 nomos[律法、习俗、风俗]的区分。科学试图理解自然,历史主义试图解释随时间而变迁的 nomos。然而,自然与 nomos 的相互关系产生了不同的理解。尽管 nomos 的变迁已被理解为起因于人类的行为,历史主义者却把这些变迁理解为一个成长过程的后果,因而将这些变迁理解成自然的。已被当作 nomos 来理解的事物被看成是自然的;历史主义扩大了自然的范围(1.4)[参施特劳斯1971,11]。

或者,用一种不同的方式来研究这个问题。像奥德修斯或马可·波罗(Marco Polo)这样古老时代的旅行者见过各种各样的文化,但在这些不同的文化当中,有些东西是共同的:男人、女人和孩子属于不同类型的人类,人与马也不是同一种群。这些看上去明显的地方可称为地板,而那些文化间不一致的地方则是天花板或有高度的东西。因此,哲学的第一步将是试图用知识取代不过具有一些高度而已的意见。哲学的使命将是从有关地板的公认事实,从一个部落到另一个部落没有差异的事实,渐渐升高。

但是,这种见解在现代受到如下质疑:我们没有关于事物本身的知识,甚至对狗那样简单的东西的知识也不存在。不如说,我们只了解各种现象。我们所有的原始感觉,都由于我们解释它们的形式而变得有条理。我们的理解不是感觉;更确切地说,是对事情的形式表达。这对自然同样适用,因为,我们的知性(understanding)存在于人类将知性规则强加于自然这一行为之中。这些形式或范畴(正如康德对它们所用的称呼)代替了认知最高之物,其本身就是"最高"之物;现代人类学家不再察看被一个部落当作至高者而敬仰的事物,而是寻找部落所凭借着去感知和思考的范畴。以前,旅行者可能想知道某些部落的观点是否可能为真,或在某些重要的方面是否可能为真。现在,人们却认为,使用特定的范畴会歪曲所有思想。因此,最终存在不可知的事实:我们所谓的事实,其实已是一种解释(1.6)。

但是,如果我们凭之解释事物的范畴并不总是采取同样的形式,将会怎么样呢?不久,这种观点有了现代的进展,认为这些范畴在不同的时代或文化中有根本的不断变化。用这种观点来看,所有的思想——不仅是有关那些最高之物的意见——都是历史性的。因此,严格地说,从一种文化到另一种文化,没有事实会不发生改变。因为,即使是简单的事物,在不同的文化中也有不同的含义或比喻意义。由于这种普遍的关联,施特劳斯认为,维科十分重要,因为,虽然维科早康德两代,但就今天非常权威的历史方法而言,维科早在康德之前就已为康德奠定了基础。所以,研究维科有助于理解历史主义的诞生和发展[参看施特劳斯1971.13:"历史主义的起源没有被充分地理解"]。

施特劳斯讨论了 history 一词的含义的各种变化(起初是"探究"之意,然后是"一项只能用查阅人类记载的方式来解决的探究",到"这样一种探究的结果或对象")。这些变化的一个后果是,自然和历史开始变成完全分离的研究领域。施特劳斯认为,严格意义上讲,旧约中没有历史(这个观念),他还分析了19世纪早期历史学派的起源。施特劳斯特别强调,历史学派最初有其保守的目的,即反对强调自然法,反对引起法国大革命的人为构建(比较施特劳斯,1971,13 - 16)。生长而非人为制作才应该是政治变化的特征,对假定的自然法的诉求不应如此轻易扫尽实在法的信誉。历史意识由此开始取代自然法,不仅如此,它还证明,激进地打破过去是正当的行为。由此,它又替代了自然法的潜力。因此,历史必须根据它被引入取代自然法的结果来理解。这种替代的一个标志就是:不再提及人的正确,只谈及英国人的正确,前者依赖自然的观点,后者则强调一个历史范畴。

在对自然法的简要回顾中,施特劳斯强调托马斯主义的自然法在 17 世纪及以后所面临的挑战。特别是,法律需要公开陈示,托马斯·阿奎那(Thomas)则坚持自然法凭着良知就已得到充分的昭示。霍布斯、洛克,尤其卢梭挑战了这种信念(以及一般意义上的传统自然法),因为,古人太单纯或太野蛮以至于并不能理解他们的责任。施特劳斯认为,维科的思想接近卢梭,因为它强调古代的兽性和前理性,但他也指出,维科并没有写出一本书,像《社会契约论》那样勾勒出一个解决问题的方案。

第一节课关于这一点没有说完的东西,在第二节课应该变得清晰,但记录稿只是如此。因此,还有一项愉快的挑战留给读者,把有关历史问题的几种似乎是不同的思考组合起来。

虽然施特劳斯强调,研究班应该用维科自己的术语来呈现维科,但不管施特劳斯最初教授维科的理由是什么,到了第九节课,他似乎仍然没有改变自己的见解,还是认为在自然正确被历史取代的过程中,维科可能是一位先行者和教育者[贝根和费希试图展示维科的影响,他们发现这种影响十分深远。他们认为,对于"社会变迁中的各门学科"及历史的科学研究的各种变化而言,维科特别重要,但贝根和费希承认,对这些变化,他们的著作还没有提供充分说明。他们引用施特劳斯论霍布斯一书中有关历史的章节,作为这类研究的一个典范(Vico 1963, 20,210 - 217)]。但是,施特劳斯认为,要研究维科在历史取代自然正确的过程中所起的作用,就必须遵循下列计划(9.2 - 6)。

(1)首先,研究者需要详尽梳理维科对自然正确的批判。维科的批判特别采取了批评格劳秀斯(Grotius)、塞尔登(Selden)、普芬多夫(Pufendorf)的方式,维科称这三位为"genti[部落]自然法学说的三位君王"[328],但施特劳斯推测,维科的批评在《新科学》的不同部分并不相同,而且他认为这值得进一步研究。

(2)另一方面,这种批评还扩展到托马斯·阿奎那、西塞罗以及其他有关自然法的重要教诲,施特劳斯问到了批评的范围,而他此处的评说引出一个一般性问题:维科如何写作。维科将其批判集中于"三种原则",但施特劳斯推测,维科的批判触及更广阔的领域,有更突出的目标。或许,维科甚至打算心照不宣地批判神圣传统,即使他形式上从自己的分析中免除了自己批判的责任?

(3)第三,研究者必须仔细研究维科所理解的自然法的各种类型。维科详细说明了自然法的三个时期——神的、英雄的、人类的,但他还不能充分精确地确认这些时期,既不能确认它们之所是,也不能确认每一个时期如何从前一个时期中发展出来。研究者必须特别注意理性机制与非理性机制之间、前政治人类与政治人类之间的差异。

(4)第四,施特劳斯要求特别关注第三个时期,即人类政治生活的时期;尤其所谓政治公正(civil equity)等于国家理性(the reason of state),这意味着什么[320]?政治公正因此等于政治实用?针对民主制和君主制促进这种实用的能力,维科如何评价这两种政制?

(5)施特劳斯紧接着问,维科为什么赋予其新科学一件神学外衣。尤其是维科宣称,在历史的展开过程中,他看到了神意在起作用,这种神意起作用的方式至少是:野蛮人自私和利己行为的方式逐渐形成了社会生活和共善,并导致了一种发展,这与亚当·斯密"看不见的手"的隐喻中暗示的发展一样显著,或许更加显著。

(6)、(7)施特劳斯又补充了两点。他在思考维科独创性的确切位置,施特劳斯也欢迎对维科的批评。维科实现自己建立一门社会自然学的目标了么?

既然施特劳斯指出这七个问题应该构成一项未来的研究计划,那么他显然不会认为,他的短期研究班要做的便是这种研究。但这并不意味着,施特劳斯没有在几个要点或大部分要点上至少开风气之先。既然这些就是施特劳斯认为最值得研究的主题,那么,强调这些主题并用心梳理这次施特劳斯的课程回顾,就很有意义。施特劳斯的第三个问题最适于用来介绍维科,所以,我背离施特劳斯的次序,从这一问题开始。其余部分则遵循施特劳斯的既定次序,这些序号当有助于我们索引阅读。

关于(3)。维科强调一种图式,根据该图式,人类历史有三个主要时期,每个时期都有自己的自然法:神的、英雄的、人类的。施特劳斯希望以精确的论述表达这三个时期及其循序渐进的发展过程。

施特劳斯强调下列要点:在第一个或"神的"时期,人是前理性的野兽;存在着两性间的混杂乱交,同时,父子关系无法辨识;这些独自生活的"独目巨人"(cyclopes),正如维科给他们的称谓,最终发展出各种原始凶暴的宗教信仰或迷信。他们退入洞穴后形成家庭,获得后天习得的说话能力,并形成各种群落,由此开始第二个或"英雄的"时期(如果说他们没有像使用力量一样采取欺骗手段,那只是因为他们太不会说话,故而难以行骗,14.3,817)。这些独目巨人的群落(或"贵族们",因为维科用罗马人作为关键例子),对寻求他们庇护的较弱的追随者(或"平民们")作威作福;平民数量不断增长,最终能够推翻贵族,于是人类的时期诞生了(虽然人类在三个时期都存在,但只有第三个时期被称为"人类的",这表明维科在一个更强的和一个更弱的意义上使用这个词语。研究者也可以把这个时期看作"人道的[humane]时期",参看11.8,页578)。在人类时期,最初是民主制,然后是君主制普遍盛行;野蛮时代的回归将取代人类时期,正如在"复归的野蛮时代"——维科如是指称中世纪——曾经发生过的那样(4.10 – 11,25;4.7,8;11.3[参看190 – 191,338 – 339])。

至于自然正确,它在三个时期中都存在,但每个时期都有不同,施特劳斯说,这个要点怎么强调都不过分(12.3;13.1;12.7 – 8,631:"天意将更伟大的genti[种族]即贵族们的自然正确转变为更渺小的genti[种族]即平民们的自然正确")。三个时期完全不同,但每个都是自然的。因此,当维科使用短语"所谓的自然状态"时,施特劳斯认为,维科这么用是因为所有的时期都产生于自然的必然性(12.6,629;6.8 – 9,141 – 142)。因此,在另外的场合,当维科在一个单句中两次重复"自然地"这个词时,施特劳斯借此机会强调整个过程都是自然的(11.11,

583[中间])。施特劳斯通过解释阐明,自然正确并没有成文或不成文法的特征,只有习俗的特征(5.10,67[及1107,结尾])。就是说,自然正确——至少或特别在第一个时期——缺少"应该"或责任的意识:它似乎是习俗所完成之物。当然,自然正确不是一个理性的推论;它为[每一个]时代中的人们所固有(另见7.12,314-315,此处施特劳斯再次强调,原始的自然正确不是哲人们或道德神学家们的自然正确)。

这会让我们记起,施特劳斯以为维科与伽利略、培根及牛顿并无二致,他们为了理解所有人类历史的原则,都将他们的新科学运用于人类事务(9.3)。照这么说,维科的科学应该理解成一种解释,而不是为政治家提供建议(12.6;6.5)。他的历史是考据性的历史,其中没有什么不可思议;一切都是自然的(见"附录",1)。施特劳斯将这种见解与修昔底德联系起来,也强调起源是不完美的。这一点维科可能比任何前人都讲得更清楚(6.3;另见7.9有关伊本·赫勒敦[Ibn Khaldun]之处)。正如前文所言,维科论及人们在不同的时期如何统治,但他没有建议该如何统治。同样,维科认为,自然通过人的选择而运作或在人的选择幕后运作,因为,柏拉图和亚里士多德严格视为nomos的东西,结果在维科看来只是出于自然:希腊人对宙斯的假定,罗马人对朱庇特的假定,以及日耳曼人对条顿诸神(Teutonic gods)的假定,都植根于自然。维科甚至断言,特殊语词是通过自然而非传统赋予事物的。国家之间自然的多样化可能有助于使这种想法成为可信或有用的(9.1[参看445])。在9.3,施特劳斯提到,事物的名称不为被命名的事物本身提供线索,而为创造这些名称的国家的思想方法提供线索。施特劳斯承认,他愿意用下面这个夸张的说法强调上述观点:对维科来说,习俗也是自然的(4.5-6)。

但如果关于三个时期施特劳斯强调的要点就是这些,那他是不会完全满意的(例如6.10-11)。首先,他发现维科对三个时期的区分有点不清晰。似乎神的时期的特征是信仰,相信诸神与人们一起居住在大地之上;当人们相信生于诸神的英雄们与他们生活在一起时,这便是英雄时期;而在人类时期,神或英雄都不再存在,只有人。但英雄时期的人们真的不再相信诸神仍然在大地上行走? 维科的意思是,在人类时期,宗教会消亡? 它不会一直存在?

或许,英雄时期与人类时期之间更清晰的区分是不平等,因为英雄时期坚持贵族和平民的出身完全不同;或许,神的时期与英雄时期之间更清晰的区分是,在神的时期,独目巨人们完全分裂,相反,英雄时期的那些独目巨人则由掌握着其他服从者的独目巨人们联合起来,形成一个团体(11.9,570;3.9)。施特劳斯对三个时期迷惑不解还有另一个理由:哲学是第三个时期的特征,但在维科的图式引导我们期待哲学的地方,哲学常常并不存在(5.4-5[例如,1101,1043])。这些及其他一些理由让施特劳斯疑惑,维科究竟打算如何区分这三个时期,或如何严格区分。最终,施特劳斯提示,维科将这种区分归因于埃及人,并在737段将其当作假说来处理(5.7;6.12)。

关于时期区分,还有另一个不同类型的问题,这涉及到原始的野蛮状态与"复归的野蛮状态"——这是维科对中世纪的描述——之间的关系。施特劳斯特别提到后者作为前者的回归,与前者的不同之处在于,它有先前文明遗留下来的各种传统,包括基督教、拉丁语言和经院哲学(6.11,159;12.11-12;14.13,842-843)。我们需要注意这些差异,并衡量其重要性(另见1106,在此处,维科谈到相对于"反思的野蛮状态"的"感官的野蛮状态",以区分老的野蛮状态与新的野蛮状态)。

历史凭借怎样的精确机制(mechanism)向前发展,现存的记录稿没有关注施特劳斯对此产生的疑问。施特劳斯要求我们注意维科的强者和弱者,即"贵族"和"平民"之间的斗争,但这没有发展成为一种更具综合性的机制(mechanics)(4.10,在18)。施特劳斯确实强调整个过程(process)的自然性,并认为一种现代科学意义上的规律主导了这个过程。虽然对维科来说,自然保留了"诞生"(birth)这一语源学含义,而且起源对他特别重要,但是,从开始到结束的过程同样都是自然的(3.1)。无论过程有多么特殊,对牛顿的那些力学定律来说,这些都属一类。

在回顾研讨课的过程中,考虑到维科对人类历史的三个时期及自然正确的说明,我转向施特劳斯所要求的事,即研究维科对"自然正确学说的三位君王"的批判[主题(1)]。这一主题明确出现在研讨课第三节和第九节,而且,在施特劳斯讨论维科对原始人的理解时,这一主题也包含在内。施特劳斯并没有逐个处理维科对三位君王的几次批判[参见310、397、493];他的兴趣集中在维科坚持的如下看法:在最早的国家建立之前,人们是野蛮的(参见4.7,在第8;4.8,在第14)。维科的初民是一群野兽,他们吃人,为迷信的恐惧所包围,处在"令人发指地把女人与物相混同"的状态,乐于贡献他们的子女作为人祭;他们没有理性(923,另见17,547,916,570)。三王坚持的自然法主要是理性法,但维科指出,对生活在最早时代中的那些前理性的人们而言,这种理性法毫无影响。三王的错误在于把哲学家的自然正确当成了国家的自然正确(3.9-10)。任何一种自然正确在人群中生效之前,或在人们刚开始走向政治的同时,一定是某种非常蒙昧的东西,因为那时人们自身非常蒙昧[无力认识自然正确]。对维科来说,自然正确等同于早期各部落的诸多风俗;它不是一种理性法,也并不适用于所有时代的所有人(3.10)[维科经常使用短语 diritto natural,施特劳斯及其文选将其译为"自然正确",而不是"自然法",正如贝根和费希的做法(Vico,1963版和1986版)。"自然法"(legge naturale)也出现过,比如292,但很少]。维科发现:我们决不能设想,人类进入文明社会的进路,竟被唯有两千年后的哲人才能理解的规则掌控,由此,维科阐明,三王假设古代人们的本性本质上与他们的本性相同,这是一个错误——事实上人类的本性(nature)已经改变了。这种错误的一个根源在于,过分注意作家们对起源的说法。三位君王应当让他们的思想直接以"人类种族的权威"为基础,而非以"学者的权威"为基础。

施特劳斯强调,维科理解的自然法并不需要神启的颁布才会有效;因此,它对非犹太人和犹太人以及基督教徒来说都可以理解。但所

"颁布"的内容对当时的野蛮人来说非常有限,或仅限于一种统治集团(或"贵族们")所遵循的部落内部的道德准则。在这方面,施特劳斯引用了洛克《人类理解论》中有关本有原则(innate principles)不存在的那个部分,并认为维科使这个观点比许多其他观点更有力(3.10;12.1;11.5–6)。

在研讨课第七节,对自然正确的一般性强调转为自然法,这出现在292段,这一段谈到了"一种自然的王法"。在提出自然法是什么意思这个问题之后,施特劳斯对比了两种观念,即胡克(Joseph Hooker)表达的一种更古老的观念,与斯宾诺莎和霍布斯所表达的更现代的观念。现代观点拒绝telos[目的]的重要性,但存在固定本质的观点同样遭到了拒绝。施特劳斯注意到,霍布斯用"效用"(effects)一词代替早期拉丁文版《利维坦》中所用的"性质"(properties),所以,施特劳斯认为,现代见解以对动因(efficient causes)的强调,代替了传统对固定性质(fixed properties)的关注(7.5)。这一切都意味着,维科以事物的诞生或创始为中心。与关注动因相应的是,诸如霍布斯这样的现代人寻求发现现实行为的法则,而非正确行为或道德行为的法则。更一般地说,他们并没把自己的注意力集中于"为什么",或集中于古代的自然哲人与政治哲人都关切的初始事物,而是集中于"如何"。现代自然科学的成功不难理解;这里我们看到了它的谦逊(modesty)(7.7–9)。

关于是否存在本质的问题——施特劳斯在此趁机捍卫了莫里哀(Molière)《无病呻吟》(*La Malade Imaginaire*)中对本质的辩护,这显然是一种同义反复的辩护,即安眠药的效用(virtus dormitiva)导致了睡眠——是我们可以了解的问题,施特劳斯引用了维科的著名见解:我们只知道自己做了什么。施特劳斯还提到了自己的著作,在《自然权利与历史》页172–173,他分析了霍布斯的类似看法。如果各种政治制度皆由人所造,那么,它们对我们来说就变得充分可知(尽管在它们是否出自人造这一点上霍布斯与维科或许意见不一,7.7);如果诸神创造一切,那么我们就可能对创世原则一无所知(12.4–5,412;关于理解自然时隐含的困难,参2.1[参331])。

鉴于问题的复杂程度,施特劳斯评说道,他发现自然法则(laws of nature)的概念将是最困难的问题之一。

关于(2)。施特劳斯对研究的第二点要求是,我们既要考虑到维科论说的所有可及之处,也要考虑到这种可能性:维科并未坦白说明其教诲的完整意涵(9.4–5)。或许,这点也扩展到圣托马斯、西塞罗、甚至圣经。[维科可能刻意掩饰了其思想的所及之处,贝根和费希更为断然地指出了这一点,当然语境完全不同。他们认为,维科提出了革命性的哲学教诲,仿佛是拉丁语源学中的一场运动(Vico,1963,8–9)]。

施特劳斯要求我们注意一段文字,在这段文字中,维科把他的三王批判说成一种天主教的虔敬行为:三王是新教徒,所以揭露他们的错误是在增加天主教会的荣耀(3.11,在《自传》173段;参看155段,论及格劳秀斯,一个"异端作者")。但施特劳斯不能不注意到,维科还公然对培根——一个新自然科学的拥护者——极感兴趣,维科试图将其原理运用于社会,而培根碰巧又是个新教徒(3.5–6)。维科真的能将他的计划理解成天主教义反对新教徒的一场辩护?维科的三王批判的实质是什么?只要维科对三王的批评有赖于一种对自然正确和原始人的新理解,那么,这种批评不就会同样扩展到天主教作家,诸如圣奥古斯丁和圣托马斯·阿奎纳?施特劳斯怀疑,维科教诲是否真在为天主教辩护。

但施特劳斯更关注信徒与非信徒之间,而非天主教徒与新教徒之间的分歧,而且研究班经常思考基督教正统教义与维科书中特定篇章之间的关系(参"附录",3)。施特劳斯时常告诫说,在思考这个问题的过程中,属于基督教正统教义的标准,不应该由现代神学家的见解来定义;甚至可以说,有些人有助于改变后世神学家使用的标准,维科就是其中之一(研究班较少提出的另一个类似问题是维科政治上是否正统:他暗示了对君主制的批评么?在一个强大君主掌权的时代他怎么能做到这一点?)

尽管对于维科与正统教义的关系问题,施特劳斯并没有宣布一个最终解决方案,但他确实指出了问题出现的各种方式。首先,维科可能通过区分 genti[种族]和 nazioni[民族],限制其历史新科学明显的宗教寓意。Genti 也可以表示"民族"(peoples)的意思,但其含义可能限定为非犹太人(gentiles),即非希伯来人;nazioni 却同时包括犹太人和非犹太人。由此,维科可能在关于 genti 的教诲上自我约束,以有助于维护自己在正统教义方面的名誉;上帝选民(犹太人)的历史最好留给更权威的来源(4.7,在8;参看5.2)。

但在维护这道防火墙的过程中,维科并没有一直保持警戒。例如,施特劳斯注意到,当维科说"古代和近代各民族中最初的作家们都是诗人"(14.13,在848)时,维科用了 nazioni,而非 genti。因此,我们可以从这一段中看出,希伯来人中最初的作家们并不具有特殊权威。同样,第四卷的标题"诸民族(Nazioni)经历的历史过程"表明,似乎除了其他民族,维科还将他的分析扩展至犹太人和基督徒(15.2;参看《自传》3.1,页172)。施特劳斯指出,维科另一次使用 nazioni 是在931段,它同时包含犹太人和非犹太人,在第三个或人类时期,此时一切民族都使用发音的语言。在英雄时期和神的时期,犹太人和非犹太人不应该同属一类(15.4-5)? 施特劳斯还注意到,维科把他的历史称为"普遍的"历史(5.6-7,在51[记录稿写着 prior to orthodoxy 的地方,按我的理解,意思当是"对正统教义来说是正当的"(proper to orthodoxy)])。

即使在维科没有使用这个更具包容性的 nazioni 的地方,施特劳斯也会怀疑维科的世俗历史与神圣历史的关系。例如,施特劳斯注意到,维科在一段文字中,以根本相同的方式来处理希伯来人和英雄时代自然法的其他践行者,诸如美国印第安人及阿比西尼亚人(Abyssinians)(12.12,在658,另见12.12,在660),施特劳斯也怀疑,维科论及非犹太人历史时偶尔提及的内容,是否会使人想起圣经中的相似处。埃涅阿斯(Aeneas)逃出特洛伊并建立罗马城,或许,对此事的论述阐明了摩西逃出埃及并为犹太人立法之事? 埃及人因相信自己是世上最古老的国家而倍感优越,或许,维科对埃及人虚荣的论述——其虚荣可与希腊人的虚荣相提并论,因为希腊人认为他们的赫拉克勒斯使世界摆脱了怪兽的控制——有助于说明他对上帝选民的信仰的见解(13.13,在761;参看5.5-6)?当维科考虑是否赞同罗马人"拥有一种来自神的特权"时,或许,这引起了对其他如此宣称的特权的思考,即使这个语境并未提及那些宣称(12.13,在665)?施特劳斯同样怀疑,维科大篇幅的荷马论述是否是对圣经的一种含蓄评说。例如,我们读到"达到德行最高理想的英雄品质,属于哲学而非诗人",那么,我们是否可以设想一种可能的哲学批评,不仅关乎维科提及的荷马,而且关乎他未曾提及的圣经(13.6-7,在708;参看9.9,在433段)?(参见"附录",4)关于字母的发现或发明,施特劳斯注意到,维科为何起初以为字母的发明超出人类的能力,或至少是由于"一些神学上高明的人",但随后又修改了这个观点;后来,维科证明了字母是许多民族都有的一种发明(15.7,在935-938)。最笼统地说,维科对起源的说明,更多给施特劳斯以霍布斯信徒或伊壁鸠鲁信徒的印象,即使它表现出与圣经在表面上的一致。

施特劳斯还以另一种方式看待维科仍然有待争论的正统教义,他关注《新科学》提供的几个年表。特别是,维科引用了一个埃及人年表,他也提供了自己的一份年表,当然,还有一个圣经年表。埃及人年表格外清晰地挑战了圣经年表,但维科更机警地否认,埃及人不可能在很久以前曾拥有智慧——因为他自己关于埃及人起源于野蛮的见解不能容许这一点?换言之,他并不是否认埃及人可能在很久以前就已存在,即便圣经会不承认一点(5.2-4,在45段)。施特劳斯怀疑——但不十分肯定——维科自己的年表也背离并质疑了圣经的观点。施特劳斯暗示,无论是什么攻击了圣经年表,都同样使圣经真理陷入了可疑境地。马克安派这样的异端宗派,试图让基督教教诲从其旧约根系中得到解放,如果我们暂且不考虑这种努力,那么,我们至少可以说,维科的做法接下来便会挑战基督教的真理(5.1-4)。

施特劳斯说,尼科利尼发现维科的年表与圣经年表不和谐,但尼科里尼通常仅限于注出几处他认为需要进一步思考的地方(13.9,页736;5.13,页83提供了一种更确切的说法)。例如,圣经对语言起源的记述,从伊甸园到巴别塔,似乎没有为不会说话的野蛮人留下任何位置,而这种野蛮人对维科关于起源的解释却非常重要。

施特劳斯还要求我们注意维科引证的权威。例如,施特劳斯提示,整本《新科学》仅有两次提及耶稣基督,两次提及"摩西的黄金格言"(13.3;参看816,948)。他后来提示,首次提及基督出现在一段讨论影响的文本中,这段文本论述了早期的或诗的思维方式会夸大影响的重要性,比如说,一位阿基琉斯(Achilles)那样的人能够产生的影响。古人甚至神化了这位英雄;他们把人变成神(正如他们也把自然事件变成神的事件,6.4,在120,137)。但关于基督,维科只说他被描画得比真人尺寸更大(14.3,在816)。

施特劳斯提示,维科称赞修昔底德是"最敏锐和最有见识的作者"(12.9,在645段)。没有其他作者受到如此赞誉,即便摩西据称写下了一些文字,维科引用这些文字时也不会让人觉得摩西有多么重要的位置。当然,不赞扬摩西也可能是他应受尊重的一个标志,因为,我们是什么人呢,竟可以赞扬一位神圣的作者?但维科两次使用"黄金的"形容摩西的一句格言,因此,他并不完全反对下判断。施特劳斯高调质疑,维科是否就像马基雅维利那样对待圣经,后者抬高李维的权威,仅是为了将其打到,使圣经的权威连同它一起倒下(12.11,在657)。施特劳斯似乎认为,维科"发现真正的荷马"的努力便是这方面的挑衅(13.3-4)。

维科对自然法的三王的批判,也与他批判霍布斯、洛克及亚里士多德相关,尽管维科愿意更坦率地批评这些作家。例如,在论述氏族(family)权力或父主权力之外的政治权力的出现时,施特劳斯强调,维科与霍布斯及洛克意见不同(11.3-4,在585[记录稿错误地记录为485段])。维科强调古人的前理性和兽性,这使古人不可能团结一致,进而走向自由选择的社会和一份契约。此外,这些人需要一定的约束能力,施特劳斯认为这种能力与他们迷信的恐惧有关,通常贵族对这种恐惧的感受要比平民更为强烈(11.4)。在强调古人的野蛮特征时,维科像谈论三王时一样,同样挑战了霍布斯与洛克。施特劳斯还强调,与亚里士多德相比,维科有关人的社会性的见解在于,他不认为人原本就是社会性的,而认为是一种机制让他变成了社会性的。人类原本不会说话:即使一个简单的社会也需要某种简单的语言,但维科的人类既自我中心又是前理性的(11.5)。

关于(4)。施特劳斯要求在他的第四主题中特别关注第三时期,即人类政治生活的时期;特别是,政治公正便是国家理性,这是什么意思呢?那么,政治公正等于政治实用(utility)?而且,第三时期盛行的两种政体,民主制与君主制,维科又如何评价它们促进这种实用的能力?

可能是因为维科尤其在事物的起源中发现自然,也可能是因为维科渴望提供一种普遍的历史,包括人类历史的所有时代,所以,他的《新科学》对第三时期的关注才没有生活在这个时期的我们所期望的那么多。然而,施特劳斯要求我们特别看待这个与我们关系最密切的时期。

施特劳斯只谈论了这个问题的一个方面,这部分是因为,他发现,我们很难发现政治公正和自然公正之间具有怎样的关系。施特劳斯强调,维科的自然公正并不要求特殊的训练或智力才能,它是所有人自然就知道的判断(12.1,在320)。原始人所知甚少,却也"知道"这种公正。对维科来说,自然的东西并不是完美的或高贵的东西;它首先与古人联系在一起。相反,政治公正似乎有待"那些少数资质高超的人,他们凭审慎、经验或学识,才能够认识到什么是维持人类社会所必需的东西"(320)。施特劳斯纠正了这段文本下一段的翻译,所以读作,"在美丽的意大利语中,[政治公正]被称为'国家理性'"。

在这里,由于政治公正受智力条件限制,所以,研讨课起初仅仅将政治公正定位在人类时期,在这个语境中,施特劳斯认为政治公正尤其与对利益的关心有关(11.1[与英雄品质形成对照,参看950－951])。然而,经过再次考察,施特劳斯提出,政治公正或国家理性在英雄时期也存在,即使那时政治公正可能没有受到同样自觉的利益意图的引导,也没有为了实现自己而要求同样的智力条件。在英雄社会中,社会利益就是贵族利益(12.2[参看38,949－950];贵族的私人利益与国家公益[the common good]一致,但国家是贵族构成的国家,15.12;参看"附录",5)。因此,如同自然正确本身,政治公正在三个不同的历史阶段都存在,但在每一个阶段又都不同:即使政治公正总是意味着"国家理性",即使在英雄和人类时期,"国家理性"可能都要求某些极为严酷的尺度(15.11),正是这些尺度或体制才使各国形态不一,而这些尺度本身既可以经由理性达成,亦可无需理性(12.3;15.12)。在谈及自然正确或政治公正时,据维科说,一个人必须问,"哪个自然正确或政治公正"?施特劳斯引用109段并提示说,自然正确有利于大众或平民(plebeians),但他补充说,维科并非想说没有其他相冲突的自然正确(12.3,起始处)。施特劳斯没有这么说,但我推断,这有助于解释历史如何取代自然正确。第四卷第三章题为"三种自然正确",这个标题使得我们难以忽略"自然正确"内部的多样性和冲突。

施特劳斯指出或者说提醒道——可能部分是为了强调这些不同的重要性——英雄行为也包括犯罪行为:英雄们并不知道自己的行为是犯罪,但随后发展的人类理性表明这些是犯罪行为。英雄对待平民就像异乡人、就像敌人,英雄的虔敬促使他们采取严厉的宗教不宽容(intolerance)态度(12.2－3,在611[参看271];见"附录",6)。

在有关人类时期的评说中,施特劳斯提出的另一个问题是:维科是否有可能认为,在他对更早时期(例如916)的分析中宗教居于核心,而在人类时期宗教则变得可有可无。问题似乎转向人类的法律是否足够强大,足以控制人类自身的残暴(15.4,在923－924;15.5)。现存的记录稿中没有答案[1101段,这一段超出了研讨课记录稿所及的范围,它既论及宗教情感——激励美德行为——的衰退,又论及哲学——作为一种令美德可以理解的方式——的诞生,但是,这一段还不至于声称,人们的理解力足以激发并支撑他们的实践]。

施特劳斯还指导自己的学生,必须更加专注地思考维科对人类时期的主要政府形式——民主制与君主制——的论述。记录稿通常对这个问题保持沉默,但维科至少在自己的主要概述中明确运用了罗马史作为材料(例如 29,292)。除此之外,施特劳斯还提示说,维科提出一种可能性,以证明单一模式的合理性,即在屈服于君主制之前,商业共和国或许更能延长大众自由的时代。施特劳斯也说,维科对君主制法学的欣赏要多于民主制法学(15.8,在940),当然,维科偶尔也会称赞民主制(15.10,在949)。施特劳斯还认为,维科发现君主制使用了一种导致自由终结的欺骗(13.9,在737)。在一个完全不同的语境中,施特劳斯注意到第二种技巧,这种技巧涉及将新的亲君主制的内容给予以前曾用于自由时代的名称和职务(12.3[参看996])。记录稿中有一段出现了一大截显著的脱漏,施特劳斯在这一段强调,君主制的合法性来自其必然性;当民治国家变得腐败时,"自由人民不受约束的自由"将导致一种最坏的暴政(tyranny),于是必定出现一位如同奥古斯都那样的君王[1102-1104]:因为公共利益至上(15.1;292)。

当然,哲学仅仅出现在人类时期[例如,1101段],而且哲学也促成了对这个时期的定义。

关于(5)。施特劳斯要求进一步思考这一事实:维科的新科学被赋予一种神学外衣。施特劳斯这么说,似乎并不仅仅指维科以一个基督教徒的身份发表作品,也指维科提出了一种新科学的主张。因为维科认为,人们发现天意在世界之中仍然有效,而新科学正与这一发现密切相关。由此,维科将自己的新科学称为"关于天意的一种理性的政治神学(civil theology)"(9.5;2,342-343,385,366)[维科经常将自然法和天意相关联,这也很令人吃惊(1105,1109,310,84,342,979;参看978)]。

我认为,参照施特劳斯分析维科如何使用"自然正确"一词,有助于我们思考维科如何使用"天意"一词,也就是说,我们不应该一开始就假设我们知道维科的用意何在。奥古斯都虽然保留共和政体机构的传统名称,却赋予该名称一种新内容,这对他推翻共和政体颇有助益,也使他建立的君主制更加牢固。施特劳斯疑惑,维科会不会对"自然正确"做出类似的事情(12.3,在109)。无论如何,面对维科这般不同寻常的作者,我们在认为自己已经知道他所说的"天神意旨"的用意之前,存疑才是审慎的做法。

维科提出的要点在于,天意的呈现方式是:野蛮、前理性、反社会的人被引导成为文明、理性和社会的人,这也正是施特劳斯强调的要点。似乎有一种类似于斯密"看不见的手"的东西推动时间前行,前人被逐渐引导前进,适应社会,而不是依靠他们自身的能力(4.2及8,在14;5.2-3;6.6)。关于这一点,一个更尖锐的表达是:在人类的发展中,人的行为方式最终以促进公共利益为终点,即便人的行为表现出"悲惨、丑恶和残酷的私人罪恶"(38)。这暗示了一项神的计划,即使所暗示的计划通过残酷可怕的行为和风俗而起作用[那也仍然是神的计划]。而且,既然这项计划在非犹太人当中也有效,那么,它就不以恩典为前提。施特劳斯虽然强调这个著名的主张,但他还注意到,维科后来也提出,这个主张仍需证实(4.2,在2:注意"为了表明"这个词组,还有下面的"它将会得到展示",2)。我从中推断,施特劳斯是在问,维科的天意是否已得到充分的证实。或者更简单点说,维科力图追溯野蛮人成为有社会生活能力的人的发展进程,但在这样的论证过程中显示并构建出来的天意,是什么种类或什么程度的天意?至少,我认为可以肯定地说,维科谈到的天意并不关注个体或选民,而且与基督的救恩毫无关系(11.12,在584;参看"附录",7)。但这只能澄清维科的问题;它没有回答这个问题:为什么维科的新科学要披上这种外衣?这样做或许让维科看起来更正统?或者,这样做反而增强了其科学——它使用传统的范畴和形式却改变了传统教诲的内容——与传统竞争的暗示?也许,在对维科如何写作的讨论中,现存记录稿含有某些暗示。

关于(6)。施特劳斯的第六个问题涉及维科独创性的确切位置。而且,他还注意到,卢克莱修(Lucretius)也为人类历史提供了一种自然解释或理性解释。由此,施特劳斯更准确地表达了维科的独创性问题。卢克莱修的解释是一种构造,并因此而可能较为简短,但维科却想提供广泛的历史经验证据。这种差异的原因和后果是什么?其次,卢克莱修描述了一个单一过程:从开端的野蛮人导向最终彻底腐化的人。然而,维科的解释指出,曾经发生过一次重复("中世纪回归野蛮状态",972)。而且,他期待更多甚至永无休止的重复。第三点、也最重要的一点是,维科十分关注从一个时期到另一个时期的变化过程,而卢克莱修研究人类历史各阶段的时候,却没有注意从一个阶段转向另一阶段的原因。此外,维科渴望发现支配历史的各种法则,卢克莱修则没有。维科的"观念历史"不是道德完善的历史,而是从观念目的——各种法则——中获取自身意义的历史。这是一个分为三部分的惊人问题。今后,这个问题会非常重要,不过现存记录稿中没有着手解决它。记录稿在提出这个问题期间仅有几次提及卢克莱修,在3.2顺带提过,在7.7一个简短但重要的讨论中也有提及。

关于(7)。施特劳斯的最后要点是如何评价维科:维科实现自己建立一门社会自然学的目标了吗?因为研讨课本身致力于像维科理解自己一般理解维科,批评就极其罕见且偶然。不过,施特劳斯的确一度怀疑:像色诺芬那样,不去宣称发现一种在历史背后运作的理性秩序,这样是否更为审慎(9.8)?这暗示施特劳斯尚未被维科的主张完全说服。现存记录稿包含的其他批评较少触及问题的核心。例如,施特劳斯多次评说维科写作的独特方式,还引用但丁和柏拉图作为可能的证据来反对维科有关哲人不能写诗的主张(14.9-10;参看3.11-12)。

正如前文所言,最后一节研讨课没有留下记录稿,我们不知道施特劳斯在他的结论中会强调什么。至于我自己的结论,我需要强调，我侧重于施特劳斯转向维科的理由，还有他为进一步的细心研究计划而提出的七个问题；在本文中，施特劳斯对那些不会成为恒久主题的问题的评说，我一时难以把握其中深意，虽然这些评说经常给我启发。

附录

1. 施特劳斯还提到，历史各个阶段能为自身提供内在标准的条件何在，而且，从前一阶段留存下来的事物，可能与下一个阶段并不协调。此外，施特劳斯指出，由于人们总有政治意见，一种单纯描述性的政治科学在实践中就不可能单纯是描述性的：所有单纯的描述都会被读者以某种方式接受[正如维科本人首先被意大利统一的捍卫者们接受，后来又被法西斯主义接受]。不过，施特劳斯说，维科教诲的核心不是为了向政治家提供建议。在另一点上，施特劳斯告诫说，虽然历史中的每个阶段都有其本身的自然，但我们不必以为每个阶段的"好"的程度都是一样：其中存在着一种进步，只有在野蛮的神和英雄时期之后，理智与理性才开始展现自身(14.1[参看1102])。

2. 维科暗示——或许在这里他还想到了培根，他在别处提到过培根的《论古人的智慧》(*Wisdom of the Ancients*)——当学者们认为古代流传下来的神话蕴含伟大的智慧时，他们犯了一个相同的错误：神话不包含智慧。不如说，神话表现了先人们的"愚笨和糊涂"(688)。当然，维科认为这些神话还是值得研究，只是出于其他原因罢了。

3. 施特劳斯指出，维科认为自己的读者是一个宗教性的读者圈，或至少是一个极其严肃地对待宗教的圈子(12.4，在629)[维科将《新科学》的一个早期版本题献给了科尔西尼红衣主教(Cardinal Corsini)，维科还希望他能偿付这个版本的印刷费用。当然，这部作品必须获得出版许可。在维科一生期间，宗教法庭始终活跃在那不勒斯，维科的好几个熟人都曾被解去审讯(Vico,1963,11-12,34-36)]。

4. 菲内蒂（Finetti）有本曾经很有影响的著作：《驳维科并捍卫圣经权威》（*Difesa dell' Autorità Sacra Scrittura contro Giambattista Vico*），该书显然试图通过论证来确认维科在挖正统教义的墙角，这类似于施特劳斯的简略描述（Vico，1963，63 以及 213 至 365）。

5. 当民主制已建立时，施特劳斯怀疑，个体的私人利益是否会与国家公益协调一致（15.12）。当人们谈论一个国家的公益时，这个国家是否可以理解为仅仅由一个特殊阶级构成的国家？共同利益如要成为有效的，必须为每一个人所共有，11.13 及 12.6 - 7 再次着重指出这一点。

6. 在同一章节，施特劳斯简要提出自然正确与各种国家权利之间的关系问题，他说自己对此感到费解。施特劳斯引用托马斯·阿奎那《神学大全》（*Summa Theologica*）第二卷第二篇的第 57 个问题，这可能是关乎这个问题最重要的传统文本。

7. 这并不是说，维科对天意的理性辩护必然排斥这样一种可能性：如同传统的理解那样，希伯来人曾是天意的受益人（313）。如上所述，维科通常会区分非犹太人的历史与希伯来人的神圣历史，而且维科并不认为，他凭借理性而研究天意的民政神学会与传统的天意一致。

参考书目

Strauss, Leo. 1963a. *The Political philosophy of Hobbes: Its Basis and Genesis.* Chicago: University of Chicago Press. Originally published in 1952.

——. 1963b. *Transcript of course on Vico. Autumn term. Department of Political Science.* University of Chicago. Unpublished.

——. 1971. *Natrual Right and History.* Chicago: University of Chicago Press. Originally published in 1953.

Vico, Giambattista. 1928. *La Scienza Nuova.* 2 vols. Ed. Fausto Nicolini. Bari: Giuseppe Laterza&Figli.

——. 1963. *The Autobiography of Giambattista Vico*. Trans. Thomas Goddard Bergin and Marx Harold Fisch. Ithaca: Cornell University Press.

——. 1986. *The New Science of Giambattista Vico*. Trans. Thomas Goddard Bergin and Marx Harold Fisch. Ithaca and London: Cornell University Press.

兰克的普遍历史观念

柯瑟尔(Eberhard Kessel) 撰

王师 译

[中译编者按]本文系作者整理兰克早年的"论普遍历史"讲演手稿所写的专文。

治世界史面临的核心问题,归结于这样一个事实,即:个人感知经验所得,无非只能涵盖历史整体进程的个别片段,而若欲正确把握这些历史片段,却往往以预先知晓尚未发生之事为前提,这显然超出个人知识所及。普遍与特殊的关系问题关乎知识形成的基础,学界素来众说纷纭,而治史的这一难题非但与此论题相关,甚而可借此认定:所谓"普遍"史,绝非理性的产物。诚然,"普遍历史"在理论上或可设想,但那充其量指的是:个人的识见虽无法涵盖整个历史,古往今来的全体人类却可能巨细靡遗地把握所有以往发生之事。然而,能够获得关乎整个历史进程的知识,并由此推知将来发生之事,这仍是超乎想象地困难。

早先时代的宗教启示与哲学思辨曾试图弥合这鸿沟,以扩充和整饬我们支离破碎的经验图景;所有这些尝试,固然因人类自由意志的危险性而令人难以全然持信,但其中神启式的绝对性诉求却历历可辨;而其流露出那逾越知识界限的自负态度,非但早已为启蒙的自由思想者所洞察,甚至凡对当时思潮稍有识见的虔诚信徒,也都可窥见端倪。西方文化演进至18、19世纪之交,其面临的境况正是如此:彼时人们生活中日益趋近现实性的取向,与种种昌然仓促的普遍化思辨针锋相对,正是在这对峙中,史学被推至当时理论与实践志趣的中心地带。① 一方面,史学对必然性提出迫切要求;另一方面,其研究对象却不无特殊性。人们不免要问:既囿于此二者之间,普遍意义上的历史知识又何以达成?

无怪乎一股思潮在此时代背景下蔚然兴起,这思潮全以个别物的知识为务,旨在尽可能将其隔离分疏,一一探究;而先前那基于理性知识批判的理论态度,往往以理念论考求实在问题,因此似不足以应对此种变局。近代人文的演化,既已陷于矛盾境地,其所寻取的进路,则在于理念论与实在论的融合——用兰克的话说,个别物可视作"经验与理念的联姻",其混合的配比则因事物的差异而各自不同。这意味着就理论言,只需对诸历史事件的后果作严格不苟的反思,史家当可在一定程度实现普遍历史这一目标;早在著名的科学史学(Fachhistorik)运动初期,洪堡(Wilhelm von Humboldt)便在一篇赞文中,以极清晰的笔墨,勾勒出这治史态度的轮廓。该理论意识生出这样一个洞见,即:人类应满足于其知识能力所可探取之物——这非但是我们所能,更是我们所必须:唯有认识并谨慎剔除那些非理性物,才可获致有用的成果。这意味着,我们借以把握"个别物"的所谓"理念"或"普遍物",既不可凭个人意志仓促建构,亦不可未加评判,遽然加诸不同的理论语境;恰恰相反,普遍物仅能在事物的特殊性中寻求,其无非是朝向那无法达成之目标的无限趋近,而这趋近之途中的每一步,则无不以可重复的相互验证为前提。于是现象与概念的结合,乃成为当时史学实践的新要求:一劳永逸的治史秘方既已无处可寻,一切便只能从个别问题的解答做起。

19世纪初期的史家,已意识到这理论变局及其所催生的全新前提。虽然各家著述中对哲学反思的态度不尽相同,既有深入其中者,亦

---

① 关于该进程各方面的一般情况,参见拙著:*Zeiten der Wandlung*,Hamburg,1950,S. 181 以下。

不乏厌恶摒斥者。但作为治史之终极意义与最高目标的普遍历史这一概念，则显已是强弩之末。正如卢登（Heinlich Luden）所言："一切历史唯在世界史中，并凭借世界史方可把握。"①然而，显而易见，即若依照此法，令普遍理论意识与对个别问题的考察与解释两相结合，治史者亦未尝由此达成一部可准之四海的普遍历史。而在这理论难题之外，史学－语文学批判的涌现，亦带来新的实践困境：虽则这种批判为解决史学问题打开了合理进路，但此新方法的引入，同样带来沉重的理论负担——对个别史学问题的探究愈是精详，"世界史"的理想图景便愈是广阔，史学的任务亦愈加浩瀚不可测度。诚然，在局部史的研究中，普遍历史观往往隐而不彰；但对世界史的著述而言，这种普遍性又显然是其中应有之义。既如此，普遍历史观与具体研究如何相互结合？这种结合又可否超越方法论的准备工作，达于历史诠释的层面？而普遍历史的"原理"或"理念"又究竟位于何处？

在当时史家中，兰克对这全新的普遍历史概念非但有清晰的认识，亦将此付诸治史实践。对于兰克与布克哈特在此时代进程中的史学观，梅内克（Friedrich Meineck）的新近论述自有简短而清晰的描摹。②要言之，彼时史学对于基础层面的理论反思之青睐，已然超出我们此前的认识。

诚然，自多弗（Alfred Dove）刊印兰克遗作以来，③兰克的全部史学，背后皆有一套清晰运思的理论概念，此点概无可疑。只是兰克史学向来力主"实践"，相形之下，其理论维度往往难以钩寻。直至兰克遗作新刊，学界以更深刻的眼光审读其旧作之际，我们方有机会对其史学理论概念的源流作一番稽考，并探讨这些概念在多大程度上引导其具

---

① Heinrich Luden, *Kleine Schriften* I(1807), 282。

② Meinecke, *Ranke und Burckhardt. Vorträge und Schriften der Deutschen Akademie*, Heft 27, Berlin, 1948, S. 13。

③ 主要参见《全集》卷 53/54：*Zur eigenen Lebensgeschichte*（1890）以及 Bd. IX, 2, der Weltgeschichte(1888)。

体研究。①

如若兰克普遍历史观的生发衍化,乃寓于其对于个别历史问题的研究,则此种理论旨趣,似已部分体现在其早期著作之中,这些作品曾因其整体倾向而遭骂评,而对兰克全体现存书稿的阐发,则是探讨其早期作品不可或缺的前提。兰克生涯中最具决定性的史学转向,固然发生在其寓居法兰克福的年代,但该转向在成形之先,自有其萌蘖生发的过程,该过程历时长久,足可回溯至史家的青年时代。这番转变,非但无法以此数年间的著述经历加以完整概括,更与兰克于美学、神学及哲学诸领域的探究形成密不可分的整体。拘于本文规模所限,笔者仅拟勾勒出研究的预备工作,该研究的主旨,非但可为兰克普遍历史概念之成形提供新的材料论据,甚而可借以探究兰克毕生著述的理论意识之终的所在。兰克的遗稿及残篇,虽是论者不可忽视的材料,但迄今尚未引起学界足够的重视;对笔者研究而言,这些遗稿乃是不可或缺的前提与补充,宜可驱祛此前版本兰克全集带来的诸多误解。

1930 年,穆尔伯(Marcks – Schüler Erich Mülbe)在其博士论文《兰克对其史学理论及方法之自证》(Selbstzeugnisse Rankes über seine historische Theorie und Methode)中,披露兰克残稿一部,卷首似已散佚,实

---

① 这方面的论述,主要参见:Bernhard Schmeidler,"Zur Entwicklung der Geschichtsschreibung Rankes",收于 Schmollers *Jb. f. Gesetzgeb.* usw. 27 (1903), Gerhard Masur,*Rankes Begriff der Weltgeschichte*,Beih. 6 der HZ, München, 1926, Erich Mülbe, *Selbstzeugnisse Rankes*, Diss. Berlin, 1930, Friedrich Meinecke, *Gedächtnisrede auf Ranke* 1936, 重印于 "Die Ent stehung des Historismus", 2. Aufl. 1946, S. 614 ff. , Carl Hinrichs, Rankes Lutherfragment von 1817 und der Ursprung seiner universalhistorischen Anschauung,收于 *Festschrift für Gerhard Ritter*,Tübingen,1950。以下是本人的论著:Ranke und Burckhardt,收于 *Archiv für Kulturgeschichte* 33 (1951), S. 358 以下,我在此文中已经提及兰克遗作,当时这些遗作尚分别收于马堡的西德意志图书馆以及图宾根大学图书馆。本文引述的兰克遗作来自马堡的藏书。在此谨向西德意志图书馆格布哈德博士的友好协助表示感谢。

则仍存,其上"普遍历史之观念"(Idee der Universalhistorie)数语,考为兰克手迹不虚。① 对此一重要发现,穆尔伯虽多方援引兰克遗稿补正,却惜乎未能阐发其不乏漏洞却极有价值的遗产;此种价值,显然只有通过必要的编辑整理,才可彰显。有论者声称,此手稿属一独特的孤本;而穆氏则谓其属于兰克系统方法论的著述之一,并认为此乃"我们从兰克那里所知""唯一的总括性论述"。

固然,据兰克的柏林史学讲座记录,②其论及治史的场合,仅有1831至1832年冬季学期一次。但早在1831年夏,兰克就已在私授讲座中(或可视作对柏林讲义的先期准备)论及16世纪初以来的新史学,其中非但对普遍历史之观念与研究并不讳言,甚至这些字眼亦刊现于讲座公告之中——虽然所有的观念未必全部出现,但至少"普遍历史的观念"一语历历在目。此外,诚如当年讲义手稿及多弗公开的材料所示,兰克的所有普通讲义,例有谈及普遍理论之语,唯长短不一;此类论述亦多有重复交错。故此,对来源多端的理论论述而言,非但其所源出的讲座已难以推查;甚而连穆尔伯所披露的残篇,与多弗刊印的1830年代材料之间是否出于同源,亦成未定之论,或许如赫尔默特(Helmolt)当时所言,③多弗的材料乃属于1831年之讲义一部分。然而就内容看,后者亦可能与1831年的讲义无关,因多弗所辑手稿此后皆未公开,可见讲义文稿的标记亦不无讹误的可能。④ 若查对文稿的笔

---

① 此残篇的翻印,见页290以下——穆尔伯论文中刊出的部分,亦在修订后加以重印。

② 在此特别向柏林的格哈德·奥斯特莱希博士表示感谢,他特地为笔者再次核查了当时的讲座记录。

③ 参见 H. F. Helmolt, *Rankes Leben und Wirken* (Leipzig 1921), S. 62,对此问题,并参考 Joachimsen 所编《宗教改革史》,收于德意志学院版《全集》Bd. I (1925), S. XXV。

④ 值得注意的是,多弗当时所见的文献,固然有我们今日无法获致的部分,但另一方面,今人所知的材料(如日记页),亦未尝不比多弗更丰富,因为多弗可选择的范围远比我们有限。

述与纸张,则穆氏残篇与多弗遗稿的纸张,似同属一样稿纸。当然,我们难以凭此类证据遽下结论,因为当时的讲义手稿,往往由著者搜罗集写而成,非但来源驳杂多端,其充实发展,亦唯待课程推进才渐次成形,因此课程初期,其讲义大都仅有数页,纲目攸备的情况当极罕见,此与后世概无不同。兰克著作之中,这类"导言"固然往往可见,但无论如何,此一重大发现,不仅足以证明兰克浓厚的理论兴趣,亦唤起学界对兰克史学理论维度的重视。

在 1832 至 1833 年的《新史学讲义导言》中,兰克开宗明义,谓"若重开讲座,我当以此问题始:史学所欲寻求与达成的目标究竟会是什么……"①其在 19 世纪 40 年代的手稿中亦写道:

> 我不愿说此乃必须,但显而易见,若讲师能在其讲座开始之际提供某种立场,且借由该立场,他可抵御主流意见对其知识的影响,并进入(或意欲进入)普遍思想的领域,这对讲座的相互理解,当极有助益……②

在论当代新史学的讲义中,兰克则以大量篇幅,申说治当代史之可能性及艰难之处,谓由于其与当世几无时间区隔,故当代史的书写,亦未尝不是一个契机,促使史家对历史之本质及其中立性与客观性作出根本的思考。于《中世纪史》之序言中,兰克亦间有谈及类似话题,此文收于《世界史》第七卷。兰克出版著作中,也不乏若干涉及此类论题

---

① 此即 Elisabeth Schweitzer(*Reformation* VI,381,Anm. 1)所刊印之导言的开篇部分。该导言属于 1832 和 1833 年的新史学讲义,已由同时期兰克亲手所写的说明所确证。*Nachlaβ* Paket 33。

② 这是卷 38 I Konv. 4"论普遍历史"fol. 25 f 处导言部分的片断。带更早期内容的 1840 年代手稿,多弗在兰克《世界史》IX,2 S. XI f 间接引用兰克学生笔记的内容与此逼似,多弗将其置于 1840 年代手稿之列。穆尔伯于页 36、47、69 及 112 等处引用,谓其为兰克 1830 年代方法论讲义手稿。然其中可追溯至 1830 年代者,其实仅有两处。因此这似可表明,此片段的全文刊印于页 304 以下。

的场合,其中对世界史的内容多有阐论,谓其并非要胪列政治兴衰之过程,而应书写"国族的内在发展",并涵盖"精神存在物的整个领域";① 史学著述固然新韵迭出,各有差异,但其主旨却不出"世界史之观念"(或曰"大历史之总体")的范围,早在19世纪20年代,兰克对此已有简述,其谓:"史学的任务究竟为何?"②

> 我乃将历史材料,视作人类思想(不仅是'洞察力')与追求的对象:其与自然物并无不同,唯更加广袤难测,因历史总是在事件之进程中深化自身。认识与把握世界史,乃是人类精神最重大的任务之一,迄今尚未完成,仅能由我们对各部分的把握中涌现。③

"史学的职能则是:认识人类不灭的灵魂,并将其反映于一切个别物之现象中。"④

史学的任务既已恢弘广阔,故史家对把握普遍历史之可能性的探问,必然涉及方法论的考量;而兰克对该普遍历史之明确性的看法,亦因时代的差异而有所变化。要言之,1830年代,兰克对此的犹疑多于持信;而自法兰克福时期丰硕的学术发现之后,兰克对人类历史道路选择的必然正确性(此必然性往往为思虑所损害)始获得更坚定的信心。

自然不乏论者认为,以上论述并不涉及历史阐释的系统理论,而兰克这些主张与德罗伊森(Droysen)史学之间的区别,也已十分显著。但事实上,兰克所属意的,既非史学理论兴趣本身,亦非某种哲学教诲的方式,关于此点,兰克与德罗伊森的论说之间固已极似,无非有些时代上的差异:兰克的哲思多源于费希特,德罗伊森则服膺黑格尔之说。这

---

① 这种治史笔法,也出现于1832、1833年之"导言"中,参见前注。
② 见1840年代手稿中的《罗马史》导言,由于兰克于1848和1849年开设这门讲座,故将手稿年代归于此时期。Nachlaβ Paket 38 I。
③ 引自卷34的一札手稿,其中包括作于1850年代的内容。
④ 引自《遗作》卷34中的手稿集,其中许多内容写于1850年代。

些哲思亦反映在二位史家的写作风格中,但不久之后,二者的史学理论非但都分别与费希特和黑格尔的哲学渐行渐远,甚而在某些方面亦作出与二哲截然相反的论说。可见兰克及德罗伊森的现实主义史观,与当时基于观念论的思辨历史哲学已成抵牾之势。此外,兰克对某些哲学思想的异议,针对的并非哲学思考本身,而是反对当时甚嚣尘上的思辨倾向。在回应他人对此的反对意见时,兰克更是澄清:将其领入史学堂奥的,正是对宗教与哲学的志趣。①

诚然,这倾向在兰克的早期史学著作中并未显露。可见此种立场,适与兰克试图融合经验与理性的独特方式有关,这一理路,亦令兰克一反其早期治史的思辨倾向——正如兰克所言,这思路非但在"个别问题的基础研究"中向其显现,也在"历史事件本身的可理解性、统一性与完整性"中凸显出来。② 当然,这并不意味兰克认为个别问题的探究便可穷尽史学的全部,相反,兰克所主张的,毋宁是让治史者尽量摒除个人推断的成分——"尽管其不可能完全缺失"——并且力图"省却迂繁的理论,直接借个别推求普遍"。③ 在此,历史之丰富性既作了妥协,其虽给历史叙事带来不安和忧惧,亦不免在粗浅的读者那里留下世事无常的印象,但究其实质,则始终是慎思熟虑的结果。

就此看来,共相与殊相当无矛盾之处。在《罗马与日耳曼民族史》中,兰克事实上已然实现了其在这方面既定的研究计划。赫尔默特曾谓此书尽得兰克史学之"全体",④盖非虚言。从神学和哲学向史学的决定性转捩,虽然在兰克的青年时期就已萌发,但我们还需明了:兰克1824年的境况及其后续的思想发展,绝非一蹴而就的直线演进。在那个年代,史家未来的治学路径虽已孕育诸多可能性,但这些可能性中究

---

① *Werke* 53/4, S. 239。

② *Geschichten der romanischen und germanischen Völker*, 第一版, S. VIII 和 *Zur Kritik neuerer Geschichtschreiber* S. 28。

③ 引自针对 Leo 的反驳, *Werke* 53/54, S. 664 – 665。

④ 参见 Helmolt, *Rankes Leben* a. a. O. S. 25。

竟何者将最终得以实现,即便对今人而言,亦未必较当时更为清晰。纵是兰克本人,彼时对此新的可能性亦是初步认识,并未深入。无论如何,兰克青年时代的理念论—思辨倾向,对其后来的思想沿革未尝没有影响。此种思辨理路既与史学研究的严谨格求相抵牾,亦不免助长兰克对史学既有成就的不满之情,这种情绪非但体现于《罗马与日耳曼民族史》中,亦在《南欧藩族志》的首卷表露无遗。在兰克看来,当时史学研究的状况,并不令人满意。

若详考兰克该时期语焉更明的书信,则非但可见其与初期史学著作之间的区别,甚至同一著作之初版与后版补订间的差异,也可借新近的发现而了然可观。① 在《罗曼与日耳曼民族史》之前言末尾,兰克援引雅各比(Jacobi)之语,阐述人类历史进程中的神之手,此引语当为一关键环节,足可表明兰克早期基于宗教—神学的思辨倾向,此种倾向,固已偶或体现于史学论述掺杂的神学论证中。这些论述固然谨慎有加,但其先定论特质,却往往与史学叙述所追求的观念内在性不甚契合。值得注意的是,在兰克为其文集编纂的较晚期的著作中,这些论述的力度得以大幅减弱。尽管其本人对此未尝全然满意,但与其处女作相比,兰克的思辨倾向在其论《奥斯曼与西班牙王室》的第二部著作中,业已显著收敛。兰克谓此书终未能尽括"历史精神生活之丰富";② 甚而冀望"能在个别物的独特现象中,完美把握其丰富性与存在之基"的同时,又对"在多大程度上能够达成此愿"颇感怀疑。兰克此后一著作中,曾谓"能在个别物的独特现象中,把握其丰富性与存在之基的人,自是幸甚",③显然是此怀疑态度更积极的表述。

---

① 参见 Friedrich Baethgen, "Zur geistigen Entwicklungsgeschichte Rankes in seiner Frühzeit",收于 Hans Rothfels 纪念文集(1951),S. 337 以下。

② 参见 1826 年 11 月 24 日及 1826 年 5 月 5 日写给写给其兄 Heinrich 的信,Werke 53/54,S. 162,166。

③ 参见 Baethgen a. a. O. S. 345. 需要注意的是,这些改动并不是在编订《全集》时作出的,而是出现在 1837 年的第二版中。

自19世纪30年代以降,兰克著作在此方面的论述似乎达成某种平衡:不再谈论具体意义上的"神之手",虽则思辨性的推证仍偶或出现,但这类议论,往往就事而发,略无此前穿凿轩轾之感。至于史学解释中"个别"与"普遍",乃至事实与推证间的关系,兰克则旨在借个别物自身表达普遍物,其为数不多的推证亦是由此给出。即便兰克始终对神的事功持信有加,且往往视之为历史演进的内在前提,亦不得不承认,此种神迹,既全无法在个别历史事件中考证坐实,则更像是人类自身的狂妄之举。

至此,兰克早期著作与其晚近作品间的差异,固已历历可辨。当19世纪20年代之际,尽管兰克清晰的治史理路已与彼时学院中的理念论倾向针锋相对,但其对此治史路径的可能发展尚无明确目标。诚然,普遍历史之观念在兰克著作中发端甚早,但要史家对此普遍历史的路径了然于胸,则尚需时日。通过查考兰克出版著作之详情,我们大致可推定兰克首次明确提出"普遍历史"这一观念,当在19世纪30年代初,即其从意大利旅行归来之际。

上述说法理据何在?其是否仅因我们手头文献的偶然性使然?换言之,我们作此判断,是否仅因那笺兰克"普遍历史之观念"的残稿,连同其他若干明确论述,恰好可回溯至那个年代,而此前二十余载,兰克却鲜少这类论述?① 若欲澄清此番理论转变的真相,我们是否唯有求

---

① 此时期文献较少,仅有"路德残篇"及其相关笔记,连同多弗披露的小部分作于30至40年代的格言集。兰克的课程手稿在多大程度上可断定为20年代所作,仍未有定论,一般可以认为,其中只有极少一部分作于20年代。此外,20至30年代的手写稿,可辨识性往往不如30至40年代手稿。笔者将在后文谈到一篇手稿,源自兰克早期的一篇手稿。此外,该时期文献中,还可见若干"史学练习"(exercitationes historicae)提纲,一部分源自1825/26冬季学期,一部分是兰克在法兰克福时的学校讲义,后者中最早的文献作于1818年,见 Elisabeth Schweitzer in den N. Jbb. f. d. klass. Altertum, Bd. 50 (1922),以及 K. Borries, Ranke, Zwei Jugend reden, Berlin, 1927。1818年讲义手稿,见 *Nachlaβ* Paket 38 I,其余两处以及讨论课讲义,见 Paket 38 II。

助于兰克彼时的通信,①并与其前后时代的言说加以比对？无论如何,兰克30年代著述中,非但普遍历史的倾向已历历可辨;其工作日记亦不乏神学—宗教的史学讨论。② 可见,若欲得兰克史学理论之梗概,则此处当为一起始津要。反观史家之中学、大学年代,则几无直接论及此点者。诚然,彼时兰克已不乏在哲学—世界观之一般问题上的论争,此种论争,固亦不乏若干史学旨趣,但史学问题显然尚未成为具决定性的核心议题。而兰克1817年之博士论文,独选修昔底德为题,此固非偶然之举,或可表明甫治学之初,其已颇具史学倾向。只是该文早已散佚不存,故我们亦无由得知,除语文学之外,兰克彼时在多大程度上对史学问题有直接的考察——此固为学界大憾。③ 虽如此,所幸我们手头尚存彼时的零星文献,其盖可表明,兰克早年颇有诗名,其研读美学与文学,径将史学视若介于科学与艺术间的文艺之属。④ 事实上,兰克此种史学观对其影响颇深,以至在较晚期的讨论中亦间有出现。在《普遍历史之观念》中,此问题更乃讨论之始点。

---

① 此前并未公开的海因里希·兰克的回信,亦被遗作全集所收。其中部分内容,参见 Hermann Oncken, *Aus Rankes Frühzeit*, Gotha, 1922。

② 只是多弗显然有意略去了大部分这类笔记,例如 Bemerkung Werke 53/54, S. 569 的"主体:史学研究"字样,在手稿中并非标题,而是表示过渡的文字,兰克借此转而讨论福音书批判之可能性问题。此一问题,亦正是经验主义史学之历史文献的批判所直面的宗教神圣历史之问题,该笔记内容的整体基调,正由此问题所定,多弗似乎并未觉察此点。唯此问题论域极广,若非将兰克神学思想的发展脉络作一梳爬,无以给出解答,囿于规模所限,笔者故不拟在此展开。

③ 参见 Helmolt a. a. O. S. 16;但笔者认为,1867年兰克在周年纪念日上的"引文",虽保留至今,但未必出自其学位论文。Oncken a. a. O. S. 4 引用了出自1825年兰克之兄海因里希写给在读期间的兰克之信,其中谈到希罗多德与修昔底德,兰克回答道:"惜乎我眼下没有时间。"然而,据一份标注日期"1. 2. 13"的笔记残篇(Paket 38 II),当时兰克必然已经对希罗多德和修昔底德的作品有所涉猎,因为这些是当时学校课程中的内容。

④ 此种语境至关重要,但笔者不拟在此作深入探讨。

另有兰克一双页札记,考其年份,当作于拿破仑撤军埃尔巴(Elba)之际,其中言语最为精要,谓:

> 诗与哲学之别,乃在前者以有限述无限,①后者借无限释有限。理想之史学,当能于有限性中描绘无限,令理念之整体呈于观者心目间。此史学理想,既高蹈无法实现,世人辄强以两者相代:其一为历史年纪;其二为小说之流。——前者述说普遍者,后者则描绘与阐释理想物。凡有意一睹真正理想史学者,唯能冀望所有受教之人,尽弃稗史小说而入史学堂奥。②

又有兰克1817年评李维之语,谓:

> 皆云古人治史以艺,则此治史之艺,乃后世不可逾越。有人谓李维史笔淳备无疵,纵非冠绝史林,罗马时代固无出其右者。然则李维之书,史笔、术艺两端略无抵牾,足见其钩寻史料,运思极谨,疑决并存,又皆以理覆之,此历史科学之肇欤。盖李维治史,重术艺科学之融贯,远较诸家为甚:科学查考已发之情,术艺摹绘过往之事。此诚李维笔力之所在也。③

由是可见,兰克谓理想史学中,科学与艺术、历史与哲学之矛盾,皆可消弭不彰。只是此种理想史学,有否实现的可能?

仅仅追摹古人,自非可行的办法。兰克虽深慕古代史学先贤,却亦有意与其保持必要距离。事实上,兰克曾强烈批评全然摹古之法,谓彼时教育,多受希腊罗马诸家熏习,不免"外化过甚"(Überfremdung)。彼

---

① In der Handschrift verbessert statt: Sinnliche. 在手稿中作"感觉之物"(Sinnliche)。
② *Nachlaß* Ranke, Paket 38 I。
③ 同上书,卷38 II。同一页上有对埃庇卡莫斯(Epicharmes)的评论,其中有兰克标注的日期,表明此语作于1817年2月。

时人文教化之法,往往一味宣教古贤话语,自大学(1817年)起,兰克对此即多有微词,谓其已成僵死之学。① 兰克1820年代的通信,亦不乏非古之论,谓此教育"以古人眼,观古人书"(die Alten so zu lesen, wie sie einander selbst gelesen haben mögen)。② 力主正确"读解"古人著作,谓其既最易,亦是最难,但唯有如此,究古之学方可有成,可见仅仅追摹先贤,无可达致史学的领会。无独有偶,兰克1818及1824年课堂讲义,③亦见其批评当时学界风尚,至有"世人皆暗哑僵死"之叹;另一处批语,则对学院人文教育而发,谓"学校可尽弃古人之教"。兰克于1818年的讲演,更将研习历史视作当时普遍教化的必要条件:④此与同时代洪堡"史为事师"(Historia vitae magistra)之论,可谓互为表里。⑤

与此同时,科学知识则是重要之德行,在兰克看来,它是人类时代间嬗递之"财富"与"委托",因此"放弃已得的知识"不啻"对人类之罪"。诚然,兰克对科学教育之"迂阔不化"亦多有非议,⑥在其1830年代笔记中,可见以下数语:

---

① 对此问题,Elisabeth Schweitzer 于 *Reformation* VI,374 已有暗指,唯未作明确表述。

② *Werke* 53/54,S. 110,114。

③ 位于二者之间的1821年讲座,是关于"人类神殿"的神秘预言,其中夹杂着对法兰克福高中127年历史的回忆(始于1694年),这些内容需要专作进一步的解读。

④ 参见 N. Jbb. f. d. klass. Altertum, Bd. 50(1922), S. 241 :"因此我们和古人把握了教育中的同一种要素:我们与他们有着相同的对于本质的理念,所不同的,无非我们所论的是德国人,而古人所论的是希腊人及后来的罗马人而已。他们同我们一样把握了这两种要素(兰克在开篇即有区分:首先是人类得以受教成为自身的主人与支配者,而后在内心深处激起对祖国的皈依之情),只是在方法上有所不同。古人的生活经教化而来,我们则只有首先通过对古代的研究,以及其次对历史的研究,才能达成这个目标。"

⑤ 1825年的讨论课讲义中,有拉丁语云:Iam dicitur historiara vitae esse magistram. Hoc vix recte dicetur……[多言史为事师。未见阐论得当者……]。

⑥ 1824年学校讲义。

医者研学病理,当其来病榻前探视,其所经验种种病症,①竟无一与事前所习相契;具文之律典,亦无法代表鲜活的法权与正义。一切法学家皆云:唯离校之后,方始有所习得。故科学虽欲把握生命,其所描摹者,无非只是自身的造物,而与稍纵即逝之要素恒失之交臂。科学兀自运行,定立架构。大学则了无生气地描摹此架构。育人者的应有之义,乃是循序渐进,令受科学教化者重获青春。[此后又补充道:]今时科学教化之症结在于,其往往将欠缺知识的天才拒之门外。

兰克虽对科学及学院深责如此,却未必不知科学的必要性与可传承性。不久之后,兰克即在同一本笔记上写道:

> 所谓生活者,无非代际间教化相传……是故一切授业(Lehre),皆可为教化(Erzeugung)。教化者,诚代际间生命力之浇灌迭替也。②

此目标高远难测,势必需科学巨构之上的集体合作方可达成,故兰克云:"……这宏大的工作,需每人通力合作。"③兰克曾对学生言:

> 若误以伪文为真理,则此似真之结论,虽无与其相抵牾者,然终须与一切已有之结论相印证。治社会科学者,不可不明此根本定则。

兰克此记,以对史学未来之憧憬作结:"此未来史学独具只眼,全以信实史料编纂而成。"④此番论述,后见于《宗教改革史》之前言,其中

---

① 或许应作"现象"解。
② 引自《遗作》卷38 II 中标明"思考"的笔记簿。
③ 出自1832/33 冬季学期导言。
④ 来自《遗作》卷34 中的一处片断,亦即被称为"17 及18 世纪新史学残篇"的部分,其中的内容来自1830 年代。

兰克又补充道:"因真理唯一而已。"

以上诸语,在很大程度上,可证彼时兰克正欲一反此前数百年主观治史之风,其谓:

> 客观性乃真史学之前提;此史学之兴,必凌驾学派纷见之上。以本质言,此史学当内含宗教道德之要素。然所谓道德者,非欲以先入之见妄作论断;所谓宗教者,亦非欲独以信仰为准绳而忽视其他史料。史学之道德宗教者,乃谓即便程度固然有限,治史者当亦不辜负一切道德宗教之人事。

兰克亦认为,彼时代对于此史学之任务,盖已有共识,其谓:

> 如今我们已可大抵重现古人生活之状,纵是古典时代,能成此者亦属凤毛麟角,中古以降,更无闻者。①

又谓:

> 吾观近世治史,多驳杂不纯、泥沙俱下者。可见史家之大任固未完成;而此理念亦未尝实现耳。史家者,无非普遍精神之材具;此精神则借其口笔得以呈现。②

此间数语,足可见兰克彼时历史主义(Historismus)转向之端倪,此番转向,诚如梅内克所云,"乃西方思想所经历最重大之革命"。

此番转向既空前重大,兰克对此自当有所意识。③ 事实上,兰克所思史学之新意,既与传统治史理路迥异,又不为新世代学人所知晓。故兰克就普遍历史本质问题的申说,往往先以否定之义入手界说,再行正

---

① 据与上一条注释相同出处的课程手稿,但写于 1840 年代。
② 来自写于 1840 年代的残稿,见卷 38 I,"über Universalhistorie",fol. 61。
③ 笔者在此想对拙作"Zeiten der Wandlung"S. 282 处的评论作部分修改。

面阐述其所谓史学之使命与作用。兰克曾将史学之矛盾分门别类,谓其中最主要者,当属史实的研究搜集与哲学思辨二者之抵牾;此外,其谈论罗列史料之时,亦间有提及列表序史之法与科学及诗歌中的实用主义,谓此二法皆非治史良方,亦可归于前述主要矛盾之中。

而所谓"普遍历史之观念"(Idee der Universalhistorie)之说,虽就字面言所涉最为广袤,但从原则上说,其与许多含义更狭窄且较普通的史学论题几无差别。兰克此时对"观念"的负面界定,固然不像1832/1833冬季学期讲座导言中那般强调,但并非完全缺失。无论是此处论说,还是多弗版遗作中的1830年代文稿,兰克皆以费希特作为思辨哲学的代表加以反驳;而其1840年代以降的著作,则改以黑格尔为主要商榷对象,当然,兰克针对思辨哲学的驳论,则未见太大改变。①

兰克反驳史学思辨之论,可追溯至其大学毕业之际对费希特的讨论。兰克彼时曾有"依思辨史家之见,则雅各比的性格特征,已比他自身在生活中先行一步"之语,即针对思辨史学而发。兰克继而又言:

> 其全无哲学之思,抑或其所谓哲学者,不过历史而已。鲜活的哲学,是否与(已死的)历史不同?②

虽然我们对此语开头的"其"究竟指谁仍不甚明了,但兰克此处的观点,显然与《普遍历史之观念》残篇中论哲学与历史之关系如出一辙。类似论述,亦可见诸他处,如兰克曾谓历史"非哲学之对立,乃是哲学的实现"。③ 在兰克稍晚时期的文字中,此观点则有独特的改变,至谓:"我认为理解历史,乃真正的历史哲学。"④此番论点变化,自可见

---

① 这一点在本书中兰克《论普遍历史》一文后的附录二中有显著体现,在那里,1830年代与费希特式思辨思想的辩论,转变为对黑格尔哲学的反驳论述。
② [译注]参见本书中兰克《论普遍历史》一文的结尾部分。
③ [译注]参见本书中兰克《论普遍历史》一文后的附录二。
④ 来自卷38 I,《论普遍历史》,写于1850或1860年代。

其历史主义的倾向。此外,兰克在 1818 年讲义中,亦表示不取思辨之法授学,谓此"思辨之法,既无所成就,亦对良好生活无益"。1824 年讲座中,兰克曾批评古典语文学,而后又谓与其相比,哲学还要"恶劣得多",因"一些哲人的理论,非但无法服人,甚而其自身也未必持信。此哲人之说譬若飞艇,众人徒见其徐徐飞升,却未必知道哲人自身是否在飞艇之上:故亦未可期待会有人将其驶回……"

上述论说,自然不意味着兰克就此放弃哲学思考——对此兰克在《普遍历史之观念》残篇中已有明确申说。但显而易见,纵观此时兰克思想,特殊、个别之要素——换言之,亦即所谓实证要素(positivistische Element)——已然在无意间遏制了哲学思辨的成分。更可瞩意之处,则是兰克于 1832 至 1833 学期冬季讲义导言中,提出个别物之直观(Anschauung)与普遍物之探究(Forschung)。① 一般认为,直观与探究二者间,恒有一种相互作用:每一个别物皆是一普遍物之组成部分;反之,一切普遍物又皆由个别物构聚而成。故直观与探究相反相成,往往互为因果。然兰克讲义所言,却与此通常见解相反。鉴于彼时科学发展的态势及哲学思辨的优势地位,兰克此语亦不难理解——当时亦有以穆勒(Johannes von Müller)为代表的一部分学者,力主以经验为准则,坚持个别物的优先地位。可见在兰克看来,仅仅出离个别之物,并不足以把握普遍,唯有凭借并穿越前者,普遍之物才可达成。

《普遍历史之观念》残篇中的论说之外,对此问题更清晰的表述,还可见诸兰克 1830 及 1840 年代的授课文簿中"论历史哲学"的标题下,其开头部分则已刊于多弗版遗作。② 在此文簿装订处,可见兰克手

---

① 晚些时候,兰克往往把对个别物的认识称为"研究",而把对普遍物的认识称为"感知",参看 *Weltgeschichte* IX,2 S. XVI。

② 参看 Werke 53/54,S. 569 f,在其中多弗加了前文的最后一句:"若问题总是如此确定无疑,那么本就无需多言。"这段论述虽然直接与前文相连,但乃以不同的笔墨书写,且篇幅大为缩减,以至许多地方更像是讨论而非连贯的论述。

批，文字大抵分多次写出，其语云：

> 普遍历史之涵盖范围。批判之关系。[哲学途中切莫全信。（划去）] 1. 人为何治史？无疑是为认识人类生活之普遍性。2. 对此是否可能达成全盘确定无疑的认识？显然毫无可能：历史的范围过于广袤。3. 于是我们遂陷入两难：若全以普遍观念为务，往往疏忽具体的人事；反之若仅考究具体的事件，则有忘却整体语境的危险。4. 然而探究具体史事之时，求其更加确切，仍不失卓有成效的方法，因普遍物的点滴[？]皆存活[？]于具体细节之中，亦唯藉具体细节才可为人知晓。5. 同时，普遍趋势亦起着主导作用[？]，①唯从大量个别物中，方可确切知晓事物之本质。

由是可见，在兰克看来，个别物"更加确切"；既如此，无怪乎兰克于 1825 年史学方法讨论课的讲义中，复谈及此，以拉丁文谓：Denique de studii ratione：Hec imprimis carendum est, ne opinionibus indulgemus obscuris, mysticis, quibus multi indulgen。未几则以德语曰："要之，吾人治史，所重者乃人物事迹之本末，非徒诠解观念而已。"虽兰克后又指出，"无论何时，道德之善恶、实力之强弱以及民族福祉，皆属史家可讲论的话题"，②但就原则而言，上述自我限制的纲领并未因此有所缓和。考虑到兰克此番文字，乃为法国大革命史讲座开篇导言所作，则史家背后的想法似乎更加令人不解：因其时上距法国革命仅数十载，众所周知，面对此类近世史学问题，兰克素来主张慎用观念思辨之法。③ 既如此，则此处论说为何立场片面，与他处皆不相类？其中一个可能的解释是：兰克这番话乃出于其较早时期的评语；其手写笔迹，亦可表明此语

---

① 这些句子的解读十分不确定，一种理解是："但必须追寻此种普遍趋势。"

② "Einleitung zur Vorlesung ber die Revolutionszeit" 1789 – 1815 im *Nachlaß*, Paket 35。

③ 参见 1830 年代关于新近历史的讲座导言的原文。

当写于1820年代。由记录可知,兰克于1826及1827年夏,曾讲授1789—1815年近世历史课程——1826年设一课时,翌年则为四课时。因此我们不妨将此手稿与此课程讲义参照对观,此即是说,二者的成文年代,正逢兰克著述《南欧藩族志》卷一之时,亦即兰克与观念史观最为疏远之际。

而与此同时,兰克对"实用主义"及"编年史观"亦多有批评。18世纪之实用主义,往往掺杂思辨倾向,试图从普遍规则出发,凭借对人性之把握,推求行动者背后的动机。不同于普遍历史观对整体语境意义的营求,实用主义主张对个别物的把握,往往催生独断之见,故此更遭非议。实用主义史观既专务个别人事的探求,其生发演化,则难免沦于"编年之史"(Chronik),其治学所务,无非罗列和考察史事细节而已。二者的精研固然多费心力,但终究算不得史学终的之所在。在兰克看来,纵是尼布尔(Niebuhr)的研究,亦未免与此隔一间地。① 诚然,此言并非专门针对近世批判史学而发——尼布尔乃此学派的代表,其讲义颇得当时学生青睐,也促使后学意识到历史研究的根本可能性。② 然而尼布尔的史学,尚未达到"以个别释普遍"的程度。依兰克之见,我们还需不断加深对此普遍物之特性的知识。就此而言,兰克已意识到彼时史学问题所在,而斯坦泽尔(Stenzel)、卢登(Luden)等同时期诸史家,对此则大都不甚了了。

在兰克看来,实用主义方法的"应有之义",乃是爬梳第一手史料,尽可能从中探查真正行动者的行踪。当史家遇到历史话语的漏洞之时,往往可参照整体语境,推求其中的缺失部分,但这并不意味着需以个人心理状态为基础,将一切史事皆还原至一系列心理动机的层面。③

---

① 参见 Weltgeschichte IX, 2 S. XII。
② 参见兰克自述的传记,Werke 53/54, S. 59。
③ 因此,在"路德残篇"中(Reformation VI, 348),兰克转而认为"杰出的思想"也有"自利"的方面。

而另一方面,在兰克看来,治史非但不止于描述个别事件,甚至也超出实用主义史学的合理界域。此种观点的根源,可追溯至兰克的学生时代,其曾力排彼时"史学"诠释之风——如对《旧约·诗篇》的诠释。①兰克曾谓:"史家之目标,绝非从所有已发生之事中诠解行动者心中所想……"②探查历史人物之行动理由,固然乃治史一必要前提,但绝非史学之全部。个人及个别物和神之间的关系切近直接,不可遽分,而个别特性则相互结合,适成一整体:对史家而言,二者皆为治史应有之义,自无厚此薄彼之理。此类思考,又往往涉及自由与必然、偶缘与确定、发展与进步等问题。故兰克谓:

> 历史意义上的人类整体,乃由此前一切时代构成。要想认识这种整体,则两端皆不可偏废:既需意识到千百年间人类生活的无尽多样性,亦不可忽视其中呼之欲出的变革进程。可见一切现象与生命背后之变动发展,乃具有无穷的多样性。③

迄今的"进步"概念,彼时的兰克并不知晓。可以说,在兰克看来,甚至如今以基因科学断定史料的方法,虽具一定程度的合理性,④却也算不得历史研究的主要任务,充其量只可算史学知识的副产品。进步史观视当下为过往历史之结果,过往则无非当下的预备阶段,兰克认为,此观点未免过于危险。即便兰克在著作中偶有出现"进步"

---

① 在这个意义上,兰克求学期间关于《诗篇》的手稿(《遗作》卷 38 I)乃其对于 De Wette《诗篇》评注所作的唯一批评。
② Luther – Fragment, *Reformation* VI, 349 – 350。
③ 兰克 1850 年代的一篇手稿表现出与 Berchtesgadener 讲座的密切联系,见《遗作》,卷 38 I, Konvolut "über Universalhistorie", fol. 1 – 6。此外,参见 Über den "Fortschritt" bei Ranke; Meinecke, Deutung eines Rankewortes,收于 *Aphorismen und Skizzen zur Geschichte*, Leipzig, 1942, S. 127 以下。
④ 兰克此方面的论述,大多出自其关于"论新近历史"或"我们时代的历史"的讲义。

(Fortschritt)一词,亦无非就个别事物而言,如宗教传播或古典研究的进展之类。此外,兰克更曾一度将"进步"视同"演进"(Fortgang)或"连贯性"(Zusammenhang)等不带褒贬之词。① 在兰克看来,历史进程显然具有某种"命定的本质",②只是此种本质秘不可解,唯神可知。历史中藏有非理性的要素,这些要素终将在"整体性"中达到巅峰。

世界史如何书写,乃是唯神可知的难解之谜,科学对此无能为力。然而,唯有在科学探究的基础上,史家方可凭哲思和匠艺阐释过往之事。这既是治史的目标,亦是其不容推诿的任务;之所以如此说,既不是因为史家要以任意的思辨驱散非理性之物,亦不是因为其要以诗艺作为非理性物的补充;而恰恰是因为,治史者应将其作为不可知解之物而留于彼处,并在人类力所能及的范围内,追求尽可能与其接近。"此种统一、演进与发展,虽然已经具备,并在某种程度上可由经验加以确定",但它们"唯在最纯粹的叙述中才向人呈现"。③

---

① 见后文附录中那篇出自 1930 年代的笔记。
② *Werke* 49/50, S. 394。
③ *Werke* 53/54, S. 569,此外,参见"普遍历史之观念"。

重审历史主义

莫米利亚诺(Arnaldo Momigliano) 著
荆腾 译

一

我确实重新审视过历史主义。1974年6月10日到12日,《历史与理论》的编辑在伦敦沃尔伯格学院(Warburg Institute)组织了一场研讨会,我是与会者之一。研讨会上的论文都很优秀,讨论的水准也非常高。然而在研讨会后,当我试图为自己确切地阐述我从中所学到的东西时,我发现自己几乎是为未来的某个研讨会写了一篇导论性文章,其中的与会者会颇为热心地讨论我想要重新确证或反驳的那些相当陈旧的观点。由于并没有如己所愿的研讨会,而自己又有些可说的东西,所以我就将自己的这篇文章发表出来,也算是没有太多的坏处。①

---

① 伊格尔斯(G. G. Iggers)在《观念史词典》(*Dictionary of the History of Ideas*, New York, II, 1973, 页 457-464)中撰写的那段论历史主义的章节极为出色,它提供了德国、意大利和美国方面的基本参考书目,不足之处是没有涉及法国的相关学者(甚至没有将马鲁和雷蒙·阿隆包括进来)。我们应该感谢伊格尔斯和莫尔特克(K. von Moltke)为兰克的《史学的理论与实践》(*Theory and Practice of History*, Indianapolis, 1973)所写的那篇颇为有用的导言。以下著作可以作为对历史主义其他方面的介绍:J. W. Meiland, *Scepticism and Historical Knowledge*, New York, 1965(主要论到克罗齐、奥克肖特和柯林伍德); Th. Schieder, *Geschichte als Wissenschaft*, München, 1965(关于德国历史主义学术传统); M. Jay, *The Dialectical Imagination*, Boston, 1973(关于法兰克福学派); P. Veyne, *Comment on écrit l'histoire*, Paris, 1971(关于"年鉴学派"传统)。人们不应该忘记 H. Stuart Hughes,

二

史学家总是从事实(facts)入手,当然,这是一种陈旧的说法,但我不知道还可以怎么说。史学家可以记录事实的单纯存在:比如某一事件的年代日期。他也可以就那个事实提出问题,该问题可能很快使他顺便对事实和证据作出区分。很难确定史学家特别关心的是什么样的事实;而史学家在事实方面到底关心什么则同样难以确定。然而,从我们所敬重的史学家——从希罗多德和修昔底德到迈耶(Eduard Meyer)和布洛赫(Marc Bloch)——来看,有四种特征似乎可以概括出史学家工作的特性:(1)对过去人类行为的普遍关注;(2)热衷于发现关于人类过去的新事实;(3)意识到我们关于人类过去所拥有的信息会衍生出某些问题,这些问题不仅会影响信息本身的可靠性,也会因此而影响过去的实质;(4)努力理解所选取的(selected)关于人类过去的事实,即解释和评价这些事实。

每个史学家都是关于人类过去的事实的收集者。收集这些事实是如此重要,因而要借助于特定的机制(institutions),比如博物馆、档案和考古探险。然而,尽管他们强调历史研究的事实发现(fact-finding)这一方面,这些机制的存在却仅仅与历史研究的其他方面有关,即证据的

Consciousness and Society, New York, 1958, 以及 A. Heuss, *Verlust der Geschichte*, Göttingen, 1959。关于最近意大利的发展状况(坎迪莫利[D. Cantimori]在这一发展中居于核心地位,参见其遗著集《史学家和史学》[*Storici e Storia*, Torino, 1971]),巴达罗尼(N. Badaloni)的《作为历史主义的马克思主义》(*Marxismo come Storicismo*, Milano, 1962)可以作为这一发展的一个起点。布拉德利(F. H. Bradley)的《批判史学的前提》(*The Presuppositions of Critical History*, 1874)现在可以看鲁宾诺夫(L. Rubinoff)的版本(Chicago, 1968)。以赛亚·柏林论"历史必然性"("Historical Inevitability")的论文收在《自由四论》(*Four Essays on Liberty*, Oxford, 1969)中。新的文献见《维也纳对现代史学的贡献(卷一)》(*Wiener Beiträge zur Geschichte der Neuzeit* I, 1974)。

选取以及由此产生的对于事实的解释和评价。

我们所说的"历史主义"正是源于这种选取、解释和评价的过程。更确切地说,历史主义就是认识到,我们每一个人看待过去的事件时,都是立足于一种被我们自身个体在历史中的变化境遇所决定或至少以此为条件的视角。对于历史主义为何在20世纪早期成为一个尖锐的问题,雷蒙·阿隆(Raymond Aron)和其他学者曾给出很好的解释。然而,历史主义的根源在于,历史性解释在19世纪扩展到了人类生活的各个方面(甚至宇宙本身)。

历史主义并非一个令人满意的原则,因为它暗含着一种相对主义的危险。这往往会打击史学家对自身的信心。不过在19世纪的史学家中,被视为历史主义"鼻祖"(Altvater)的兰克过得很惬意倒是真的。他并不觉得把档案公开所披露的事实与普遍历史的进路联系起来有什么困难。然而我们对兰克的一些充满自信的把戏有所怀疑。如果上帝存在于个别性的事实中,那么我们为什么还要关注普遍历史?而假如上帝并未处在个别性的事实中,那么他又怎么可能在普遍历史之中?

在我们贫乏的术语中,有一个关于范畴(categories)的问题,诸事件应该据此来归类、相互关联、解释和评判;但问题的复杂性在于,分类的代理者——本身处在历史之中的史学家——有着不断变化的经历。这并不是要接受海登·怀特(Hayden White)在其最新著作《元史学》(Metahistory)中所发展的激进论点,即兰克或任何其他史学家都是根据修辞问题来安排事实。修辞并不提出关于真实的问题(questions of truth),这一问题不仅困扰了兰克及其后继者,而且依然困扰着我们。总之,修辞并不涉及探究真实的技术,对真实的探究不过是史学家急于虚构的东西。相反,问题是,在执行发现事实这一任务时,以及在我们把这些事实放置到某种模式中以便理解和评价其间的联系时,如果我们自身也是我们试图理解的历史性进程的一部分,那我们该如何立足于现在。

如果史书写作意味着我们根据某种标准来选择我们的事实,或者说我们根据某种特定的兴趣来试图发现新的事实,那么这些标准和兴趣就暗含着一种普遍性或一般性的选择,我们应该据此来分类和理解事实。除非我们将这些事实与普遍范畴和价值联系起来,否则我们将无法理解和评价事实;然而,除非我们头脑中已经有了某些我们用来指涉事实的价值和普遍范畴,否则我们将无法开始选择(或发现)事实。

选择关于封建主义历史的事实,意味着存在某些关于什么是封建主义的观念。事实只有在成为某一境遇或某一进程的一部分时才具有意义,但事实的选择取决于我们从一开始(可称之为一种预设、模式或一种理想类型)就设想的境遇。此外,基于某种特定境遇或进程而将重要性赋予某些特定事实,相当于给这些事实赋予某种价值属性。史学始终是内置于一种看起来值得研究的静态性或动态性境遇中的事实选择。

历史研究的这种特征既可以作悲观的解释,也可以作乐观的解释。悲观的解释认为,史书写作是选择事实,它基于一种选择事实之前所设想的境遇。因此,我们会找到我们想要找到的东西,因为我们最初的预设、模式或想法会决定我们对将要被研究的事实的选择。进一步,考虑到从开始研究到研究结束之间我们自己也要改变,并因此而受到各种旨趣和预设的引导,这种悲观性又会额外加重。然而,悲观的解释有赖于这样一种假定,即任何预设或模式都是任意和不可证伪的。额外加重的悲观性则有赖于由此出现的进一步假定,即人类意识因历史性变化而缺乏一贯性。我们曾强调史学家收集事实:他最初的预设或模式的提出乃是基于他面对的事实,而且为了验证这一预设,他还要面对更多的事实。假如我规定了一个有关封建主义的预设或模式,那是因为我知道某些我将封建秩序与之联系起来的事实。

随着我研究的进展,我会想要修改自己最初的预设或模式;实际上,事实的选择将不断因研究本身的需求而得到修正。若暂且将事实与证据的关系问题搁置一边,史学研究(historical research)就是由证据所表明的事实所控制的。只有在证据所呈现的事实范围内,事实才是事实,尊重事实是史学家的职业特质。悲观论者过于轻看了史学家所服从的这一纪律。

虽然如此,仍然存在着两种出错的方式。一种是可以避免的无知或错误,另一种是不可避免的无知。由于我在语言知识方面的错误,我可能误解某一文本,但我也可能在研究文本时因不了解有关该文本的某些特定情况而误解这一文本。在这两种情形下,我呈现为多变的,而且容易出错,我的多变性和易错性之间似乎有着某种关系,尽管这种关系既不明确,也不可能是必然的。作为容易犯错的普通人,从多变的视角来研究变化,并且从不声称绝对的确定性,这对于我们来说已经足够。我们可能仍然会对变化有兴趣,因为古代的神祇被认为与变化的人性有关(这种人性把诸神从无聊中拯救了出来)。但这将是一种不同的兴趣,可能要用到一种不同的方法。

我们研究变化乃因为我们是多变的。这给了我们一种直接的变化经验,即我们称之为记忆的东西。由于变化,我们知识的变化也永远不会走向终结:不可预料之事是无限的。但我们知识的变化却是足够的真实。至少我们知道我们谈论的是什么。知识的变化不仅使我们变化的经验成为可能,同时也受限于我们变化的经验。我们所能做的一切只是去生产纳入我们的模式或预设的事实和合乎事实的模式或预设。很快,我们就会从我们的同事(或者我们变化的自我)那里听到,是否所谓的事实是不存在的,或者,事实虽存在,但是否能够通过一种不同的预设或模式来得到更好的解释。

指望结构主义(structuralism)将我们从历史主义的困境中解救出来是不可能的。结构主义明确地提醒我们,共时性(synchronic)的理解甚至比历时性(diachronic)的历史书写更为必要,它有自己的前提和规则。细思之,这或许并不是那么革命性的说法。"先驱"(Altvater)蒙森应该足以提醒我们,"鼻祖"兰克的历时性历史并没有声称排除共时性。《罗马宪制》(*Römisches Staatsrecht*)本质上就是一部共时性历史的杰作。布克哈特在共时性和历时性历史间摇摆。若更加仔细地寻找,人们甚至可能会发现,一百二十年来的重要文化史和社会史著作(从库朗热[Fustel de Coulanges]到赫伊津哈(J·Huizinga)和马克·布洛赫)大多都是共时性的而不是历时性的,也就是说,这些著作的基础是模式化类型(stereotypes)或理想类型。结构主义确实揭示了人性中更为深刻也更为持久的元素。它教会我们寻找历时性和共时性事件系列的新关系。然而,变化的现实作为死亡的现实无法被抹去。将来,我们作为史学家,可能不得不探究目前几乎难以想象的长时段变化。但我无法预知史学是否会永远成为一门永久的科学。

三

在我们从变化的角度来研究变化而无法做到比这更好时,精于此道是有意义的。然而,把此事做好的决心取决于一种认知之外的(extra-cognitive)因素,即值得把此事做好的信念。假如我们从来不能绝对地确定事实,那么至少可以绝对地确定我们所致力追求的目标。

如今,这可能会成为一个棘手的要求。如果我们认为善是一种有历史性条件的价值,那么撰写一个善人的传记有什么意义?如果自由是一种转瞬即逝的价值,那么研究自由现象又有什么意义?

对此很容易提出反驳的理由,人可以反驳说,我们的道德意识与事实问题无关。假如我们研究议会制度,那么(这种反驳意味着)我们必须搞清楚它们如何运作,而不管它们是不是我们认为它们应该所是的东西,即便要考虑,某种特定类型的议会是否可取也是一个独立的问题。然而,这种反驳忽略了这样一种可能性,即我们由其开始并通过修正而最终返回的模式将会是一种道德理想模型,诸如好人、好的制度或好的社会。我们会排除这样一种具有道德色彩的模型吗?

我们会有很多东西需要排除。当今关注妇女、儿童、奴隶和有色人种地位的研究者将会受到影响。的确,除了从一个剥削妇女和压迫奴隶的不良社会中寻找出一个更好的社会外,他们可能不会去寻求好的社会。然而,要求史学家为了一个更好的社会而从事研究的道德意识,必须能够抵制这样的声称,即,诸如一个无情的成年白人男性奴隶主所具有的社会价值观,乃是由历史性条件决定的。

我相信,真正的答案陷入了一种两难困境。我们要么持有一种独立于历史的宗教或道德信念,从而允许我们对历史事件作出评判,要么必须放弃道德判断。正是因为历史告诉我们人类有着多少道德规范,所以我们不能从历史中汲取道德判断。但即使是通过研究历史得出的历史变革观念,也暗含着一种超历史的(meta-historical)信念。

我很难想象没有道德判断的历史写作,因为我还未曾见到过。无论如何,它会无端排除这样一种先验的史学可能性:此种史学单纯出于求知欲或基于对技术成就的兴趣,而不关心任何道德价值。

四

不管怎样,假如要我在这种两难困境中作出选择,也就是说,假如要我决定以何种态度运用我的道德判断作为我自由的标志来面对历史,那么我更关心历史研究在历史主义时代的技术问题与实际趋向。

这里只需通过马鲁(Henri-Irénée Marrou)①来强调一下,在关于历史主义讨论(例如特洛尔奇[E. Troeltsch]自己的讨论和辛茨[O. Hintze]的讨论)的黄金时代,什么特别容易被遗忘,即:我们(史学家)与事实之间存在着证据。我们可以想象一下史学家直面事实的一些边缘情形。一个当代的报道者可以写他所看到的东西,一名考古学家也可以考察他个人发现并发掘出来的一个埋存完好的城市的特征。这两种情形都涉及作者记忆或笔记的可靠性问题;他的证据和他的事实要在实际上相一致。然而,绝大多数史学家所处理的都是过去以文

---

① [译注]马鲁(1904—1977),法国著名史学家,主要研究领域为古代晚期和教育史,代表著作为《古代教育史》(*History of Education in Antiquity*)。

字或口头记录、文档及文物等形式呈现的一些被其他人发现的遗物。史学家必须为了确立事实而解释证据,而且通常还必须考虑之前的解释。所有这一切都意味着他在撰写史书时不仅要基于他个人(变化着)的观点,而且还必须顾及先前的见证和解释。此外,他还必须根据自己想要解决的问题相关性来评估证据的可靠性,而不是基于单纯的可靠性。他可能发现他的证据大多数是不相关或多余的;但更多的时候(特别当他作为一名研究古代或中世纪的史学家时),他会发现证据不充分。尽管每一条证据本身就是一个事实,但未必是我们需要的事实。我们都知道,对某个史学家来说是毫无用处的伪造的东西,对另一个史学家来说或许就是研究思想取向的一个极好的证据。一个史学家会用他大部分时间来确立他所面对的事实与他所想的预设或模式之间的准确关系。即使遗物只是他所研究之事实的一种碎片,也存在着遗失物与幸存物之间的关系这一基本问题。因此,相比于证据的历史性境遇,史学家(包括先前的史学家)很少会顾及他自己在历史上无可避免的处境。

确定证据与事件之间关系所存在的许多困难已经让人觉得习以为常,因此相比于18世纪或19世纪早期而言,这些困难很少受到关注。然而,当有新的证据类型被提出时,这些困难又会以新的力度出现。比如心理分析(Psycho – analysis)或心理史学(psycho – history)对历史研究来说就是一种新生事物,因而也提出了尖锐的问题。很少有人会质疑心理分析证明其范围已经远远超出了非常态领域和生活领域。它被视为一种史学研究工具的权利已经得到了声明(例如韦勒[H. U. Wehler],《史学周刊》[*Historische Zeitschrift*], 208, 1969, 页 529—554; 以及马兹利士[B. Mazlish]译, *Royal Hist. Society*, 5, 21, 1971, 页 79—100)。① 然而对我

---

① [译注]韦勒(1931—2014)为德国史学家,主要研究领域为19世纪德国史,因通过"比勒费尔德学派"(Bielefeld School)推进德国社会史研究而闻名于世。马兹利士(1923—)是美国麻省理工史学系名誉教授,是维尔弗利特心理史学小组(Wellfleet Psychohistory Group)成员之一。

来说，心理史学所能提供的证据，其性质非常不明确。如果我们谈论的是恺撒的时代，我们可以想象一下对恺撒和西塞罗的心理分析，对此，我们有文献（虽然这也会产生一些困难），但这就足够了吗？我们还应该了解他们的朋友、敌人甚至敌军潜意识里发生了什么。对于将潜意识纳入历史主义的问题，我看不到有任何先验的异议。心理分析者多变的观点会使他们在其他历史观察者多变的观点中居有一席之地。然而，心理史学学家将不得不像其他史学界的研究者那样来论证自己史料运用的合理性。

史学的一个奇特之处在于，消除研究的限制并不一定使研究变得更容易。我们已经看到，神学家对圣经的历史研究表现得越来越淡漠。他们已经找到了了解上帝的其他途径。史学家最初对圣经的史学研究的反应可是欢喜雀跃。圣经批判（和教父研究）就在这样一种环境下蓬勃发展；史学家的宗教信仰与他的研究也变得几乎毫不相干。然而，我们现在却开始怀疑，通过成为与神学无关的东西，圣经批判会产生和其他所有东西都毫不相干（至少相干性会变得微不足道）的风险。把圣经称为一种历史文献，意味着忘记了圣经曾经并不止是一种生活信仰的基础。

在某个不同层面上（可能较低的层面上），民族史（national history）作为一个有意义的概念的消逝对史学家来说颇为尴尬。我们意大利人一直以来都在问自己这么一个问题，即什么是意大利史？然而，面对最近由艾瑙迪（Einaudi）①出版的《意大利史》（History of Italy）前三卷，我们不得不承认，人们不明白，为什么所有这些有趣的，而且往往令人钦佩的文章必须要收集在这个标题之下——这几乎就是一种打击。有些章节似乎是一部欧洲文化史的片段，另外一些章节像是天主教会的历史片段，还有一些则是地方社会的描述，等等。这里的关键问题是，民族（nation）概念作为历史研究的一种基本单元，它在实质意义上的消

---

① 艾瑙迪（1912—1999，Giulio Einaudi）意大利出版家。

失使人们考虑事件——这些事件在过去通常被作为民族史的片段——的视角变得多样化。

在这一情形下,传记逐渐走向历史研究的中心也就毫不奇怪了。尽管几乎所有类型的政治史和社会史都因为历史主义的要求而变得更加复杂,传记却始终是相对简单的形式。一个人物有着清晰的轮廓和有限的重要关系:传记甚至有对人物进行心理分析的受到公认的技术。在定义明确的界限内,传记容许任何种类的问题,也就是说,只要限于某个人物,政治史、经济史、宗教史和艺术史都会变得更容易。即使是生物因素也可以在可控的条件下引入。目睹这一发展十分有趣,因为这至少可以在一定程度上缓解史学家在历史主义时代的疲劳感。

历史主义的必然推论是,史学史(history of historiography)作为表达历史问题意识的模式也有其自身的历史。然而,这就产生了一些著作,其唯一目的就是要证明,每一位史学家和任何历史问题都是由历史性条件决定的。这就附带引出了老生常谈的说法,即史学史的这种结论也是由历史性条件决定的。

在我看来,这种纯粹相对主义的表达完全不能自洽。史学史就像其他任何历史研究一样,有着区辨真实与谬误的目的。作为一种旨在考察史学家成就的思想史,史学史必须在历史问题未能令人信服和得到解决的解决方案与值得重申和发展的解决方案之间作出清楚的区分。要撰写一部批判的史学史,就必须了解所研究的作者及这些作者所研究的历史材料。

论今天的世俗史学者

瑞维斯（Marjorie Reeves） 撰

安荞 译

[中译编者按]瑞维斯是牛津大学历史系教授，因研究约阿希姆成就卓著而享誉史学界。本文是她早年在瑞士博西（Bossey）普世基督教学院（Ecumenical Institute）举办的"世俗的意义"主题大会（1959年9月15日至20日）上宣读的论文。作者在20世纪仍为古老的神圣历史观辩护，实属罕见，聊备一观。

今天的史学者为何致力于发现并传播新的历史知识呢？至少在欧洲，史学已经成为一个庞大而繁荣的"产业"，如果把文学史、艺术史、科学史等等都包括进来，就更是如此。为数巨大的人员投身这一产业。随着历史研究大军的发展壮大，大量学术著作和文章源源产出，新的学术期刊不断涌现——容我跑一下题。我们不妨问问：这种历史研究的热情和活动，在欧洲比在美国更典型吗？尤其是，在西方世界比在非西方世界更典型吗？如果是，那是为什么呢？

我想，史学提供了学术研究领域的一块试验田，我们必须在其中找到某种真正世俗的动机，即一种来自史学本身而非从外部强加给它的固有价值感。无论谁，若企图从实用角度出发为史学者的活动辩护，都不会令人信服。史学本身——即揭开曾经发生之事的尝试——并非一门可直接应用于当前问题的科学。史学不是社会学，不是经济学，不是法学，甚至也不是政治学。史学只在一种层面上才变得"有用"，那就是当人文学者要从历史处境中概括什么的时候，他们通过这种概括从不同情境中提炼出某些共同要素。但此时的历史已不再是史学者的"纯粹"历史了,因为严格来讲,史学者的活动在于设法重构那些独特的历史处境。

今天,典型的世俗史学者拒绝以单纯的实用观念为动力,比如为了避免重犯过去的错误而学习历史。我想,许多史学者也不会把需要挖掘造成我们当前情形或处境的根由作为研究历史的主要理由。当然,今天的史学还在不断用于这一目的,因为想要检审我们自身的根源乃是一个强大而且自然的动力。许多思想家因试图厘清我们今日的困境而转向历史,以图更充分地理解这些困境。在这次名为"世俗的意义"(the Meaing of the Secular)的主题大会上,就不断有人提到近现代各种运动的历史根源——但通常并不是专门的史学者在提。咱们史学者也许提供了材料,其他人则从材料中找到他们所要找的东西,通过它来解释自身(self-explanation)。英国史学者巴特菲尔德(Herbert Butterfield)主张,仅仅为了解释现在而研究过去恰恰是历史判断力的最大障碍,因为史学者的目的在于澄清差别,而不是发现相似。总的来说,史学者对解释自身没有太大兴趣;把历史当成人类解释自身的婢女乃是对历史的滥用。

世俗史学者研究历史的动机

那么,是哪些动机激励着今天的历史研究呢?当然,任何一个大的产业,部分都是靠自身的动力保持发展,它不断创造出新的品味和新的既得利益。历史提供了一块肥田,从这里可以源源不断地出产博士论文。但史学怀有远比这重要得多的学术追求,不能在如此表层的意义上就把它给打发了。

很多人会说,人有一种根本的冲动,要从历史中寻求一个总的意义、一个模式、一个方向,要为人类找到一个最终的目的地。而且,人想知道时间进行到了哪里,以及我们所谓时间的终结(End)到底意味着什么。从基督教纪元的早几个世纪起,就有思想家为了这类目的而醉心于历史研究。中世纪的历史研究方法大体是根据七个时代(the Seven Ages)绘制出历史进展的模式,追踪隐藏在历史事件背后的上帝的目的。虽然中世纪绘制的历史模式已告失败,但一直以来仍然不断有历史哲人出来,试图建构过去历史演进的模式,并根据该模式去预测将来的某个终结点。历史哲人如黑格尔、马克思、汤因比,尽管各个都如此不同,但某种意义上他们都是"宗教性的"史学者,因为他们都致力于用历史来显明理解人类生存及其终极意义的钥匙。

典型的现代史学者则反其道而行,他们身上带着满有火药味儿的"世俗"气,坚决反对一切在历史中寻找某个终极的或"宗教性"意义的尝试。今天,专门的史学者与历史哲学学者之间有一条鲜明的鸿沟。史学者在对"模式"的反弹中日益远避宏大视野,专注于微末细节的研究。任何一个细节都可能让他在上面耗费大量精力,重要或不重要的差别对他而言几乎已经没有任何意义。在今天这种处境下,"重要"又能指什么呢?重要——因为有用?因为有助于解释自身?因为它构成了某个模式中的一个环节?不,只有一样重要性是历史学者会承认的,那就是历史本身固有的重要性:历史是真实发生过的人类事件。(对史学者而言,用什么术语来称呼"动物"或称呼"自然"事件,只有在触及到人类事件的情况下才具有意义。)现代史学者热情地追寻历史事件的细节,他宣布,他的目的只是尽他所能地接近实际发生过的事。他还宣布,这一活动的正当性单单在于重构过程所带来的那种让人兴奋的值得感(sense of worthwhileness)。只要(尽自己的能力)复原出过去的哪怕一块小小的碎片,他就算是做了有意义的事——无需再有其他任何进一步的理由。

那么,这种意义感来自何方?我认为,这里跟在任何学术活动中一样,包含着一种权力冲动(power‑urge)的因素。也就是说,所有学术研究中都有"统治"(have dominion over)材料的欲望在发挥作用。我们都知道,[对材料进行]分析、归类、贴标签,使之变得秩序井然,是多么令人满足;我们会不断地干下去,直到达至一个兴奋的顶点,那时我们说:"现在我已经把所有东西打包,一切都在我手下了!""控制"(control over)意义上的、作为权力的知识肯定是人类的专利。(《创世记》的故事讲到亚当被授权管理所有动物并为它们命名,不就很可能象征着这个意思吗?)但是,作为"统治"(power over)的知识观念倘若应用于对人的研究,影响就很危险了。有任何一个史学者,曾用丝毫肯定的口气,声称他"认识"某个历史人物或历史处境吗? 倘若他因为自负而如此自诩,那他就是在自找麻烦、自讨苦吃。你所面临的巨大诱惑在于,你想让历史说你想要它说的东西,你想按自己的形象重新创造历史。这种控制历史,迫使历史来支撑你自己的自我或你自己的体系的冲动,可能侵袭个人、群体或国家,我们的时代已经几次见过它的可怕表现了。当然,重要的同时也令人鼓舞的是,普通的史学者,不管他可能犯下别的什么错误,都毫不含糊地知道这样做是一种犯罪。世界各地的世俗史学者都奉真理之名,强烈反对这种逞己意歪曲历史的行为。他们知道,史学者的天职是探索过去,而不是操纵过去。

但这并不意味着,今天的史学者竟然天真到不承认自己和别人里面都存在这种权力冲动,或自诩不会受所生活时空的束缚和制约。"史学者的主观性"——这个观念如此经常地把我们深深刺痛,我们不大可能忘掉它。然而我还是要宣告,史学者的基本立场,那赋予他所做一切以意义的核心信念,就是他坚定地认为:与"另一个"过去真实地相遇不但可能,而且值得。他当然得从一个受条件限制的立场开始,当然有些隐藏的假定或价值判断影响着他的材料选择或侧重方向。但是,他的经验教会他明白,的确有一个与他相对的现实,他可以真实地遇见它,只不过他本人的盲点使他看不见那个现实的某些方面而已。而且,这个现实还会反戈一击:它能打破先入为主的模式或观念,迫使史学者这一方全盘修正他的想法。人自己即史学者自身的确存在相对性和片面性,但那如此令人兴奋的意义感在于,真实可见的历史处境自己吵嚷着要人去认识它,即便只是相对地、片面地认识。

世俗之宣言

所以我的主要论点是，今天世俗史学者的活动依赖于以下两句断言，尽管他往往并不这样表达：

(1) 我所说的与过去的"真实相遇"是可能的；
(2) 每一种人类情境都有其固有价值，因此，重构该情境的努力也有其固有价值；而且，拓宽已知历史处境的范围也会丰富人当下的生活。

现实生活限制着拓宽我们视听范围的可能性，历史却提供了几乎可说是无限的广度，除了时间和空间的限制之外。价值感其实跟我们所研究事件的规模或重要性不相干，无论是对当代人的重要性还是对子孙后代的重要性。发现两块关于当地家庭的历史碎片能够全然吻合，跟偶然发现一条关于该国政策的新线索，可以同样地令人激动不已。价值感在于历史处境的独特性，在于重构该处境，使枯骨复生所带来的兴奋之情。

我一直在设法描绘那种推动我们从事历史研究的感觉和兴奋之情。虽然绝大多数同行不会同意，但我还是要说到"史学者的信仰（faith）"。它是基督徒史学者和非基督徒史学者共同分享的信仰；某种意义上，它也是一个世俗的信仰，因为这信仰源自我们看待材料的方式，而不是一个关于意义的形而上学框架，可供我们选择把历史置入其中。我猜想在我的陈述底下也暗含着某种形而上学，但我要说的重点是，史学者之间存在着一种理解上的相通，一种对我们事业的意义感，这种意义感跟我们大家持好几种信仰、好几种哲学毫不相干。在这个意义上，我们大家都是世俗主义者，保卫我们的世俗主义正是我们作为史学者的共同信仰的一部分。

……在本丢·彼拉多手下

我们共有一项伟大的活动，我们共同反对某些违背我们信仰的"罪"，在这个层面上，我们是一体。那么，如果我对我的不信仰任何宗教的同行说，"我想进一步描述并确认我们的这个共同信仰"，我就成了分裂分子吗？我想告诉大家，基督徒会怎么描述世俗史学者正在做的事，我们的说法大抵如下：

> 历史是上帝与人相遇的场域。我们所分析的每个历史处境里，都包含着这种相遇和选择的要素，无论[其中角色]是个体的人还是群体的人。独特而具体的历史处境因着上帝[曾在其中]与人相遇这一事实而有了意义。而且，这种意义感已经得到确证，因为上帝已经一次而永远地以一段可确定时间的生，和一次在本丢·彼拉多手下的死，进入了具体的历史处境。正是由于这个缘故，我们热切相信我们材料的固有价值，而痛恨用半真半假的概括来模糊历史独特性的做法。

这样的陈述必定造成基督徒与不信基督的史学者的分化，后者很可能回答说，"你现在就在勉强我们进入一个既定的框框"；他甚至会爆粗口说："何其荒唐，简直一派胡言！"但我要强调的要点是，这段话其实是在尝试对我们双方都在做的事提出一种神学上的理解。

假定对话并未就此破裂，我想斗胆继续提出如下进一步的思考：
1. 上帝在历史中的在场可以解释我们在研究中经常感觉到的那种神秘要素。我们意识到，无论我们的分析推进到多深，无论我们的想象扩展到多远，我们都永远不会完全"认识"一个人类处境。总是深了还有更深，我们无法探测到底部。于是我们的结论永远只是暂时性的，最好的史学者永远是那些最坦然地承认其知识限度的人。史学者的这种适度的谦卑从根本上源于他某种程度上意识到了人的奥秘，而那其实是历史中上帝的奥秘。

2. 今天的史学者踌躇着要不要对历史人物或行动下宏观或绝对的判断。他可以给出意见，但不会"坐着施行审判"。究其根本，不就是因为他感觉到我们大家某种意义上都"站立在审判台前"吗？当然基督徒会补上一句：站立在上帝的审判台前。

3. 因着我们对材料的这种责任感，篡改或歪曲材料便成了一种犯罪，可我们的这种责任感又是哪里来的呢？难道不是材料的神圣性，即上帝在历史中的在场驱动着我们——尽管我并不知道——去寻求那具有最高可能性的真相吗？我们对所研究的历史人物也感到一种责任感，如果我们把这些人看作还活在上帝里面，而不是已死在过去，这种责任感不就更能说得通吗？

……为它本身之故

我一直在尝试为今日世俗史学者的经验给出一个神学上的解释。我想澄清的要点是，当我们不为任何外在目的，而单单为着历史本身的缘故研究历史时，这已经成了一种属灵的经验。我们基督徒可以也必须尝试对这种经验提出神学的解释，但我们若除了理解过去之外还要把任何其他的责任强加给史学者，那就妨碍了与过去的真实相遇，因而也就损害了这种属灵经验的品质。理解过去不是为了证明什么，也不是为了汲取什么教训，甚至不是为了直接显明上帝的作为，而仅仅是为了历史本身的缘故。这是一种真正世俗的研究，我相信它也作为这种研究而蒙上帝赐福。

也许我可以补上一个脚注：在我看来，要定义我们作为历史教师的真正世俗的任务，首先要定义我们作为历史的学生的位置。教学是一个三角关系：教师、学生和研究主题。如果我们稍微经验过研究中的真实相遇所带来的那醉人的震颤，那么我们的目标将首先是：使学生与过去的相遇成为真实。如此，我们教学中的巅峰时刻将会这样到来：那时我们成功地使自己和学生都凝神于研究主题,暂时驱除了其他一切思虑,甚至忘掉了我们自己跟他们的师生关系。这种"丧我"本身也是一种属灵经验,只要看过一群学生聚精会神地听某个大学者讲课,谁都不会否认这一点。我们并未因这种全然的专注就排开了上帝,因为如我所论,上帝已经在研究主题之中了;我相信,我们在那个时刻尽自己一切的理解力、想象力、敞开的心以及谦卑来服事所研究的主题,比起把上帝硬"拉进来",乃是更充分地服侍了上帝。有意识地见证我们的信仰应当留给别的场合。

因此,我们在研究和教学中都有一种一心一意的世俗精神。我认为基督徒必须协助守护这种世俗精神,要认识到这里有一种在基督徒和非基督徒身上一样可以找到的属灵品质。承认学术自由,承认上帝的火焰在解开束缚以后将更加自由地燃烧,比试图再造出一个新正统的框框把上帝框起来,也许恰恰是在更好地服事上帝。零星、片段的相遇带来的洞见,有时反而可以显明高级体系里所看不到的真理。

"历史/史学"概念的历史流变

科瑟勒克(Reinhart Koselleck) 撰

陈曦 译

[中译编者按]汉语所谓"历史",既指共同体或个人的经历,亦指对这种经历的"记叙"或记忆,也就是所谓"史书"或口述"历史",罕有与"史学"同义。西文中的 history 则有"史学"含义。德语中的 Historie 和 Geschichte,有时同义,有时又不同义,尤其是哲学家强调不同义。本文从德语的学术语境出发,梳理 Historie 和 Geschichte 用法的历史流变,文献丰富,有助于我们体会西方学人所理解的"历史/史学"概念的具体意涵。译自 Otto Brunner / Werner Conze / Reinhart Koselleck 编,*Geschichtliche Grundbegriffe. Historisches Lexikon zur politisch-sozialen Sprache in Deutschland*,卷 2,Stuttgart,1975,页 678-691,标题为本编者所拟。

"历史"如何被型塑为一个基本概念

叙事的历史,即讲述(die Erzählung),是迄今为止人类最古老的交往方式之一。就此而言,人们也许可以把历史当作社会尤其是社交(Geselligkeit)中的一个基本概念。今天我们理解的"历史"——包括它的术语和理论基础,之所以在 18 世纪被型塑为社会和政治话语中的基本概念,乃因为"历史"在当时上升为一个可用于规范人的所有经验与可能性的原则。"史学"(Historie)也不再仅仅是一门预备科学。在历史逐步获得中心地位的过程中,它渐渐囊括了生活的各个领域。下文将梳理的正是这一过程。

自人文主义时期以降,除去少数例外,人们普遍采用同样的分类方式来划分、归纳历史的全部知识领域。首先,按时间切分历史,如四个帝国的更迭,或克拉里乌斯(Cellarius)"古代、中古、近代"的分法。其次,按研究对象分门别类,最常见的是把历史分为神圣史(historia divina)、文明史(historia civilis)和自然史(historia naturalis),不过,自培根之后,这种三分法遭到愈来愈多的质疑。三,按形式范畴分为普遍史和专门史(historia universalis oder specialis)。四,依撰述方式将史学定义为叙事(erzählend)或描写(beschreibend)的艺术。显然,只要历史的各个构成部分之间存在有机的联系,那么在这样的分类模式下,任何新的界定方式都会反作用于其他几种。

以下三个过程展示了 Geschichte[历史/史学]如何成为一个奠基性概念:其一,"自然志"(historia naturalis)脱离史学,具有历史特性的"自然史"(Naturgeschichte)随之出现;其二,"神圣历史"(historia sacra)融入"普遍历史"(allgemeine Geschichte);其三,"世界历史"(Weltgeschichte)作为一个概念逐渐固定下来,成为主导科学,取代了传统的普遍历史(Universalhistorie)。

从"自然志"到"自然史"

直至18世纪,史学知识仍被视为一切科学的实证前提。克尔克曼(Keckermann)因而声称,有多少科学就必然有多少史学。[1] 作为一门普遍的、与经验相关的学问,史学的着眼点是事物的独一和特殊性,科学和哲学则关注普遍性。荣西乌斯(Jonsius)写道:众所周知,"记述、观察、例证和实验是一切科学的基础,这些个别问题构成了普遍科学的观念"。[2] 或

---

[1] Emil Menke - Glückert, *Die Geschichtsschreibung der Reformation und Gegenreformation*(Osterwiek / Harz 1912),页131。

[2] Johannes Jonsius, *De scriptoribus historiae philosophicae*,第2版,Joh. Christoph Dorn(Jena 1716;Ndr. Düsseldorf 1968),页2。

如盖斯纳(J. M. Gesner)1774年写道:"史学像一座伟大的城邦,从中衍生出了所有的学科分支。"①

　　基于这样的经验,有一点不言自明:关于自然的知识与关于人以及人之行为的知识一样,都属于史学。1775年,布施(J. G. Büsch)步莱马卢斯(Reimarus)后尘,他在"科学百科全书"第一卷开宗明义地写道:"论史学本身,尤其是自然志……所有现在为真(wirklich)或曾经为真的信息,我们均可称之为历史(Historie或Geschichte)"。② 作为实际知识(Wirklichkeitswissen),史学是一门经验科学。对现在而言,历史立足于自身;对过去而言,历史立足于陌生的经验。自然与人类社会的统一为时间上的双重视角提供了前提。史学传统的二分法——描述抑或叙事,也由这种双重视角造成。利普修斯(J. Lipsius)甚至把描述性的自然志与叙述史(historia narrativa)对立起来,并将后者分为神圣历史和人的历史(historia humana)。③

　　迄至林奈的时代,对状态作出描述并对地球、植物、动物和星体进行观察和分类的任务,主要由自然志(historia naturalis/Naturkunde)来承担。即便在策德勒尔(Zedler)于1740年出版的著作中,④Natur-Geschichte[自然-史]挤占了自然志的位置,但他关注的仍是自然的现状,而没有对其进行"历史的"解释。借用现代的说法:自然漫长的历史化过程——即从时间上划分自然,以便让它具备"历史"的特质——并非通过"自然志"而实现:自然志只能用来描述持续的、已经存在的事物。

---

　　① Joh. Matthias Gesner, *Isagoge in eruditionem universalem*, t. l (Leipzig 1774),页331。

　　② Joh. Georg Büsch,*Encyclopädie der historischen, philosophischen und mathematischen Wissenschaften* (Hamburg 1775),页12。

　　③ 援引Menke-Glückert,*Geschichtsschreibung*,页34。Galli先生提示笔者,Beurer和Glaser等天主教背景的学者倾向于按照神学上"造物主/受造物"的二分法,将历史分为自然史(包括自然与人的历史)和神圣历史。

　　④ Zedler,卷23(1740),页1063。

培根仅仅将历史分为自然史和文明史两类。在他这里,自然仍不具有历史性,但他设想人能够以技艺(Kunst)改变自然。因此,培根把技艺史(historia artium)也纳入自然史,①并认为技艺史是"实验性的"(experimentalis)。② 至于对事物原因的研究和对自然可塑性前提的考察,培根并未将其归入自然史,而是归入一门理论科学即物理学,"所有这些(学科)事实上考察和指向的都是自然史,从中产生了物理学"。③

随着[西方世界]夺取海外殖民地、发现新大陆和新民族,时间也向过去延展。早在17世纪,人们对过去的认识就已不再局限于圣经记载的创世时序。④ 莱布尼茨的《原始地球》(Protogaea)触及了自然的遥远过去(Vorvergangenheit)。他原计划将该书作为韦尔夫家族史(Welfengeschichte)的引言。尽管莱布尼茨构想的方案是共时性的,但他并未称其为"自然志":

> 我从这些土地上最古老的遗迹出发,在这些地方可能有人居住之前,从而超越一切史学,仅抓取自然遗留给我们的特征。⑤

莱布尼茨的这本书不是史学,因为奠定其基础的内在关联只是假说。⑥ 出于同样的原因,康德在1775年出版的《普通自然史与天体理

---

① Bacon, *De dignitate et augmentis scientiarum* 2,2. Works,卷 1(1864),页 495;Pfingsten 使用的是"机械学"(Mechanik)概念,不过是在"技艺史"(Kunst-Geschichte),确切说是"工艺"(Technologie)一词最广的意义上使用它。*Würde und Fortgang der Wissenschaften*(参注释 371),页 178 m. 注释。

② Bacon, *Novum Organum* 1,111. Works,卷 1,页 209。

③ Ders. ,*De augmentis* 3,4(页 551)。

④ Adalbert Klempt, *Die Säkularisierung der universalhistorischen Auffassung. Zum Wandel des Geschichtsdenkens im 16. und 17. Jahrhundert* (Göttingen 1960),页 81 以下。

⑤ Leibniz, *Geschichtliche Aufsätze*, G. H. Pertz,卷 4(Hannover 1847),页 240。

⑥ 莱布尼茨, *Protogaea*, Wolf v. Engelhardt 译, *Werke*, Will Erich Peuckert,卷 1(Stuttgart 1949),页 19;另参前注所引书,页 171。

论》(*Allgemeine Naturgeschichte und Theorie des Himmels*)采用了一个并列式标题,惟其如此才能凸显他带有假说性质的构想:让自然具有时间性,把自然当作造物逐级完满的产物。①

自然的时间化(Verzeitlichung)着眼于无限的未来,打开了自然有限的过去,也为人们历史地阐释自然作了铺垫。与18世纪的概念史相符,自然的时间化过程是在理论而非自然志的框架下完成的。无怪乎传统的博物学(Naturkunde)慢慢脱离了史学学科。自然与历史分离开来。伏尔泰在"百科全书"中提到,"自然的历史,倘或它算作历史的话,是物理学的重要组成部分"。② 1775年,阿德隆(Adelung)就自然与历史的分道扬镳写道:"只有在极少数情况下,人们才用自然史(Naturgeschichte)一词指代对自然界物体的记录与描述。"③

尽管科斯特尔(Köster)除对事件的叙述外,还把"对持续存在的事物的描写"纳入史学范畴,但他"所谓的史学"仅涉及人以及人的事件。④ 自然与历史的分离最终通过坎普(Campe)实现:

> 对自然的描述(Naturbeschreibung)[……],指的是根据形态与性质,对自然中的生物尤其是地上的生物进行描述。如果涉及它们的起源、延续方式、延续过程中的变化、它们的寿命[……]等,那么就属于自然史,而不同于纯粹的描写。⑤

半个世纪以来,随着传统的、描述性的"自然志"出现分裂,"自然史"的新含义逐渐得到普遍认可。自然本身变为动态的自然,从而具备了现代意义上历史的品质。正如布封(Buffon)1764年在《自然史》

---

① Kant,*Allgemeine Naturgeschichte und Theorie des Himmels* (1755),AA 卷 1(1902),页312。
② Voltaire,*Art. Histoire*,*Encyclopédie*,t. 8(Genf 1765),页220 - 221。
③ Adelung,卷2(1775),页601。
④ Dt. Enc. ,卷15(1787),页649 - 650。
⑤ Campe,卷3(1809),页461。

里所写:自然不是事物,也不是存在,它是一种富有生气的力量,

> 一种激烈的力量,[……]它既是原因也是结果,既是形式也是内容,既是目的也是作品。它既是一个持续运动的作品,又是一个持续运动的创造者。①

这种创见不仅为布封按历史时期划分自然提供了可能,而且给出了一个与历史概念极其接近的对自然的定义。赫尔德后将这一定义引入德意志:

> 整个人类历史纯然是根据地点和时间编排的、关于人类力量、行为和本能的自然史。②

赫尔德完成了从自然志向自然史的转变。历史化了的自然,现已成为人类历史的结构特征。

以时间性的自然史取代传统的自然志——第一个公开提出这种要求的人即是康德:

> 不论对狂妄的意见怀有怎样的敌意,我们都应敢于面对自然的历史(Geschichte der Natur),它是一门分支学科,很可能渐渐从观点发展为一种见识(Einsicht)。③

康德曾于 1788 年探讨过自然史的概念,试图让它适于这样一种科学研究:

---

① Buffon, *Histoire naturelle*, *Oeuvres philos.*, Jean Piveteau 编 (Paris 1954),页 31。

② Herder, *Ideen*(参注释 376),页 145。

③ Kant, *Von den verschiedenen Rassen der Menschen*(1775), AA 卷 2(1905),页 443。德国的地质学奠基人此前已开始使用这一新的历史概念,如 Joh. Gottlob Lehmann, *Versuch einer Geschichte von Flötz-Gebürgen* (Berlin 1756); Georg Chr. Füchsel, *Entwurf zu der ältesten Erd-und Menschengeschichte*, *nebst einem Versuch*, *den Ursprung der Sprache zu finden* (Frankfurt, Leipzig 1773)。

这种研究[……]从自然的力量中,根据作用的法则,推导出自然事物目前的性质与早先时代中的原因之间的关系。

与处理一个完整系统的自然描述相反,自然史这一学科须确定自身理性原则的界限,以假说方式实施其理论。康德同时认识到了"自然史"的历史化带来的表述困境:就像 Historie 一词曾出现的状况,人们既在叙事又在描述的意义上使用 Geschichte。为了突出这门新学科中至关重要的时间面向,他建议使用"自然学"(Physiogonie)这样另辟蹊径的名称,或《判断力批判》中"自然的考古学"(Archäologie der Natur)这一概念。① 不过,"术语择取上的困难并不能取消对象间的差别。"② 为新世纪的演化论(Entwicklungstheorien)准备的道路已畅通无阻,历史也将通过演化论证明自己在自然研究中的主导地位。借用彼得曼(Biedermann)的话(1862):与博物学(Naturkunde)不同,自然史始于"联系、持续性、个体与整体的联系出现之时。它是时间之中一个生成的过程(Proceß des Werdens)……,在此过程中,可见事物的总和,从石头到人,作为一个互相关联、逐级发展的整体,以及生成与发生(des Werdens und Geschehens)的渐进过程的结果而出现"。③

从"神圣历史"到"救赎史"

"历史,意即真实的叙事,有三种类型:人的历史、自然史和神圣历史。"人的历史研究的对象是可能的真实性(Wahrscheinlichen),自然史

---

① Kant, *Über den Gebrauch teleologischer Prinzipien in der Philosophie* (1788), AA 卷 8,页 161–162,页 163 注释 1;氏著,*Kritik der Urteilskraft* (1790),第 2 部分,附录,§ 82. AA 卷 5(1908),页 428 注释。
② Kant, *Teleolog. Prinzipien*,页 163。
③ Friedr. Karl Biedermann, *Art. Geschichte*, Rotteck/Welcker,第 3 版,卷 6 (1862),页 428。

研究的是必然性(Notwendigkeit),而神圣历史则探讨宗教的真理。① 博丹把三种历史类型纳入他的三种法学学说,并认为从人的历史、自然史到神圣历史的过渡中存在着递增的确定性。然而《易于认识历史的方法》(Methodus)一书仅涉及人的历史,因而可以说,博丹处于中世纪晚期由人文主义发展起来的、与世俗历史相关的编史传统。此后,神圣历史或成为政治史单独研究的对象,或作为教会史以及宗教学说史而得到与世俗史同等的待遇,或完全融入世俗历史。② 这些都导致对世俗事件的神学解释丧失了力量。

上述转变的首要标志,是"神圣历史"脱离了史学领域。1580年,弗莱吉斯(Freigis)在《历史概要》(Historiae synopsis)中对历史作了超前的分类,将历史分为涉及大自然整体的"大世界历史"(Historia mundi majoris)、涉及人所有行为的"小世界历史"(Historia mundi minoris),以及个别"关于宗教或哲学的观点"。③ 培根也仅将历史划分成自然史和文明史两个领域,其中后者又可分成三类:"首先是神圣历史或教会史;其次是民史;最后是文学与艺术的历史。"④这样一来,人的历史第一次涵盖了神圣历史和教会史,作为总称而出现。

莱布尼茨采纳了培根的两分法,并将大量不同学科归入"人的历史":普遍历史与地理学、古文物研究、语文学、文学史、习俗与律法,最后还有"宗教的历史,尤其是关于真正的宗教以及教会的历史"。⑤ 莱布尼茨在总结世界范围内诸多宗教和基督教会经验的基础之上,把"神圣历史"作为人的历史框架内的"宗教史"(historia religionum)来处理。

---

① Bodin, *Methodus*(参注释340),页114b。
② Klempt, *Säkularisierung*,页42以下。
③ 同上,页44。
④ Bacon, *De augmentis* 2,4(页502)。
⑤ Leibniz, *Mémoire pour des personnes éclairées et de bonne intention* (1694?), *Werke*, Onno Klopp, 1. R.,卷10(Hannover 1877),页13;另参Werner Conze, *Leibniz als Historiker* (Berlin 1951),页36以下以获得进一步证明。

伏尔泰依循当时惯例在"百科全书"中提及神圣历史时,用带有反讽的口吻补充道:"我不会触碰这一令人肃然起敬的材料。"①1796年,克鲁格(Krug)最终再次建构了一个囊括所有学科的系统。在该系统中,拿撒勒的耶稣的宗教出现在"人类世界或人类的历史——即历史"中的从属位置。具体而言,克鲁格把基督宗教放在了文化史范畴下工商业、艺术、习俗、学术、文学等等之后的宗教文化史中,并且仅作为启示宗教中的一种,位列自然宗教和宗教狂热史(Geschichte des Fanatizismus)之后。②

由于新教方面,尤其是18世纪的哥廷根学派把"教会史"变成了关于教会组织和宗教学说的历史,因而可以说,新教的教会史述已经为神圣历史融入尘世历史(Weltgeschichte)作好了准备。

> 在教会史研究中,最合宜的出发点莫过于[……]首先关注不同时期社会组织形式的独特性与鲜明特征,并仅以此为参照,考察[……]所有事件的过程。③

超感官的经验让位于历史事实。这些历史事实或沐浴在不断进步的道德之光里,或能以心理学方法加以阐释。最早的、内在于历史的时间经验(Zeiterfahrung)——进步的经验,改变了人们曾认为不可改变的定理,把它们历史化了。赛姆勒(Semler)试图说服读者,"关于基督教教义和基督宗教本身,从不存在一种一劳永逸、精准到无可更改的观念"。④ 围绕宗教,人们开始确信:"正如形而下的知识和发现一样,道

---

① Voltaire,*Art. Histoire*(参注释447),页221。
② Krug,*Enz.* 卷1(1796),页49以下,页79。
③ Gottlieb Jakob Plank,*Einleitung in die theologischen Wissenschaften*,Bd. 2(Leipzig 1795),页223;另参 Karl Völker,*Die Kirchengeschichtsschreibung der Aufklärung*(Tübingen 1921),页22;那里有进一步证明。
④ Joh. Salomo Semler,*Versuch eines fruchtbaren Auszugs aus der Kirchengeschichte*,卷2(Halle 1774),前言;引自 Peter Meinhold,*Geschichte der kirchlichen Historiographie*,卷2(Freiburg,München 1967),页46。

德世界在神的秩序下的发展也有自己的时期和阶段"。① 这种信念不仅解释了新的"历史"何以能闯进曾被视为永恒的真理,也抵偿了这一变化带来的影响。在这个意义上,自从历史具备了随时间推移而变化的品质,神圣历史也如同自然史那样,可以通过"历史的"方式得到阐释了。

然而,这一影响甚广的新的历史概念的兴起,其背后并非没有神学的助力。恰恰是神圣历史将基督教因素引入到了现代的历史概念中。在盟约神学(Föderaltheologie)阵营看来,神圣历史的作用范围超出了圣经启示。在终末的期待视界(Erwartungshorizont)里存在着不断被复制且可复制的预言与实现(Verheißung und Erfüllung)图景,这种图景向来适合为时间性的过程赋予历史的品质,将其升华并使其变得独特。把面向终末的未来转换成随时间前进的过程,这同样由宗教期待所推动:

> 预言的实现必然既非像多数情况下那样出现在新约纪元前,更非在新约纪元后,而是较为均匀地分布在整个新约时期。这样一来,无论对犹太人、异教徒、基督徒还是土耳其人而言,整个历史的真正体系(das ganze wahre System)都彻底清晰起来了。②

在本格尔(Bengel)看来,历史是逐渐揭开自己面纱的启示;伴随这一过程,通过事实来解释启示的责任就由新旧约转移到了后圣经时代的历史。"倘或不结合教会史和世俗史,人们就无法对启示进行阐释",③教会史和世俗史体现了历史在体系上的统一。

阐释者只须穷尽世俗史和教会史中真正有意义的点并进行总结,如罗马和耶路撒冷等主要的事件、时间和地点,而无须既关注整体又兼顾局部。④

---

① J. S. Semler, *Lebensbeschreibung von ihm selbst verfaßt*, 卷2(Halle 1782),页157;引自 Meinhold, *Geschichte*, 卷2,页64。
② Johann Bengel, *Erklärte Offenbarung Johannis oder vielmehr Jesu Christi*, 第2版(1747), Wilhelm Hoffmann(Stuttgart 1834),页75。
③ 同上,页137。
④ 同上,页654。

历史逐步将《约翰启示录》揭示出来的过程体现为一种精神现象学,它渐渐修正了先前错误的阐释,拓展出未来的、真正的意义——即迄今为止之历史的终结。正如本格尔的学生厄廷格尔(Oetinger)所言:

> 基督之后的每个世纪都有衡量该时代认知的标准,这种认知真实但并不完满;但上帝不时送来一些工具,它们根据不断增长的认知的标准,在每个世纪都打开一些新的可能。①

众多受虔敬运动影响的神学家,如阿诺德、本格尔、哈曼、厄廷格尔、维岑曼(Wizenmann)、黑斯(Heβ)等,都对历史概念在德语语境中的定型起到了不可忽视的作用。经由他们的解释,历史变成一种整体上具有意义(sinnhaft)的、前进的启示。上帝之国本身成为一个历史的过程,它与"世俗"意义上的进步概念之间具有一致性,且互为启发。正如从"历史发展"中推导出上帝"计划"的维岑曼所写:

> 人处于永恒的运动中,每一次倒退都是向着整体之完满迈出的一步[……],人的认知随历史前进。因此,真实、真正的认知惟有在变成历史时,才变得更超验,这一点无论在政治还是神学上都适用。②

从维岑曼开始,对神的真理所作的见证完全从"学说"转移到了

---

① Friedr. Christoph Oetinger, *Predigten über die Sonn -, Fest -, und Feiertäglichen Episteln*, Karl. Chr. Eberh. Ehmann(Reutlingen 1853),页 110。

② Thomas Wizenmann, *der Freund Friedrich Heinrich Jacobis*, Alexander Frh. v. der. Goltz,卷 1(Gotha 1859),页 147。关于计划与发展,另参 Thomas Wizenmann, *Göttliche Entwickelung des Satans durch das Menschengeschlecht*(Dessau 1792),页 2、18、28、57 及他处;氏著,*Geschichte Jesu*(参注释294),8.46 以下。另参 Ernst Benz,"Verheißung und Erfüllung. Über die theologischen Grundlagen des deutschen Geschichtsbewußtseins", *Zs. f. Kirchengesch.* 54(1935),页 484 以下。

"事实",从圣经转移到了历史:

> 我认为,圣经中尤其值得关注的就是历史。正是历史让圣经超越其他所有宗教典籍,变成神的启示。①

继德国古典历史哲学后,这种观点进一步为基督教末世论的逐渐消解扫清了障碍。洛特(R. Rothe)在《历史进程的走向》(*Verlauf des geschichtlichen Processes*)中认为,基督教会渐渐扬弃了自我,融入未来的基督教国家。可以说,末日审判这场危机(Krisis)延伸到了"历史的发展顺序"里,于是,整个基督教历史成为人类的一场巨大而持续的危机,它让教会道德尽失且变得多余。②

受兰克与谢林的影响,霍夫曼(J. C. v. Hofmann)在1841年采用了此前极少出现的"救赎史"(Heilsgeschichte)这一表述。"救赎史"不是对逐渐褪色的"神圣历史"的翻译,而是一个基督教概念。它试图满足以历史哲学为基础的历史提出的全面要求。③

在富于批判性的三月革命前的那段时期,鲍尔(E. Bauer)曾有一番檄文式的言论:

> 宗教让历史变成寓言,历史让宗教变成神话,今天的真理在历史中推翻昨天的真理,明天的真理又把今天的真理抛弃,在宗教中只应有唯一的真理。④

---

① Wizenmann,*Entwickelung des Satans*,页1-2。
② Richard Rothe,*Die Anfänge der Christlichen Kirche und ihrer Verfassung*,卷1(Wittenberg 1837),页59。
③ Joh. Chr. Konrad. v. Hofmann, *Weissagung und Erfüllung im alten und neuen Testamente*,2卷本(Nördlingen 1841/44),另参 Gustav Weth,*Die Heilsgeschichte*(München 1931),页81以下。
④ *Bibliothek der Deutschen Aufklärer*,Martin v. Geismar [即Edgar Bauer],卷2,H. 5(Leipzig 1847;Ndr. Darmstadt 1963),页127。

这种非此即彼的强制性推动了历史化,同时也突出了"救赎史"这一术语的特征。可以这样描述18世纪以来悄然发生的转变:如果说"神圣历史"概念的鲜明特点在于它指向永恒救赎,那么在"救赎史"这一合成词中,"历史"占据了中心位置,从历史中引出通向救赎的路。

　　无论在上述哪一种观点里,都有犹太教-基督教思想的痕迹,它证明了在"救赎史"这一新的历史概念中,原本并非同时存在的事物实现了共存:基督教的终末期待现在也作用于历史概念,并能够与之相融。这样看来,同样步德国唯心主义后尘的赫斯在《人类的神圣历史》(Die Heilige Geschichte der Menschheit,1837)一书中按照约阿希姆的历史三一论,将法国大革命作为第三个即最后一个时期——"人类最终的、尚在进行中的破茧(Entpuppung)"①——的开端,便不足为奇。对救赎的期待内化于历史概念,并在迥异的阵营中蔓延开来——从忠诚于国家的新教到社会主义者。

　　自从救赎史超越了传统的神圣历史,基督教的自我理解便陷入自身的历史化及历史考据的漩涡中,并在两个极端的答案间摇摆。一些人声称基督教与历史全然不相容,比如欧维贝克(Overbeck)就记录了"现代人如何努力让基督教变为历史的奴隶",并得出结论:

> 倘或将基督教置于考据研究的基础上,那么它便无可救药地陷入有限性或者[……]颓废的概念。②

　　另一些人则认为,历史仍需在整体上关涉上帝,这种观点取消了基督教的或非基督教的历史之间的差别。借用卡尔·巴特的话:

---

① Moses Hess,*Die Heilige Geschichte der Menschheit. Von einem Jünger Spinozas*,*Philos. u. sozialistische Schriften* 1837-1850, Auguste Cornu u. Wolfgang Mönke (Berlin 1961),页33。

② Franz Overbeck, *Christentum und Kultur. Gedanken und Anmerkungen zur modernen Theologie*,Carl Albrecht Bernoulli(Basel 1919;Ndr. Darmstadt 1963),页7-8。

所有宗教史和教会史都完全地映射于现世;所谓的'救赎史'则是一切历史的持续危机,而非在历史之中或与历史平行的一种历史。①

尽管"救赎史"概念中的进步成分淡化了,但它通过盟约神学的遗产保留了一个过程性的时刻(das prozessuale Moment),这一时刻正是由末日审判之生存意义上的临在(existentielle Präsenz)所决定的。

从"普遍历史"到"世界历史"

在自然和神圣历史走进普遍历史进程以后,历史成为描述人的经验与可能性的基本概念。"世界历史"(Weltgeschichte)这一表述恰如其分地概括了上述历程。

单纯从语词历史来看,从"普遍历史"(Universalhistorie)向"世界历史"的过渡平滑而顺利。这两个术语极可能在18世纪时含义接近且可以相互替代。

早在诺特克(卒于1022年)的著述中,uuerltgeskíhten这一涉及神意(göttliche Vorsehung)的词就已出现,但并未在后世普及开来。② "普遍历史"(historia universalis)的提法则晚得多,最初见于1304年问世的一本著作的标题,不过该书很快更名为"历史纲要"(*Compendium historiarum*),③以求贴合内容。按照博尔斯特(Borst)的观点,现世的种种历史(Historien dieser Welt)是在基督教上帝子民的世界图景崩塌后才出现的,它们尝试将单个历史的集合与一种普遍的诉求联结在一起。海外殖民扩张、教会分裂等现象出现后不久,普遍历史方面的著作纷纷问世,它们记载

---

① Karl Barth, *Der Römerbrief*,第10修订版(1922;Zürich 1967),页32。
② *Notkers des Deutschen Werke*, Edward h. sehrt. u. Taylor Starck (Halle 1952),页33。
③ Dazu Borst, *Weltgeschichten*(参注释150),页452以下。

崭新、多样的经验,并在多样性中寻求统一。及至 17 世纪,或许是受雷莱夫爵士(Sir Walter Raleigh)《世界史》的启发,①Weltgeschichte[世界历史]这一消失许久的词重又出现,如施蒂勒尔(Stieler)的《世界历史/世界抑或普遍历史》(Weltgeschichte/historia mundi sive universalis)②。18 世纪以降,混合而成的 Universalgeschichte[普遍历史]与 Welthistorie[世界历史]这两种表达形式都有人使用。

"世界历史"从众多殊异的表述中脱颖而出,体现了概念方面深刻的转变。1762 年,伏尔泰旨在削弱历史中神意维度的《论普遍历史》译成德文后标题变为"试论普遍世界历史"(Versuch einer allgemeinen Weltgeschichte),就印证了这一转变。③

"世界历史"概念的复数形式,如"最奇特的诸世界历史"这种表述,早自 17 世纪末以降就普及开来,人们用它来指称世俗历史。④ 因此,克拉顿尼乌斯(Chladenius)在 1752 年尚断言:"普通的世界历史仅关乎人的所作所为,启示则关乎神的伟大作为。"⑤正是由于"世界历史"从反面界定了人类世界的意义范围,这个晚近的概念反而比先于它出现的"普遍历史"更为普及。

人们不断为这一与世俗相关的主题(weltbezogene Thematik)寻找贴切的概念。1773 年,《德意志信使报》(*Deutscher Merkur*)中提到,"近

---

① Sir Walter Raleigh,*The History of the World*(London 1614)。

② Stieler(1691;Ndr. 1968),1747。

③ Voltaire,*Essai sur l'histoire générale et sur les moeurs et l'esprit des nations depuis Charlemagne jusqu'à nos jours*,7 卷本(Genf 1756),标题被译成: *Allgemeine Weltgeschichte,worinnen zugleich die Sitten und das Eigene derer Völkerschaften von Carl dem Großen bis auf die Zeiten Ludwigs XIV. beschrieben werden*,4 卷本(Dresden 1760/62)。

④ Joh. Christoph Gatterer,*Handbuch der Universalhistorie nach ihrem gesamten Umfange*,卷 1: Nebst einer vorläufigen Einleitung von der Historie überhaupt und der Universalhistorie insonderheit,第 2 版(Göttingen 1765),页 127 - 128。

⑤ Chladenius,*Geschichtswissenschaft*(参注释277),前言,o. S。

两三年内有一离奇现象":普遍历史方面的出版物大量出现。① 作为著者之一的施罗策尔(Schlözer)于同年声称,"世界历史这一概念"仍旧模糊,尚未定义,需发展"属于这门学科的计划、理论和理念",才能与它的奠基性地位匹配。②

1785年——仅十余年后,施罗策尔回顾上述概念的流变时已作出这样的判断:"普遍历史(Universalhistorie)曾经只是'若干史实的大杂烩'",是服务于神学家和语文学家的一门辅助科学;世界历史(WeltGeschichte)则不同,"世界历史研究意味着综合考察地球与人类的主要变化,从而认识和探究二者的现状"。③ 施罗策尔不仅在其著作标题中使用了"世界历史"的概念,而且将字母G大写,以强调构成该词的"世界"(Welt)与"史"(Geschichte)两部分。

施罗策尔在此提出了"世界历史"这一新概念特有的两个范畴:它在空间上指地球,时间上涉及整个人类;理解、阐释这两个范畴的关系既须二者互为参照,也须以今日的地球和人类为着眼点。他进而批评道,作为"所有特殊历史总和"(Summe aller SpecialGeschichte)的传统普遍历史不过是一套机组——这就为新的"世界历史系统"(System der WeltGeschichte)预留了空间。这一观点上承加特雷尔(Gatterer)和赫尔德,下启康德。④ 世界历史以更高的抽象层次把握真实,它自身在探究、传授事物各种原因的过程中变成了一门"哲学"。世界历史体系的着眼点在于,历史事件的"时间关系"(ZeitZusammenhang)并不等于"事实关系"(RealZusammenhang)——即加特雷尔曾指出的史述困境。不

---

① *Schreiben aus D...*(参注释395),页262。

② A. L. Schlözer, *Vorstellung seiner Universal - Historie*, 卷2(Göttingen Gotha 1773),准备性报告,o. S.。

③ 施罗策尔, *WeltGeschichte*(412),卷1,1.71。

④ Gatterer, *Vom historischen Plan*(参注释223),页25、28-29及他处;Herder, *A. L. Schlözers Vorstellung seiner Universal - Historie*(1772),SW卷5(1891),页436以下;Kant, *Idee*(参注释360),定理9,AA卷8,页29。

过近代以来世界各地的关系较先前紧密,一定程度上克服了这种困境。"历时"(chronologisch)与"共时"(synchronologisch)视点——换用现代的表述——即历时研究与共时研究须互为补充,才能以内在范畴划分世界历史。于是,旧约圣经中有关四个帝国的预言就变得可有可无了。主要民族或次要民族(Haupt-oder Nebenvölker)对世界历史的意义成为划分历史时期的新标准。加特雷尔强调,君主、摄政者,甚至所有君主的专门史(besondere Geschichte),其重要性都不及革命。①

世界历史实际上是对大事件和革命的撰述:它们或涉及人与民族本身,或涉及它们与宗教、国家、诸科学、艺术和工商业的关系;它们在古代和近代都有可能发生。②

至此,人们重新界定了世界历史的内涵,放弃了超验性,第一次把人类假定为这个世界中他们自己历史的主体。苏尔泽(Sulzer)在1759年曾给出一个无奈的定义:"普遍历史,即所有时代和民族的历史,只能简单勾勒单个事件,因而不可能具备详细史(ausführliche Geschichte)的全部优势。"③1790年,科斯特尔在《德意志百科全书》中总结了过去三十年间的争论及其结果。④ 他认为,由于对象范围的定义不同,普遍历史与特殊史(allgemeine und spezielle Historien)的关系是相对的,因而"充满歧义[……],此外还有一种普遍历史,我们索性称之为普遍的世界历史(allgemeine Weltgeschichte)",它涉及整个人类以及作为他们活动空间的"地球",展示人类为何成为今天所是以及各个历史时期曾是的样子。

18世纪最后三十年里,世界历史作为一门主导科学的地位已无可争议。人们同时意识到,这是一门尚未被写就的科学。借用康德的话:

---

① Gatterer, *Vom historischen Plan*, 页66-67。

② J. Chr. Gatterer, *Einleitung in die synchronistische Universalhistorie* (Göttingen 1771), 页1-2。

③ [Joh. Georg Sulzer], *Kurzer Begriff aller Wissenschaften und andern Theile der Gelehrsamkeit*, 第2版(Frankfurt, Leipzig 1759), 页35。

④ Köster, *Art. Historie*(参注释328), 页651、654。

它还没找到自己的开普勒和牛顿。①

持上述观点的人断定,直至他们的时代,世界历史的书写才成为可能。这体现了人们通过"世界历史"获得的近代历史经验,且其中包含着一种真实的优越感,一种相对古代而有的经验上的领先感。② 欧洲的政制转型及全球扩张让"世界贸易"日益"错综复杂",也取消了单一国别历史(Staatengeschichte)撰述的可能性,因为实际的联系已让不同国家交织在一起。③ "整个世界历史似乎溶解于欧洲贸易中。"④1783 年,美因茨出现这样一篇博士论文,开篇文字语气强烈、结构松散:

> 人类已经抵达这样一个时间点:著名的革命拆除了曾把世界各个部分、把不同民族分开的墙,让各族群汇入一个大的、富于思想与生机的整体;历史也是如此——世界是一个民族,历史是一种普遍的世界历史,因此应以对世界有效用、有影响的方式研究历史。

历史逐步将各民族塑造成普遍的世界公民,并在此过程中扩展为世界历史。这一真理的原因根植于历史本身。⑤

近代历史中的这一概念指涉自我,并尝试通过"世界历史"找到实证依据。人类作为一个假想的主体,其活动场域也存在于世界历史中。只有在一个开放的时间轴线上,人才能被假定为一个整体。在有关人类历史的种种构想中,除世界历史外,还出现了诸多以人类学为动机的方案,⑥它们有

---

① Kant, *Idee*, AA 卷 8, 页 18。

② Gatterer, *Vom historischen Plan*, 页 16 以下。

③ Büsch, *Encyclopädie*(参注释 437), 页 123;另参前注所引书, 页 133、165。另参 Halle 卷 1(1779), 页 537。

④ Georg Forster, "Die Nordwestküste von Amerika und der dortige Pelzhandel(1791)", *Werke*, 卷 2(o. J.), 页 258。

⑤ Vogt, *Anzeige*(参注释 287), 页 3 以下。

⑥ 参 Friedr. August Carus, *Ideen zur Geschichte der Menschheit*, *Nachgel. Werke*, 卷 6(Leipzig 1809)及其大量文献概要,参页 10 以下。

的无法在今天实现,因此人们将希望寄托于未来。克鲁格把人类历史定义为"人类文化的历史"时,曾这样引述康德:

> 真正的世界历史不亚于一台由所有区域史、专门史(Partikular – und Spezialgeschichte)构成的机组,这种世界历史构想直到近代才出现。①

席勒 1789 年在耶拿的就职讲座上提出的著名问题——"何谓普遍历史?为什么要学习普遍历史?",扼要、出色地概括了世界历史何以成为一门关于人所有经验与可能性的领衔学科。正如近代借助"进步"的概念将自己定位成一个新时代,它同样通过"世界历史"确保了它在时间与空间上的完整性。世界历史为各种可能的经验设定了前提、划清了边界,也因此成为各种历史的一个结构特征:"人们只能通过世界历史或在世界历史中来理解一切历史";②或如诺瓦利斯更坚定地表述的:"每一种历史都必然是世界历史,只有与整个历史建立联系,才有可能实现对单一材料的史学处理。"③

"世界历史"这一新概念满足自成一体和整全的要求,并排除了其他解释模型。因此,小施莱格尔 1805 年"关于普遍历史的讲座"才开宗明义地提出:

> 一切科学都具有生成性,而最广泛、普遍和最高的科学必然是史学,但凡论及人的历史,则可"索性称之为历史"。④

---

① Krug, *Enz.*,卷 1,页 66 – 67。
② Heinrich Luden, "Ueber den Vortrag der Universalgeschichte",载于 *Kl. Aufsätze*,卷 1(Göttingen 1807),页 281;关于席勒,参注释 418。另参 Eberhard Kessel, "Rankes Idee der Universalhistorie",载于 *Hist. Zs.* 178(1954),页 269 以下。
③ Novalis, *Fragmente und Studien*,编号 77. GW 卷 3,页 566。
④ Friedrich Schlegel, *Vorlesungen über Universalgeschichte*(1805/06),SW 第 2 部,卷 14(1960),页 3。

法国大革命时期,正是"世界历史"赋予了历史概念以主导地位;时至今日,历史仍享有这种主导地位。1845年,马克思和恩格斯就《德意志意识形态》写道:"我们只知晓一门科学,即历史科学",它囊括了自然的历史与人的历史,然而这两个方面不能割裂开来:"只要人存在,那么自然的历史与人的历史就相辅相成。"①"历史"只能被想象成自然的历史和人的历史,意即被想象成世界历史;"世界历史"这一概念由此便扬弃了历史的涵义。

继兰克宏大的总体方案(Gesamtkonzeption)之后,对世界历史进行整体撰述的尝试愈来愈少。这一方面是由于史学考据提出了更高的、尤其是专业化的要求;另一方面,由于任何历史记叙都不可能完备,因而助长了对普遍性构想的质疑。② 无论如何,人们在使用世界历史概念时往往不加甄别,如福莱尔(Hans Freyer)1948年出版的著作题为"欧洲的世界历史"(Weltgeschichte Europas)。③ "世界历史"到了20世纪才开始转向"世界历史本身",由此改变了18世纪时人们用世界历史概念来描述的对象范围,但并未逾越它。

为使世界历史脱离这种程序性自我更新的独一模式,人们进行了种种尝试,其中尤以斯宾格勒对后世影响最为深远。他以循环往复的自然过程类比世界历史(即作为历史的世界)的形态,并从中推导出西方的没落。④ 然而,斯宾格勒通过结构类比提出的多元论文化圈学说,究竟会对未来的世界历史产生怎样的影响,我们尚不得而知。

---

① Marx/Engels, *Die deutsche Ideologie*, MEW 卷3(1962),页18 注释。
② 参见Ernst Troeltsch, *Der Historismus und seine Probleme* (Tübingen 1922; Ndr. Aalen 1961),页652、706 u。Wilhelm Dilthey, *Einleitung in die Geisteswissenschaften* (1922), *Ges. Schr.*, 卷1(Leipzig, Berlin 1922),页93 以下。
③ Hans Freyer, *Weltgeschichte Europas*, 2 卷本(Wiesbaden 1948)。
④ Oswald Spengler, *Der Untergang des Abendlandes. Umrisse einer Morphologie der Weltgeschichte*, 52. Aufl. (München 1923),页6。

图书在版编目(CIP)数据

从普遍历史到历史主义/刘小枫编；谭立铸等译. --北京：华夏出版社，2017.12（2018.3重印）

（西方传统：经典与解释）

ISBN 978-7-5080-9342-0

Ⅰ.①从… Ⅱ.①刘… ②谭… Ⅲ.①世界史－研究 Ⅳ.①K107

中国版本图书馆CIP数据核字(2017)第254818号

从普遍历史到历史主义

编　　者	刘小枫
责任编辑	王霄翎　李安琴
责任印制	刘　洋
出版发行	华夏出版社
经　　销	新华书店
印　　装	北京汇林印务有限公司
版　　次	2017年12月北京第1版 2018年3月北京第2次印刷
开　　本	880×1230　1/32
印　　张	11.625
字　　数	311千字
定　　价	75.00元

华夏出版社　地址：北京市东直门外香河园北里4号　邮编：100028
网址：http://www.hxph.com.cn　电话：(010)64663331（转）
若发现本版图书有印装质量问题，请与我社营销中心联系调换。

西方传统：经典与解释
Classici et Commentarii
HERMES
刘小枫 ◎ 主编

古今丛编

孟德斯鸠的自由主义哲学
——《论法的精神》疏证　[美]潘戈 著

莫尔及其乌托邦　[德]考茨基 著

试论古今革命　[法]夏多布里昂 著

托兰德与激进启蒙　刘小枫 编

图书馆里的古今之战　[英]斯威夫特 著

但丁：皈依的诗学　[美]弗里切罗 著

在西方的目光下　[英]康拉德 著

大学与博雅教育　董成龙 编

探究哲学与信仰
——基尔克果与苏格拉底　[美]郝岚 著

民主的本性
——托克维尔的政治哲学　[法]马南 著

梅尔维尔的政治哲学
——《切雷诺》及其解读　李小均 编/译

席勒美学的哲学背景　[美]维塞尔 著

果戈里与鬼　[俄]梅列日科夫斯基 著

自传性反思　[美]沃格林 著

黑格尔与普世秩序　[美]希克斯 等著

新的方式与制度
——马基雅维利的《论李维》研究
[美]曼斯菲尔德 著

科耶夫的新拉丁帝国　[法]科耶夫 等著

《利维坦》附录　[英]霍布斯 著

或此或彼（上、下）　[丹麦]基尔克果 著

海德格尔式的现代神学　刘小枫 选编

双重束缚　[法]基拉尔 著

古今之争中的核心问题
——施米特的学说与施特劳斯的论题　[德]迈尔 著

论永恒的智慧　[德]苏索 著

宗教经验种种　[美]詹姆斯 著

尼采反卢梭　[美]凯斯·安塞尔-皮尔逊 著

舍勒思想评述　[美]弗林斯 著

诗与哲学之争　[美]罗森 著

神圣与世俗　[罗]伊利亚德 著

论古人的智慧　[英]培根 著

但丁的圣约书　[美]霍金斯 著

古典学丛编

探究希腊人的灵魂　[美]戴维斯 著

尤利安文选　马勇 编/译

论月面　[古罗马]普鲁塔克 著

雅典谐剧与逻各斯
——《云》中的修辞、谐剧性及语言暴力
[美]奥里根 著

莱园哲人伊壁鸠鲁　罗晓颖 选编

《劳作与时日》笺释　吴雅凌 撰

希腊古风时期的真理大师　[法]德蒂安 著

古罗马的教育　[英]葛怀恩 著

古典学与现代性　刘小枫 编

表演文化与雅典民主政制
[英]戈尔德希尔、奥斯本 编

西方古典文献学发凡　刘小枫 编

古典语文学常谈　[德]克拉夫特 著

古希腊文学常谈　[英]多佛 等著

撒路斯特与政治史学　刘小枫 编

希罗多德的王霸之辨　吴小锋 编/译

第二代智术师
——罗马帝国早期的文化现象　[英]安德森 著

英雄诗系笺释　[古希腊]荷马 著

统治的热望
——修昔底德笔下的阿尔喀比亚德和帝国政治
[美]福特 著

论埃及神学与哲学
——伊希斯与俄赛里斯　[古希腊]普鲁塔克 著

凯撒的剑与笔　李世祥 编/译

伊壁鸠鲁主义的政治哲学
[意]詹姆斯·尼古拉斯 著

修昔底德笔下的人性　[美]欧文 著

修昔底德笔下的演说　[美]斯塔特 著

古希腊政治理论　[美]格雷纳 著

神谱笺释　吴雅凌　撰
赫西俄德：神话之艺
　　[法]居代·德·拉孔波 等著
赫拉克勒斯之盾笺释　罗逍然 译笺
《埃涅阿斯纪》章义　王承教 选编
维吉尔的帝国　[美]阿德勒 著
塔西佗的政治史学　曾维术 编

古希腊诗歌丛编
古希腊早期诉歌诗人　[英]鲍勒 著
诗歌与城邦　[美]费拉格、纳吉 主编
阿尔戈英雄纪（上、下）
　　[古希腊]阿波罗尼俄斯 著
俄耳甫斯教祷歌　吴雅凌 编译
俄耳甫斯教辑语　吴雅凌 编译

古希腊肃剧注疏集
希腊肃剧与政治哲学　[美]阿伦斯多夫 著

古希腊礼法
希腊人的正义观　[英]哈夫洛克 著

廊下派集
廊下派的神和宇宙　[墨]里卡多·萨勒斯 编
廊下派的城邦观　[英]斯科菲尔德 著

希伯莱圣经历代注疏
希腊化世界中的犹太人　[英]威廉逊 著
第一亚当和第二亚当　[德]朋霍费尔 著

新约历代经解
属灵的寓意　[古罗马]俄里根 著

基督教与古典传统
加尔文与现代政治的基础　[美]汉考克 著
无执之道
　　——埃克哈特神学思想研究　[德]文森 著
恐惧与战栗　[丹麦]基尔克果 著
托尔斯泰与陀思妥耶夫斯基
　　[俄]梅列日科夫斯基 著
论宗教大法官的传说　[俄]罗赞诺夫 著
海德格尔与有限性思想（重订版）
　　刘小枫 选编
上帝国的信息　[德]拉加茨 著

基督教理论与现代　[德]特洛尔奇 著
亚历山大的克雷芒　[意]塞尔瓦托·利拉 著
中世纪的心灵之旅
　　——波纳文图拉神学著作选　[意]圣·波纳文图拉 著

德意志古典传统丛编
穆佐书简　[奥]里尔克 著
纪念苏格拉底——哈曼文选　刘新利 选编
夜颂中的革命和宗教
　　——诺瓦利斯选集卷一　[德]诺瓦利斯 著
大革命与诗化小说
　　——诺瓦利斯选集卷二　[德]诺瓦利斯 著
黑格尔的观念论　[美]皮平 著
浪漫派风格——施勒格尔批评文集　[德]施勒格尔 著

美国宪政与古典传统
美国1787年宪法讲疏　[美]阿纳斯塔普罗 著

世界史与古典传统
从普遍历史到历史主义　刘小枫 编

品达注疏集
幽暗的诱惑
　　——品达、晦涩与古典传统　[美]汉密尔顿 著

欧里庇得斯集
自由与僭越
　　——欧里庇得斯《酒神的伴侣》绎读　罗峰 编译

阿里斯托芬集
《阿卡奈人》笺释　[古希腊]阿里斯托芬 著

色诺芬注疏集
居鲁士的教育　[古希腊]色诺芬 著
色诺芬的《会饮》　[古希腊]色诺芬 著

柏拉图注疏集
柏拉图书简　彭磊 译笺
哲学的奥德赛——《王制》引论　[美]郝兰 著
爱欲与启蒙的迷醉
　　——论柏拉图的《会饮》　[美]贝尔格 著
为哲学的写作技艺一辩
　　——《斐德若》疏证　[美]伯格 著
柏拉图式的迷宫——《斐多》义疏　[美]伯格 著
哲学如何成为苏格拉底式的　[美]朗佩特 著
苏格拉底与希琵阿斯　王江涛 编译

理想国　[古希腊]柏拉图 著
谁来教育老师——《普罗塔戈拉》发微　刘小枫 编
立法者的神学
　　——柏拉图《法义》卷十绎读　林志猛 编
柏拉图对话中的神　[法]薇依 著
厄庇诺米斯　[古希腊]柏拉图 著
智慧与幸福
　　——柏拉图的《厄庇诺米斯》　程志敏 选编
论柏拉图对话　[德]施莱尔马赫 著
柏拉图《美诺》疏证　[美]克莱因 著
政治哲学的悖论
　　——苏格拉底的哲学审判　[美]郝岚 著
神话诗人柏拉图　张文涛 选编
阿尔喀比亚德　[古希腊]柏拉图 著
叙拉古的雅典异乡人
　　——柏拉图《书简七》探幽　彭磊 选编
阿威罗伊论《王制》　[阿拉伯]阿威罗伊 著
《王制》要义　刘小枫 选编
柏拉图的《会饮》　[古希腊]柏拉图 等著
苏格拉底的申辩（修订版）　[古希腊]柏拉图 著
苏格拉底与政治共同体　[美]尼柯尔斯 著
政制与美德——柏拉图《法义》疏解　[美]潘戈 著
《法义》导读　[法]卡斯代尔·布舒奇 著
论真理的本质　[德]海德格尔 著
哲人的无知　[德]费勃 著
米诺斯　[古希腊]柏拉图 著

亚里士多德注疏集

亚里士多德《政治学》中的教诲　[美]潘戈 著
品格的技艺　[美]加佛 著
亚里士多德哲学的基本概念　[德]海德格尔 著
《政治学》疏证　[意]托马斯·阿奎那 著
尼各马可伦理学义疏
　　——亚里士多德与苏格拉底的对话　[美]伯格 著
哲学之诗
　　——亚里士多德《诗学》解诂　[美]戴维斯 著
对亚里士多德的现象学解释　[德]海德格尔 著
城邦与自然——亚里士多德与现代性　刘小枫 编
论诗术中篇义疏　[阿拉伯]阿威罗伊 著

哲学的政治
　　——亚里士多德《政治学》疏证　[美]戴维斯 著

普鲁塔克集

普鲁塔克的《对比列传》　[英]达夫 著
普鲁塔克的实践伦理学　[比利时]胡芙 著

莎士比亚绎读

莎士比亚的历史剧　[英]蒂利亚德 著
莎士比亚戏剧与政治哲学　彭磊 选编
莎士比亚的政治盛典　[美]阿鲁里斯/苏利文 编
丹麦王子与马基雅维利　罗峰 选编

洛克集

上帝、洛克与平等　[美]沃尔德伦 著

卢梭集

论哲学生活的幸福　[德]迈尔 著
致博蒙书　[法]卢梭 著
政治制度论　[法]卢梭 著
哲学的自传
　　——卢梭的《孤独漫步者的遐思》　[美]戴维斯 著
文学与道德杂篇　[法]卢梭 著
设计论证
　　——卢梭的《社会契约论》　[美]吉尔丁 著
卢梭的自然状态　[美]普拉特纳 等著
卢梭的榜样人生
　　——作为政治哲学的《忏悔录》　[美]凯利 著

莱辛注疏集

汉堡剧评　[德]莱辛 著
关于悲剧的通信　[德]莱辛 著
《智者纳坦》研究版　[德]莱辛 等著
启蒙运动的内在问题
　　——莱辛思想再释　[美]维塞尔 著
莱辛剧作七种　[德]莱辛 著
历史与启示——莱辛神学文选　[德]莱辛 著
论人类的教育
　　——莱辛政治哲学文选　[德]莱辛 著

尼采注疏集

尼采引论　[德]施特格迈尔 著
尼采与基督教
　　——尼采的《敌基督》论集　刘小枫 编

尼采眼中的苏格拉底　[美]丹豪瑟 著
尼采的使命
——《善恶的彼岸》绎读　[美]朗佩特 著
尼采与现代时代
——解读培根、笛卡尔与尼采　[美]朗佩特 著
动物与超人之间的绳索　[德]A.彼珀 著

施特劳斯集
原著
论僭政（重订本）——色诺芬《希耶罗》义疏
[美]施特劳斯 [法]科耶夫 著
苏格拉底问题与现代性（增订本）
——施特劳斯讲演与论文集：卷二
犹太哲人与启蒙
——施特劳斯演讲与论文集：卷一
霍布斯的宗教批判
斯宾诺莎的宗教批判
门德尔松与莱辛
哲学与律法——论迈蒙尼德及其先驱
迫害与写作艺术
柏拉图式政治哲学研究
论柏拉图的《会饮》
柏拉图《法义》的论辩与情节
什么是政治哲学
古典政治理性主义的重生（重订本）
回归古典政治哲学——施特劳斯通信集
苏格拉底与阿里斯托芬

研究作品
论源初遗忘
——海德格尔、施特劳斯与哲学的前提
[美]维克利 著
政治哲学与启示宗教的挑战　[德]迈尔 著
阅读施特劳斯　[美]斯密什 著
施特劳斯与流亡政治学　[美]谢帕德 著
隐匿的对话
——施米特与施特劳斯　[德]迈尔 著
驯服欲望
——施特劳斯笔下的色诺芬撰述　[法]科耶夫 等著

施米特集
宪法专政
——现代民主国家中的危机政府　[美]罗斯托 著
施米特对自由主义的批判　[美]约翰·麦考米克 著

伯纳德特集
古典诗学之路（第二版）
——相遇与反思：与伯纳德特聚谈　[美]伯格 编
弓与琴（重订本）
——从柏拉图解读《奥德赛》　[美]伯纳德特 著
神圣的罪业　[美]伯纳德特 著

布鲁姆集
巨人与侏儒（1960-1990）
人应该如何生活——柏拉图《王制》释义
爱的设计——卢梭与浪漫派
爱的戏剧——莎士比亚与自然
爱的阶梯——柏拉图的《会饮》
伊索克拉底的政治哲学

沃格林集
自传体反思录　[美]沃格林 著

大学素质教育读本
古典诗文绎读 西学卷·古代编（上、下）
古典诗文绎读 西学卷·现代编（上、下）

中国传统：经典与解释
Classici et Commentarii

经典与解释

刘小枫 陈少明◎主编

周易古经注解考辨 / 李炳海 著
浮山文集 / [明]方以智 著
药地炮庄 / [明]方以智 著
药地炮庄笺释·总论篇 / [明]方以智 著
青原志略 / [明]方以智 编
冬灰录 / [明]方以智 著
冬炼三时传旧火 / 邢益海 编
《毛诗》郑王比义发微 / 史应勇 著
宋人经筵诗讲义四种 / [宋]张纲 等撰
道德真经藏室纂微篇 / [宋]陈景元 撰
道德真经四子古道集解 / [金]寇才质 撰
皇清经解提要 / [清]沈豫 撰
经学通论 / [清]皮锡瑞 著
松阳讲义 / [清]陆陇其 著
起凤书院答问 / [清]姚永朴 撰
周礼疑义辨证 / 陈衍 撰
《铎书》校注 / 孙尚扬 肖清和 等校注
韩愈志 / 钱基博 著
论语辑释 / 陈大齐 著
《庄子·天下篇》注疏四种 / 张丰乾 编
荀子的辩说 / 陈文洁 著
古学经子 / 王锦民 著
经学以自治 / 刘少虎 著
从公羊学论《春秋》的性质 / 阮芝生 撰

刘小枫集

以美为鉴：注意美国立国原则的是非未定之争
古典学与古今之争 [增订本]
这一代人的怕和爱 [第三版]
沉重的肉身 [珍藏版]
圣灵降临的叙事 [增订本]
罪与欠
儒教与民族国家
拣尽寒枝
施特劳斯的路标
重启古典诗学
共和与经纶
设计共和
现代性与现代中国：现代性社会理论绪论
诗化哲学 [重订本]
拯救与逍遥 [修订本]
走向十字架上的真
卢梭与我们
西学断章
现代人及其敌人
好智之罪：普罗米修斯神话通释
民主与爱欲：柏拉图《会饮》绎读
民主与教化：柏拉图《普罗塔戈拉》绎读
巫阳招魂：《诗术》绎读

编修 [博雅读本]

凯若斯：古希腊语文读本 [全二册]
古希腊语文学述要
雅努斯：古典拉丁语文读本
古典拉丁语文学述要
危微精一：政治法学原理九讲
琴瑟友之：钢琴与古典乐色十讲

经典与解释辑刊

1. 柏拉图的哲学戏剧
2. 经典与解释的张力
3. 康德与启蒙
4. 荷尔德林的新神话
5. 古典传统与自由教育
6. 卢梭的苏格拉底主义
7. 赫尔墨斯的计谋
8. 苏格拉底问题
9. 美德可教吗
10. 马基雅维利的喜剧
11. 回想托克维尔
12. 阅读的德性
13. 色诺芬的品味
14. 政治哲学中的摩西
15. 诗学解诂
16. 柏拉图的真伪
17. 修昔底德的春秋笔法
18. 血气与政治
19. 索福克勒斯与雅典启蒙
20. 犹太教中的柏拉图门徒
21. 莎士比亚笔下的王者
22. 政治哲学中的莎士比亚
23. 政治生活的限度与满足
24. 雅典民主的谐剧
25. 维柯与古今之争
26. 霍布斯的修辞
27. 埃斯库罗斯的神义论
28. 施莱尔马赫的柏拉图
29. 奥林匹亚的荣耀
30. 笛卡尔的精灵
31. 柏拉图与天人政治
32. 海德格尔的政治时刻
33. 荷马笔下的伦理
34. 格劳秀斯与国际正义
35. 西塞罗的苏格拉底
36. 基尔克果的苏格拉底
37. 《理想国》的内与外
38. 诗艺与政治
39. 律法与政治哲学
40. 古今之间的但丁
41. 拉伯雷与赫尔墨斯秘学
42. 柏拉图与古典乐教
43. 孟德斯鸠论政制衰败
44. 博丹论主权
45. 道伯与比较古典学
46. 伊索寓言中的伦理
47. 斯威夫特与启蒙
48. 赫西俄德的世界